U0448524

从自然时间到精神历史

黑格尔耶拿哲学体系规划研究

余玥 著

目 录

序 言 / 1

第一部 时间问题的发生：黑格尔与康德、雅各比、费希特和谢林之争

第一章 无时间的真无限：体系规划前的黑格尔时间之思 / 25

第一节 时间、无限与客观世界：1802年前的黑格尔时间之思 / 26

第二节 《信仰与知识》中的时间问题：黑格尔与雅各比的差异 / 35

第二章 虚无主义：雅各比与康德关于时间问题的争论 / 48

第一节 客观实在性与先验对象X：雅各比的康德批判要点一 / 50

第二节 想象力与时间：雅各比的康德批判要点二 / 59

第三节 雅各比之康德批判的后续影响 / 68

第三章 主体性时间理论及其存在论缺陷：雅各比与黑格尔反对费希特 / 79

第一节 引论：雅各比与黑格尔反对费希特 / 79

第二节 费希特主体性时间理论的导入：无时间的自我

"实在性" / 84

第三节 费希特的主体性时间理论:反思与时间 / 95

第四节 彻底的主体性时间理论及其存在论缺陷 / 105

第四章 直观的自然还是概念的自然?谢林早期时间学说与耶拿时期黑格尔的比较分析 / 115

第一节 准备性的概论:早期谢林的两种存在论自然哲学 / 118

第二节 谢林早期的两种时间理论及其与直观的关系 / 123

第三节 反对直观自然:黑格尔耶拿时期的概念化自然及其时间性展开 / 132

第二部 自然时间:黑格尔耶拿时期体系规划自然哲学中的有限存在者

第五章 逻辑与有限存在:以"这个"为中心的耶拿逻辑学-形而上学研究 / 145

第一节 关系范畴中的"这个"与"无限" / 147

第二节 "比例"章中的"这个"与"无限" / 154

第三节 "客体性形而上学"章"灵魂"节与"世界"节中的"无限"与"这个" / 163

第六章 论力、时空、运动与物质之统一的第一版本:1804/1805年耶拿时期黑格尔的自然时间学说 / 169

第一节 概览:时空、运动与物质的统一对耶拿时期黑格尔哲学的意义 / 172

第二节 黑格尔1801年对力、时空、运动与物质之统一的论述 / 175

第三节 黑格尔1804/1805年对力、时空、运动与物质之统一理论的导论 / 180

第四节 时间与以太：1804/1805年自然哲学开端处的时间理论 / 184

第五节 黑格尔1804/1805年在"显现与实现运动"部分的时间理论 / 199

第六节 黑格尔1804/1805年在"力学"部分的时间理论 / 206

第七节 黑格尔1804/1805年在"物质进程"和"物理学"部分的时间理论 / 213

第七章 论力、时空、运动、物质之统一的第二版本：1805/1806年耶拿时期黑格尔的自然时间学说 / 218

第一节 黑格尔1805/1806年在实在哲学开端处及"力学"部分的时间理论 / 219

第二节 黑格尔1805/1806年在"形态构造与化学反应"部分的时间理论 / 241

第三节 有机自然的时间：黑格尔1805/1806年时间理论中新的部分 / 248

第四节 对黑格尔在耶拿自然哲学中时间理论的简短总结 / 263

第三部　精神历史的诞生：黑格尔耶拿时期体系规划精神哲学对自然时间的消灭

第八章　"精神哲学"之开端与自然时间之消灭的开始　/ 271
第一节　基于图像和物的关系而引入的时间之消灭　/ 278
第二节　时间在动物性人类之回忆中的作用　/ 293
第三节　内在性符号之实在性疑难及对时间之消灭的进一步描述　/ 302

第九章　自然时间与感性时间在语言中的彻底消灭　/ 315
第一节　黑格尔1805/1806年语言哲学中精神的苏醒和时间的消灭　/ 317
第二节　1803/1804年黑格尔语言哲学中关于时间之彻底消灭的阐述　/ 325
第三节　时间消灭后卷土重来的虚无主义　/ 336
第四节　世界历史之构想中问题重重的时间概念　/ 348

结　论　/ 365

参考文献　/ 379

序　言

"二战"之后世界黑格尔研究的最重要突破之一,是以黑格尔耶拿哲学,尤其是以三部耶拿体系规划的整理出版为代表。早在海德格尔和科耶夫那里,黑格尔耶拿哲学就已经备受重视,《存在与时间》中关于黑格尔耶拿时间问题的简短研究,后来甚至令德里达专门撰文反驳。随着波鸿大学黑格尔档案馆对历史批判版《黑格尔全集》的编撰和结项,今日我们已经知道,彼时海德格尔所用文本存在着编年错误,其思想分析也因此存在问题。并且,正是基于这一编撰的进展,哈贝马斯、霍耐特、玻格勒、泰勒、皮平等人才发展出新的主张,给予黑格尔研究以新的范式和问题关注。事实上,今日最具盛名的黑格尔哲学专家,大多数都对黑格尔耶拿哲学有过专门研究和学术贡献,并产生了大量相关的重量级研究作品,这些作品涉及青老年黑格尔之别、黑格尔辩证法的起源、黑格尔自然哲学的定位、精神概念的来源、承认学说的雏形、语言哲学问题、体系哲学的构建思路等极其关键的问题,也涉及黑格尔与同时代几乎所有重要思想家如康德、雅各比、费希特、谢林的争论及对其中关键分歧的理解。

以上罗列的所有问题,都关系到一种全新黑格尔形象的塑造。"全新",意味着绝非仅是在旧形象上修补增减而已。事实上,黑格尔旧有形象在今天看来是如此成问题,以至于很难真正从对黑格尔同情之了解的立场出发加以采信。之所以重编《黑格尔全集》,也与产生那些旧形象的旧思维在今日已经遍体鳞伤的实际状况相关。而原著重修从来都是思想史上的大事件，因为这意味着，我们时代的理解已经进展到了这样一个地步——旧有的解释范式已不再够用，我们必须从根底上重新面对事情本身，并通盘整理我们思想缘起和形变的脉络。在2016年国际黑格尔大会暨《黑格尔全集》结项庆典上，黑格尔和维特根斯坦专家斯特克勒-魏特霍夫对此做了专文论述，这篇文章也是迈纳出版社为大会出版的纪念专著中唯一一篇当代学者的文章。由于这篇文章对说明既有黑格尔研究中存在的问题和黑格尔研究的新局面特别重要，所以在此不吝繁复加以引用：

如今看来，海因茨·海姆塞特（Heinz Heimsoeth）在1975年去世之前所起草的序言在更大程度上适用于当今。这份序言是为当时刚刚计划出版的《黑格尔全集》所撰写的："对黑格尔的兴趣，实质性、系统性的兴趣以及对思想发展史和哲学问题史的兴趣，如今已遍布全世界。（黑格尔的）大名和作品处于我们时代的争论之中，政治上的、世界观上的、科学上的。"但是，如果人们知道，黑格尔的《逻辑学》历经150年才全本翻译为英文，那么人们就会产生怀疑：在何种程度上，黑格尔的意味仅仅只是刚开始被把握到了而已。直到今天，他的数学哲学，他对牛顿关于无穷小的力的概念、时空观以及作为加速力起点的惯性运动线等观点所作的批判，实际上在全世界范围内都还没能得到讨论。甚至目前（在"亚马逊"网站上）出售的电子书直接就漏掉了最重要的150页，因为这部分内容——正如人们显然认为的那样——无论如何都是不可理解的。毕竟，连约翰·麦克道威尔和罗伯特·B.布兰顿这类国际著名作家，都或明或暗地只将他们的主要著作看作黑格尔哲学的导论，更准确地说，看作黑格尔《精神现象学》的导论。①

很显然,斯特克勒-魏特霍夫所指出的情况,就是世界范围内,尤其英美国家黑格尔研究的当代情况:不仅大量的重要问题没有得到讨论,甚至连基本可用的原著及翻译都有问题,以至于一些当代最为重要的英美哲学家(排除其谦逊的因素)都只能认为其工作是在做黑格尔某本书的导论而已。这种局面所导致的结果,就是直到今日都还存在着不计其数的、半知半解的关于黑格尔的偏见:

> 假如没有不计其数的、半知半解的偏见需要被破除,那目前就没有必要重提黑格尔的特殊重要性。……我想简单地举几个例子来说明一下,这些例子是有意从哲学入门文献中挑选出来的,众所周知,这些文献的影响力与其科学准确性成反比。
> 例如,恩斯特·R.桑德福斯(Ernst R. Sandvoss)在题为"哲学:自我理解、自我认识、自我批判"的哲学导论中写道,施莱尔马赫——也许是最伟大神学家——拒斥了黑格尔所谓的民族中心主义的思维方式。桑德福斯还收集了其他"理由",以解释为什么他不必再与黑格尔打交道,以及为什么黑格尔所谓的诸体系的体系诉求早在莱布尼兹以来就已经被拒斥了。……拉斐尔·费伯(Rafael Ferber)在《哲学基本概念:一部导论》中正确地提出,黑格尔哲学从始至终都关涉真理概念的正确理解,但费伯却将其简化为令人难以理解的言语。原

---

① P. Stekeler-Weithofer, Hegel Wieder Heimisch Machen, in: Hegels Gesammelte Werke, Katalog Anlässlich des 31. Internationalen Hegel-Kongresses 17.–20. MAI 2016 in Bochum, Felix Meiner, Hamburg 2016, S. 13–14. 中译本参见斯特克勒-魏特霍夫:《让黑格尔再次回家》,周凯译,载《德国观念论》(第二辑),张汝伦主编,商务印书馆,2021年,第204页。

文是:"对于天真纯朴的人,真理永远是一个伟大的名词,可以激动他的心灵。"黑格尔这里并非只是说,真(wahr)这个词是一种道德上诗意的且理想性的概念。每个人都呼吁真理。但正因为这个词如此崇高,它就很容易成为一个纯粹的口号词,所以以天真纯朴的思维方式,我们远没有理解所呼吁的绝对真理究竟意味着什么。这显然是上述那句话所没有表达的内容。……

更令人担忧的是,甚至连黑格尔哲学的导论——不止彼得·辛格(Peter Singer)的作品,也包括我国的出版作品——的水准并没有两样。例如,乌多·蒂茨(Udo Tietz)在匆忙中写就的《黑格尔:写给匆忙的人》中认为:借着黑格尔,"思维得到了本体论化",无论这究竟是什么意思,清楚的是,"如今,他的辩证法充其量只能是一种文学技巧,即一种语词与语词交相对抗的技艺"。但是,蒂茨从来没有思考过逻辑学和辩证法是什么,因此他显然不清楚,"这种哲学如何使自身作为绝对哲学而得到理解"。……赫伯特·施奈德巴赫(Herbert Schnädelbach)在《黑格尔导论》中也提出,黑格尔的哲学计划失败了,并以此结尾:"黑格尔的哲学体系不过是一个理性的梦,哲学必须从中醒来,才会成熟。"……虽有所好转,但仍然远不能令人满意的是,正如赖纳·谢弗(Rainer Schäfer)在撰写的导论中提到了尚未被研究透彻的"关于存在、本质和概念的存在-神-逻辑学结构"。或者如汉斯·弗里德里希·富尔达(Hans Friedrich Fulda),他称黑格尔是"现代最重要、最有进展的哲学家"。但就连像阿尔森·古留加(Arsen Gulyga)这类学者,他们都完全不明白,在黑格尔著作中,尤其在逻辑学和自然哲学领域中,真正重要的是什么,而什么可能又的确是迷误性的。①

---

① P. Stekeler-Weithofer, Hegel Wieder Heimisch Machen, S. 16‑19. 斯特克勒-魏特霍夫:《让黑格尔再次回家》,第207—210页。

以上所提及的黑格尔研究和导论,绝大部分都是在20世纪八九十年代和21世纪初发表的,总体不算特别陈旧,且其中不乏影响颇大的名家作品。但尽管如此,情况显然是无法令人满意的,以至于斯特克勒-魏特霍夫感慨道:

> 虽然黑格尔是历史上被引用次数最多的著作家之一,但对他名言和整体理念所作的阐释的偏差,甚至比柏拉图或《圣经》的还要多。①

虽然相对于整体研究状况而言,由于对黑格尔耶拿哲学研究起步较晚这一"后发优势",相关研究整体上质量颇高,但即使是在这个研究领域,也存在着若干的阐释偏差,尤其是在这些哲学手稿没有得到正确编年之前,这种情况尤其明显。比如从狄尔泰时代开始,我们就认为青年黑格尔(主要指耶拿时期之前的黑格尔)与老年黑格尔之间有着思想上不可逾越的断裂。但如果按照时间顺序,补充上黑格尔思想发展的各个环节,那么我们能看到的就是一个虽然思想在各阶段有差异,但仍然具有连贯性的黑格尔形象。这就是说,尽管存在差异是确定的,然而这些差异不至于毁坏黑格尔哲学中一些最为重要的因素,这些因素一贯地存在于所有黑格尔哲学之中,比如对现实的关怀、对个体的关注以及对知识体系的热忱,它们在黑格尔不断的建设性尝试中始终保持着相当的开放性和可调整性。诸如此类的阐释偏差还在于,在哲学手稿得到正确的编年之前,人们经常把黑格尔讨论费希特与谢林体系差异的论文直接与《精神现象学》关联在一起讨论,而如今我们知道,这样做是根本不可行的——二者之间

---

① P. Stekeler-Weithofer, Hegel Wieder Heimisch Machen, S. 19. 斯特克勒-魏特霍夫:《让黑格尔再次回家》,第210页。

相差5年时光,而这5年恰恰是黑格尔思想变化最为剧烈、发动论战最为频繁的5年,它全方位地塑造了黑格尔日后全部哲学的基本形象。如果没有对这些工作进行仔细评估,任意牵连文本就是极为鲁莽的。再比如,人们常常认为黑格尔从其哲学生涯的一开始,就非常重视时间和历史的问题,并且是当之无愧的"历史哲学"时代(尽管它如今普遍被认为已经过去了)的奠基人。但几乎没有人了解,黑格尔对这一问题的看法经历了一段非常漫长的历程,是在与同时代哲学家的各种时间理论的斗争中才慢慢成形的。这些斗争都有着重要的、彼此相互影响的问题背景域,比如当时的泛神论之争、虚无主义之争等。由于缺乏一种整体视野,黑格尔的时间-历史学说就只能给我们留下一个泛泛不着边际的印象,它一般被称为"历史与逻辑的统一",或者如布兰顿在其黑格尔化的实用主义中就社会发展所说的,被称作"概念实在论"。至于黑格尔的自然时间学说,则更多只是在谈及历史主义时被附带提及而已,罕见专门的讨论。在基础文本已经得到较好整理的今天,所有这一切都必须根据历史和体系发展的双重要求,重新加以检验和澄清。

关于上文提到的黑格尔耶拿时期时间哲学的产生和发展,目前即使在德国也没有专著加以讨论。事实上,在"二战"之前,研究黑格尔的时间学说甚至被认为是毫无前途的。当时最重要的黑格尔专家海宁(Th. Haering)曾经就此说道:

> 直接将时间以任意一种方式提出来,甚至作为黑格尔的基本问题提出来,无论从历史上还是从事实上看,都是错误的。[1]

---

[1] Th. Haering, Hegel. Sein Wollen und sein Werk. Bd. 2, Leipzig/Berlin 1938, S. 277 Anm.

只有在海德格尔于《存在与时间》中提出黑格尔的时间问题之后,这种想法才得以扭转。在其影响之下,一大批关于黑格尔时间和世界历史学说的研究涌现了出来,尽管今日看来,它们大多存在着对黑格尔从著作时序到思想内容上的诸多错误理解①。在这些研究之中,特别需要提到的是布劳尔(O. D. Brauer)的著作《时间的辩证法》,其主要目标就是反对海德格尔的以下理解,即将"现在"作为黑格尔时间学说的最重要内核。在布劳尔看来,只有"变易"(Werden)——当下、过去和未来的辩证统一体——才是理解时间问题最关键的要点。② 布劳尔随后将自然的时间线性进展置于精神性的时间统一体之下,从而构建了一种时间层次,而后者就是前者的内在目标。这种解释方式尽管比海德格尔更接近黑格尔自己的想法,但它忽略了以下重要问题,即在耶拿体系规划及后期哲学中,为何恰恰是自然时间对于黑格尔哲学体系的建立具有关键节点意义(既关系逻辑学又关系精神哲学)。布劳尔对此完全没有给出合适的说明,更没有回到黑格尔彼时的思想论争中去仔细研究其立场的特别之处究竟何在。而受海德格尔影响的另外一些变种则显得有些离奇,其中的代表如海德格尔《黑皮书》的主编特拉夫尼(P. Trawny)。在专著《三位一体的时间》中,他将黑格尔的时间学说刻画为一种末世论,一种哲学对上帝的最后赞歌。时间在他那里就是神圣内在永恒的分化,神学的三位一体就相

---

① Cf. K. Schilling-Wollny, Hegels Wissenschaft der Wirklichkeit und ihre Quellen, Bd. 1, München; H. Trivers, Heidegger's Misinterpretation of Hegel's View on Spirit and Time, in: Philosophy and phenomenological Research 3 (1942), S. 162 – 168; A. Koyré, Hegel â léna, in: Ders. , Études d'histoire de la pensée philosophique, Paris 1961, S. 135 – 173; O. Daniel Brauer, Dialektik der Zeit, problemata, Fromm-Holzboog Verlag, Stuttgart-Bad Cannstatt 1982, S. 105ff. ; Toru Kaschima, Die Konkrete Gegenwart, Inaugural-Dissertation, Turbinen 1991.

② Cf. O. D. Brauer, Dialektik der Zeit, problemata, Fromm-Holzboog Verlag, Stuttgart-Bad Cannstatt 1982, S. 135 – 144.

应于黑格尔的三一环节,而时间就是这些环节的展开。① 这些颇显牵强附会的阐释,就算往好了说,也只是对神性时间的阐释,而与有限的、自然的时间问题无关。但如上所述,恰恰是后者对于耶拿时期的黑格尔特别重要。

与海德格尔关系不大,又比较贴近黑格尔自己想法的可用研究只有卢克纳(A. Luckner)的著作《时间的发生学》。在其中,他非常正确地指出了时间的双重结构,即作为意识的时间和作为被意识的时间,前者相应于精神本质,而后者则是自然的时间实存。② 但他并没有很好地回答黑格尔如何在这二者之间架起桥梁的问题,并且其主要内容也是关于《精神现象学》的,而这已经是黑格尔耶拿时期的最后一部作品了。作为一部以"发生学"为名的作品,这显然是一个巨大的缺憾。

黑格尔历史哲学方面的研究情况则大不相同,不仅就数量而言可谓汗牛充栋,其中亦有若干关系到耶拿体系哲学规划和历史哲学之产生的研究值得称道。但这并不意味着我们可以对此研究现状抱有太强的乐观态度。此类研究中的最早一批可以追溯到如海姆的《黑格尔及其时代》,但由于过度强调黑格尔体系的逻辑层面③,海姆本人并没能很好地看到历史问题以自然时间为基础的实在论背景,所以该研究今日已经不再被视作此领域的标准著作。当然,对世界历史的逻辑结构研究,在海姆之后一直是关于黑格尔历史理论研究中的显著一支,比如包茨(T. Bautz)和胡博纳(Hübner)就主张,可以完全根据逻辑的结构来理

---

① Cf. P. Trawny, Die Zeit der Dreieinigkeit, Untersuchungen zur Trinität bei Hegel und Schelling, Verlag Königshausen & Neumann GmbH, Würzburg 2002, S. 7f., 55ff.
② Cf. A. Luckner, Genealogie der Zeit, Zu Herkunft und Umfang eines Rätsel, Dargestellt an Hegels Phänomenologie des Geistes, Akademie Verlag, Berlin 1994, S. 9.
③ Cf. R. Haym, Hegel und seine Zeit. Vorlesungen über Entstehung und Entwicklung, Wesen und Werth der Hegelschen Philosophie, Verlag von Rudolph Gaertner, Berlin 1857, S. 447ff.

解历史哲学。① 这种研究在今日已经被基本证明是过于极端和很难行得通的，因为从黑格尔自身著述发展上来看，甚至其逻辑学的结构本身都处在不断变化之中，1804年的《耶拿逻辑学-形而上学》与《大逻辑》以及三版《哲学百科全书》中的逻辑学，并不是一回事。至于用大的逻辑框架如"自在、自为、自在自为"来理解历史哲学，也忽略了其真正的实在论背景和现实取向，并且甚至不能回答一些简单的问题，即如果我们必须承认，自然时间和精神历史都分享同一个大的逻辑框架，那么黑格尔为什么要将二者分开处理呢？这类难称成功的想法的代表还有比如洛维特和宾勒施多克(M. Bienenstock)，在海德格尔的影响下，二者都试图将历史问题与"永恒当下"有效的逻辑结构以及神学联系起来，但都在根本上忽略了，让精神历史问题从自然时间学说中脱离出来的真正语境是什么。②

自黑格尔档案馆首任馆长玻格勒以来，黑格尔历史哲学的问题背景发生学研究才算真正走入正轨。包括耶拿体系规划在内的各种版本的历史哲学间的差异得以进行比较，比如为什么作为成熟时期历史哲学起点的中国，在耶拿时期根本没有被提及等具体问题也得到逐一解答。③ 从自然哲学向精神哲学的转型究竟意味着什么，以及尤其是耶拿精神历史学

---

① Cf. T. Bautz, Hegels Lehre von der Weltgeschichte. Zur logischen und systematischen Grundlegung der Hegelschen Geschichtsphilosophien, Wilhelm Fink Verlag, München 1988; D. Hübner, Die Geschichtsphilosophie des deutschen IdealismuS. Kant-Fichte-Schelling-Hegel, Verlag W. Kohlhammer, Stuttgart 2011, S. 183ff.

② Cf. K. Löwith, Von Hegel zu Nietzsche. Der revolutionäre Bruch im Denken des 19. Jahrhundert, Meiner, Hamburg 1978, K. Löwith, Philosophische Weltgeschichte? in: Stuttgarter Hegel-Tage 1970, Hegel-Studien Beiheft 11, hrsg. v. H. Gadamer, Bouvier Verlag, Bonn 1974, S. 7; S. 230f.; M. Bienenstock, „Die wahrhafte Gegenwart ist die Ewigkeit". Zum Gegenwärtigkeit in der hegelschen Geschichtsphilosophie, in: Die Weltgeschichte—das Weltgericht? hrsg. v. R. Bubner und W. Mesch, Klett-Cotta, Stuttgart 2001, S. 120ff.

③ Cf. O. Pöggeler, Geschichte, Philosophie und Logik bei Hegel, in: Logik und Geschichte in Hegels Systems hrsg. v. H.-Ch. Lucas und G. P.-Bonjour, Friedrich Frommann Verlag, Stuttgart 1989, S. 101 – 126.

说是如何产生这些问题,也都在玻格勒之后逐渐得到探讨。这些重要的研究集中体现在一系列的论文和专著篇章之中,[1]本书将在之后的相关章节中对这些研究进行充分的运用。尽管如此,这些探讨几乎全部集中于黑格尔哲学发生史的内部,而将之置入当时时代讨论的大背景下,或在与诸多时代伟大思想家的争论中凸显其历史学说分量的研究并不多。虽然也有不少其他研究在细节上涉及这些比较,但与其整体面貌相关的专著目前仍为空白。本书当然不能全面论述黑格尔一生中所有与历史哲学相关的争论和思想背景,而仅仅试图在耶拿体系规划这一特定领域内,较为充分地展现黑格尔是如何在一种极其复杂但又充满思想爆炸力的处境下发展出自己历史学说的第一步的。在黑格尔至今仍被广泛误解的情形下,希望本书的工作能够帮助学界重新思考黑格尔哲学的魅力和实质。

以上是关于黑格尔研究的整体状况和相关主题研究状况的大致介绍。接下来,我将勾勒黑格尔耶拿体系规划的重要地位、本书研究所关心的要点及其理由,并大致说明每一章节的核心内容。

耶拿哲学体系规划是黑格尔在 1803—1806 年期间为耶拿大学学生讲课时所准备的手稿汇编,共分为《1803/1804 耶拿体系哲学规划》《1804/1805 耶拿体系哲学规划》和《1805/1806 耶拿体系哲学规划》三部,分别对应相应年份的讲座内容。耶拿哲学体系规划上承黑格尔耶拿早期

---

[1] Cf. K. Düsing, Hegel und die Geschichte der Philosophie. Ontologie und Dialektik in Antike und Neuzeit, Wissenschaftliche Buchgesellschaft, Darmstadt 1983; H. Kimmerle, Philosophie-Geschichte-Philosophiegeschichte, Ein Weg von Hegel zur interkulturellen Philosophie, Traugott Bautz, Nordhausen 2009, S. 17, 21f. und 93f; D. Köhler, Die Geschichtsbegriff in Hegels Phänomenologie des Geistes, in: Hegels Vorlesungen über die Philosophie der Weltgeschichte, hrsg. v. E. W. -Lohmann und D. Köhler, Hegel-Studien Beiheft 38, Bouvier Verlag, Bonn 1998, S. 35 – 47; R. Beuthan, Formen der Geschichte – Geschichte der Formen: Zum Geschichtsdenken des Jenaer Hegel, hrsg. v. R. Beuthan, Universitätsverlag Winter Heidelberg 2006, S. 93 – 120 etc.

（1800—1802）的各种哲学批判和自然哲学及伦理学研究，下启《精神现象学》，并且无疑就是后来《哲学百科全书纲要》的预演。在这三年间，黑格尔以不同方式反复打磨其后来成熟哲学中的"逻辑学""自然哲学"和"精神哲学"三个部分，而每一次的打磨和更改，都既关系到他对其他伟大哲学家和哲学系统的体系内批判工作重点的调整，也关系到其与后来哲学体系相比的独特性之展现。如果说20世纪后半叶以黑格尔耶拿哲学为主题之一的黑格尔复兴运动，是现象学、分析哲学、批判理论和后现代主义的共同关注焦点的话，那么19世纪初的耶拿哲学体系规划，就是德国古典哲学诸形态内部争论的共同体现。因此，如果没有对这一系列规划的研究，今日我们就既难以与国际黑格尔学术界建立对话，也难以深入黑格尔哲学产生的历史及思想现场。

基于当前的研究现状，关于黑格尔耶拿哲学及耶拿体系规划的重要意义，可以用以下三点来大致说明。

1. 如上所述，这一哲学研究是新学术取向融合的一个焦点。20世纪上半期，现象学与解释学运动通过对新康德主义的批判性接收，重新开启了一种全新的德国古典哲学研究维度，并在20世纪下半期形成了所谓"海德堡学派"。伽达默尔在海德堡组织成立了国际黑格尔协会。其助手亨利希作为海德堡学派中心人物，更新了海德格尔以来的黑格尔阐释。他与作为现象学家、黑格尔档案馆首任馆长及《黑格尔全集》第一任主编的玻格勒合作，为20世纪下半叶德国古典哲学研究培养了大量精英。耶拿体系规划的整理出版工作是玻格勒任黑格尔档案馆馆长时最重要的工作。因为玻格勒本人也属于拉松和霍夫麦斯特学脉，所以解释学和旧有黑格尔编辑传统也得到了结合。此外，"二战"后，通过从明斯特大学发端的里德学派对黑格尔现象学和法哲学的再诠释，德国也产生了现象学之后的向实践哲学转向的倾向。与此倾向和黑格尔耶拿哲学都深度相关的还有法兰克福学派传统。深度关注耶拿哲学的哈贝马斯就曾与伽达默尔共同培养学生,霍耐特本人更是出身黑格尔档案馆,其成名作就是对黑格尔耶拿哲学中"承认"概念的再阐释。德国向实践哲学转向的倾向和社会批判哲学的发展对英美学界影响也颇大,法兰克福学派与泰勒这样的社群主义者以及以皮平为代表的芝加哥学派关系紧密,后两者也都介入过黑格尔耶拿哲学研究。此外,由于芝加哥学派和匹兹堡学派的双重影响,黑格尔的精神现象学也获得了再阐释空间。现在看来,哈贝马斯所谓当代哲学四支中,已经有三支(解释学、批判理论和分析哲学)都与德国古典哲学在黑格尔研究上有合流交叉。而黑格尔耶拿哲学则在这一交叉过程中扮演着具有相当分量的角色。

2. 黑格尔耶拿哲学研究的重要性还体现在其对德国古典哲学传统之自我更新的意义上。由于在"二战"时期,大量哲学流派都曾卷入那段不光彩的历史,从"二战"后到20世纪末,德国自身的哲学传统几乎陷入某种"全面破产"的危险境地,因为以伯林和波普尔等人为代表的大量粗糙研究都试图将"二战"这一悲惨事件与德国古典哲学精神关联在一起,将后者视作前者的思想根源。而在全面反思战争的大环境下,德国思想界慢慢开始尝试以一种自我更新的方式,重新深入传统,恢复德国传统哲学的意义和地位。自20世纪70年代起,黑格尔耶拿哲学,尤其是体系规划的整理出版为此提供了支持。通过重新整理黑格尔耶拿哲学,哲学界重新发现了一个活泼有趣的黑格尔。这个黑格尔不仅深度介入了当时思想界论争的各个重大议题,为重新审视当时思想界的鲜活状况提供了立足点,而且他还有着完全不同于旧有解释系统的新形象。更因为这个黑格尔所讨论的问题极其广泛、复杂和具有争议性,所以各种思潮都可以从中找到值得深入挖掘的资源。在这一重新发现黑格尔的过程中,德国20世纪的各种思潮得以良性互动,并走出了一系列非常扎实的步伐,除了各种全集整理工作和细读工作的开展之外,也涌现了很多具有生命力的新话题。

3. 基于上述事实,黑格尔耶拿哲学研究的重要性还体现在,它直接反映了德国民主时代的哲学新趋向:20世纪后半叶至21世纪的以黑格尔耶拿哲学为突破点之一的德国古典哲学复兴运动,是德国有史以来第一次在较长的、稳定的民主体制状态下进行的自我更新运动。耶拿哲学及体系规划的整理出版推动了第一次在非黑格尔左派也非黑格尔右派的状态下研究黑格尔哲学的意义。只有在这个意义上,才不难理解霍耐特为什么强调今日黑格尔研究的"第三条道路"的性质。这些研究所关注的焦点是全新的,比如耶拿哲学及体系规划中的"承认"问题等。在国际和国内,这些问题已经成为显学。本书虽不会涉及这些问题,但在呈现作为黑格尔本来面目的(相对于旧有研究而言的)新面目并刺激新问题产生这一方向上,也贡献了自己的绵薄之力。本书希望展示:相比于热点化了的黑格尔耶拿实践哲学,同时期的自然哲学和主观精神学说绝对更值得关注。

在我国,虽然从张颐时代起,学者们就已经开始关注黑格尔耶拿哲学,近年的文本翻译和研究也已经有相当的进展,但它们几乎还是局限于对黑格尔耶拿前期哲学,尤其是哲学批判和伦理学的研究,而缺乏关于耶拿体系规划的专著,甚至相关论文都极少见。这与国际上已经汗牛充栋的体系规划研究形成了鲜明对照。本书正好可以补足这一重要的研究缺环。并且更重要的是,本书试图展现黑格尔思想起源处的那些隐秘却卓绝的斗争,并呈现这些斗争结果在今日思想界可能具有的活力。

本书主线为"从自然时间到精神历史",属于对体系规划中"实在哲学"(即自然哲学和精神哲学)部分的研究。以此为主线的理由有三:其一，实在哲学是黑格尔真正展现其体系之实在性的所在；其二，时间-历史问题是长期以来黑格尔研究中最受关注的问题之一，也是最能看出黑格尔与诸哲学交锋的问题之一；其三，耶拿逻辑学-形而上学在国外已有专著详加研究，精神现象学更是研究的重中之重，反而实在哲学的研究情况目前仍不够理想。

本书由三部分组成。第一部分呈现黑格尔在时间问题上与诸家的争论，这些争论的中心是时间与"虚无主义"和实在论的关系问题；第二部分是关于体系规划文本中自然时间的研究，包括为什么要有自然哲学，自然时间和逻辑是何关系，以及自然的实在进程如何等论题；第三部分主题为时间的消灭和历史的诞生，它关系到黑格尔精神哲学的兴起，意识与历史、语言之间的关系等诸多问题，也关系到从自然实在到概念实在的转换是否合理的问题。三个部分共同构成对黑格尔耶拿体系规划的整体面目及其重要性的切面式展现。

第一部各章之间有着紧密的相互支撑关系。第一章是关于黑格尔时间问题史前史的讨论，曾经以"无时间性的真无限：黑格尔哲学初期的一个关键问题"为题发表，[1]收入本书时做了相当程度的改动。它关注的问题是，为什么黑格尔在耶拿时期的最后著作《精神现象学》中，将全部意识经验的历史刻画为在"时间"的画廊中漫游的历史，而在其耶拿早期，却完全没有将时间问题纳入思考的中心视野？通过对黑格尔"真无限"概念的考察，可以得知此问题的答案：对于黑格尔而言，时间领域是有限存在者的领域，这一领域只有在真无限的解释范围内才是可理解的，否则就会变成一种随着时间流逝而单纯自我否定的东西，或者一种在意识之外的、仿若阴影一般的持续实在物——这两种见解都是不可接受的。后一种被否

---

[1] 余玥：《无时间性的真无限：黑格尔哲学初期的一个关键问题》，《云南大学学报》2017年第6期，第18—24页。

定的见解更为关键,它曾被黑格尔(基于其误解而)认为是雅各比的主张,而黑格尔通过对这一主张的改造和利用,走向了其"真无限"之思。

第二章曾以"康德时间理论中虚无主义的问题——雅各比和海德格尔的诊断"为题发表,[1]收入本书时同样做了相当程度的修改。本章的主要任务是分析黑格尔重视的雅各比和康德关于时间的争论。在本章以及下一章中,可以清楚地看到雅各比提出的批评对黑格尔的正面影响。借由分析雅各比对康德先验对象学说和时间学说的双重"虚无主义"批判,以及这些批判在哲学史上的后继影响,我们可以看到时间问题与实在论问题的深度关系。而引入作为时代大争论的"虚无主义"之争,也为我们提供了一个更好的视野去看到主体性哲学的缺陷。

第三章完成了对主体性哲学的缺陷的分析,我称它为存在论的缺陷。通过雅各比和黑格尔对费希特哲学的一致批评,我们可以看到,在费希特那里被彻底主体化了的时间理论,实际上是一种想象力的活动而已。换言之,实在性在费希特那里只是意识自身变色龙般的色彩转换游戏,根本没有什么实在之物真实地存在着。正是针对此存在论缺陷,谢林和黑格尔才提出了作为实在哲学的自然哲学,并发展出了自然时间理论。

第四章曾以"直观的自然或概念的自然——谢林与黑格尔早期自然哲学中的时间问题"为题发表,[2]收入本书时也做了一定的修改。在本章中,我试图指出,谢林和黑格尔共同反对费希特的努力,并不意味着黑格尔同意谢林的自然时间学说。事实上,在谢林早期所提供的两版时间学

---

[1] 余玥:《康德时间理论中虚无主义的问题——雅各比和海德格尔的诊断》,《云南大学学报》2020年第4期,第20—30页。
[2] 余玥:《直观的自然或概念的自然——谢林与黑格尔早期自然哲学中的时间问题》,《哲学研究》2020年第12期,第99—109页。

说中,只有1797年的第一版本在一定程度上为黑格尔所接受,1799年的第二版本则是他根本不予认可的。二者最重大的区别在于第一版本中的自然时间与精神是在紧密的统一体中被考察的,而第二版本却给出了独立于意识先验学说的自然时间领域。本章指出,黑格尔之所以更接受前者,是与黑格尔在逻辑的外化和精神的他者意义上来理解自然时间联系在一起的。不仅如此,这种外化和他者的领域,还是一个具体的中介领域,是个别事物的生灭变化领域。而黑格尔之所以强调个别有限事物,不仅源于逻辑通过中介外化的需要,更重要的是,在雅各比对谢林批判的影响下,黑格尔还有如下意图,即不让整个体系奠基在缺乏环节实在性的"智性直观"之上。

克服主体哲学的存在论缺陷,以及在与逻辑-精神的无限统一性中捍卫其每一时间性的自在环节的实在性,就是黑格尔从早期不重视时间问题转为对之大加重视的两个主要原因。在此之后,本书就进入到第二部分——对黑格尔耶拿体系规划中的时间学说进行详细的考察。

第五章是本书唯一关系到耶拿逻辑学-形而上学的一章,曾以""这个"与无限:黑格尔耶拿逻辑学与形而上学中独特的真无限问题"为题发表,①本书对此做了少许补充和改动。这一章虽然与自然时间学说并无直接关系,却构成了对黑格尔重视有限实在个别环节之逻辑理由的关键说明。本章的重心在于,对黑格尔耶拿逻辑学和形而上学中的"这个"与真无限概念在实在论的彼此支撑结构下进行分析,通过这种彼此支撑的结构,黑格尔既反对了一种直接无差异的存在学说(在黑格尔看来以谢林和雅各比为代表),也反对了一种空洞无内容的思维学说(在黑格尔看来以康德和费希特为代表)。不仅如此,通过这种结构,黑格尔也论证了什么

---

① 余玥:《"这个"与无限:黑格尔耶拿逻辑学与形而上学中独特的真无限问题》,《云南大学学报》2019年第1期,第5—12页。

叫作在具体的中介进程中展开的真无限，因为二者的互相支撑就是通过中介进程才完成的。

在此之后，本书就正式进入对黑格尔耶拿体系规划中自然时间学说和精神历史开端的研究。这一部分的内容以我在波鸿大学获得博士学位的德文论文中的一大部分为底稿，成书时做了适度修改，尤其删除了很多细节繁复的脚注和一些不再必要的章节，也加入了与第一部分相衔接的内容。

第六章集中于对黑格尔1804/1805年耶拿体系规划中自然时间学说的考察。其重心在于说明，自耶拿逻辑学-形而上学确立了有限"这个"，也就是实在的个别环节的重要位置之后，黑格尔是如何在其实在哲学，也就是自然哲学中，具体发展出其时间性有限存在者的学说的。1804/1805年的这一体系规划版本，应该说只提供了这一学说的一半面貌，其原因是黑格尔并没有真正完成它，而是只写到了地球系统为止。通过对比这一版本与1801年黑格尔的讲师资格论文，本章指明其中的差异在于，如果1801年黑格尔提供的主要还是基于精神自身的时间学说，且更多限于天体系统，也就是永恒运动范围的话，那么1804/1805年的版本，就的确是基于作为"精神自身的他者"的自然时间学说版本，时间在其中要被证明是逐渐区分开逻辑学-形而上学概念和实在定在的关键要素，并且后者才是实在论的真正作用领域。以"以太"这一精神性的物质为开端，黑格尔开始了他对自然时间变易学说的阐述。这一阐述首先发生于天体领域，永恒的诸星体之间通过光构成普遍时空关系，在进一步的考察中，自然时间的发展具体落实在圆周运动、落体运动、抛物运动、钟摆运动、杠杆运动等运动形式中，其中每一种形式，都有特殊的时间计量原则。而这些伴随着差异化时间显现形式的运动，最终都体现在一个个别化的整体系统，也就是地球系统之中。相对于永恒天体的普遍化时空运动，个别化的地球系统则是差异化时空运动的集大成者。在此基础上，在地球系统内部，甚至演化出更为复杂、更具有个别性的有限时间存在者层级，比如元素化学的组合-分解时间层级，以及在此之上出现的矿物学和地质学的时间层级等。1804/1805年的自然时间学说版本在此戛然而止。它显然还缺乏对地球系统内更加具体的时间存在者的阐述，比如完全没有提到在矿物学和地质学时间层级之后的有机生命时间层级。也因此，这一版本并没有完成从个别化的地球时间系统转向真正个体性的动物-人的时间系统的阐述。尽管如此，这一版本的主线——不断去突出有限实在的定在在整个自然时间学说中的核心地位——却仍然是清晰可见的。而这一做法的目的也非常清楚，就是要去弥补第一部分所提到的之前各种时间理论中的存在论缺陷。

第七章则对黑格尔1805/1806年耶拿体系规划中的另一版本的自然时间学说进行了考察。相比于1804/1805年的第一版本，第二版本虽然在主线和目标上保持了与第一版本的一致性，但在三个要点上却与第一版本有所不同。首先，第二版本大幅修改了第一版本以"以太"为开端的阐述方式，改为以空间时间化为开端。这一修改的原因并不像基默勒所主张的那样意味着对时间的消灭，而是意味着更为直接地进入对有限定在(其最初表达就是简单的空间点)的考察。由于这一改动，黑格尔自然时间学说的第二版本，也就用一种精神现象学的方式取代了第一版本的逻辑学的方式。这就是说，它更直接地去强调精神自我对实在个别性的要求(其体现就是精神自我设定自身为一个简单的空间点)，而不是强调以"以太"为中介的逻辑规定和自然中原初物质之间的转换和过渡。其次，在第一版本中被着力分析的各种运动形式及其不同的时间显现方式，在第二版本中也被淡化处理。黑格尔不再费心去说明从天体系统向地球系统转化过程中的各个时间层次，而是将主要精力集中于个别性的地球系统，并因此将作为从天体系统转入地球系统之时间性演变历程研究的"力学"研究在自然哲学中的出场位次大大提前了。这一做法完全符合他更直接地去强调有限时间定在的意图。最后，也最重要的是，第二版本提供了对一种个体性有限时间存在者的完整阐释。相比于第一版本止于个别化的地球系统及其初步的化学-地质学的时间形态，第二版本更进一步提供了对在这之后的时间演化层级的说明，主要就是对有机生命体的初步时间存在形态，即植物的时间性生长繁衍机制的说明，以及对真正个体性有机生命体的时间存在形态，即动物的时间感、在个体时间感基础上的自由运动（包括内部的血液运动及消化运动等）、时间的终结（个体动物死亡）和再延续（类繁衍）的说明。这一系列工作的目标，也显而易见指向对有限时间存在者的重要性的强调，以及在实在论层次上对虚无主义的抵抗。它也提醒我们，那些常见的、只关注黑格尔自然哲学开端处的时间理论的哲学阐释是如何不够小心和不够全面的，因为它们无法关注到这些丰富的时间有限存在者的存在形态，并因此经常对黑格尔时间理论的目标和阐述方式形成误判。

然而，黑格尔尽管在耶拿体系规划中借助其自然时间理论取得了巨大的成就，却并没有因此止步。因为他认为，这些自然时间演变究竟是如何被精神所认识并通过反思得到的，并且因此是确定的而非任意想象出来或在根据上无法解释的，这一问题并没有在自然时间学说内部得到最终回答。由此，黑格尔将自然哲学引向精神哲学，并要将变易的自然时间演化进程，扬弃在永恒的世界历史认识进程之中。这就是本书第三部分所关注的内容，它展示了从自然时间到精神历史过渡的必要性及其伴生的困难。

第八章和第九章关注的问题是，自然时间是如何被消灭并因此进入世界历史的。第八章呈现的是消灭自然时间的第一步，即通过动物-人个体的内部时间感,引入内部时间图像和外部时间物的关系,并用符号化的时间图像联想序列取代自然时间物的演化序列,从而形成一种虽然排序任意,但却是由主体自行规定并可被主体感性认知的时间性回忆。这种基于图像-物的感性时间学说,当然让我们回忆起康德和费希特的时间理论,且尤其与后者关系密切。正因如此,第八章首先简要回顾了第三章的内容,即费希特的时间学说及雅各比对它的批判。接着进一步说明,黑格尔采用了与雅各比不同的辩证方式。一方面,他以跳跃的方式强调精神图像和精神符号与自然时间物的不同,以及前者对后者的整理排序功能,还有由此而来的对自然时间的初步消灭;另一方面,他又保留了盲目精神感知中的自然时间的实在性,即强调自然动物-人的精神性时间感其实是以非断裂的方式,在自然演化进展中通过自由感受-欲望-意愿的机制演化出来的。因此,虽然感性对时间性图像的排序发生在主体内部,但这一主体仍然是在自然演化进程中的动物性的人类主体,其排序功能仅仅属于一种经验性的想象力功能,这一功能的发挥也遵从具有任意性的观念联想法则,并且依赖于那些作为他者的自然外物。

第九章则讨论了对上述任意性和依赖性的感性时间排序如何进行必然性反思的问题。解决这一问题,需要从符号系统中发展出一种拥有固定语法和构造方式的语言系统。利用这一语言系统,精神甚至可以在缺乏经验对象的地方构造出一种合理的判断和推论形式,并在这些形式的整体中给予经验符号以可被普遍理解和运用的含义。黑格尔在这里显然借助了赫尔德的语言哲学资源,强调精神-悟性的历史性的语言成型能力和系统性的意义构造能力,也强调这一能力对那些具有自然性质的符号的理性整合和统一作用,强调语法和算法在这一整合排序进程中的必然性与先行性。黑格尔还力图证明,一种无所不能的认识的理论知识系统,就是一个完备的语言-算法系统。因为正是通过理性判断和推理,精神才认识到必然如此存在的那些观念序列,并能够对之进行普遍和永恒的表达。这一表达既被黑格尔称为世界历史的表达,也被他称为对时间的真正消灭。因为我们理论上不必再等待自然的时间性演化,而是能完全从自我出发,在一个完备的观念和意义构造系统内,对曾被称为自然的东西进行充分的主体规定。这一规定因其进展序列的必然性和永恒性,就不再是自然时间的变易序列,而是精神历史的永恒范畴序列。

由此,黑格尔也陷入了一个难题,即这种对时间的消灭,是否也算是对时间的永恒化,而一切自然时间演化的进程,终归不过是一种精神逻辑的自我规定进程的表达,从而自然时间和精神历史的关系,终归就只是一种现象和本质的关系。这样一来,在整个第二部分费力争得的时间性有限存在者的重要性,是否不过是一种永恒精神的表象而已?如果事情是这样的,那么黑格尔是否最终仍然回到了与费希特和谢林一样的道路上,既取消了自然时间在最终根据层面的重要性,也没有留给时间性的他在存在以一种实质上能与永恒精神根据分庭抗礼的空间?通过讨论1805/1806年体系规划最后关于"世界历史"的晦涩描述,本书认为,黑格尔未能解决上述难题,并且尽管他在1807年《精神现象学》中采用了另外的关于精神历史与时间关系的讨论方案,也很难说完满地解决了上述问题。

至此,本书的任务——阐明黑格尔耶拿哲学中的自然时间学说在德国古典哲学及黑格尔哲学内部发展史中的重要地位,说明这一具有重要地位的自然时间学说为何必须被转变为关于精神历史的讨论,以及说明在此转变中的关键困难及其难以克服的特点——就已经完成。

在进入正文之前,还需要做一点补充说明。直接引文为从德文翻译为中文者,若已有较好中译本,则加以参照;如有翻译不同之处,则尽量说明理由。全书最后的参考文献也可以帮助读者在需要时进行查找。

本书的完成有赖我的三位研究生龙腾、王亦然和周凯的大力帮助，对于他们为本书贡献的心力，我在此衷心表示感谢。中山大学的黄涛先生对此书出版一直十分关心，在此也一并表示感谢。

本书出版得到了商务印书馆的大力支持，对此我必须表示衷心的感谢。本书同时也是国家社科基金一般项目"德国古典哲学进程中的黑格尔共同体思想研究"（项目批准号：19BZX092）和国家社科基金重大项目"德国早期诠释学关键文本翻译与研究"（项目批准号：19ZDA268）的阶段性研究成果。

第一部
时间问题的发生:黑格尔与康德、雅各比、费希特和谢林之争

第一章
无时间的真无限：
体系规划前的黑格尔时间之思

众所周知,黑格尔哲学极其关注时间和历史。对于这种关注的起始点,海德格尔认为:"在黑格尔担任大学讲师时所作的《耶拿时期的逻辑学》一书中,《哲学百科全书》中关于时间的所有根本性观点都已经形成了。"[1]当代黑格尔哲学研究则普遍认定,从1803/1804年开始,黑格尔已经深入他的体系哲学规划的研究中,而时间与自然哲学的紧密关联度已经展现。1805/1806年,历史与精神哲学的关系也已完全确定。在1807年《精神现象学》中,时间-历史问题更成为主题性的问题。

与此形成鲜明对照的是,黑格尔耶拿早期的真无限哲学中,却并不包含时间维度的重要性,也几乎没有现有研究说明,为何在相当长一段时间

---

[1] 海德格尔:《存在与时间》,陈嘉映、王庆节译,生活·读书·新知三联书店,2000年,第488页。《耶拿时期的逻辑学》在这里指的是1804—1805年黑格尔在耶拿所做的逻辑学讲座手稿,现编入黑格尔耶拿时期哲学体系规划第二部,而并不是指黑格尔在1800年左右第一次在耶拿讲授的逻辑学。海德格尔当时并不了解黑格尔耶拿时期著作的正确时间顺序。对于海德格尔关于黑格尔时间哲学说法的其他错误之处的考察,参见 D. Sargentis, Das differente Selbst der Philosophie. Heideggers Auseinandersetzung mit Hegel, Verlag Dr. Köster, Berlin 1998, S. 193ff.; A. Sell, Martin Heideggers Gang durch Hegels „Phänomenologie des Geistes", in: Hegel-Studien Beiheft 39, Bouvier Verlag, Bonn 1998, S. 53–81。

内(1795—1802),黑格尔都没有准备好回答关于时间在哲学中的地位和作用的问题。如果要深入黑格尔对于自然时间和精神历史的研究,这一看似反常的状况就必须得到足够重视。因为事实上,出现这种情况并非由于黑格尔尚对时间问题无知或不感兴趣,恰恰相反,这时候的他已经深入了解了康德等人建立在时间理论基础上的知性哲学,以及这一哲学所受到的质疑,并且他也了解这些质疑的力量。而本章的核心工作就是说明,为什么黑格尔在此背景下,在他的耶拿时代最开始的那些年月中仍然没有足够重视时间问题。只有知道了黑格尔在时间问题上曾经如此小心翼翼的真正原因,才能够理解他后来走入时间-历史哲学是何等的大胆。

因此,本章的中心问题就是:在1803年之前,时间问题对于黑格尔而言,在何种程度上尚非"根本性"的?是什么样的考虑妨碍了黑格尔在1803年之前对时间问题的根本性观点的形成?通过以下两节,本章将对这一问题提供尝试性解答,这两节的核心任务分别是:(1)对黑格尔1795—1800年的无限性哲学进行概述,并对其在1800—1802年在"客观世界"中提出的所谓"时间问题"展开研究;(2)对黑格尔《信仰与知识》(1802)一书中作为取代时间问题的"真无限"问题进行详细考察。

第一节
时间、无限与客观世界:1802年前的黑格尔时间之思

黑格尔青年时代主要对无限性哲学感兴趣。由于他的神学教育背景,这种无限与宗教有着密切的关系。当黑格尔沉迷于有限者与无限者

第一章 无时间的真无限:体系规划前的黑格尔时间之思

的某种内在的"神秘合一"(unio mystica)的时候,他集中研究的是一种神性的无限性。在此意义上,黑格尔认为有限者与无限者的共属一体就是一个圣洁的秘密,而这种共属一体就是生命自身。且这生命自身不是别的,就是神之爱。神之爱因此就是生活的自我觉察的整体,是开端也是终结,因为它自己完成了生命的永恒之圆。黑格尔就此写道:

> 在爱中生命找到了它自身,作为它自身的双重化,亦即生命找到了它自身与它自身的合一;生命必须从这种未经发展的合一出发,经过曲折的圆圈式的教养,以达到一种完满的合一。①

因此,在这里唯一重要的仅是生命永不消逝的运动,而消逝性的有限者在此尚无其地位。换言之,在神之爱中,一切都是永恒的,时间性的有限者在这里并不重要。②

在之后的一两年内,黑格尔也没有能力马上提出时间问题。无限化仍是这一时期黑格尔哲学的主要关注点。"把存在设定为生成而置于非存在中,把二分设定为绝对的现象而置于绝对中,把有限设定为生命而置

---

① G. W. F. Hegel, Hegels Theologische Jugendschriften, hrsg. v. Hermann Nohl, Mohr, Tübingen 1907, S. 309f. 中文本参见黑格尔:《黑格尔早期著作集》(上卷),贺麟等译,商务印书馆,1997 年,第 499 页。黑格尔也曾经用诸如"信仰的完满""向着神性的回返"等方式来描述这一圆环。玻格勒认为,这种"一即一切"的表述并非神学性的,而是哲学性的。Cf. O. Pöggeler, Hegels philosophische Anfänge, in: Der Weg zum System. Materialien zum jungen Hegel, hrsg. v. C. Jamme und H. Schneider, Suhrkamp, Frankfurt 1990, S. 70; M. Fujita, Philosophie und Religion beim jungen Hegel. Unter besonderer Berücksichtigung seiner Auseinandersetzung mit Schelling. in: Hegel-Studien Beiheft 26, Bouvier Verlag, Bonn 1985, S. 68.
② 阿佩尔主张,对于法兰克福时期的黑格尔而言,时间已经是一个重要的专题。这个说法是站不住脚的,因为他自己也没有提供哪怕一个相关的引文,能够直接说明黑格尔在这一时期的确十分重视时间问题。Cf. K. Appel, Zeit und Gott. Mythos und Logos der Zeit im Anschluss an Hegel und Schelling, Schöningh, Paderborn/München/Wien/Zürich 2008, S. 208-223.

于无限之中"①,这样的动机在黑格尔《费希特与谢林哲学体系的差异》中明确地浮现,它表明无限与绝对才是真正笼罩一切的背景。但是,黑格尔在保持这一主要关注点的同时,也已经试着对之加以修正。

从上述引文中我们已经可以看出,作为无限对立面的有限已经开始被提及。的确,从1800年起,黑格尔哲学开始注重考察绝对无限者与绝对有限者之间的顽固对立,并且更重要的是,黑格尔此时认为,通过神之爱已经无法消解这种对立。因为信仰者的共同体在世界中的生活与基督在世时不同,后者依靠基督之爱就可以持续,是永恒主观情感的连接作用的表现,但前者则是现实的,从爱中被割离出来的,它必须依靠与客观世界的种种(政治的、经济的、社会的)关系才能够维持。就此而言,爱的连接效力就开始消散在主客二分的生活之中了。这就是说,神之爱虽然无限,但它在其现实的有限性中,也就是在信仰共同体即教团的生活中,却并非那么完美无瑕。相反,现实的教团生活或生命,客观上来看反而是对这种无限之爱的某种败坏,是其衰落的表现。这样一来,在完满无限的对立面上,黑格尔就已经看到了某种客观的有限世界的现实存在,并且承认它对于哲学思考来说是不可不去面对的。相比之下,原来的神之爱,就被当作只是来源于神和神子主观的爱而已,尽管它仍然被黑格尔认为是更为重要的。

关于1800年前后黑格尔把爱放到了生命形态的对立面的这一事实,黑格尔自己的解释是因为生命的(生活的)每一形态都可以作为一种客体、一种现实物而为有限的知性或反思所把握。这也就是说,从现在开

---

① G. W. F. Hegel, Differenz des Fichteschen und Schellingschen Systems der Philosophie, in: Jenaer Kritische Schriften I, hrsg. v. H. Brockard und H. Buchner, Felix Meiner Verlag, Hamburg 1979, S. 15. 中文本参见黑格尔:《费希特与谢林哲学体系的差异(1801年)》,载《黑格尔著作集》(第二卷),朱更生译,人民出版社,2017年,第13—14页,其中的中文翻译"在""非在""有穷""无穷",本书统一为"存在""非存在""有限""无限"。

第一章　无时间的真无限：体系规划前的黑格尔时间之思

始,毗邻于主体性的爱的积极面,出现了一个新的、被叫作"生命的形态"的客体性消极面,这也被黑格尔称为"客观世界"①。在《1800年体系残篇》中,爱与生命的绝对对立也因此成为最为重要的哲学问题。客观生活世界是通过我们的反思被建立的,它将存在整体分割为无数个体性的部分,并且破坏爱的连接作用,将生命从爱的情感表达转化为多种多样的自然存在者,它们在彼此可能连接的方面才被看作活的生命,但在可能的反连接方面,则被看作死物质。后者不是通过爱,而是通过知性和反思的固化作用才产生的,它也是有限事物产生的根源:没有从无限统一的连接活动中被固定下来、割裂出来的部分,就不会有有限的多样事物的存在②。在这里,黑格尔不仅说出了客观世界的割裂和多样特点,同时也说明了神之爱的缺陷,即神之爱虽然是永恒和神圣的,但现在却已经不再是生命的全部,而是只属于生命的主体性层面,缺乏一切客体性的形态。而作为爱的前提的正是生命的分离和发展,也就是它形成了多样性,它们都处于客观的有限者领域。

就黑格尔早期耶拿哲学的发展历程而言,以上分离和对立的出现进一步意味着:当初黑格尔所认定的那种在完备的无限性中与生命相等同的爱的循环已被打破了,一个新的循环必须在有限者与相对无限者之间被重新设立。因为随着有限客观世界的被发现,加之它与主观无限之爱被对立起来,世界整体将会分崩离析,而要改变这一局面,哲学家就必须深入思考如何在一种新的循环中将二者重新整合在一起。这个新的循环方式正对应于《费希特与谢林哲学体系的差异(1801年)》一书的要点,即黑格尔所说的"哲学的需求",它也是新时代哲学在面向这种对立局面时对自己提出的任务。对这种哲学的需求,可以做如下简略的解释。

---

① 这一术语在《精神现象学》之后就不再占有特殊地位,黑格尔只在耶拿早期喜爱运用它。
② 参见黑格尔:《黑格尔早期著作集》(上卷),第471—475页。

1. 存在着一个零散、受限的客观世界。这个世界不是在原初的统一性中出现，而是由于有限存在者的反思才从原初统一中被分离出来，并被有限知性固化为原初统一的对立面。但各种在知性反思中被限制的东西，都要求建立被限制者的整体，因为它们都承受着分离所带来的不完整性。

2. 但这样被要求的整体却只是一种空洞的要求，一种假象，而并非绝对整体自身的真正显现，因为随着整体的真正建立，"诸限制的全面性遭到消灭"①。这也就是说，假如受限个体的要求实现了，那么付出的代价就是这些受限个体的现实性完全被取消了。这样一来，之前的分离也就毫无意义了。而真正的绝对整体，当然不应该一味否定分离出来的客观世界的意义。

3. 之所以在这里出现的并非真正的绝对整体，而只是一种空洞的整体要求，是因为虽然后者把有限者导向无限者，满足了有限者的完整性需要，但那不过是依据片面的有限反思抹平或取消了那些对被限制事物的异质的多样性判断而已。或者说，它只是简单地想用知性中被要求的那一面（无限）去取代被认为有问题的这一面（有限）而已，并非真的要将二者结合起来。

4. 而真正的哲学要求却是：一方面有限生命必须试着在其自身之内去争取无限性，也就是说要让自身不再与无限对立，而是自身就通向无限，并且这不是通过取消其自身，而是通过保存其自身的活动做到的；而另一方面，有限生命却又同时将在世的有限者作为单纯的现象进行把握和设定，这些现象都从绝对中被孤立出来，并且将自己固定为独立者，而这恰恰是需要被克服的。这就是说，有限生命不能仅仅固守自身的有限，

---

① Hegel, Differenzschrift, S. 11. 中文本参见黑格尔:《费希特与谢林哲学体系的差异(1801年)》，第11页。

第一章 无时间的真无限:体系规划前的黑格尔时间之思

而必须克服自己的片面性。前一个方面关系到对有限性的肯定,而后一个方面关系到对它的否定。双方都要在无限中得到满足。在这种要求下,就需要一个比"单纯与有限对立的无限"更高的"统一的真无限"来克服,在世界整体与孤立的、彼此不同的有限者之间出现的差异,而只有这更高的统一才是绝对自身。

与上述新的"哲学的需要"相应的事实是,在此种反思的分裂中,似乎存在着一个时间性有限者的自治领域,也就是与较低无限对立的那个有限存在者的领域。从《1800年体系残篇》开始,黑格尔似乎也顺势将时间问题纳入了视野中,并因此已经开始了其时间之思。但仔细考察黑格尔的原文,我们就会发现,也许是现存文本有阙遗的缘故,他用一种十分突然且略显粗暴的方式来谈论这一问题,并且这一阐述的真正目的与其说是要重视时间问题,不如说是要通过它来指明这一点:真正值得重视的是"真无限"的问题,想要从时间分析入手得到对此的答案,是行不通的。我们现在就来对这个部分加以详细研究。上文已经反复说明的有限和较低无限的对立,在《1800年体系残篇》中被他语焉不详地称作"时间的二律背反"①。黑格尔对此的阐述极其含混简短,综合此处前后文,其大致要点可以归纳为以下几点。

1. 客体性关系必然是在时间之中的关系,因为所谓客观的东西,就是有限的、分立的、有始有终的东西。它们不是简单地并置在一起,而是处于一个彼此生成的整体之中。因为只有在生成序列中,才谈得上具体有限物的产生和消失,否则它们就成了永远存在的东西了,而这显然是荒唐的。现在,这个不断生成、消失的时间整体,就是生命的全部流程,它永不停歇地生成着客观世界的多样性。

---

① Hegel, Hegels Theologische Jugendschriften, S. 349. 中文本参见黑格尔:《黑格尔早期著作集》(上卷),第477页。

2. 作为时间性存在者的客体都是一些偶然的东西，没有内在的自我持续力量。这是因为一切客体既然都仅仅存在于一条不断向前的时间链中，那么显然每一客体都只是作为时间链内的一个瞬间，这个瞬间在下一刻就不复存在了。

3. 一旦客观世界要求自己不受限于片段时间的自我持存，那么它就必定要求获得生命的整体而非片刻的生命。但这一整体如果不是偶然存在过的客体的组合物的话，那就一定是一种贯穿于所有时间性片刻之中的统一整体，或者说就是全部的时间之流。而如果只肯定这种整体的时间流的存在价值，就势必会取消那些偶然的、时间片断性的、在客观世界中的存在者的存在价值。因此这里就形成了一种绝对的紧张关系。

4. 在此意义上，时间的二律背反意味着：尽管有限者的独立领域是存在着的，但此存在却仅仅以一种盲目的、时间片断性的方式显现出来。但如果不满足于这种片断式的存在，不满足于被限制者的不完满性和盲目偶然性，那么就只能引入时间流整体来取代它。但客观的时间整体是什么呢？它仅仅是一条无限时间链的观念而已，也就是作为一切消逝着的东西的反思性关联而已，但它自身却并不就是现实的，因为它在每一个片刻都不存在，而这又是因为，它的无限性是以否定每一时间片段的客观现实性为代价才得以表现的。换言之，时间整体从根本上来说只是一种虚无，一种较低的无限，而非真无限。

如果以上分析没有大的问题，那么我们就可以理解，黑格尔在1801年《费希特与谢林哲学体系的差异》中，紧接在对新的哲学需要的分析之后，为什么马上说"无限者对知性而言是虚无也终结于虚无"[1]。这就是说：

---

[1] Hegel, Differenzschrift, S. 17. 中文本参见黑格尔：《费希特与谢林哲学体系的差异（1801年）》，第15页，译文略有改动。

第一章　无时间的真无限：体系规划前的黑格尔时间之思

1. 被限制者整体，也就是时间整体，是绝对不可见的，因为它仅仅是一切消逝者的纯粹否定性关联。换言之，在任何一个客观的时间片断上，我们都不能以当下肯定的方式见到它。况且，无论是有限者自身，还是这一整体，都不应该仅是不断消逝着的东西或它们单纯的否定性关联而已，否则就没有任何东西实际存在。而所谓整体也只是一种空洞的、不客观的主体反思形式而已，也就是一种对知性而言的虚无。

2. 假如时间之流是一个整体，那就意味着，所有时间片断的客观性最终都要在这个整体中被否定，对有限时间片断的知识就是有限的客观知识，而否定时间片断，也就是对所有有限性知识的否定。在绝对的、单调的无限性中，一切有限存在者及其认识都将被取缔。

3. 如果上述二者同样不可接受，那么就必须设想，在反思性的时间整体的绝对性之上，要有一种包含了有限性的肯定意义在其自身之中的绝对性，由此才能达到二者的和解。这种统一在黑格尔看来，只能作为对一切时间的真正扬弃而存在，因为"真正的二律背反并非并行地，而是同时把受限者与不受限制者设定为同一，就此必定同时扬弃对立。二律背反假设对时间做特定直观，时间——当下的受限契机与这种契机被置于自身之外的不受限制性——就必定同时是两者，也就是必定是永恒"①。这句话的意思是说：一方面，有着对时间片断上的有限客观存在者的直观；另一方面，也有着未被限制的时间之流，它生成并设定着一切时间片断。当然，这一切设定，同时也是对它的否定。在这个意义上，一种同时作为设定和否定的虚无化运动已经存在，而这是从有限和无限的绝对对立中反推出来的结论。因为所有设定的东西都会被否定，所以整个运动是虚无的；而因为这种否定活动是通过承认客观者的存在和它的消逝为

---

① Hegel, Differenzschrift, S. 33. 中文本参见黑格尔:《费希特与谢林哲学体系的差异（1801年）》，第27页。

前提来进行的,所以它只是一种推论。这就是知性所能理解的最大范围。在其中,对有限时间的真正扬弃究竟是怎样进行的,根本没有得到说明。

因此以上所言根本不能证明,此时的黑格尔已将时间性当作一个严肃的问题来对待。他毋宁是将时间进程单纯作为否定性杂质,或者作为"无限焦点的半径"加以界定的。①之所以要否定消逝着的有限者,只是源于对有限者的不完满性的反思,或者说,源于对它与无限绝对对立状况的反思,因为"反思由此将其产物固定为跟绝对者绝对对立的东西,它造成了这样一种永恒的法则:保持为知性,不变成理性,坚持在反思的作品那里,这个作品(作为被限制物)在与绝对物的对立之势中仅仅身为虚无"。这里的"虚无"意味着消逝的有限者,而已消逝的东西只能一再地在反思中得以映现——这个过程被黑格尔称作"无穷可重复性"。②这种无穷可重复性只代表了一种由于反思的二分特性而被设定出来的较低的绝对而已。

而较高层面上则有真绝对或真无限性。这种无限性高于时间性存在的相对整体,因为它不是抽象地设定这一相对整体并把它置于有限者的对立面,而是在有限者中当下地生成着的真的时间整体。"在理性的这种自行产生中,绝对者变成一种客观全面性,这种全面性自身蕴涵一个整体并且是完美的,在自身之外没有根据,而是通过自身奠基于其肇始、手段与终结。"③这就是说,无限者生成自身,它出于自身而在一切有限者之中朝向自身。而在这样一种自我生成着的进程中,有限者之为有限者的存

---

① Hegel, Differenzschrift, S. 32. 中文本参见黑格尔:《费希特与谢林哲学体系的差异(1801年)》,第26页。
② Hegel, Differenzschrift, S. 18. 中文本两处均参见黑格尔:《费希特与谢林哲学体系的差异(1801年)》,第16页,此处译文进行了大幅重译。
③ Hegel, Differenzschrift, S. 34. 中文本参见黑格尔:《费希特与谢林哲学体系的差异(1801年)》,第28页。

在的可能性与必然性的保存问题,显然并未被真正地谈论。假如它能够得到谈论的话,那也必须首先看到这种对真无限的需要,这样一来,它才能摆脱反思的方式而得到真正的解释。换言之,这种绝对的同一在此时的黑格尔的眼中,只是作为永恒存在自身或作为积极的基础性存在而被直观和信仰。迫切需要得到哲学解释的,恰恰是这种目前被认为是直观和信仰的东西,而非什么客观的时间或者时间之流整体。一种绝对统一在这里仅仅是被要求的,而尚未被现实地意识到了。它保持在意识的黑暗深渊中:"绝对者是夜",而"虚无是初始之事"。① 这种统一必须被视为一切哲学体系的出发点。② 由此,黑格尔也就中断了对时间性的阐释,因为一切有限者的意蕴在一开始就不是要关注的核心问题。

第二节
《信仰与知识》中的时间问题:黑格尔与雅各比的差异

对时间性有限存在者进行哲学研究的新契机,出现在黑格尔1802年的著作《信仰与知识》之中。在那里,雅各比的时间阐释在特别的意义上激励了黑格尔的时间考察(但令人惊讶的是,后来黑格尔却特意回避着这种影响③):

---

① Hegel, Differenzschrift, S. 15. 中文本参见黑格尔:《费希特与谢林哲学体系的差异(1801年)》,第13页。此处当然表现出了谢林对黑格尔的影响。非常有趣的是,在其后的耶拿体系规划中,是时间而非绝对被称作"黑夜",而且它还被视为"最古老的神灵"。
② 在这个意义上,青年黑格尔显示了与谢林的高度一致,而与耶拿体系规划以及成熟时期的黑格尔区别开来。参见本书第四章。
③ 比如15年后,在《雅各比评论》(Jacobi-Rezension)中,黑格尔仅在"永恒性"的意义上评论了雅各比哲学,而对其时间哲学几乎未措一词。Cf. G. W. F. Hegel, Berliner Schriften, hrsg. v. W. Jaeschke, Felix Meiner Verlag Hamburg 1997, S. 11, 14.

雅各比哲学与康德哲学具有绝对有限性之共性，具有以观念形式的有限性作为形式知识的共性，具有以真实形式的有限性作为一种绝对经验主义的共性，并通过对一种绝对彼岸作设定的信仰来整合两者这种共性。雅各比哲学却在这种共同领域内构成了康德哲学的一个对立极，在康德哲学中，有限性与主体性具有概念的客观形式，雅各比哲学则使主观性完全主观地成为个别性。①

黑格尔认为，雅各比的哲学是这样一种哲学：当主体作为一种逻辑法则被把握时，就会建立一种抽象的统一性。与这种作为根据的逻辑法则相对，那种存在于作为有限存在者之延续序列的因果关系之中的差异经验，使得客体得以生成。简言之，逻辑的根据法则相应于普遍主体，而因果性的法则则相应于在因果序列中展现出来的自在客体。后者（在与康德相反的意义上）将有限者作为自在的东西加以建构，并且此建构又导向"因果序列的演绎"，这一演绎发生于"自在并且绝对的"时间中，因为有限性的经验不是别的，正是时间的延续序列。所以，雅各比主张的就是一种在有限个体自身之中的绝对时间体验，换言之，就是对于每个人都不同的时间体验。这些体验之所以成立，是因为雅各比给予了有限者以绝对性，并且强调这种绝对有限性是不可认识的、彼岸性的、完全主观的。从这些绝对的有限个体出发，也就是从他们各个不同的主观性出发，通过他们的具体实践，就有了各个不同的行动链条，它们也就是各不相同的时间

---

① G. W. F. Hegel, Glauben und Wissen, oder die Reflexionsphilosophie der Subjektivität, in der Vollständigkeit ihrer Formen, als Kantische, Jacobische, und Fichtesche Philosophie, hrsg. v. H. Brockard und H. Buchne, Felix Meiner Verlag, Hamburg 1986, S. 44. 中文本参见黑格尔：《信仰与知识或者以康德哲学、雅科比哲学与费希特哲学形式出现的形式完整的主体性的反思哲学》，载《黑格尔著作集》（第二卷），朱更生译，人民出版社，2017年，第226—227页，译文略有改动。

链条或者不同的因果序列。这和康德那种统一主体结构下的因果律分析刚好相反,后者属于所有个体都必须服从的、具有客观实在性的先验认知结构的作用方式。

以上黑格尔的雅各比哲学阐释与雅各比哲学本身相去甚远。因为:

1. 事实上,对于雅各比而言,时间只指我们身体性的定在经验的实在延续序列,而与康德的相应于先验范畴的经验范畴没有丝毫关系。它毋宁是通过我们的行动得以体现的,因此是实践性的,也就是说,不可被概念化认识的[1]。对康德而言,在理论理性的范围内,"经验"的成型有赖于范畴的自发性建构作用对经验性杂多的图型化。相反,在雅各比那里,定在的实践性体验却只处于一种有限者在被限制的限定性链条中(die Kette bedingter Bedingungen)的运动里,这种体验对这种运动泰然任之,而从不通过理性或者反思来设定此运动。"我从来不想设定什么,而只是发现那已被设定的东西,并且放任之。"[2]在这里,雅各比哲学与康德哲学的歧异点是很清楚的:体验是发现性的,而不是建构性的;是实践中的感受,而非理论的反思。

2. 黑格尔将雅各比那里被限制的限制性链条转译为康德意义上的演绎性的"因果性"(Kausalität)也是错误的。因为,因果性对于康德而言乃是某种先天条件,是抽掉"我的内直观的持久形式即时间"后的产物,而"当我把这一范畴应用于我的感性上时,我就通过它对一切发生的事情在一般时间中按照其关系加以规定"[3]。这就是说,因果性是主体时间经验

---

[1] Cf. B. Sandkaulen, Grund und Ursache, Die Vernunftkritik Jacobis, Wilhelm Fink Verlag, München 2000, S. 93 – 103.

[2] F. H. Jacobi, Über die Lehre des Spinoza in Briefen an den Herrn Moses Mendelssohn, hrsg. v. K. Hammascher und I. M. Piske, Felix Meiner Verlag, Hamburg 2000, S. 35.

[3] I. Kant, Kritik der reinen Vernunft, hrsg. v. J. Timmermann, Felix Meiner Verlag, Hamburg 1998, B163. 中文本参见康德:《纯粹理性批判》,邓晓芒译,人民出版社,2004年,第108页。中译本中"原因"范畴,此处翻译为"因果性"范畴。

的一种抽象内在结构，它拒绝质料性时间的合法性。黑格尔根据这种康德思路进而认为，雅各比也设定了作为自身自在者的时间体验的抽象统一性，但雅各比本人则针锋相对地否定上述一切。对他而言，被限制的限制性链条，也就是时间链条，与被设定出或被演绎出的"因果"形式，也就是根据的形式无关，相反，它只能是存在于一切有限者之中的、有质料性内容的行动性的"中介"（Vermittlung）而已，对这些中介不可做单纯的形式化处理，更不会提供对世界之根据的认识而只能在实际行动中被自身感知与察觉。

3. 这种雅各比哲学中的"实践行动"也完全不同于康德的"纯粹实践理性"，后者恰恰是基于意志规定的直接基础被设定出来的，它不考虑意志的质料性客体是否真的存在①。而这种纯粹意志是一个完全理性的根据，虽然在现象界中，以纯粹意志为根据所做出的行动也表现为某种因果作用，但就其自身来说，这一意志只是一个绝对理性原则性的行动前提而已。然而对雅各比而言，实践中的原因与效用的链条，绝不可以仅仅在原则性的或者智性的前提之下被考虑，因为后者事先引入了一种在先验哲学中被假定的体系性规范条件，而这一条件根本不依赖任何时间条件就得到了确立，它也不会具体体现在任何时间性的实践行动之中。因此，现象界中的因果关系，也不构成对纯粹意志活动的任何解释，而只是有限理智存在者对其自然性的表现的认识而已。与康德的主张相反，对于雅各比而言，实践的意志毋宁仅仅通过实存层面上的时间展开才起作用，只不过这种展开方式不同于自然科学寻求永恒根据的那些知性方式，它是在

---

① 这并不是说，实践理性的概念并非现实地有其可能客体。但是这样一些概念仅仅是形式性地被一般思及的，而绝对不是质料性地被具体体验到的。Cf. I. Kant, Kritik der praktischen Vernunft, hrsg. v. H. D. Brandt und H. F. Klemme, Felix Meiner Verlag, Hamburg 2003, S. 181.

第一章　无时间的真无限：体系规划前的黑格尔时间之思

我们的实践感而非实践规范认知中展开的。如果按照黑格尔的想法,将雅各比哲学中的完全实践性的时间链条理解为康德哲学中的"因果性链条",那么他就给雅各比强加了一种对实践意志的认知性说明。这样一来,雅各比想要强调的存在论意义上的中介性反而被遗忘了①。因为黑格尔的做法无疑是认为,雅各比把意志(或者主观意图)认识为某种客观行动的最终根据,而这种根据的作用范围就等同于行动所产生的因果作用的范围,但这恰恰违背了雅各比区分非认知性的时间中介作用与认知性的永恒根据作用的意图:行动是有原因的,但绝不会有最初的、绝对前提性的原因,因为原因链条是无限中介的链条,它是在行动中被感受到而非认识到的。因果性的感受绝不等于对因果规律的认识(这是休谟的伟大贡献)。相反,因果规律作为一种知性规律,和实践行动的时间展开没有直接关系,因为有没有实际的实践活动展开,根本不影响因果律作为一种根据律的地位。这样一来,把主观意图作为某种因果律根据的说法,就是完全错误的。而黑格尔恰恰犯了这一错误。

假如对于不熟悉雅各比哲学的读者而言,以上内容显得有些生涩的话,那么我建议不妨在读完本书第一部分第二章之后,再回过头来理解上述段落——其关键在于:雅各比并非一个外在实在论者,并不只是主观地想要主张一种意识性因果规律之外的物质性时间因果关系。他其实是一个为人类实在的实践感做出非认识论、非命题性辩护的哲学家。但是,即便是对这些知识的细节没有了解的读者也可以大致理解本节下面想要讲述的内容,因为其重点仅仅在于,虽然黑格尔对雅各比哲学有诸多误解,但正是这些误解推动了黑格尔本人对时间问题的初步理解。与此相关的一段关键性原文是:

---

① 珊特考伦解释了这些错误理解的根源。Cf. B. Sandkaulen, Grund und Ursache, S. 165 – 173.

第一部　时间问题的发生:黑格尔与康德、雅各比、费希特和谢林之争

雅各比与康德哲学的对立关系的先天性在于:它也可以达及物自身,也就是说,有限的事物、感受性事物、此事物之外的感受到的现实事物、自在之物、此类事物的关系、其延续序列、因果关联、对立等等,以上这些全都是真实的理性关系或者理念,以至于它还对康德哲学有明显的改善,由此,通过这种改善,这些事物之间的关系不会只是有意识知性的一种纯粹主体性的东西,而且还是一种缺乏意识的东西,是客体。这种改善建构了一种绝对的独断论,并将有限者升格成一种自在之物。①

这段话在以下几方面引人注目:

1. 对黑格尔而言,雅各比揭示出了一种可能性,即在有限存在者领域内建构物自身(这一点的积极意义,将在本书第一部分第四章及第二部分详细说明)。

2. 这一领域与康德的先验哲学相比就有一个优点,即它也是"缺乏意识的客体"的领域,而不仅是单纯主体性的领域。

3. 然而黑格尔认为,雅各比对这一领域的建构只是独断论。

这三点在不同的路径上导向了黑格尔 1800 年前后的最终目标(它在本章第一节中已经得到了反复说明):揭明具体的无限性,提供一种改造雅各比的时间阐释的谋略,但同时屏蔽了严肃地提出时间性问题的可能性。以下予以分别说明:

1. 黑格尔试图在这里借助于雅各比对有限存在者的解读直接说明物自身。在黑格尔看来,在康德那里,无基础的物自身虽然如同主体自身

---

① Hegel, Glauben und Wissen, S. 51. 中文本参见黑格尔:《信仰与知识》,第 232 页,译文有多处改动,除了依据通行译法将"先验"调整为"先天","自在"调整为"自在之物",以及出于译文准确性考虑将"无意识"调整为"缺乏意识"等外,句序也有调整。

第一章 无时间的真无限:体系规划前的黑格尔时间之思

一样不在现象界之中,是在彼岸的东西,但它同时却又完全相异于主体,这使得物自身在康德那里始终是一个难解的谜。相反,在雅各比那里,物自身却完全可以用一种迂回的方式被达及,这是一个巨大的优点[①]。黑格尔认为,物自身对于雅各比而言,正是那从主体的概念化方式中脱离出来的、彻底自在的时间性的有限存在者自身。它存在于我们的感觉层面,并自在地组建着一切感知意识和现实意识的实在环节。这一完全自在的有限存在者意味着形而上学的全新开端的可能性,因为在此缺乏的仅仅是一种有关于它的哲学知识。当黑格尔在 1804—1805 年的《耶拿形而上学》中力求寻找一种知识之外的知识,也就是表象之外的物自身的时候,他的确将雅各比哲学放在了一个显要的位置上。在那里,黑格尔唯一故意忽略的东西,正是这些有限存在者的时间性,而他特别注重的,则是那对立于普遍必然有效的逻辑法则而存在的有限者自身。因此,黑格尔的策略无非是忽略有限存在者的时间要素,而首要地去强调有限存在者的自在存在这一要素。这就意味着:

(1) 物自身必须是于想象力或者表象力之外尚且存在的东西;

(2) 它必然不是主体法则性的东西,但却仍然是在反思中可辨识的东西;

(3) 物自身之间的关系必须是独立的,但却可认识地存在的,这种独立性不能逻辑性或者理念性地被设定出来,而必须是一种实在的发生。物自身的可认识性虽然不是对我们而言的,但却始终保持在作为有限存在者和无限存在者的绝对的自身反思(和自身分裂)之中;

[①] 事实上,通过雅各比对所谓自在之物的批判,一种在康德先验哲学中的两难境况第一次被彻底揭示了出来。然而这并非如同黑格尔的个人阐释一样,是通过内在于反思哲学中的必然对立而被揭示的,而毋宁是在一种在唯一哲学(体系哲学)与非哲学(雅各比哲学)之间无宽容余地的斗争中被揭示的。Cf. B. Sandkaulen, Grund und Ursache, S. 175 - 201.

(4) 而它与其他物自身的关系,在其可认识的范围内,必然是否定性的。如果不考虑时间性问题,黑格尔的确可以宣称他在此重建了所有雅各比有限性哲学的特征,并将之纳入了一个科学哲学体系。然而也正是在此,黑格尔将一切实在时间的重要性问题转换为形而上学的自在之物的存在真理性问题。

黑格尔因此把雅各比哲学中"自在的绝对时间"看成了一种"被给予的事实",它自身完全是惰性的、不完整的,也就是说,它缺乏一种真正的理性动力,而这种动力只能通过真无限被给出。尽管黑格尔已经看到了时间性的有限存在者对于雅各比而言也是具有其"原初动力"的,但他却认为这种原初动力在他们那里不过是一套说辞,因为我们不能理解这动力是什么。黑格尔也由此抱怨雅各比要把哲学的理念变成一种表达和言辞,也就是一套关于直接存在但不可说清的自在之物的话术,这些时间性的自在物既不应该被意识,也不应该被理解。在黑格尔看来,雅各比的错误就在于哲学思考的缺失,而要弥补这一缺失,就要哲学化雅各比的时间性的有限存在者,这里所说的哲学化,就是对绝对无限自身之循环的演绎。时间性,以及所有有限性自在存在者,必须先行消融在形而上学的无限性统一中,这种统一性首先根本不用理会时间问题本身。

2. 黑格尔并非没有注意到雅各比时间阐示的特殊性。在雅各比哲学中,对立于"意识知性的纯粹主体性"的"客观的欠意识者"将我们引向时间问题。在那里,时间不是孤立地被设定出来的自在存在,而是在我们体验中的时间。也就是说,时间性的有限存在者就是在我们日常经验中被体会到的实际存在者,是一种盲目地被体验到的物自身。通过雅各比1801年的著作《论批判主义的任务》,黑格尔认识到了雅各比时间理论的特殊性。在那里,雅各比考察了康德的时间理论并指出,在康德那里的时间——无论是作为我们感性的纯粹形式及其接受能力,还是作为在图型

第一章　无时间的真无限:体系规划前的黑格尔时间之思

化中的我们自发性的知性能力(这里特别指先验想象力的能力),都不过是一种"矫揉造作的,被一种欺骗性的、将阴影抛给阴影的双重玻璃所映现出的镜像"[1]而已,它没有真实的客观存在。但是,本章研究的兴趣集中于这一点:尽管黑格尔已经看到了雅各比对康德时间哲学的批判要点并且对之表示赞同,但这却并未使他转而真正关心时间问题,这是为什么呢?

　　黑格尔对这场康德与雅各比关于时间问题的争论评价如下:在雅各比看来,康德那里的时间是一种纯粹的形式性直观,这意味着,它仅仅是在主体之中的空洞东西,不能提供关于实在性、实体性与物质的具象性体验。通过先验想象力的时间化作用,人们也不能达及某种现实的时间性定在,虽然它在我们对有限者的经验中必须被给予。相反,在黑格尔所认为的雅各比哲学中,时间性的有限存在者是完全自在的东西,它对于我们则表现为一种经验性的偶然存在,其自在存在只能通过信仰,而不能通过其他任何实在知识来得到阐明。黑格尔进一步说,对雅各比而言,这样的一种信仰和永恒真理同时也被限制在时间性与身体性之中,正是在此意义上雅各比并没有提供一种永恒的真理,而只是提供了一种庸俗的、经验性的东西而已。然而,黑格尔也认为,雅各比又同时主张这种主体性的、不可概念化的信仰不能混同于那些被给予的特殊经验性的东西,因为它毕竟不是特殊经验的零碎堆积,而是被信赖的体验之流整体,这一整体只能在我们自身中被察觉到,它依赖于内在于我们的那种无限性。也正是在这里,黑格尔最终判定,雅各比处在了和康德的反思性主体哲学的同一层面上——"有限者、自然物、知识与超自然者、超感性者、无限者之间的

---

[1] F. H. Jacobi, Über das Unternehmen des Kritizismus, die Vernunft zu Verstande zu bringen, und der Philosophie überhaupt eine neue Absicht zu geben, in: Schriften zum transzendentalen Idealismus, Friedrich Heinrich Jacobi Werke Band 2. 1, hrsg. v. W. Jaeschke und I. M. Piske, Felix Meiner Verlag, Hamburg 2004, S. 73.

对立的绝对存在"①。

　　确切些说,黑格尔从一开始就觉得,雅各比对康德哲学的批判太过平淡,甚至流于胡说八道。这是因为,雅各比对时间哲学的理解尽管好似能揭示观念性时间经验的空洞性问题,但却终将陷入与康德哲学同样的困境:只要时间经验始终仅是在反思性哲学中被织造出来的,那么永恒的无限性统一存在与时间的有限性定在的对立就会不可克服地持续下去——只有这一点才是当时黑格尔眼中这场争论的关键。这一困难对于黑格尔而言绝非来自"我们的时间经验是观念化的还是实在化的"这样的问题,而是来自下述问题:一种时间性的实在存在者(这种实在存在者可以通过动力学的规定性加以说明)是如何可能出现在绝对主体性经验中,也即出现在我们定在精神的宇宙整全中的? 换言之,一种在绝对同一性中的时间性实在者如何能被演绎性地给予并被现实地加以表象?

　　然而,以上黑格尔的想法却是对雅各比哲学目的的欺骗性异化。这是因为,雅各比对康德时间哲学的批判,与时间性存在者在绝对统一性中的被给予可能性的问题全无关系,更不用提在哲学中为时间性有限存在者寻找和补足一种高级的动力之类的问题了。换言之,雅各比的时间批判与"一种实在的时间体验如何可以在哲学中基于永恒的绝对者而存在"这种问题没有关系,他的问题毋宁归结为"为什么一种没有实在时间体验的哲学是根本不可能的,并且将导致虚无主义?",而黑格尔对雅各比哲学中永恒与时间的分离的指责也正好与雅各比理性体系批判的核心有关:雅各比认为,人们必须在双重性上理解世界存在者,一是基于形式无限本质的基础,二是通过质料性和有限性作用的原因-效果链条,并且绝不可

---

① Hegel, Glauben und Wissen, S. 93. 此处现有中文翻译古怪难懂,故没有使用,参见黑格尔:《信仰与知识》,第 265 页。

第一章 无时间的真无限:体系规划前的黑格尔时间之思

将二者混同起来。

然而黑格尔显然不满足于雅各比的说法,他试图说明一切有限者形态的原初给予性。对这种原初给予性的考察途径,对1800年左右的黑格尔而言,并不在于勘察现成的时间经验,因为它完全只是经验性的而已。这种考察的真正进路毋宁是对"真无限"的考察。雅各比的单纯自在之有限存在的客观哲学所缺乏的正是这种"真无限",所以才陷入了有限与无限的反思性对立之中。而由此黑格尔的目标也十分清楚了:他力图将真无限带入意识。换言之,这一对时间原初的被给予性的哲学考察不是通过时间性有限者的消逝性道路,而是借助永恒在场并显现着的原初开端而得到开展的。雅各比哲学中欠意识的时间性客体必须首先从意识的绝对统一出发被科学地观察。时间的作用因此仅仅在于,作为否定性的东西,它激发出一种对真无限的哲学考察。

3. 由此雅各比的时间阐示——只要他拒绝一种对时间性存在者的存在的可验证的知识——也必须首先被归为"独断"。对雅各比哲学是一种独断论哲学的批评不是凭空而来的。在1801年的《费希特与谢林哲学体系的差异》一书中,黑格尔就曾写道:"如果在一个体系中作为基础的需求未得到完善的发展,且如果一个有条件者也只是在与绝对者的固执对立中被提出,那么这个体系就是独断论的体系。"[1]独断论就是被限定的、与绝对对立的有限存在者的真理,它在时间中不过是终将消逝者的抽象同一性,而非当下在场者的现实同一性。独断论者没有能力去怀疑抽象同一性的权威性。所以反对独断论,就是要将有限者以及它们的彼此关联以哲学的方式呈现出来。这和"时间自身本真地是如何的"或者"时间怎样成为具有规则的时间"等问题无关,而只与下述问题有关:时间性的

---

[1] Hegel, Differenzschrift, S. 35. 此处对现有中文翻译有较大调整。参见黑格尔:《费希特与谢林哲学体系的差异(1801年)》,第29页。

自在者如何可能带着真正无限的绝对性而以可知的形式显现出来？

然而，什么叫作显现呢？只有通过哲学的阐明，它才能被理解。对于这种显现的陈述就是与现实意识相关的存在论知识，因为它将事物与观念事物(ens qua ens perceptum)带入了表象，它一方面作为被把握的东西(cogitationes)，而另一方面却就是把握本身(conscientia)。在这里，黑格尔想要强调的是在一切理性体系的原初形态中知与物（把握者与被把握者）之间的内在辩证关系。这种原初形态既与一种非时间的孤立形式无关，也与一种时间性的事物无关，而只和把握者与被把握者的统一相关。只有这种统一才能被叫作绝对的现实显现。因为它不仅将整体的每一实在部分都在整体性进程中保留了下来，而且还认识并规定了这种保留之为保留的全部原因和后果，也就是说，一切都可以在其确定性的现象中得到透视。而一种独断论，无论是基于事物的抽象实体，还是基于缺乏无限性的自在有限者，都是与此相悖的。

由此可以推出，对黑格尔来说"自在之物是时间性的还是非时间性的"这个问题并不重要，因为自在之物是一个作为不可解释的前提而被设定的"直接存在了的"事物。也因为这样的理解，黑格尔对雅各比的康德时间哲学批判失去了兴趣，对他来说，重要的根本不是判明事物自身是实在的还是单纯被设想的。真正糟糕的事情反而是，在所有哲学性的透彻认识之侧，雅各比居然认为还有居于阴影之中的奇怪事物（自在存在的时间性有限存在者）。雅各比哲学正是因此被看成仅仅属于反思哲学。而此时的黑格尔显然认为，真正的哲学探究，并不需要从时间性问题开始，而要从哲学认识的绝对自显现问题开始。至于黑格尔口中所谓雅各比式的怀疑主义的作用，则只在于先行将客观有限性与主观无限性的统一置入问题之中，而这种统一正是"真无限"。由此黑格尔甚至可能这样回应雅各比："亲爱的雅各比先生，我相信您会停止讨论您的所谓真正时间的

第一章　无时间的真无限：体系规划前的黑格尔时间之思

问题,如果您看到真的问题乃是在于真无限的话。"通过上述黑格尔式的策略性改造,黑格尔就为自己的哲学找到了一条"超越"康德和雅各比的道路。一方面这条道路决定了黑格尔哲学的整体趋向,另一方面它也将在黑格尔接下来的耶拿岁月中被大幅修改。

事实上,从 1803 年开始,黑格尔就开始对时间性的有限存在者投入大量的关注,这种关注既表现在其耶拿自然哲学之中,也表现在其精神现象学之中。但在对此进行深入研究之前,我们必须首先再次回到雅各比和康德关于时间问题的争论焦点上(它在本章中只是作为背景而被提及)。通过对这一问题的透彻分析我们尝试揭明,究竟是雅各比批评的哪些因素,在黑格尔其后的哲学体系规划中起到了推动作用,并让黑格尔从其"真无限"的思考走入了对时间性有限存在者的高度关注之中。换言之,如果说在本章中,主要呈现的是黑格尔对雅各比、康德之批判的否定面目,那在接下来的几章中,我们将逐渐看到这一批判对黑格尔时间之思的积极影响。正是在这些影响之下,才有了本书第二部分将要讨论的主要内容,即一种作为自然哲学和存在论的黑格尔时间理论,是如何告别康德和费希特的先验哲学框架而逐渐产生的,它又为什么将关注的重心放到了时间性的有限存在者的实在性之上。

第二章
虚无主义：雅各比与康德关于时间问题的争论

为了清楚展现雅各比与康德时间问题争论的方方面面，引入一个参照系是必要的，而在本章中，这个参照系就是海德格尔对康德时间问题的分析。这一方面是因为，单独来看，较难理解雅各比的康德批判，但国内已经大致熟悉了海德格尔的康德分析，而雅各比对康德时间学说的见解和海德格尔有着惊人的相似性，因此借助一种大家熟知的资源，就能更方便地展示雅各比与康德争论的关键。另一方面，雅各比和海德格尔的相似之处又在一个极其关键的地方中断了，取而代之的是二者在关于有限时间存在者的实在性阐释或虚无主义阐释之间巨大的分歧。值得注意的是，这一分歧并非全新的，它在雅各比的康德批判之后，贯穿于整个德国古典哲学的进程之中，并构成了黑格尔开启时间之思的最重要的背景。本章末尾处引入的阿多诺对海德格尔虚无主义的批判，在黑格尔对康德和费希特的批判中已可见苗头，而后一批判又在很大程度上受到了雅各比的启发。如果说第一章展现出了黑格尔一开始就与雅各比持有不同的立场，那么本章和下章则显示了事情的另一面，即没有雅各比的康德时间批判和虚无主义批判，就不会有黑格尔从不甚重视时间问题到将之中心

第二章 虚无主义:雅各比与康德关于时间问题的争论

化的立场转变。

关于海德格尔《康德与形而上学疑难》中对时间问题在存在论上的关键地位的阐发,国内学界早已有大量研究,但几乎没有任何相关研究说明,海德格尔所做的这一工作在历史的视角下不仅不是首创性的,而且甚至没有充分顾及《纯粹理性批判》诞生不久之后德国学界对之批判性接受的实际进程。可以明显支持上述论断的是,海德格尔自己完全没有就雅各比对康德的批判展开论述,虽然雅各比的这一批判——如海德格尔自己一样——将时间问题置于康德哲学最为核心的地位上。雅各比在《纯粹理性批判》第一版发表后的第一时间就已经提出,而在日后的岁月中又不断强调,康德在时间问题上的论证将导致严重的存在论上的虚无主义危机。雅各比的这一批评深刻影响了费希特、谢林和黑格尔对时间及实在存在问题的看法,并使整个后康德哲学对此的考虑在完全不同的层面上展开。由此,慎重考虑对当时哲学有着巨大影响的雅各比关于康德时间哲学的批判,与对今日哲学仍有深刻意义的海德格尔关于康德时间哲学的评价之间的异同,就具有十分重要的意义。鉴于国内学界已经十分熟悉海德格尔在第一康德书中所做的工作,但尚不熟悉雅各比之康德时间哲学批判的关键点,所以本章首先对后者做出详细阐释,并在若干关键点处指出雅各比对康德的理解与海德格尔的一致性。然后本章试图联系雅各比的康德批评对后康德哲学诸家的意义,以此说明这一批评与海德格尔的康德阐释之间的差异。此外,本书的第三部分将说明,这当然不仅是海德格尔与雅各比的差异,也是黑格尔与雅各比的关键差异之所在。

第一节
客观实在性与先验对象 X：雅各比的康德批判要点一

要说明雅各比对康德时间理论的批判与海德格尔相关批判的相同之处，所需的关键词是"客观实在性"。雅各比和海德格尔都曾非常正确地看到，康德哲学中的客观实在性问题主要是关联着先验想象力的综合作用被处理的，并因此是与时间问题直接相关的①。在 B 版演绎中，客观实在性意味着与对象相关的某种关系，在这种对象中，知识才有其意味和含义②。而在 A 版演绎中，康德则用另外的方式来解释这种实在性，他说：

---

① Cf. Heidegger, Kant und das Problem der Metaphysik, Vittorio Klostermann GmbH, Frankfurt 1991, S. 87. 海德格尔之后，在现代，客观实在性也处于康德研究的中心。海德曼与海德格尔一样，认为客观实在性与时间问题之间存在着紧密的关联（Cf. Ingeborg Heidemann, Spontaneität und Zeitlichkeit. Ein Problem der Kritik der reinen Vernunft, Köln-Universitäts-Verlag, Köln 1958, S. 63ff.）。他将这一实在性与"想象之物"（ens imaginarium）关联在一起加以讨论，因为它的实在性不再仅仅是主观的，而是与某种先验客体相关。然而这种先验客体"X"仅仅是想象的产物，而自身不过是虚无（Ingeborg Heidemann, Spontaneität und Zeitlichkeit. Ein Problem der Kritik der reinen Vernunft, S. 48, Cf. I. Kant, Kritik der reinen Vernunft, hrsg. v. J. Timmermann, Felix Meiner Verlag, Hamburg 1998, A291/B347, A265/B321 u. A242/B300）。由此就会产生两个问题：1. 人们如何基于这种与虚无相关的、想象出来的对象来理解此客观实在性？它仅仅是在纯粹时间之思中的某种事态性的东西（Sachheit），还是一种确实的时间存在？这种存在虽然是可被我们想象的，但的确指向某事物自身吗？2. 假如这种客观实在性仅仅是在纯粹时间之思中的某种事态性的东西，那么，我们能够在我思与时间之思间做区分吗？这两个问题是很难回答的，因为一方面，时间总是与对象性事物一并被思考的，因此总是有限的（Heidemann, Spontaneität und Zeitlichkeit. , S. 85），相反，我思先于所有的直观是无限的。但另一方面，时间自身却又只能通过主体之思，而不能通过先验客体被认知。在这里，时间自身又具有某种无限性，因为"思源出于时间，而时间时间化着思"（Heidemann, Spontaneität und Zeitlichkeit. , S. 161）。我将在下文中简要讨论这两个问题对后康德哲学和海德格尔的意义。

② Kant, Kritik der reinen Vernunft, A155/B194.

第二章 虚无主义:雅各比与康德关于时间问题的争论

所以,如果有先天的纯粹概念,那么它们诚然并不包含有丝毫经验性的东西,但它们却还必须纯属于某个可能经验的先天条件,只有在它们之上经验的客观实在性才能建立起来。①

在进入对这句话含义的具体讨论之前,首先要澄清两个术语。第一,在 B 版演绎中提到的与客观实在性相关的"对象",指的是先验对象 X。先验对象 X 指示着"诸现象的一个我们不知道的根据"②。康德将它与物自身和先验客体放在一起,构成一组相关概念。本书将先验对象和先验客体基本上作为同义词来处理,它们之间的细微词义差别对于此处讨论的客观实在性问题而言并不重要,而这也是雅各比和海德格尔对此进行讨论时采取的态度。第二,A 版演绎中提到的"纯粹先天概念"则是指此先验对象的概念,这一概念"就是一般说来能够在我们的一切经验性的概念中带来与一个对象的关系,即带来客观实在性的东西"③。

我们首先来进一步地解释什么叫作"先验对象 X"。这一对象不是"一般直观的诸对象"(Gegenständen der Anschauung überhaupt),因为后者只是我们感觉的情状,只具有主观的实在性而已。但"先验对象 X"却与认识有关,因为它不是主观感受的对象,而是概念的对象,而一切认识都必须借助概念;但它同时又必须与认识区分开来,因为虽然此对象刺激着我们,但却不能为我们所认识。这种复杂的关系可以用以下更简单的方法来说明:我们进行认识需要概念,但概念也要有对象,否则概念就不会具有客观实在性;同时,这个对象本身不能被认识,它虽然被思想为客观实在性的基础,但似乎并不存在于我们的主体之中。换言之,"一般直观

---

① Kant, Kritik der reinen Vernunft, A95. 中文本参见康德:《纯粹理性批判》,第 112—113 页。
② Kant, Kritik der reinen Vernunft, A380. 中文本参见康德:《纯粹理性批判》,第 331 页。
③ Kant, Kritik der reinen Vernunft, A109. 中文本参见康德:《纯粹理性批判》,第 121 页。

的诸对象"是感性的对象,而"先验对象X"则既非感性的,也非可理解的,"既不是物质,也不是思维着的存在者"①。这样一种对象因此属于与物自身相关的一组说法,似乎不仅不依赖于我们,而且须与我们分开来看。因此康德称之为知性的"那种关于一般某物的完全未定的构想"(der gänzlich unbestimmte Gedanke von Etwas überhaupt)②,而海德格尔则将之解释为作为"某物"(Etwas)的"虚无"(Nichts)③。

有趣的是,按照康德的说法,这样一种"某物",既作为统觉之本原的统一的相关项来为感性直观中杂多的统一服务,又被知性借助来将杂多统合成一个对象概念。它既是一个知性的构想,又"根本不能和感性的材料分割开来"④。这就是说,虽然康德表面上似乎把这个作为一般对象的"X"描述为某个孤立的、被思想出来的对象,作为一个知性的"构想",但背地里,他却将之带入了与感性的关系之中。鉴于感性与知性在康德那里是截然分开的,我们就必须问,"先验对象X"是如何可能在这里显示出双重性的?

按照康德的想法,知识的必然性是没有办法通过时空中的经验性素材被保障的,而只能通过(1)普遍必然的意识统一形态,以及(2)先验对象,才能被实在地确立。后者之所以必须被强调,是因为正如以上所说,概念必须要有对象,包括统觉之本源统一这一概念也必须要有对象⑤,不然它们就只是空洞的,也没有什么客观实在性可言。但是,假如这个对象

---

① Kant, Kritik der reinen Vernunft, A380. 中文本参见康德:《纯粹理性批判》,第331页。
② Kant, Kritik der reinen Vernunft, A253. 中文本参见康德:《纯粹理性批判》,第230页,本章将原译文中的"思想"(Gedanke)均改为"构想",以与Denken(思想)区分。
③ Cf. Heidegger, Kant und das Problem der Metaphysik, S. 122f. 中文本参见海德格尔:《康德与形而上学疑难》,王庆节译,商务印书馆,2018年,第137—138页。由于中文版以边页码标注了德文版页码,其下非直接引用中文版原文时,不再单独标明。
④ Kant, Kritik der reinen Vernunft, A250. 中文本参见康德:《纯粹理性批判》,第229页。
⑤ Cf. Kant, Kritik der reinen Vernunft, A104f.

真的是孤立的、完全与我们无关的话,那么"我们的"知识怎么可能与这种"独立于我们"的"一般对象"发生关联呢?对此,唯一可能符合康德意思的解答是:这个对象并不是真正独立于我们的,而就是"我们的"统觉之统一的"相关项"。在统觉作为我们知识的最高能力和一切范畴的可能性基础的意义上,其相关项当然也是认识能力和综合能力的一般相关项。只有当把"X"与我们知识的必然性结合在一起考虑的时候,也就是说,只有当这个相关项本身已经包含与我们的关联的时候,它才能被当作概念和统觉的对象被思维。

以上论述包含着两重意思:其一,只有从作为一切综合进程之关键的统觉自身中,才能导出这一一般对象"X"的可能作用;其二,反过来,这一对象却也保证着由我们的认识能力所进行的综合的客观必然性,因为如果没有它,我们的认识就是随意的和空洞的。这一对象的作用因此始终根植在我们意识的必然综合进程中,与统觉不可分地构成我们知识的客观实在性基础。统觉及其相关项也不需要额外的第三者来保障其客观实在性,因为它们互为基础、互相保障。只有在这个意义上,才能理解为什么康德说先验对象是一个"构想"(Gedanke):不是因为它与其概念被以"相同的方式"在主体内被设定出来,而是为了保证主体性统觉之统一进程的客观实在性,它与其概念才要以成对的方式被"共同地"设定出来,按照海德格尔的说法,二者"同时"处于一种有限存在者的可能经验的发生关系之中①。

也是在这个意义上,我们必须看到先验客体对我们来说具有保障统觉之实在性的基础作用,按康德的意思,这就是说,它为我们提供某种原初的实在刺激,且先验对象的这一刺激作用根本不是一种外在于我们、与我们无关的东西的刺激作用,而必定是内在的"自刺激作用",因为这种通

---

① Heidegger, Kant und das Problem der Metaphysik, S. 118ff.

过感性感觉到的刺激完全是作为自我关联的"自身意识"(即"我思"或统觉之本原统一)的相关项来发生作用的。康德对此的直接论述是：

> 正因为如此,诸范畴甚至也不表象任何特殊的、仅仅给予知性的客体,而只是用来通过感性中被给予的东西规定那先验的客体(即有关一般某物的概念),以便由此在有关诸对象的那些概念之下来经验地认识诸现象。①

这就是说,恰恰是通过感性的被给予物,范畴才可能规定先验客体。只能将感性的被给予物理解为现成的被接受的原初刺激,而这一刺激作用的必然性必定内在于主体性范畴的先行具有和规划(vorhaben)之中,完全不被视为某种异己作用。由于经验包含了感性的被给予物这种被范畴用来规定先验客体的东西,它就不仅仅是主观的感觉而已了,而是具有了客观实在性的知觉。具体来说,在《纯粹理性批判》中,作为知性构想的先验对象在知觉中的基础作用,可以通过康德在"知觉的预测"中对它的讨论得到确认。康德认为,当知觉内涵量程度为零的时候,也就是说,当我们只是在知觉但好像什么都没有知觉到的时候,这种零度知觉所对应的不可被知觉的那种对象,就是先验客体 X。其他所有知觉内容,都要在这种零度知觉对象上才能被逐步综合出来。换言之,无论知觉内涵量的程度是大还是小,在知觉中都包含着这一对象作用的基底。由此可见,先验客体 X 与主体的知觉是密不可分的。只有这样,我们才能理解为什么康德说:

> 虽然现象不是作为自在之物本身而被包括在纯粹知性的诸客体

---

① Kant, Kritik der reinen Vernunft, A251. 中文本参见康德：《纯粹理性批判》,第 229 页。

之中，但它们是唯一我们的知识能够据以拥有客观实在性的一些客体，就是说，在这里有直观与这些概念相应。①

而这一点又只在统觉中，通过意识统一概念的客观运用才可被理解。康德认为，在我们自己的内心中就包含有感性起源的秘密，这一秘密与我们的知性对物自身作为客观实在性来源之保障的规定有关，虽然，对于这一规定，我们能够认识的仅仅在于感性的原初刺激必定就是作为知性的某种构想的统觉相关物，但这相关物自身是什么，我们就不知道了。不过，假如我们连"它必须作为统觉相关物来被思考"这一点都无法理解的话，那么就根本不可能谈论感性与其客体的某种先验统一性根据了，也就是说根本不可能谈论什么具有客观实在性的统觉之统一了。但知道这一点同时也意味着，我们对统觉客观实在性的谈论，始终都无法摆脱感性的限制，因此我们也不可能对质料性的客体本身做完全智性的反思②。

康德以上关于客观实在性的论述引起了雅各比的极大反感，他的发问始终集中在：是否除了意识的运用之外，就再无实在性存在了？按照雅各比的想法，客观实在性问题在康德那里同时涉及一种侵蚀和消灭一切外在实在性的强烈意愿和一道在主体与外在事物之间划出的空洞界限，因为所谓的先验对象完全是一种被设想出来的"条件物"（eine ausgedachte Be-dingung），但自身却是一种"荒谬无物"（Unding）。雅各比曾就此写道：

> （先验对象的）这个概念是一个极有问题的概念，它所依据的

---

① Kant, Kritik der reinen Vernunft, A279/B335. 中文本参见康德：《纯粹理性批判》，第248页。
② Cf. Kant, Kritik der reinen Vernunft, A278/B334ff.

是那种全然主观的、我们独特的感性所从属于之的我们的思维的形式,……且它被当作是一般现象的智性原因,只有借助它我们才能拥有那种与作为接受性的感性相关的东西。①

雅各比在这里提供的,首先是一个对上述关于先验对象的双重意义的分析的总体结论:它既是一个思维的形式设定,又是与感性接受性相关的实在性保障。但这个结论却带出了雅各比更大的疑虑,即

> 但此处,在最深的黑暗中,仍然潜藏着下述问题:这些原因究竟在何处存在?它与其作用的关联又是何种形式的呢?②

雅各比认为,在 A 版关于(外部关系的)观念性的谬误推论中可以特别清楚地看出这一疑难问题。在那里,康德指出,一切物质存在者,只要它们必须在自身意识中被给出,就只能作为与我们的感性不可分的某种表象才能被观察到③。实在的特定存在者也因此只存在于我们的知觉之中。然而,能保障此感性实在性是真正实在的(而不仅仅是一个纯粹的知性设定而已的),是客体 X,即一种似乎外在于我们的外部对象的存在。但问题在于,这样看起来彻底的外部对象,我们既不能说它可能在,也不能说它可能不在,因为我们对其既无直观,亦无概念。这样的一种对象,一种逻辑上抽象的"荒谬无物",怎么就变成了感性实在性的真正保障了呢?对于康德而言,显然只有依据感性的实在性,才能说这种对象也是实

---

① F. H. Jacobi, Beilage: Über den transzendentalen Idealismus, in: David Hume über den Glauben, in: Schriften zum transzendentalen Idealismus, Friedrich Heinrich Jacobi Werke Band 2. 1, hrsg. v. W. Jaeschke und I. M. Piske, Felix Meiner Verlag, Hamburg 2004, S. 108f.
② Jacobi, Über den transzendentalen Idealismus, S. 110.
③ Cf. Kant, Kritik der reinen Vernunft, A370.

第二章 虚无主义:雅各比与康德关于时间问题的争论

在的。但我们主观上能感到实在的质料,只是从外部对象接受到的,然而提供这个外部刺激的,复又是这个荒谬无物的先验客体 X。后者所谓的实在性,又只能被接受了其刺激并对之加以综合整理的感性实在性证明。这样一来,一个难以理解的循环就形成了。这样的死循环对回答"原因在何处"的问题毫无帮助。

除此之外,假如这一原因的确是外在于我们存在的,那么它如何"实在地"作用于我们,而不是仅仅"被我们设想为"作用于我们的呢?反之,假若我们将这种作为外部存在的原因只理解为我们统觉的内部相关项而已,那么实际上我们就根本没有谈论过任何外在于我们的存在者。这样一来,一切所谓的实在刺激,归根到底不都仅仅是一种完全属我的构想而已,其实并无其自身实在性?无论上述假设中的哪一种,都对回答"原因与其作用的关联是何种形式的"这个问题毫无帮助。

事实上,雅各比认为,康德根本没有准备认真回答上述两个问题,而是用一种理性的奸诈完全掩盖了上述两个问题。作为似乎外在于我们的无规定存在者(Un-bedingtes)的先验对象 X,恰恰就是我们意识的实在条件物(Be-dingung)。这件事情也不是通过感性,而完全是通过我们的认识能力(统觉)规定下来的。是认识能力一方面把这个一般对象"X"转化成一个叫作"本体"的观念构想,另一方面又将之转化为感性的实项规定。正是在这里,雅各比认为,所谓先验对象的实在性保障,乍看是一种权利(Recht),其实根本来说只是它的无理(Unrecht)的表现,"因为知性在它那边已经动用了其真确现实的权利,拒绝了对所有需求的保障"[①]。没有

[①] F. H. Jacobi, Über das Unternehmen des Kritizismus, die Vernunft zu Verstande zu bringen, und der Philosophie überhaupt eine neue Absicht zu geben, in: Schriften zum transzendentalen Idealismus, Friedrich Heinrich Jacobi Werke Band 2.1, hrsg. v. W. Jaeschke und I. M. Piske, Felix Meiner Verlag, Hamburg 2004, S. 272.

知性，原初的智性原因与主体性作用的关系就是不可设想的，而此处的知性绝不是二者间的外在媒介而已，情况毋宁是，二者的联系本身就是知性与其自身的唯一和自主的连接作用的产物。这就是说，在所谓的连接过程中，其实除了知性自己对自己的补足作用（Lückenbüßer）外，就只有一片空无。真正的实在性——雅各比称之为οντως οντα，而海德格尔的说法只不过将之换成了单数形式οντως ον——不可能通过这种连接被提供出来，因为所谓的"X"完全是知性自身为自己召唤出来的幽灵。对此，雅各比写道，知性自身必须就其自身指出一个主体的"X"和一个客体的"X"：

> 两个"X"通过它们以同样的方式将彼此设定为前提，每一个对另一个来说都是至为充分和圆满的，但仅仅是在如下意义上充分和圆满的，即仅能以将这种交互作为前提的方式来说明此充分圆满：二者中没有一方能自诩优先于另一方，就因为从它自身内部考量或仅为其自身来看，它的疑难会少一些。①

这就是说，一方面，在康德那里的确存在着被预设出来的主体性前提和先行给出的客观确实性之间的差异，但另一方面，其实在二者间并不存在本质的区别，因为这两个"X"就其自身而言不是别的，仅是"一种纯粹关系物，它存在，作为无规定者和须被规定者的交互规定，那就是说，作为一种交互限制活动，却无限制者与须被限制者，由此规定和限制出发，根本什么都没被设定，而只有一种彻底的无本质性得以敞现"②。因此，一

---

① F. H. Jacobi, Über das Unternehmen des Kritizismus, die Vernunft zu Verstande zu bringen, und der Philosophie überhaupt eine neue Absicht zu geben, S. 275f.
② F. H. Jacobi, Über das Unternehmen des Kritizismus, die Vernunft zu Verstande zu bringen, und der Philosophie überhaupt eine neue Absicht zu geben, S. 276f.

切客观实在性在这里都不过是最高知性能力自身变色龙般的颜色而已。在这个意义上,正如海德格尔所说,纯粹知性就是先验统觉之统一的原初性"自持"(Sich-vorhalten)①。而这一点将在本章下一节对康德时间理论的分析中更加清楚地被看到。②

第二节
想象力与时间:雅各比的康德批判要点二

在本章第一节开始处已经说过,客观实在性问题在康德那里还与概念和范畴相关。区别于范畴的形而上学(逻辑)含义,康德认为,有其先验含义的范畴将被运用到我们的经验直观上,从而一方面为经验杂多的连接提供规则,另一方面也将其统一性实现于其中。在此意义上,先验含义

---

① Heidegger, Kant und das Problem der Metaphysik, S. 79.
② 措勒认为,客观实在性有双重含义,即作为媒介(综合性意识)和作为客体。(Cf. G. Zöller, Theoretische Gegenstandsbeziehung bei Kant. Zur systematischen Bedeutung der Termini „objektive Realität" und „objektive Gültigkeit" in der „Kritik der reinen Vernunft", Walter de Gruyter, Berlin/New York 1984, S. 119.)他进而论述了二者间的复杂关系。对他而言,客观实在性只有通过非经验性对象才得以可能,相反,意识在自身中拥有客观有效性,后者为经验性的客观实在性奠基。(G. Zöller, Theoretische Gegenstandsbeziehung bei Kant. Zur systematischen Bedeutung der Termini „objektive Realität" und „objektive Gültigkeit" in der „Kritik der reinen Vernunft", S. 132f. u. 180f.)二者共同构成康德演绎的论述结构。与亨利希的主张相反(Cf. D. Henrich, Die Beweisstruktur von Kants transzendentaler Deduktion, in: Kant. Zur Bedeutung seiner Theorie von Erkennen und Handeln, hrsg. v. G. Prauss, Kiepenheuer & Witsch Köln, Köln 1973, S. 90 – 104),措勒试图说明,即使在 B 版演绎中,客观实在性问题也是核心性的,而不是像亨利希说的那样,在那里只有意识的量性限制及客观有效性被强调了。(Zöller, Theoretische Gegenstandsbeziehung bei Kant, S. 117ff.)没有客观实在性的维度,意识的客观有效性维度就只会是主观的。当然,措勒也看到了,客观实在性只能通过统觉的综合行动才具有必然的客观性(Zöller, Theoretische Gegenstandsbeziehung bei Kant, S. 127f.),这也就是说,实在性问题在康德那里并不是简单地通过先验对象就得到了解决的,我们还必须深入到对统觉的分析之中去。这正是我接下来将要进行的工作。

对范畴而言是"实在定义"(Realdefinition),因为此定义"是那种不仅使一个概念,而且同时也使这概念的客观实在性变得清晰的解释"①。客观实在性因此在康德那里与范畴在感性材料上的运用有关,二者在统觉之本原统一中得以综合。但具体而言,范畴与感性的连接是通过先验想象力成为可能的,它联合了直观的杂多和属于纯粹统觉之必然统一的条件。正因如此,它在自身中就具有了双重向度:一方面朝向保证意识统一性的主体思维(朝向普遍必然的主体性条件),而另一方面朝向感性内容的客观可确定性(朝向客观实在的有效性)。

这样一种想象力的综合,康德在某处将之在层次上看得比统觉中的综合更低,认为它只是 synthesis speciosa,而不是 synthesis intellectualis,因为它只能盲目地提供一些感性图像,而不能提供真正的概念②。海德格尔正确地将之解释为,图像是时间在这样的较为低级的先验想象力中的出场方式,它与感性化活动(Versinnlichung)相关③。但如果康德坚持他的看法,即先验想象力的综合真的比统觉的综合在层次上低一些,因为前者中没有规则。那么,统觉又是如何提供合规则性的呢?按康德的说法,这只能通过范畴的先验含义才可能。然而,这样的范畴又是怎样给感性形象赋予含义的呢?这又只能通过想象力才可能。在这样一个循环中,我们事实上无法在范畴于感性材料上的运用和想象力的实际作用之间划出截然的界限,说这里属于统觉的知性作用,而那里才是想象力的感性作用,二者毋宁在综合进程中是彼此结合在一起的。也就是说,先验想象力不能仅仅是感性的,且也必须是一种知性能力,不仅是接受性的能力,也

---

① Kant, Kritik der reinen Vernunft, A242, Fußnote. 中文本参见康德:《纯粹理性批判》,第220页,脚注。
② Cf. Kant, Kritik der reinen Vernunft, A78/B104, A115, A120, B151.
③ Cf. Heidegger, Kant und das Problem der Metaphysik, S. 90.

是主动性的能力。只有这样，它才能处于范畴之经验运用的可能规定之根据地位上①。

在这种条件下，想象力一方面关系到普遍必然的主体性条件，关系到"我思"的能力——这就是海德格尔为什么要敏锐地将"统觉""先验想象力"与"时间"放在一个层面上来处理②。而另一方面，先验想象力也关系到一种客观的实在有效性，这种效用不再体现为主观的时间图像，而是体现为客观的时间图型（Schema）。图型是对流动诸图像的概念性萃取，是烙印在一切时间点上的普遍性的"总像"（Monogramm），它在较低的层面上作为感性概念的图形，将概念图像化，这就是海德格尔所分析的"图型-图像"（Schema-Bild）的第一层含义③；但在更高的层面上，图型还有纯粹知性概念的含义④。这一概念图型尽管没有图像表现，也可以被运用在现象上去规定和制约感性，并将意识的实在统一性带入现象之中，且不断地唤起它。在海德格尔看来，这就是说，虽然我们不能在纯粹知性图型上看到任何经验的或数学的图像，但它毕竟会被带入某种"纯粹图像"之中去，因此也仍然是一种"图型-图像"，它并不"高于"感性层次的先验想象力，而是与之同源⑤。在这个意义上，图型的确是客观实在性的来源，因为它不会随主观时间图像的变化而变化。并且只有通过它，一个概念才能获得其与实在对象相关的经验内容。

在康德那里，图型的作用是通过先验时间规定才得以可能的。康德自己对此有着清楚的说明：

---

① Cf. Kant, Kritik der reinen Vernunft, B153, B233.
② Cf. Heidegger, Kant und das Problem der Metaphysik, S. 81.
③ Heidegger, Kant und das Problem der Metaphysik, S. 96ff.
④ Cf. Kant, Kritik der reinen Vernunft, A142/B181.
⑤ Cf. Heidegger, Kant und das Problem der Metaphysik, S. 104 u. S. 146f.

第一部 时间问题的发生:黑格尔与康德、雅各比、费希特和谢林之争

现在,一种先验的时间规定就它是普遍的并建立在某种先天规则之上,是与范畴(它构成了这个先验时间规定的统一性)同质的。但另一方面,就一切经验性的杂多表象中都包含有时间而言,先验时间规定又是与现象同质的。因此,范畴在现象上的应用借助于先验的时间规定而成为可能,后者作为知性概念的图型对于现象被归摄到范畴之下起了中介作用。①

这里的时间图型显然不能是主观经验中不断流逝着的时间图像链,而必须是这条时间图像链的概念性总像。换言之,它必须拥有一种规定,就是时间的时间,即持存的时间自身。这是对时间的另一种关键规定。康德也把它与"实体",与持存性(Beharrlichkeit)关联起来,并将之看作因果关联的客观有效性的内在结构概念。对此,康德自己的说法是:

时间自身并不流过,而是在时间中的可变之物的存有在流过。所以在现象中,与那本身不变而常驻着的时间相应的是存有中的不可改变之物,即实体,而且只有在它身上,现象的相继和并存才能按照时间而得到规定。②

这样的"本身不变而常驻着的时间"因此才是现象顺序存在和同时存在的真正的根基,而经验中的时间变换仅仅是时间自身的样态,这些样态从时间自身那里获得其持存的规则。只有在这里,先验想象力才将"在对

---

① Kant, Kritik der reinen Vernunft, A138f. /B177f. 中文本参见康德:《纯粹理性批判》,第139页。
② Kant, Kritik der reinen Vernunft, A144/B183. 中文本参见康德:《纯粹理性批判》,第142页,此处根据原文略有改动。

第二章 虚无主义:雅各比与康德关于时间问题的争论

时间关系的洞见中的内在意义"确定了下来,将所有当下的现象归摄入一种同一的且可重复的标准之下。也只有借助这种持存的时间,它才能将同一性的规定带入诸现象之中,因为正是时间综合着一切,并按特定的规则认识(rekognoszieren)且在自身中保存着一切。先验想象力因此就是去设定和去重复同一性的能力,而这也正是主体或统握性的"我思"的能力。这种能力所借助的时间,即作为诸时间结构统一性的时间,就既是接受性的,又是主动性的。

以上这一点,雅各比和海德格尔都非常准确地看到了。正因如此,海德格尔才十分睿智地说,尽管理性在康德那里不能被放在时间形式之下,但理性其实也是时间性的[1],因为这样的时间在康德那里虽然是智性的、不可证实的,但它也是先验想象力、范畴的先验含义以及客观实在性的秘密的真正核心,是所有可能应用的基础和所有可能经验到的效用的原因。海德格尔因此判定,它是理解一般形而上学(即存在论,Metaphysica generalis)在康德那里之真正秘密的钥匙[2]。

---

[1] Cf. Heidegger, Kant und das Problem der Metaphysik, S. 189, 192f., 194 u. 196; Jacobi, Über das Unternehmen des Kritizismus, S. 313. 海德格尔之后,赫兹黑与海德曼也强调过时间的这一双重特性,前者强调时间与自身刺激在康德那里的关联以及时间和我思的关系(Cf. H. Holzhey, Kants Erfahrungsbegriff. Quellengeschichtliche und bedeutungsanalytische Untersuchungen, Schwabe & CO. Verlag, Basel/Stuttgart 1970, S. 238–243),而后者虽然认为必须一定程度上拉开距离来看待我思与时间,但时间在同时具有上述双重性的意义上,与思维是二而一的关系,"思想化时间,时间时化思"(Heidemann, Spontaneität und Zeitlichkeit, S. 161 u. 165)。来自亨柯的反对意见(E. Henke, Zeit und Erfahrung, S. 252)则是,时间在康德那里从来没有作为"自刺激"被规定过,但他也不能否认主体的自刺激只有在时间条件下才可能(E. Henke, Zeit und Erfahrung, S. 257)。虽然亨柯主张:先验统觉不能被叫作时间性,因为统觉只是作为数目上的同一性而持留保存着(E. Henke, Zeit und Erfahrung, S. 253),但他似乎忘记了,时间作为时间自身正是这样持留而保存着的。最终,亨柯只能采取一种折中的态度,说统觉既非时间性的,也非非时间性的(E. Henke, Zeit und Erfahrung, S. 254)。这种说法在我看来正是时间自身的双重性(作为时间本身的时间与作为时间样态的时间)的题中之义。

[2] Heidegger, Kant und das Problem der Metaphysik, S. 111, S. 127ff.

这样一种同时作为基础与运用、原因与效果的设定着同一和可重复的尺度的想象力，被雅各比称为"自因自果"(causa et effectus sui)，其具有一种生产性的特质，"它是存在的理由，第一因和一切表象的效能"，但同时也还有一种再生产性的特质，"它是认知的理由，第二因，是媒介及其目的"，但二者原初地为一，并共同组建着客观主体①。通过想象力的同一作用(先验的生产能力)与重复作用(反思能力)，客观实在性才被生产了出来。这样的实在性因此也就是一种想象中的存在(entia imaginaria)。但疑难之处却在于：想象力从哪里，通过什么方式，又为什么生产出了这样的实在性？

正是在这里，雅各比再次看到了康德哲学中欺骗性的一幕：时间性的想象力(或按雅各比的说法，感性与范畴间的织造工，海德格尔后来则将之称为作为感性与理性能力之根的"第三种根本能力"②)使得感性的摄取的综合成为可能，而其规则则来自范畴的运用；但这种运用却正好就是作为知性的想象力的作用，这一作用与作为理性的"我思"的作用在本质上相同，它为感性提供着被构想出来的源刺激客体的概念。由此，在实在性问题上可以看出：

> 理性……依凭着知性，而知性依凭着想象力，而想象力依凭着感性，而感性复又依凭着作为先天直观能力的想象力，那么这样一种想象力最终又能依凭什么呢？显然只能依凭着虚无！③

这就是说，一切实在性在这里其实都不过存在于想象出的烟雾中，也

---

① Jacobi, Über das Unternehmen des Kritizismus, S. 266.
② Heidegger, Kant und das Problem der Metaphysik, S. 134ff.
③ Jacobi, Über das Unternehmen des Kritizismus, S. 290.

第二章 虚无主义:雅各比与康德关于时间问题的争论

就是在那些现象中,"在那里,其实一无显现"①。所谓的真正的、创造性中的实在者,其实仅是"一种智性的某物,它先于所有须被把握的东西,只去把握着把握而已"②。或者按照海德格尔的说法,先验想象力所创造出来的东西,从来都不是某对象的图像,而只是一般对象性的纯粹外观(der reine Anblick von Gegenständlichkeit überhaupt)而已③。依据所谓的先验对象,并不能使康德走出这种根底虚无的实在性的泥潭,这在第一节中已经被扼要论证过了。而依据完全的主体能力——在这里就是与我思难分彼此的先验想象力——这个泥潭也同样难以越过,因为:

> 所有的一切都绞在一起了,或者毋宁说,都没有一点保留地悬空了,在人类知性能力中,一切都只存在于一个成问题的客体的 X 和一个同样成问题的主体的 X 之间,关于这两者的来历,人们不知道从哪里来;而关于这两者的去向,人们也不知要去哪里;它们通过彼此关联而彼此关联,人们不了解这是怎么一回事;而它们最终彼此交互地让对方变得真实,并保存对方,人们也不知道那是凭借什么、通过什么、为了什么才发生的。确切地说,它们只编织着它们的悬空状态,只让它们的编织处于悬空中,而这件事情全无尽头,这就是尽头和事情本身。④

---

① Jacobi, Über das Unternehmen des Kritizismus, S. 288.
② Jacobi, Über das Unternehmen des Kritizismus, S. 286.
③ Heidegger, Kant und das Problem der Metaphysik, S. 132f.
④ Jacobi, Über das Unternehmen des Kritizismus, S. 288f. 鲍曼也以类似的方式注意到了这个问题(P. Baumann, Anschauung, Raum, und Zeit bei Kant, in: Beiträge zur Kritik der reinen Vernunft 1781 – 1981, hrsg. v. I. Heidemann und W. Ritzel, Walter de Gruyter, Berlin/New York 1981, S. 70 und 88ff.),他认为,康德一方面想要把自然物回引至主体的形式能力上,但另一方面又想把这种形式能力与感受到的材料绑在一起,这根本是自相矛盾的。而通过时间的自刺激作用,客体 X 的问题不但没有被解决,反而更加突出。因为如果这样的自刺激作用就足够了,那么我们还要 X 这个设想做什么呢?

想象力为着自身创造出似乎不同于自身的对象物，并由此宣称，自己是实在的，因为除了这一切，在我们的有限自身意识中就再也看不到别的什么东西了，就连这种似乎外在于主体意识自身的对象物，其实也不过是一种意识的内在相关物，一种意识构想而已。在这个意义上，想象力的综合作用其实就是"系词自身"，雅各比对此说道：

> 一种不依赖于主词和谓词的连接，但没有须被连接者，一种存在，存在，存在，而没有开端与终结，也没有什么、谁和哪一个。这种无穷进展的、对重复的重复就是那唯一的事务，是最唯一的综合的功用与生产力，它自己就是那单纯的、纯粹的、绝对的重复活动自身。这样的重复活动也就是自我意识的纯粹活动，而此种自我意识的纯粹活动就是那种重复着单纯的重复活动的纯粹活动。①

同样的，对于雅各比而言，时间的双重性在这里也构成一种对实在性问题的遮掩而不是回答。已经看到的是时间自身在诸时间中的统一和重复作用，而所有这些时间表象，或者按照雅各比的说法，所有在海中的波浪都是时间自身的变样（Modifikationen）。但此处需要去问的恰恰是："在这片死寂的无限海洋中，时间的波浪自行翻涌成形了，这件事情是如何发生的？""从哪里来的风，又是从哪里来的阻力，……假如这片海洋应该翻腾起来？"②显然，必须要有一种对抗的力量，才能让持存的时间可能有变

---

① Jacobi, Über das Unternehmen des Kritizismus, S. 295f. 梅策在他的关于雅各比和康德的相关文章中深化了这一主题。Cf. W. Metz, Die Objektivität des Wissens, Jacobis Kritik an Kants theoretischer Philosophie, in: Friedrich Heinrich Jacobi, Ein Wendepunkt der geistigen Bildung der Zeit, hrsg. v. W. Jaeschke u. B. Sandkaulen, Felix Meiner Verlag, Hamburg 2004, S. 10.

② Jacobi, Über das Unternehmen des Kritizismus, S. 302.

幻的显现,体现为感性的时间表象,而不是逗留在其智性形式之中。但这种力量,只能由时间自身来提供。这就是说,时间自己刺激着自己,它"从一中变成多,又从多复归为一"①,翻来覆去都只有它自己。

这与后来海德格尔对时间的自身刺激作用的解释可以等量齐观,在后者那里,时间刺激着表象对象的概念并使其生成,时间就是"让……对象化的内在可能"(die innere Möglichkeit des Gegenstehenlassens von...)②。因而,其实所谓的抵抗力根本没有实在性,因为一切都是时间自己为自己创造出来、想象出来的现象而已,除此之外,只有虚无。所谓的海浪其实是没有浪的翻腾和成形,而所谓的风也只是无风的吹拂,一切都是在虚无中被想象出来的,而这种自我变现着的笼罩性的虚无,就是理性统一性自身。

作为"虚无主义"这一术语的真正创始人和批判者,雅各比认为,在康德哲学中,尤其通过其时间理论体现出来的疑难,正是虚无主义的疑难。因为这里的时间,完全是观念性的时间,但其中却包含着一个完全无法解决的悖论:时间就是全部实在,但因此也只是虚无。这一悖论不是什么荒诞难解的东西,而恰恰就是康德那里的理性自身作为整体出场。彻底地说,理性的时间,就是"作为一种纯粹行动的时间。并且因为不能让直观和把握活动在什么都不做的情况下同时又在做着什么,所以它又是一种行动的行动,以及一种承受行动的行动"③。按照雅各比和海德格尔共同的说法,这就是一种绝对的接受性的自发性,后者更明确地说,时间与"我

---

① Jacobi, Über das Unternehmen des Kritizismus, S. 309.
② Heidegger, Kant und das Problem der Metaphysik, S. 188ff.
③ Jacobi, Über das Unternehmen des Kritizismus, S. 320. 但这不意味着雅各比因此就是反理性的。参见 W. Jaeschke, Eine Vernunft, welche nicht die Vernunft ist. Jacobis Kritik der Aufklärung, in: Friedrich Heinrich Jacobi, S. 210ff. 。

思"理性其实就是一回事①。在这种接受性的自发性中,所有的康德式的客观实在性,在雅各比看来,都是经意识设定和命题化了的实在性,它和任何真正现实的、我们必须在自己的行动中直接去感受和相信其存在的实在性毫无关系。

第三节
雅各比之康德批判的后续影响

正是在这一点上,雅各比与海德格尔同样力图在康德哲学出现疑难的地方,看到更高的存在论维度。但问题在于,为了敞现此种维度,我们是应该更激进,走得比康德的虚无主义更远,走向对于根据性的虚无的存在本身的追问;还是应该反过来,进行虚无主义的批判,让哲学不要像在康德哲学中那样极端,让哲学退一步,不是走向追问存在之问题(Seinsproblem),而知足于存在之信仰?换言之,当康德对根源性的先验想象力进行论说并止步于此的时候,他到底是在更为根本的问题面前退缩了,并且没有将对时间性先验想象力的追问贯彻下去②,还是其实已经走得过分的远了?从对这个问题的回答方式上,我们可以看出雅各比与海德格尔的诸多不同,也可以看到海德格尔对于康德的根本非首创性的思考与后康德哲学进程的种种应和。因为,是要走得比康德更远,还是要从康德走到的地方更退一步,这个问题早已被黑格尔作为后康德哲学的核心问题提出。③

---

① Cf. Heidegger, Kant und das Problem der Metaphysik, S. 191.
② Cf. Heidegger, Kant und das Problem der Metaphysik, S. 160f.
③ Cf. G. W. F. Hegel, Die Wissenschaft der Logik mit den mündlichen Zusätzen, in: Enzyklopädie der philosophischen Wissenschaften im Grundrisse 1830, Erster Teil, Suhrkamp Verlag, Frankfurt 1970, §41 Zusatz 1., S. 114.

第二章 虚无主义:雅各比与康德关于时间问题的争论

雅各比的主张非常明确:康德走得过分遥远,或者,就算康德自己并不想走向彻底的自发性的理性体系(它同时也是虚无主义的体系),他也已经将人们送到了那门口。真正聪慧的人应该做的,不是沿着这条路继续走下去,而是向后退却。在时间问题上,也就是在有限者的有限性问题上,雅各比主张,我们必须小心在先验想象力中扮演关键角色的"时间自身"这样的东西。因为所谓的时间自身,其实是一种根据性的存在的构造原则(雅各比称之为 principio compositionis),其中一切都是同时被设定的。康德所专心论述的整个综合进程,作为彻头彻尾的自生产过程,从来不离此原则,而在那里其实根本没有实在的时间性起灭,只有无限的自重复的整体结构。但除此之外,雅各比认为,还有另外一种生成原则(他称之为 principium generationis),它虽然也根据着存在,但并不属于对存在构造本身的追问,而仅是实际存在者链条的开展,在这里,通过我们的有限行动,才有真正的时间感的出现①。我们相信存在者的整体存在,但这并不意味着需要进行对存在者整体之存在的追问,并不意味着需要解释存在者整体之存在是如何有限化自身的,因为恰恰是这种对存在在自身中的有限化活动的解释,将非历时性的根据原则内在地引入了历时的实际存在者的原因-结果链条,从而必然导致时间性有限存在者的非时间化(永恒化),导致所谓的有限存在不过成为无限根据自身的现象、变样和表现而已,其自身毫无实在性可言,而这也将导致对有限者之为有限者的消灭和虚无主义的产生。这正是事情的讽刺性所在:我们本来是力图说明时间性的有限存在者之为有限存在者的根据,为此,我们力图追思根据性存在的自身有限化进程,但却因为根据的非时间性,反而使得有限之为有限的实

---

① Cf. F. H. Jacobi, David Hume über den Glauben, oder Idealismus und Realismus, in: Schriften zum transzendentalen Idealismus. Friedrich Heinrich Jacobi Werke, Band 2. 1, hrsg. v. W. Jaeschke und I. M. Piske, Felix Meiner Verlag, Hamburg 2004, S. 49ff.

在性被遮蔽和遗忘了。在康德那里,事情就是这样走向极端的。

在这个意义上,雅各比主张区分根据(Grund)与原因(Ursache)。这种区分在布鲁诺的著作《原因、本原与太一》中就已被主张,后来叔本华在《充足理由律的四重根》中也再次重复了这一区分。但雅各比引入此种区分的目标,在于区分(1)根据层面的无时间性构成原则与(2)原因-结果层面的时间性生成原则。当因果律被看成是理论知识的最核心规律时,它就是一般现象能够得到恒定认识的根据,因此,在理论科学和认识论上所谈的原因,其实乃是构成性的原因和原则。相反,当因果关系被放在实践哲学的层面,在实际境遇中开展出来的时候,则我的行动乃是其行动后果的原因,但这种原因只能在我的自由感受中被感到,且在实际的行为进程中发生。虽然此种自由因不能被解释,但它可以被相信并且在行动的时间性进程中被察觉。换言之,雅各比主张,时间的生成原则,是体现在人的实践活动之中的,而与构造性和生产性的想象力所依赖的"时间自身"的结构相去甚远。这种实践性的时间活动,也不能用康德式的方式,被理解为可以用自然因果律去类比自由作为原因而产生作用的那种过程。在这个意义上,不同于康德,雅各比倾向于休谟关于因果关系的说明。但与后者的不同之处在于,休谟认为这种(不包含严格和必然因果律承诺的)因果关系乃是出于人的心灵的习惯,而雅各比却主张某种"决断性的实在论",他认为实在的有限者的自由定在不能仅仅是一个观念而已,而必须在感觉和理性的统一性中、在自由实践活动的时间性展开中被察觉到和追寻到。这种自由定在,就是雅各比在先验存在论(而非康德式的先验逻辑)上主张的"人格"存在。而康德哲学的虚无主义问题之根源,就在于他混淆了根据与原因,构造原则与生成原则,从而将与有限人格者的行动相关的生成性时间,看成是在现象界中与构造因果律所需的时间概念具有一致性的东西。雅各比认为,必须从这种被认识论所认定

第二章 虚无主义:雅各比与康德关于时间问题的争论

的时间性现象上的一致性中退出去,退到本源的、非认识论的、始终有限的时间感受中去,我们才能真正体验到定在的鲜活存在。

在做出以上雅各比和康德的区别之后,本书第一部分第一章中所涉及的相关内容,也就变得容易理解起来。而对于雅各比以上区分的意义,还需要结合雅各比与康德论争的背景及影响略加评述。当康德将时间作为知识论的最关键建构原则,并将这种建构原则的关键放在时间自身的持存上时,他的确没有办法避免以下嫌疑,即将实在因果关系的发生简单地放到纯然的自刺激和自生成作用的主体理性结构中加以解释。换言之,他没有有效消除将诸时间的发生和时间本身混同起来的风险,因为时间一方面是 ens qua ens perceptum [作为知觉物的物]的实在性保障,另一方面又是 ens qua ens cogitans [作为思维物的物]的同一性和可重复性的标准。这两方面的成形都完全依靠自我意识,而自我意识的相关项也很难避免被认为是被自我意识所思及和设定的。当二者被视为一体的时候,很明显,时间性的中介进程,就与时间的内在永恒根据成为了一回事。这也将导致根据律和中介律的同一化,这种同一化对于整个后康德哲学来说,都是最为关键的。运用今日的术语,它也可以被称为某种关键性的"曲行论论证",只不过这种论证所涉及的,其实是纯粹观念的综合和交互解释机制而已,这样一来,不要说外在事物,就连有限者的实在时间感和自由感,也都可能被观念化和结构化,而消融在一片人类知识建构之网中了。正因如此,在当代对康德理论哲学的强知识论解读中,出现的情况就是:一切重要的东西都变成了知识要素,情感、神圣者或自然生成物,都只有派生性的地位了。

相反,在黑格尔之前,与海德格尔一样,费希特和谢林显然都想要比康德走得更远,走向一种更为根本的存在论。费希特为此首先引入了一种远比康德体系更为彻底的观念论体系并彻底取消了物自身的暧昧地位。他盛赞雅各比为"我们时代最清明的头脑",正是因为雅各比看到先验想象力与先验统觉为自身预设对象的能力,而费希特则将之进一步引入了他的"自我"与"非我"的设定关系之中,在这种关系中,"物自身"完全是自我设定出的自身被动性,这种被动性源于自我无限的主动能力。①这样一来,出于自身的绝对设定活动,一种智性直观也是可能的。费希特在雅各比康德批判的基础上,甚至认为康德的先验统觉其实就是他说的智性直观②。这一点也为费希特提出一种新型哲学提供了可能,这一全新的哲学不仅仅是基于有限性主体来构造有限存在者,而确实从一种无限的主体性发生学出发来阐释有限存在者之为有限存在者的基础存在论奠基。在这种不止于有限存在者的有限性(Endlichkeit)构成分析,而且深入到了存在("我在")活动的有限化(Verendlichung)的哲思中,时间分析也具有了与在康德那里不同的面目,它现在可以与自我(也即一切有限存在者所源自的意识-存在整体的活动)对自身设定进程的反思性直观关联起来。它一方面使得这一进程的每一步规定、每一种有限存在者的特定外显图像都得到真正的充实;而另一方面,作为这一无限进展着的充实活动的特定形式,它又标明着一切理论性哲思的智性目的,即追思正有限化自身的"我思-我在"真实发生性整体③。在这个意义上,费希特超越了康

---

① Cf. J. G. Fichte, Zweite Einleitung in die Wissenschaftslehre für Leser, die schon ein philosophisches System haben, in: Fichtes Werke, Auswahl in sechs Bänden, Dritter Band, hrsg. v. F. Medicus, Felix Meiner Verlag, Leipzig seit 1911, S. 52ff. , S. 64f. , S. 66, S. 67, Fußnote.
② Fichte, Zweite Einleitung in die Wissenschaftslehre für Leser, die schon ein philosophisches System haben, S. 472ff.
③ 费希特论时间具有这两种作用:1. 作为自我与非我的设定与反设定活动的实在综合进程及有限物的实在成形进程, 2. 作为此一现实进程的整体形式及自我有限化活动之复归全然我在的完满理想。Cf. J. G. Fichte, Grundriß des Eigentümlichen der Wissenschaftslehre in Rücksicht auf das theoretische Vermögen als Handschrift für seine Zuhörer, in: Fichtes Werke, Auswahl in sechs Bänden, Erster Band, hrsg. v. F. Medicus, Felix Meiner Verlag, Leipzig seit 1911, S. 598ff.

第二章 虚无主义:雅各比与康德关于时间问题的争论

德时间学说所达到的地步,因为康德止步于对在时间中的有限性存在者的分析,而费希特却通过揭示时间在无限自我中的双重性(有限的实在时间充实与无限的智性时间形式)的统一性,进展到了一种内在于存在(绝对主体存在)追问之中的有限定在发生学内。我们还将在下一章中对此进行具体论述。

费希特的这种比康德更为激进的论述当然遭到了雅各比更为激烈的反对。因为在这里,除了无限自我意识性存在的自设定活动之外,根本看不到任何作为实在有限存在者的有限存在者的地位。二者之间就此展开的论战旷日持久,影响深远。其中之一,就是谢林和黑格尔开始试着提出一种不同于意识哲学的自然哲学,并在其中来处理时间与有限存在者的实在性问题。谢林在1799年将自然哲学作为与先验哲学并列的哲学门类确定下来①,并从1800年起将二者都看作同一哲学的两个半面的时候,已经开始考虑为时间性存在者的整体存在安排一种不同于所有以主体意识存在为基底的哲学人类学的、在意识世界的另一半面开展自身的全新角色。他认识到,必须以不同的方式来分别处理(1)被意识到的有限存在者的原则性的整体存在构造和(2)实在物性的有限存在者的时间性的整体存在生成,而这显然受到雅各比主张区分两种不同的原则,从而时间性有限存在者的实在性保留地位的做法的影响。② 1799年的谢林进一步认为,时间自身乃是存在论上"能生之自然"(natura naturans)的真正力量所

---

① 与谢林1797年的自然哲学相比,谢林1799年的自然哲学及其中的时间哲学在存在论上显示出了完全不同的特色。但后者对于黑格尔的影响却没有前者来得大。Cf. W. Neuser, Einfluß der Schellingschen Naturphilosophie auf die Systembildung bei Hegel: Selbstorganisation versus rekursive Logik, in: Die Naturphilosophie im Deutschen Idealismus, hrsg. v. K. Gloy u. P. Burger, Frommann-Holzboog Verlag, Stuttgart-Bad Cannstatt 1993, S. 240f.
② 关于雅各比哲学与早期谢林哲学的关系讨论详见:B. Sandkaulen, Ausgang vom Unbedingten. Über den Anfang in der Philosophie Schellings, Vandenhoeck & Ruprecht, Göttingen 1990, S. 13ff. 。

在,而所有"被生之自然"(natura naturata)都是这一原初时间的反思的产物。① 在时间性自然的整体存在中发生的一切,提供给意识整体性构造以更为原初的、以自然理念论形式出现的实在基底。② 但再度与雅各比形成争执的要点在于,谢林同样试图比康德走得更远,试图给出时间性存在与意识原则的内在同一性的存在论根据,试图解释原初存在在不同领域、不同方位的各不相同但互相支撑的自身有限化进程,而这对于雅各比而言,不过是一次更为巧妙的对时间性有限者之为有限者的实在存在的抹煞而已。因此,谢林哲学,尤其是早期谢林哲学,在他看来也并没有化解,反倒是更进一步加强了虚无主义的危机。这一点,谢林本人始终非常介怀并终生力图与之斗争。在谢林与雅各比之后几十年的思想交锋中,"时间性的有限性存在者"的存在论的实在性究竟能否以比康德更彻底的体系性方式得以保全,这一问题始终占据着二者争论的最为中心的地位。

关于以上内容,本书将在接下来的两章之中做进一步的详细分析。但此处令人惊讶的是,海德格尔对以上诸般争论保持着沉默(如果他不是对此一无所知的话),这些争论的核心议题(是否应该追问时间性的有限存在者的存在根据,并由此赢获时间的原初视域),本该是他自己最为关心的。海德格尔之所以将第一康德书作为向着《存在与时间》的开敞③,正是因为,他从康德的哲学人类学计划之中,看到了更为根本的、根植于有限性存在者之中的存在问题的急迫性。后者"作为对存在概念之可能

---

① Cf. F. W. J. Schelling, Einleitung zu dem Entwurf eines Systems der Naturphilosophie. Oder über den Begriff der spekulativen Physik und die innere Organisation eines Systems dieser Wissenschaft, in Friedrich Wilhelm Joseph Schellings Werke 8, hrsg. v. Manfred Durner und Wilhelm G. Jacobs, Frommann-Holzboog Verlag, Stuttgart-Bad Cannstatt 2004, S. 45ff.
② Cf. M. Frank, Eine Einführung in Schellings Philosophie, Suhrkamp Verlag, Frankfurt am Main 1985, S. 105.
③ Heidegger, Kant und das Problem der Metaphysik, S. 234, Fußnote und S. 239.

性的发问,产生于对前概念性的存在之领悟"①。这一对前概念的存在的理解超越于任何存在者的有限性而深入到对存在自身的有限化活动的追忆之中,因而是超越了哲学人类学的阈限的、对"为了能够-有限的-存在的操心"(Sorge um Endlich-sein-können)②的内在存在整体之先行结构的敞现。正是在这一点上,他和费希特及谢林进行着同样的哲思:因为他们都不满于陷于对存在者的"如是存在"和"实事存在"、可能性或现实性、本质和存在(Was-sein und Daß-sein, essentia und existentia, Möglichkeit und Wirklichkeit)③的有限规定之中,而不去追问存在自身分环勾连的时间性展开结构的做法。这一结构从一方面看,超出了任何存在者层次的理解,因此是真正先验的乃至超越论的,但另一方面看,它却又是有限此在存在者的最为内在的结构问题。它同时是超越的和内在的,由此这就与试图超越康德的后康德哲学所开敞出来的视域统一在了一起,因为后者的全部努力,也在于说明存在(无论是"我在"还是"同一存在")与具体有限存在者的差异与同一之本源统一,在于追问特定存在(此在)形而上学的形而上学,这种作为超出哲学人类学与基础存在论范围的形而上学就是关于存在决定性地开展出其自身的有限性基础的道说,就是对有限性存在者内部的真正无限性的展示④。

在这样的发生与道说之中,时间的本源境域才得以敞现。也正是在这里,存在"与"时间的根据性关联才得以阐释⑤。追问存在问题,就必须

---

① Heidegger, Kant und das Problem der Metaphysik, S. 226. 中文参见海德格尔:《康德与形而上学疑难》,第 244 页。
② Heidegger, Kant und das Problem der Metaphysik, S. 217. 中文参见海德格尔:《康德与形而上学疑难》,第 234 页,译文略有改动。
③ Cf. Heidegger, Kant und das Problem der Metaphysik, S. 223. 中文参见海德格尔:《康德与形而上学疑难》,第 242 页。
④ Cf. Heidegger, Kant und das Problem der Metaphysik, S. 246.
⑤ Cf. Heidegger, Kant und das Problem der Metaphysik, S. 239ff., S. 242.

第一部　时间问题的发生:黑格尔与康德、雅各比、费希特和谢林之争

深入到一种真正时间性的形而上学导论之中,去思索有限者之源自存在整体的自受限活动的基础特征的发生。无论是费希特对于时间问题的全新思考,还是谢林对意识结构历史和实在物的时间生发的思考,都必须放到这样的层面上,才能够看清他们对康德那里存在着的、关于时间性有限存在者的存在之谜的那一形而上学之疑难的解答的意义所在——那绝非用"主客对立"这样的简单说辞就可以打发掉的。我认为,海德格尔之思运行在同样的水平面上,尽管这一思想十分可惜地只聚焦于康德一个人的声音上。

然而,这样在无限黑暗的存在的水面上运行的光亮之思将展现与馈赠给此在什么呢?在根据性层面有着真实和真确性的世界,我们生存于其中,但这从何处展现,馈赠自何处而来呢?海德格尔明确地表示,它自虚无而来:

> 但唯有当此在基于其本质而自身进入虚无之际,存在者的存在一般说来才是可领会的,而超越之最为深刻的有限性就在这里。这种自身进入到"无"之中,并不是随意地或暂时地尝试着去"思"无,而是一个事件发生,它为一切在已经存在的东西中的亲身出现提供基石,而且,依其内在可能性,它一定会在一种此在的基础存在论的分析中得到澄清。①

作为形而上学导论的时间性的存在发生根据必须被导入虚无之中。只要虚无没有得到理解,存在就不会得到理解。海德格尔由此为形而上学引入了其虚无主义的基调,并走向了他对根据性的无的长时间追思。

---

① Heidegger, Kant und das Problem der Metaphysik, S. 238, Cf. S. 283ff. 中文参见海德格尔:《康德与形而上学疑难》,第 258 页,"亲在",本书中统一为"定在"(黑格尔)和"此在"(海德格尔)。

第二章 虚无主义:雅各比与康德关于时间问题的争论

但也正是在这里,雅各比的批评再次响彻:康德将要走得太远,走向作为更深存在论的虚无主义之中去,在其中,时间的非时间性的存在根据,即那种将过去、现在与未来在同时绽放出来的本源时间,将与实在时间内有生有灭的有限存在者序列混淆起来,它们将一并作为有差异的本原统一体和唯一的"存在-存在-存在"的空虚运动而被给予。这不啻是对有限存在者之为有限存在者的最大磨灭,因为,在其中,最为根本的始终只是存在之存在的存在,此在仅仅是作为一个路标、一种闪现、一道裂隙被看到而已,其自身根本没有其自身。换言之,此在分析将在此在完全被架空的境地中才得以展开,在那里,存在者的存在才首次在虚无中现身。这样一来,不是相信存在但保持存在者与存在的绝对距离,不是在不可提问者面前保持沉默、不对存在之自发生做任何内在论阐释,而是追问存在问题,追问有限性之为有限性的虚无根据,从而反倒首先就错过了一切有限性的实在性,这就是虚无主义的内在动力和必然命运。

如果我们短暂粗浅地考虑阿多诺在20世纪于《否定辩证法》中对海德格尔存在哲学的同语反复的批判,就能更为清楚地看到上述这一点。阿多诺将海德格尔视为费希特的同路人[1],认为其存在学说与费希特的自我学说一样,是完全的自生成和自设定的自说自话的空洞学说,缺乏真正的实在性,而这件事其来有自。这之中的关键正在于,存在论的需求,乃是存在为自身创造出来的空洞需求。正因如此,联系到海德格尔对康德的解读,阿多诺不留情面地批评道,海德格尔只是康德以来的德国观念性哲学的晚期阶段,这一哲学将自身的科学方法作为自因,力图依此创造出一切,却始终亏欠着实在特定存在。海德格尔哲学与他所厌恶的那些名字"一样都属于一种高度发达的信贷体系。每一个概念都是从另一个概

---

[1] T. Adorno, Negative Dialektik, Suhrkamp Verlag, Frankfurt 1966, S. 72.

念借出来的。这样一种自我生产的悬空状态，是对那种自以为基础稳固的哲学姿态的嘲讽"①，而当人们要求这样一种对存在之存在的存在的言辞实际给付的时候，海德格尔就从虚无的小径上快速跑开，完全不去管他还欠负着实在有限存在者的东西了。

以黑格尔为师的阿多诺对于以康德为师的海德格尔的以上批评，即批评康德、费希特和海德格尔在虚无主义问题上处于同一水平线上，事实上在黑格尔的费希特批判中就已经存在。而这种批判明显受到了雅各比的启发。理解这一批判的关键，正是要理解费希特彻底的主体主义之中的存在论缺陷。弥补这一缺陷，也是后来谢林和黑格尔都力图发展出一种作为实在存在论的自然哲学的最根本原因。因此，黑格尔对这种存在论缺陷的批判，就是下一章将要讨论的核心内容。通过它，我们可以清楚地看见黑格尔从对无时间的真无限的重视，一步步转向强调时间历程的第一个强烈动机。

---

① T. Adorno, Negative Dialektik, Suhrkamp Verlag, Frankfurt 1966, S. 81f.

第三章
主体性时间理论及其存在论缺陷：
雅各比与黑格尔反对费希特

第一节
引论：雅各比与黑格尔反对费希特

在上一章中，我们已经看到雅各比是如何一步步指出康德时间理论中的虚无主义问题的。虽然他和海德格尔一样，都觉得"虚无"是康德时间学说的最大秘密，但他们在此之后的哲学道路却南辕北辙：海德格尔想要继续深入这一"虚无"的秘密，雅各比则警告人们不要陷入其中。在后者看来，之后的诸多哲学都很不幸地重蹈了康德的覆辙。在其后与费希特和谢林的交手之中，他所做的最实质性的工作，也是不断地与康德哲学的这些变种做斗争。所有这些斗争都成为后来滋养黑格尔自然哲学中的时间学说和精神哲学中的历史学说的重要养料，虽然那绝不意味着对雅各比的照单全收。

同样是在上一章中，我们已经用一种粗略的方式大体描画了康德之后时间学说的进展情况，而本章和下一章则要对此具体展开论述。在本章中我们可以看到,雅各比并没有在康德的先验哲学批判处止步,而是走向揭示一切"先验观念论"的"不可能性"。这种不可能性所意指的,就是在所有这些先验哲学中缺少的时间性有限存在者的客观实在性,这种客观实在性一定是有其现实的产生和消灭历程的,而不能只是被纯粹意识所想象或设定的永恒相关项而已。事实上,只要我们知道,当谢林和黑格尔批评在康德和费希特那里只有"主观的主客体性"而没有"客观的主客体性"的时候,当他们因此提出"自然哲学"以补足主体性意识哲学的存在论缺陷的时候,他们的确是在跟随雅各比的思路,那么以上批判在后康德哲学之中的巨大影响力就可以被大致了解到。而在本章详细论述完费希特意识哲学及其时间理论的存在论缺陷之后,我们可以在下一章之中非常具体地看到,谢林和黑格尔为了弥补它做了何种努力,以及这些努力的区别何在。

当然,在如何补足主体性意识哲学的存在论缺陷这一问题上,我们绝不能因为存在着雅各比的实质影响,就断言谢林和黑格尔其实只是一个雅各比主义者而已。相反,尤其对于黑格尔来说,正如我们在第一章中已经指出的那样,要保留一种无所不包的精神概念进程之外的、阴影性的有限时间实在,是极其糟糕的做法。所以在黑格尔看来,尽管雅各比指出主体性意识哲学的存在论缺陷是正确的,但他的解决方案却是错误的。关键根本不在于要在有限主体性的意识和概念构造之外去保留实在时间性存在者的地位,而是要在自我意识的辩证进程之中去与实在的意识对象达成统一!换言之,黑格尔会说,主体性意识哲学的问题在于,一方面存在着一种无限的自我意识,它只与自身等同,只有一种实体性时间(即康德所说的时间自身)的简单性;而另一方面又存在着一种有限的自我意识,它表象着所有被认为是诸实在的时间状态,这些状态都为意识所规定,并且就是诸不同经验意识的变样,是复多的时间。问题在于,这两者如何能够真正辩证统一起来,而根本不是它们究竟有何不同(这种不同被

第三章 主体性时间理论及其存在论缺陷:雅各比与黑格尔反对费希特

雅各比称为"根据"与"原因"间不可混淆的不同)。正是在这里,黑格尔才告别了雅各比,进入了他的辩证法思考之中,去强调上述两方面的真正中介问题,也就是统一的精神如何外化出多样的自然实在时间,又如何将之重新纳入自身的进程环节来分析问题。

需要特别注意的是:在经历了三部耶拿体系规划之后,黑格尔的以上想法似乎以很典型的方式出现在了《精神现象学》"自我意识"章处。在那里,黑格尔说:

> 它(生命)的本质是扬弃一切差别的无限性,……是时间的单纯本质,这本质在这种自身等同性中拥有空间的坚实形态。但是这些差别在这个简单的普遍的媒介中同样保持其差别,因为这个普遍的流动性具有否定性的本性,只由于它是诸多差别的扬弃。……这个流动性,作为自身等同的独立性,本身正是诸多差别环节的持存或实体,在这里面它们因而就是有差别的关节和有自为存在的部分。[1]

很清楚,作为生命的自身意识,对于黑格尔来说既有单一性又有复多性,它是时间的单纯本质及其复多的差异性表现。而这之所以可能,又是因为单纯的时间本质绝非什么区分于诸时间样态的、仅仅自我持存着的实体性时间本身,而是一种普遍的中介,一种自我否定的运动,由此才有了两种时间的统一。这种统一只有在自我意识的进程之中才得以可能。依据以上思路,雅各比和黑格尔的区别好像就清楚了起来:对雅各比来说,康德哲学的错误就在于缺乏非实体性时间存在者的真正实在性,因为

---

[1] G. W. F. Hegel, Phänomenologie des Geistes, hrsg. v. H. F. Wessels und H. Clairmont, Felix Meiner Verlag, Hamburg 1988, S. 122f. 中文本参见黑格尔:《精神现象学》(上卷),贺麟译,商务印书馆,1979 年,第 117—118 页。

所有这些存在者都只是实体性时间的表现而已，而所谓实体性的时间，又只是理性的某种范畴设定，所以，康德的理性主张其实是被他自己滥用了。相反，对于黑格尔来说，情况似乎是：在康德那里已经得以区分的两种时间形态，其实没有真正被统一起来，不能从一个自我意识的原则出发，经过其自身中介而被严格地演绎和展现出来。所以，康德那里的理性主张是不彻底的，因为在他那里自身意识的原点意义和中介进程，它作为动力、进程和唯一目标的绝对主体地位还突出得不够，还不是完整的自我意识。换言之，对雅各比来说，重要的是要将康德那里绝对理想的永恒时间统一性和真正在生灭中经验到的复多时间分开；而黑格尔似乎要做的，是要更强力地突出自我意识的时间性统一，彻底地去扬弃那些复多的时间。

假如我们这样来理解雅各比和黑格尔的区别，那么这就只看到了事情的一个面向，而忘记了另一个面向，即黑格尔对雅各比所揭示的存在论缺陷以及客观性缺乏的重视。仅仅强调自我意识的统一性作用，就显然没有看到第二个方面的重要性所在。所以，仅仅依据"自我意识"章的黑格尔形象来理解自然时间对他的重要性，是根本不够的！它更多只是提醒我们注意以下事情而已：黑格尔绝非简单从雅各比的康德批判出发，而是在其时间运思之前就拥有了更多重的面目和更广泛的思考背景，虽然他自己并不为它们所限。那么，在这里，除了雅各比，黑格尔的面目和思考背景究竟还来源于何处呢？毫无疑问源于费希特哲学。这是一种最彻底的、要从单纯的自身意识出发的、以自身为中介演绎出一切复多时间形态的哲学，它代表着对康德时间理论进行彻底主体化和理性化的努力。而在进入本章第一节对它的具体分析之前，我们最好让黑格尔学说与它拉开足够的距离，以免在谈论费希特对黑格尔的影响之时将二者粗糙地混淆在一起。

从 1801 年开始，黑格尔就已经批评费希特哲学仅仅建立在主观的主

第三章 主体性时间理论及其存在论缺陷:雅各比与黑格尔反对费希特

体客体性上,没有客观的主体客体性。这就是说,客观实在性在费希特哲学中仅仅是被观念化地设定的,并且是以对立于观念化设定的方式被设定的。而这种空洞的"辩证"之辞其实不过是为了遮掩以下事实,即从完全主观的自我意识中产生不出真正的实在性,但它又不能说自己不实在,所以只能用一种反对自身的方式来设定一种虚伪的实在性而已。这种虚伪性不是在自身意识的设定和对设的同一性进程中被揭露出来的,而是在对"究竟什么实在存在"的慎重追问中才体现得淋漓尽致。正是因此,黑格尔主张此处真正的问题恰恰不是同一性,而是实在性。[①] 正是在这一点上,黑格尔继承了雅各比的思路。在 1799 年给费希特的书信中,雅各比就已经说明,如果费希特认为那种主观设定客观实在为非主观的"思辨"方式是真正的科学的话,如果这种将"不连贯的、半途而废的"康德哲学在主体意识哲学的道路上加以彻底化的思路是真正的哲学的话,那么雅各比宁可持有一种"非科学"的哲学观。[②] 在费希特的思辨科学哲学和雅各比的非科学哲学之间,区分是清楚的:非科学哲学或者雅各比说的非哲学(Unphilosophie),绝不会将实在性理解为一种被设定的实在性,相反,在费希特的"唯一科学"(Alleinphilosophie)中,实在性不过是主体性自我意识自身的本原行动和智性设定而已。而这除了是雅各比在康德那里已经看到的虚无主义的完成形态和鲜明表现之外,不会是别的什么。

本节的关键要点是指出,在对费希特存在论缺陷的批判上,黑格尔和雅各比达成了一致。但究竟如何从费希特哲学中得出这种存在论缺陷,

---

[①] Cf. Hegel, G. W. F. Hegel, Glauben und Wissen, oder die Reflexionsphilosophie der Subjektivität, in der Vollständigkeit ihrer Formen, als Kantische, Jacobische, und Fichtesche Philosophie, hrsg. von: H. Brockard und H. Buchne, Felix Meiner Verlag, Hamburg 1986, S. 100ff.
[②] Cf. F. H. Jacobi, Jacobi an Fichte, in: Schriften zum transzendentalen Idealismus, Friedrich Heinrich Jacobi Werke, Band 2.1, hrsg. v. W. Jaeschke u. I. M. Piske, Felix Meiner Verlag, Hamburg 2004, S. 192.

是要在以下几节加以研究的内容。事实上，结合费希特自己的时空理论，这种缺陷不难被看出。需要仔细加以甄别的反而是黑格尔与雅各比在看到此种存在论缺陷之后所采用的不同应对方略。如前所言，这种不同不能仅仅被看作统一永恒和时间的自我意识道路与区分永恒根据和时间性原因道路之间的不同而已，因为那更是费希特与雅各比的区别，而非黑格尔与雅各比的区别。显然，自我意识的这条统一道路也是黑格尔所重视的，否则他不至于将之纳入《精神现象学》"自我意识"这一重要章节之中。这当然就意味着费希特对于黑格尔而言同时具有否定的和肯定的双重意义，而不仅仅是一个被批判的对象。如果说在本章之中，我们更多能看到的是其否定意义的话，那么费希特的积极作用则可以在本书第三部分被看到。在那里，黑格尔用其淬炼出的"精神"一词取代了费希特的"自我意识"，而又用"历史"来行使费希特自我原初行动中的时空统一理论的功能。但无论如何，在彼处可以明显看出黑格尔对费希特而非雅各比的继承和发展。其具体情形留待下文详细分析，目前让我们先将目光集中在费希特的时间学说上。

第二节
费希特主体性时间理论的导入：无时间的自我"实在性"

尽管费希特在其自然法学说中也有少量关于时间问题的讨论，但其最为详细的阐述，还是集中在1794年的《全部知识学的基础》和一年后的《略论知识学的特征》之中。这些阐述都属于费希特体系的理论知识部分。在这两本书中，又数后一本对我们的主题最为关键，因为费希特明确地说，他在那里发展了康德的时间理论。该书的目标是对时空和直观多

第三章 主体性时间理论及其存在论缺陷:雅各比与黑格尔反对费希特

样性从绝对自我出发所进行的先天演绎,按照费希特自己的说法,这本书最终"恰好在康德迎接我们的读者的地方把他们留下",因为"康德在《纯粹理性批判》中是从这样一个反思点出发的,在这个反思点上,时间、空间和直观的多样性是已经给定的"。① 而仅仅把它们作为不可置疑的前提接受下来是不行的,还必须为此补上一个演绎的部分,否则康德哲学的彻底先验性就可能会因为这些被给定因素的存在而受损,因为人们根本说不清楚它们为什么就先天存在于意识的结构之中。真正的科学,恰恰是要从最普遍的意识结构中将这些特殊的感知性功能推导出来,而不能将之作为一贯体系的出发点。在费希特那里,这种最普遍的意识结构,或者他称为"无限"的东西,也就是意识的最高和最初原则以及意识的统一体,在康德那里只有在综合进程的最后才能被看到,所以它难免被认为是一种勉强加上去的单纯形式性的综合条件。并且这种后加上去的条件,因为它只是一种伴随性的我思,没有办法在自身中构建出一切现象性意识起源处的真正的实在性基础,而只能综合生产出已经具有意识的功能分化(分化为内外感知、想象力和知性等等)之后的、特殊自然现象的主客观实在性,所以康德似乎没有别的选择,只能将一切现象的真正的实在性基础放到成问题的物自身(或先验对象)那里去。这就导致了康德那里麻烦的体系不彻底问题,而这些问题——如同本书上一章第二节所言——雅各比早就已经看到了。现在,要解决这些问题,就必须彻底抛弃这种成问题的"物自身"概念,而将一切现象性意识起源处的真正的实在性基础从唯一统一的意识自身中推演出来,并且要从体系的一开

---

① J. G. Fichte, Grundriß des Eigentümlichen der Wissenschaftslehre in Rücksicht auf das theoretische Vermögen als Handschrift für seine Zuhörer, in: Fichtes Werke, Auswahl in sechs Bänden, Erster Band, hrsg. v. F. Medicus, Felix Meiner Verlag, Leipzig seit 1911, S. 603. 中文本参见费希特:《略论知识学的特征》,载《费希特文集》(第二卷),梁志学编译,商务印书馆,2014年,第198页。

始就这么做。

正是出于这样的考虑,《知识学新说》"第二导论"中的费希特形象才显得特别有意思。在这篇与当时所谓"康德主义者"论争的文字中,费希特全力攻击了他们的观点——认为在康德那里存在着某种与自我根本不同之物(即物自身),而它是一切可认识现象的经验内容的来源。相反,费希特的主张如下:康德所谓的物自身其实就是本体而已,而所谓本体又是只有通过我们自己的思维才能产生出来的,只不过这种思维还不是自由的思维,而是必然的思维而已。这种必然去生产本体的思维能力,就是纯粹我思,也就是费希特所说的"智性直观"[①]。同样在这篇导论里,费希特也肯定,雅各比就是第一个发现了在康德那里物自身只能是某种思维相关项,而绝非意识之外的某物这一关键思想的人(参见本书第一部分第二章第一节),只不过他搞错了对此的阐释方向而已。当然,所谓"康德主义者"想要保住物自身,也是一个阐释错误,如果要真正继承和捍卫康德的话,那么就只能走将实在性和我思结合到同一个无限原初源泉之中去的这条道路。这就是康德在"我思"中向无限自我真正开放出来的道路,一种自我对自我做出实在刺激,而又由自我来对这种刺激进行感受和理解的道路。只要限于有限自我,那就只有感觉着的或被感觉的自我、理解着的或被理解的自我、想象着的或被想象的自我,但只有我思是这一切的一,是感觉着的被感觉者、理解着的被理解者、想象着的被想象者,也就是无限的"自我意识",或者说就是同时作为主体和对象的意识同一性本身。正如雅各比这一"我们时代最清明的头脑"基于对康德原文考察所得出的结论那样,费希特也认为,在康德那里,所谓的先验对象只是思维相关项,只是一种单纯的思想而已。谁如果忘了这一点,就会陷入坚持"物自身"

[①] 中文本参见费希特:《知识学新说》,载《费希特文集》(第二卷),第706页以下。

第三章 主体性时间理论及其存在论缺陷:雅各比与黑格尔反对费希特

实存在意识之外的所谓"康德主义者"的错误之中去。而谁理解了这一点,也就理解了"智性直观"的真正含义和康德哲学的真精神。或者,就算康德自己都未必这么认为(从后来康德对费希特知识学只是一种纯粹逻辑学的批判之中,可以看出这一点),一种真正比康德更康德的体系也必须这样来建构(在康德和费希特闹翻之后,谢林也的确就是这样来安慰费希特的)。牢牢把握住这一出发点,费希特之后那复杂的时空演绎就会容易理解得多。

因此,对于费希特而言,清楚的就是:自我在其自身中设定了一切,而它也就是一切设定活动的统一体,或者说,它就是通过其行动得以设定的事实。它因此就是一种本源的"事实行动"(Tathandlung),是无限的普遍者。一切作为这一自我的客观实在性的承载者的东西,或者说作为此无限普遍者中有限的东西,都是通过这一自我才得以显现的。但为了让自己以多样的方式显现出来,自我就必须对设自身。这种自我对设的结果即产生了两个不同的部分,其一是绝对主动的自我或进行对设者,其二则是对设活动的产物,也就是费希特所谓的非我。这两个部分都属于同一绝对自我并作为其表现的两个面向,但尽管如此,它们之间并非无矛盾,因为行动的自我是无条件的进行规定者,而非我相反只是有条件的被规定者而已。

为了解决这二者虽然矛盾却又同一的问题,就必须引入一个第三方,它可以同时与矛盾的双方发生关系并将之结合起来。当这个第三方与自我相关的时候,它就是一种关联性的基础,并代表着"自我=自我"这一设定活动公式的联结性力量,也就是自我的纯粹规定性和活动性;相反,当它与非我连接时,它就是某种客体,某种被关联者,或者说是自我之纯粹活动性的被动承受者。这种具有双面性的第三者,就被费希特称为"感受"(Empfindung),也被称为"在自身中的觉察"(Insichfindung),它的两极分别就是"真正的活动或真正的行动"以及"静止的活动、质料或力量的基质"①。

费希特将感受作为第三者是对其双重性质的巧妙运用:一方面,感受总是接受性的,需要以他者的存在为前提;另一方面,感受又是一种最初的主体觉察,通过它,外界才作为外界向我们显现出来。因此,这是一种通道式的场域,联通了以上两极。现在的问题是:在此处,它们中的哪一个才是实在的?

答案是自我这一极。费希特将自我称为实在的根据,而将非我称为观念的根据,原因是后者只是作为对自我活动的某种承受者被设想出来的。结合前面对所谓"康德主义者"主张"物自身"的批评,这个看似奇特的说法其实卑之无甚高论:只有真正的生产者和行动者的实在性,才能够带来产物的实在性,不然的话,岂非要认为从虚无的源泉之中,居然能生出实在的东西了吗? Ex nihilo nihil fit[无中不能生有],雅各比的这一批评,费希特显然是听入耳中了的。这样一来,只有从生产性的自我出发,才能构建起一条原初实在的链条,而其中的每一个环节都为这种实在的生产力量所贯穿。因为这一链条先天而直接地基于自我的力量而被导出,与其他任何东西无关,所以在生产和被生产的任何链条中,在任何自我和非我的具体表现中,都只存在着一种稳定结构,即自我直接产出非我的这一结构。而因为这一关系首先是以必然的方式被感受到的,所以它不是直接的自由创造,而是直接的在自身中的觉察,换言之,它就是一种"直观"。不过,需要严格说明的是,对这种主体内先天实在结构的直观,不存在于任何被生产物内,也就是说,不存在于任何非我之中,所以对一

---

① Fichte, Grundriß des Eigentümlichen der Wissenschaftslehre in Rücksicht auf das theoretische Vermögen als Handschrift für seine Zuhörer, S. 533. 中文本参见费希特:《略论知识学的特征》,第 125 页。中文译本中将 Empfidung 翻译为"感觉",本书全部翻译为"感受",以与 Gefühl 区别,并将后者翻译为"感觉"。此外,中文译本《全部知识学的基础》对 Empfidung 的翻译也是"感受",处理方法与《略论知识学的特征》不同。

切实际的产物链条而言,它虽然是在自我之中先天实在的,但却对任何对象性和产物性的被感受者来说是观念性的、彼岸的。

这种思辨性推导的结果就是,一切实在的根据在被生产物看来都只有一种观念性的连接力量。这一点通过我们的实际感受也可以证明:作为有限存在者,我们总是直接感受着某种已经存在的他者,而不是直接感受到自我的感受活动。自我的感受活动是作为一种"内在能力"被观念性地反思到的。但这种能力的实际界限和效果却是依据外在他者才能确定下来的,不然的话,岂非我们感受到什么,或者想感受什么就有什么了吗?这显然是荒唐的。贯穿一切的生产性自我的实在能力没有界限,然而多样性的产物却每每都是在界限之中的。智性直观中先天实在的自我是无限的,然而被造的实在产物却都是有限的。对于有限实在而言,后者甚至只能认为前者是一种观念而已。这种看似混乱的、自我一会儿是实在根据一会儿又是观念根据的局面如果要得到彻底的澄清,就有赖于以下两步工作:

1. 说明为什么自我先天的无限实在活动,一经有限自我的反思,就会变成观念性的了;

2. 说明有限实在产物的实在性是在什么界限之内而言的,而这些界限又是如何产生的。

关于第一项任务,费希特是这样完成的。作为实在根据的自我,在其行动之中,并不能仅仅凭借自身的绝对活动性就产生出实在的界限。这是因为,这样的自我只会无限地去设定自身,并沉浸在所有这些设定活动产生的产物中,从而遗忘了自身,而我们在其中也看不到被感觉物是怎么被产生出来的。实际上,如果没有实在的界限设定,那么这种遗忘就会一直持续,就算我们"在自我中获得了某种新的事实,但我们也丧失了,因而挤掉了原来的事实"①。后来在《就最新哲学的真正本质向广大读者所作的明如白昼的报导》一书中，费希特对此进一步解释道：所谓无限的实在性，不是别的，就是当下体验中的那些真正事实。比如当一个人读一本书或观察一个钟表的指针移动时，他就会仅仅集中于对象而非自我之上，由此人们就获得了一种感受、一种知觉，而这是通过人们不断将自身能动地置入对象的生成进程并遗忘自身才做到的②。这就是说，无限自我作为实在根据，其实就是在一种真实的当下直观中，将对象不断纳入意识之中的那种活动，而不是任何受限的质料性的实在存在物的根据。它的实在展开就是一种必然的自我遗忘的进程，同时也是不断走向新的对象的进程，一条"实实在在"的忘川。这样一来，当我们站在有限理性的立场上反思这种无限实在性的时候，我们能够得到的，当然仅仅是一种观念性的"直观"根据而已，因为它的实在性早已经被自身遗失在其对象性的进程之中了。

这虽然能够有效解释，为什么我们在对象的不断凝视之中，察觉不到是自身在生成这些对象，而仿佛只是在接受外在的对象序列而已（其实只是不断地陷于自我的迷失之中），但它同时却带来了一个麻烦的问题，即假如在一切反思之中，这种原初的实在自我都只是以观念的方式被我们看到的，而在一切实在的体验流中，自我的实在性又总是被遗忘的，那么，说我们能够智性直观到无限自我的生产实在性，除了是说我们的理性

---

① Fichte, Grundriß des Eigentümlichen der Wissenschaftslehre in Rücksicht auf das theoretische Vermögen als Handschrift für seine Zuhörer, S. 533. 中文本参见费希特：《略论知识学的特征》，第125页。
② Cf. J. G. Fichte, Sonnenklarer Bericht an das größere Publikum über das eigentliche Wesen der neuesten Philosophie. Ein Versuch, die Leser zum Verstehen zu zwingen, in: Fichtes Werke, Auswahl in sechs Bänden, Dritter Band, hrsg. v. F. Medicus, Felix Meiner Verlag, Leipzig seit 1911, S. 564ff. 中文本参见费希特：《就最新哲学的真正本质向广大读者所作的明如白昼的报导》，载《费希特文集》（第四卷），梁志学编译，商务印书馆，2014年，第152—161页。

第三章 主体性时间理论及其存在论缺陷:雅各比与黑格尔反对费希特

不得不设定这种实在,以避免有某种外在于自我的、莫名其妙的"物自身"之外,也就是说,除了是说无限实在性是自我意识必须包含的某种设定之外,还有什么真正的实在性能够在这种无限的生产能力之中被看到?什么也没有!事实上,在《精神现象学》中,在"自我意识"转为理性之后的"理性"章中,黑格尔已经看穿了费希特的狡计,他因此写道:

> 理性就是意识确知它自己即是一切实在这个确定性;观念论正是这样表述理性的概念的。作为理性而出现的意识自身直接具有这种确定性,同样地,观念论也直接表达了这种确定性:我即是我,意思就是说,作为我的对象的"我"是唯一的对象,是意识到再没有其他任何对象存在的对象,它即是一切实在与一切现在;……它只保证它即是一切实在,但并不理解这个保证,因为那条被遗忘的道路正就是对于直接表述了出来的这个保证或肯定的理解。①

在这条作为自我之忘川的实在性链条之上,所有质料的实在性都只是被当作无限主体的简单确信而已,但该链条上每一个出现的事实都即刻被新的事实所取代和否定,因为自我唯一的实在性生产永不停留,它是一条不保证任何被生产物的实在性、只保证自身生产的实在性的链条。于是,问题就不再是无中生有的问题,而变成了"有"(即自我的实在性)中其实什么都没有的问题。在任何具体的被造链条上都看不到什么实在性,但在整个创造性链条上实在性却得到了保证。这种成问题的"思辨实在论"也导致了在费希特那里,所谓无限实在性的圆满达成始终只会是一

---

① Hegel, Phänomenologie des Geistes, S. 159. 中文本参见黑格尔:《精神现象学》(上卷),第155—156页。为了照应之前"观念根据"的说法,原文"唯心主义"在此处改为"观念论"。全书对这一术语之使用亦以助统一。

个空洞的理想的问题。因为既然任何一个当下其实都不是真正实在自我的全部体现,后者会继续进展,并在下一个当下遗忘上一个当下的实在性,所以任何一个当下都只是由于否定了上一个当下的实在性,才成为无限实在链条中的一环的,而这个当下的实在性也必定会再次被否定,因为所谓的实在性只是自我沉浸在对象之中的进程而已。这样一来,一切当下的实在保证都会被否认,被当作并非实在性的,而只是观念性的,因为只有最后一刻才是实在性完满体现的那一刻,但在无尽的自我生产链条中又根本没有最后的那一刻,这就是说,没有兑现这一无限自我实在性保证的那一刻。所以,在费希特那里,所谓的自我的无限实在性,其实最终只能归于一种观念论的设定而已,它压根是一种虚无。早在雅各比写给费希特的信中,这种"思辨实在论"的虚无特性就已经被揭露出来。在那里,雅各比写道:

> 以(费希特的)这种方式,就有了两条主要道路:质料论(Materialismus)的和观念论的。而尝试从一种自行规定自身的理智出发来解释一切,其目标如下,即这两条道路彼此相反的目标不是歧出的,而是逐渐靠近直到最终合拢的。思辨的、自行扩展为形而上学的质料论,最终要从自身出发将自身表明为观念论。①

这就是说,假如真正的质料论就是对无限自我之先天实在性(或者形而上学的实在性)的肯定的话,那么这种质料论最终就只能转变为观念论,因为它们都只是一种唯一主体性理智的自我解释结果而已。并且我们可以补充说明,这种解释在任何一个当下时刻都不成立,因为任何一个

---

① Jacobi, Jacobi an Fichte, S. 194f.

第三章　主体性时间理论及其存在论缺陷:雅各比与黑格尔反对费希特

当下时刻对这种解释而言都只具有否定性的意义。这进一步说出了一个关键真相,就是在此种无限自我的忘川之上,根本还谈不到任何实在的时间,我们之前所说的"当下"也根本不是一个具体的、有其实际始终和自身持存的自然时刻,而只是被反思到的、自我遗忘进程中的所有观念性否定环节而已。或者说,当下与其说是内容多样的确定的现在(Gegenwart),不如说是不断以否定性方式被重复的不确定的同质瞬间(Nu)而已。

这并非我们的草率断言。事实上,费希特自己也非常清楚在这种自我遗忘的主体能动性开展中并无真正可区分的确定时间的状况。正因如此,费希特才在《全部知识学的基础》中说道(虽然在那里,他还没有明确提出自我遗忘这一说法),在从自我到非我的实在性转渡中,自我的活动才是一切实在性的源泉,但在理解这一实在性的时候,"应该抽掉一切时间条件",并且在理解非我的受动性的时候,也"应该撇开一切时间条件",甚至在理解二者的不断交替——也就是费希特一年后所说的,自我在其无限沉浸到对象之中去时发生的那种自我遗忘活动——的时候,"不管想象力会感到多么难以办到,时间还是必须被抽掉"[1]。这不仅是因为,对费希特而言,时间是想象力演绎开始运作之后才会出现的东西,是从自我-非我的交替运动中被演绎出来的东西,它不可能反过来去规定将之演绎出来的这个进程,而且是因为这里的自我实在性作为贯穿一切对象性进程的实在性,只能被理解为永不消逝的实体性的实在性,而实体是先于任何时间属性的。也就是说,上述所有的自我遗忘进程,无论多难以理解,都绝非一个量的时间进程,而是保持在同一的质的规定之中。这里没有任何时间序列,没有时间概念、时间条件,甚至连时间形式都没有。

---

[1] 费希特:《全部知识学的基础》,载《费希特文集》(第一卷),梁志学编译,商务印书馆,2014年,第547、548、592页,也参见第549页。

所有的一切，与其说存在于不同的时间之中，"毋宁说，它们是在同一个瞬间里"①。所有以上所言的诸如"这个当下"和"下一个当下"，只不过是为了让有限理智方便理解而不得不借助的某种"时间性的"(zeitlich)表述而已，但其实这里只有永恒的意识的质的规定之间的作用，而现阶段这些作用还只全然保持在无限主体的意识之中，对它的反思和把握根本还没有展开。但这种反思和把握一旦展开，那么从任何有限时间性实在存在者的角度看来，它就根本不是什么实在根据，而只是永不可达及的观念根据了。

这样一来，费希特第一步工作所留下的疑难就是：如果将无限自我作为唯一实在者来看待，那么从这一独一实在者中，其实没有任何多样的实在存在者被生产出来，这样一来，所谓的自我实在性，不过就是一种被空洞重复但无法验证的空头实在保证而已。但如果将那些复多的时间存在者反思性地把握为真正实在的东西（尽管目前我们还不知道如何做到这一点），那么这就意味着无时间的实在性被放到永恒的彼岸去了，它因此对于任何时间条件下的存在者来说都仅仅具有观念根据的意义而已，这样一来，那些时间性存在者的实在性根据又会是什么呢？为了解决这一疑难，费希特就必须进入到他的第二步工作之中去，让实在的界限得以设立，从而说明实在的有限存在者究竟是怎么出现的，并且还要保持这些有限实在存在者与无限自我实在活动的统一，保持多样的有限时间存在者与独一的无限永恒主体的统一，从而对上述疑难加以解决。但在下两节中我们将看到，费希特虽然已经尽力在其第二步工作中直面这些疑难，但那与其说是一种对疑难的真正解决，不如说是对其主体性时间理论之存在论缺陷的真正暴露。

---

① 费希特：《全部知识学的基础》，第593页。

第三节
费希特的主体性时间理论：反思与时间

在本节中，我们将看到费希特是如何具体阐述其时间理论的。它与实在界限的确立问题是同一个问题。我们首先回答：1. 一般而言，所有实在的界限是如何可能被设定的，然后再具体研究；2. 不同具体的实在界限是如何差异化地得到规定的。

1. 在上一节中我们已经看到，自我最初是将感受设定在自身之中的，并由此将感受者（自我）和被感受者（非我）带入了一种统一之中。然而在其中既没有对自我的限制，也没有真正的反思。所谓感受，也只是一种不断的自我遗忘而已。相应地，我们也只拥有一种无限的实在能力，而没有任何确定的、具体的实在产物。如果要拥有后者的话，那么自我的能力就必须受到实在的限制，唯此才能使得非我的那些具体表现（即外物）和有限自我的实在性成为可能，也才能使自我的本源事实行动所产生的、能被有限自我反思到的客观效用成为可能。

然而这种实在限制怎么出现呢？在自我的直观感受能力中被我们智性直观到的，仅仅是自我不断沉浸在对象中的那种能动性而已（感受的接受性之所以在这里不被强调，是因为根本还没有什么实在的被接受者，而只有不断被否定的同质瞬间）。非我对于这种主动感受而言也只是观念的根据，毫无实在性可言。这样一来，自我就不可能通过其主动感受来设定自我的受限。但它又必须要设定自身受限，否则如上所述，其效用的实在性就无法被反思到。由上可得，这种实在界限的设定，不能是借助主动感受的能力来做出的，这里需要的是"一种设定同时又不设定的能力"①,一种不同于对自我能动性进行原初感受的能力。

费希特将自我的这种能力叫作"想象力",如同在康德那里一样,它是一种先验的、将不在场的和尚未被设定的东西生产和设定出来的能力。虽然无限自我不能实在地直观感受到其主动性的界限,但也没有什么能够阻止自我为自己先验地想象出这样一个实在界限,此界限既从反思的角度看是被设定了的,从绝对能动性单方面看又是没有被设定的。这样一来,它与无限自我的能动性也就没有任何矛盾。

要设定这一条界限,自我就必须给自己想象出某种实在的限制者,这只能是非我,因为除此再无其他了。而当这条界限设定之后,也只有从被想象为实在的非我那一边看,这条界限才是实在的。对于无限自我而言,它仍是其自身能力的表现,只不过这种表现被认为不同于无限直观感受能力的表现而已。如果后者才是真正的无限实在(其中不包含任何界限),那么想象出来的这条界限,对自我来说自然就只能是观念性的了。这样一来,费希特就得出了以下结论:

> 界限或者是一个观念的界限,或者是一个实在的界限。就它是观念的而言,它是由自我设定的,就它是实在的而言,它是由非我设定的。②

在界限作为实在界限的意义上,自我就是受限的自我,它的能动性与进行直观的自我的能动性并不一样,因为前者是受到非我限制的。那么,

---

① Fichte, Grundriß des Eigentümlichen der Wissenschaftslehre, S. 543. 中文本参见费希特:《略论知识学的特征》,第 136 页。
② Fichte, Grundriß des Eigentümlichen der Wissenschaftslehre, S. 545. 中文本参见费希特:《略论知识学的特征》,第 138 页。该译本将 real 翻译成"现实的",而本书中统一译为"实在",以与 wirklich 相区别,后者全书统一译为"现实的"。

第三章 主体性时间理论及其存在论缺陷:雅各比与黑格尔反对费希特

非我为什么可以进行限制呢?除非非我在这里不再仅仅是被动的和受造的,而也是自身能动的。但这种能动性又源于何处呢?只能是自我想象出来的。自我通过想象,将一部分的能动性转交给了非我,以便完成自我限制。在存在着能动的非我对自我做出限制的地方,有限能动的自我就和非我在一条实在界限上相遇了。

不过这仅仅是第一阶段的工作而已。它只解释了"一般而言,所有实在的界限是如何可能被设定"的问题,但却并没有回答"具体被规定的诸多界限是如何有差异地被设定"的问题。费希特紧接着进行的工作,就是去解决第二个问题。

2. 直观不是反思,只有受到限制的东西才能被反思。而现在,通过无限自我的想象力作用,以及在这种想象中能动非我对自我的限制,受限的自我可以开始反思所谓实在界限究竟拥有何种实在性了。总的说来,费希特对反思(Reflexion)的重要性说明大致是通过如下步骤来完成的:

(1) 自我必定是一种自我关联,"自我=自我";

(2) 在自我关联之中,关联的源泉存在于自我之内,而进行关联的目标则是要与自我自身发生关系;

(3) 因此,在这一关联中就有了两种不同的自我,关系性的和被关系的自我,前者在建立关系的意义上具有主动性,而后者在具体规定建立关系的目标上具有主动性。两种主动性的区别在于,前者进行主动的设定,而后者是主动被设定的,也就是说,后者主动限制前者的设定;

(4) 由于后者的限制作用也很重要,所以不能认为只有主动的设定活动才是重要的。只有通过限制,进行设定的自我才会被迫去观察自身究竟设定什么,以及如何具体设定的。而只有在这个时候,它才不是将自身遗忘在不断的对象沉浸进程之中,而是反过来意识着自身的;

(5) 这种反向的、朝向自身的进程就是反思的进程,而这同时也就解释了为什么自我意识必定要进行反思:被设定的东西,因为只在自我的主动设定之中存在,并与之本源统一,所以必定也具有主动性。这种同源的主动性,只能通过反思才可被理解。相比之下,在单方面对主动设定的强调之中,是看不到被设定者的主动性的;

(6) 这样一种巧妙的反思结构,也帮助费希特达成了被设定为与自我不同的非我向着自我的复归。因为所谓主动的被设定者和限制者就是非我,而非我的主动限制活动又是让自我能够认识到它为什么要去想象一种不同于自身的能动非我的契机,并且也是让自我认识到在自我和非我之中的能动性其实是同一种能动性的契机。没有它们,自我意识就只是盲目的,也就不是真的"对自我"的意识,而只是"自我进行着"的意识。只有通过反思,自我意识的内部结构才得以双向地清楚呈现,因此反思必定是自我意识内在的和原初的要求。

关于反思与自我的绝对自发性的关系,费希特的表述是:

> 所要求的反思是以绝对的自发性发生的;自我之所以进行反思,纯粹是由于自我是进行反思的。不仅反思的趋向,而且反思的行动本身,都是在自我中有其根据的。

而关于反思中的两个自我,费希特则写道:

> 我们在作这种反思时可以看到两种自我;由这个反思加以反思的自我和在这个反思中进行反思的自我。[1]

---

[1] Fichte, Grundriß des Eigentümlichen der Wissenschaftslehre, S. 559. 中文本两处均参见费希特:《略论知识学的特征》,第153页。

所有的界限设定活动,都是在这两种反思自我的关系中展开的。被反思的自我拥有一种在无限的直观自我那里所没有的感觉,它是由能动的非我所引起的受强制的感觉。而有限自我最开始只能被动地接受这种来自非我的作用。这种接受已经就是一种低级的反思,它是对非我的现成存在在意识中的某种觉察,即一种对外物的反思。然而,有限自我进一步反思到,它可以拥有此种受强制感的原因,只能是它自己阻碍了非我的能动性,而它能阻碍非我能动性的原因,又在于它本身也是能动的,且这种能动性必然只在自身中有其根据,而没有这种能动性,就连非我的能动性都是不可设想的。这也就是说,一切低级反思和接受性,都要以自我的能动性为前提才是可能的。这样一来,就有了一种高级的反思,即自我反思。自我在其自我反思中发现了其自由的行动,并回忆起了这种行动的所有产物和生产进程。正是在这种较高的反思之中,自我的遗忘就被自我的回忆取代了①,而非我只有通过后一种反思才能被设定为绝对自由的产物。在此之前,也就是在前一种较低的反思中,它还只是一种强制性的外部力量而已。

在区分了两种反思并论述了二者的关系之后,费希特引入了另外两个重要的术语:"图像"与"物"。他的具体说法是这样的:

---

① 在此稍微比较一下费希特和康德也许是有趣的。自我回忆对于费希特来说,也是想象力的能力。它可以被看作是一种"先验的再生想象力"。在康德那里,"再生的想象力"只可能是经验性的,因为它复现的内容是我们经验过的那些东西。但费希特这种"先验的再生想象力",则是对一种原初无时间的"先验的遗忘经验"的纯粹重现,而以下我们可以看到,这种纯粹重现就展开在时空理论之中,它们根本上说来都是想象力的具体作用。而在《德国观念论与当前哲学的困境》一书中,海德格尔在讨论费希特的时候,却批评费希特根本没有追问想象力的原初本质,而这种本质只有在海德格尔自己的时间之思中才能看到(参见海德格尔:《德国观念论与当前哲学的困境》,庄振华等译,西北大学出版社,2016年,第208页以下)。这是何其错误的一个结论! 其错误之处不亚于在本书第二章开始时所指出的那个关于康德的结论。

非我必须通过这后一种反思被设定为绝对自由的产物,这种产物的标志是:它既可以是别的东西,又可以被设定为能成为别的东西的东西。直观的能力摆动于不同的规定之间,而且在所有可能的规定中只设定一种规定,因而产物获得了图像的独特性质。①

这段话的第一句,我们在上文中已经解释过了。此处需要解释的是后面几句。非我作为"别的东西",就是不同于自我的现实物,而"能成为别的东西的东西",就是非我的能动性。这种能动性源于自我的想象,而想象的自我与直观的自我都是同一个自我,它们只不过是对自我的不同规定而已。就自我的能动性而言,作为现实物的非我,就是自我为自身想象出来的一些限制性图像而已,这些图像在自我回忆或高级反思中,都是自我限制的表现。这样一来,我们就有了图像和物的明确区分:在低级反思中,对自我造成实在限制和强制的,就是现实物;而在高级反思中,由自我自由塑造的限制规定,就是图像。没有图像的物就是完全外在的,而没有物的图像就是自身空洞的。对此费希特自己的说法是:

> 自我应当使图像与物相联系。必须指出,不预先设定图像为这样一种图像,即自我的一种自由的产物,就必定不可能有物,至少从我们在这里能谈到物的那个方面来看,即对于自我来说,事情是如此。所以,不论是图像还是物,二者想必都处于综合的统一之中,另

---

① Fichte, Grundriß des Eigentümlichen der Wissenschaftslehre, S. 566. 中文本参见费希特:《略论知识学的特征》,第160页。中译本中,Bild 一词被翻译为"形象",本书中统一译为"图像"。

第三章 主体性时间理论及其存在论缺陷:雅各比与黑格尔反对费希特

一方没有被设定,这一方就不可能被设定。[①]

图像和物是互相支撑的一组概念,它们属于互相支撑的双重反思。在低级反思中与我们直接遭遇的物,是在我们的外直观中被看到的;而在高级反思中由我们所塑造的图像,则是在我们自身之中被内直观到的。内直观与外直观都是在受限条件下的直观,不能将它们与无限的直观相混淆。而随着内直观图像及外直观物的被演绎,费希特将人们送到康德那里去的任务就已经完成了大半。剩下需要做的只是在这一基础上,进一步把时空形式的作用阐述清楚。

以自我为基础的内直观与以非我为基础的外直观相遇在一个界限点上,这个点因此具有双重的身份,它既被看作由自我能动性也被看作由非我能动性生产出的一个点。在这个意义上,这个点就被双重化为两个点,所有在两个点中间的距离上的东西,就既不是被自我也不是被非我所规定的东西,而只是可规定的东西(Bestimmtbares),但它要么被自我规定,要么被非我规定,两种情况不能同时成立。至于究竟会出现哪一种情况,这完全是偶然的,因为自我的自由想象力可以生产并规定它,而非我所提供的所有那些偶然的物也可以限制并规定它,所以所有这些可规定的东西,都只能是偶然的属性(Akzidenzen),它必定属于自我或非我的规定活动。费希特接着会指出,它们就是在时间和空间中被规定的属性。

我们现在已经拥有了一大堆的可规定的东西,它们都处在自我与非我交界处的那个被双重化了的点上,或者也可以说,处于自我作用点和非我作用点之间的那段距离上。对于想象力而言这二者没有什么实质区

[①] Fichte, Grundriß des Eigentümlichen der Wissenschaftslehre, S. 571. 中文本参见费希特:《略论知识学的特征》,第 165 页。

别,无非只是把质性的交界瞬刻无限切分量化或者做相反的想象而已。在这段距离上,自我如果要反思到物的现成存在或其自身的图像,就必须借助与非我的接触,所以它们必须在此距离内有一个交界的中间点。然而,这一中间点复又具有自身中的双重性,所以又可以被看作两点之间的距离并被看作一定量的可规定者的集合。这样一来,任何一个可规定的中间点 O 都可以被延展为一段待规定的距离,而所有这样的 O 的全部范围,就被费希特叫作空间:"因此,O 被设定为有广延的、相关联的、可无限分割的,而这就是空间。"①

空间就是在理论上这样一种被想象出来的属性,它有一定量的延展性,可以连续无限地被分割和被规定。尚未被分割和规定的空间,就是空虚的空间,而理论上看,任何一个这样的空间中的点,其自身都可以再被分割和规定。

然而,每一个待规定的空间点都是必然要被规定的,要么被物规定,要么就是被自我的图像规定。所有被规定的空间就不再是空虚的空间,而是充实的空间。当然,最终说来,只有自我的能动性才能充实所有的空间,因为非我的能动性其实也来自自我的想象,并且在自由的高级反思中,它也被认为与自我能动性是一回事。一旦自我完全地规定了所有待规定者的全体,那么就只剩下被规定的整体了。而这个被充分规定了的整体,也就不再是属性,而是实体了,因为它就是自我所有具体规定的承载者。当然,这种情况仅仅是一种理想情况。实际上,总还是会有未被规定的东西,因为总还是有非我的能动作用。这就是说,规定进程总还是会持续下去,只不过现在被强调的不再是待规定者的形式,而是综合规定的形式而已,如果没有这样一种形式,那么"所要求的表象与物之间的和谐,

---

① Fichte, Grundriß des Eigentümlichen der Wissenschaftslehre, S. 592. 中文本参见费希特:《略论知识学的特征》,第 187 页。

第三章 主体性时间理论及其存在论缺陷:雅各比与黑格尔反对费希特

它们的彼此关联,甚至它们通过自我出现的对立,便都是不可能的"①。这样一种通过自我出现的综合形式,就被费希特称为时间,它也就是自我在一定范围内依次充实空的空间并规定可规定者的那个进程,这一在一定范围内的进程就是得到规定的时间序列。而理想情况下的时间序列整体,就是自我所进行的全部规定,也就是实体。

当然,与空间一样,只要还存在着非我的作用和实在的界限,时间就还不是实体性的,而只是一种属性。而随着自我进行的图像化综合活动的展开,这条界限就不断地从自我向非我的一方移动,其移动所经历的每一个综合性的点,就是一个时间的现在。这一现在,曾经都被视作是由非我的能动性加以规定的,也就是说,被想象为已经由非我在过去规定过的。因为如果没有这一先前的规定,没有这一过往的阻碍力量,那么综合活动就根本不可能发生,这又是因为综合活动无非就是克服非我的阻碍力量的活动而已。但由于非我的能动力原初地来自自我,所以这些点都应该被视为一个实体点,只不过那不是在现在,而是在未来被这样看待的②。

我们现在就演绎出了综合性时间进程的过去-现在-未来的顺序,它们与其说是三个不同的意识环节,不如说是两个,并且本质上其实只有一个。这是因为:

(1)现在点就是综合点,它应该就是自我和非我的同一点,并将在未来成为唯一的自我设定的点,但它在过去总是已经被非我所规定。

(2)只有在自我综合进程的现在才有空间的真正充实,因为它应该

---
① Fichte, Grundriß des Eigentümlichen der Wissenschaftslehre, S. 597. 中文本参见费希特:《略论知识学的特征》,第192页。
② 尽管费希特在此处并没有使用未来(Zukunft)一词,但在作为属性的时间意义上,绝对的自我当下化显然只有在未来才可能。此处补充并不违背费希特的原意。

提供实体性的规定,相反,过去的那些非我规定只是属性意义上的,而一旦一切过去点都被消灭了,现在就不再处于未来,而是立即就成为不再只是属性意义上的现在了——它就是真正的自我,也就是实体。在这个意义上,现在就是过去的未来,而"过去只有在它现在被想到时才对我们存在"①。

(3)"然而对于我们必然有一个过去,因为只有在过去的条件下才可能有现在,只有在现在的条件下才可能有一种意识。"②如上所述,这是因为没有以非我为根据的过去,就没有自我的阻力和界限设置的可能,也就不可能有综合进程。所以,尽管现在就是过去的未来,但那只有在我们有一个过去的情况下才成立。反过来说,虽然过去要被看作是现在的前提,但只有在现在的自我意识中,它才能被看成是前提并能被转化为现在,或者说在未来与现在同一。费希特对此写道:

> 意识的同一性是靠这个规则维持的,为了这种同一性,严格说来,我们始终只需要两个环节。意识的第一个环节根本不存在,而只存在第二个环节。③

很显然,这一句话解释了为什么时间问题本质上是自我在反思中的当下图像化问题。时间,尤其是实体性的现在,因此就是一切反思性先天综合的一种基础的主体形式。在本书第三部分,我们将会看到这一学说对黑格尔的正面影响。但现在,费希特可以宣称他的目标已经达到,即将时空形式

---

① Fichte, Grundriß des Eigentümlichen der Wissenschaftslehre, S. 601. 中文本参见费希特:《略论知识学的特征》,第 196 页。
② Fichte, Grundriß des Eigentümlichen der Wissenschaftslehre, S. 601f. 中文本参见费希特:《略论知识学的特征》,第 196 页。
③ Fichte, Grundriß des Eigentümlichen der Wissenschaftslehre, S. 602. 中文本参见费希特:《略论知识学的特征》,第 197 页。

从本源自我中演绎出来,并将人们送到了康德《纯粹理性批判》的入口。这与其说是为康德做导论,不如说是费希特以自己的方式提供了一种他认为的康德哲学真正需要却未能明确提供的绝对基础。因此在下一节中,我们将首先考察费希特对康德时间理论所做的彻底主体哲学处理究竟体现在何处,然后再着重分析这一主体意识理论中的存在论缺陷问题。

第四节
彻底的主体性时间理论及其存在论缺陷

根据本章之前两节工作的成果,我们在本节中首先对费希特与康德时间理论的异同进行分析,并解释费希特是如何表面上说着"将读者送到康德那里去",实际上却是把读者从康德哲学带到一种彻底的主体哲学和时间理论之中去的。

1. 在费希特那里,存在着双重的时间,它们对应着现在的双重意义。一方面是作为属性的时间,它总是伴随着实在界限推移的进程,要么根据自我、要么根据非我出现。但另一方面,时间也应该是实体性的。"应该"是针对实在界限总是仍在推移之中,或者说自我的时间图像性综合仍在进行之中的这一情况来说的。而实体性这一术语则表示出,现在相对于过去是对时间的真正充分规定,也就是时间的真正本质,因为它就是"我=我"的完全实现。

在康德那里,也存在着结构完全相同的两种时间:在本质的持存性中的时间,与在变化中的诸时间。在本部分第二章第二节中,我们已经说明,康德自己将后者看作诸经验性的时间现象,而将前者看成不变的"时间自身",也就是作为实体的时间图型,所以,"时间自身"绝不是在"物自身"意义上被谈论的,而是主体自身通过先验想象力为持续理解其世界所设定的恒定条件,这一条件伴随着所有经验的时间意识,并表述了自身意识的统一性和一贯性。

而当费希特用实体性的现在来取代康德那里时间自身的说法时,这种现在其实就是我思对一切时间现象的永恒陪伴,但它并不如诸时间现象般流逝,因为它是完全由纯粹自我意识所设定和想象出来的条件。这就是说,实体性的现在必须自身永恒化,因为它根本不是指或长或短、有始有终的一段绵延时间。因此,这种现在不是别的,就是黑格尔后来在《费希特与谢林哲学体系的差异》中针对费希特所说的"对时间的真正扬弃是无时间的当下,亦即永恒"[1],是没有诸时间或绵延的、所有实体性时间点的统一体。并且,如果说在康德那里,作为持存性的时间本质还可能引起某种永久持续的时间绵延的印象的话,那么在费希特这里,实体性的现在只能作为纯粹主体的思维设定被理解,并与所有的绵延表象无关了。

2. 与康德相同之处还有,二者都把时间理解为建构关于经验的理论知识的最重要的综合要点。在费希特这里,综合的关键就是自我和非我在反思中的接触,这种接触发生在实在边界点上,而它完全是被我们自己的想象力拉成一段距离的。综合进程其实就是要穿越并充实这段距离,其进程就是时间进程。康德当然没有在任何地方谈过类似"自我与非我的距离"这种问题。但毫无疑问的是,关于经验的理论知识的建构只有在时间条件下才可能,这也是康德的主张。而费希特给这种主张配上了一种彻底的时间、想象力和自我意识同一性的底色,它被认为是康德必须要清楚说明但实际上却没有做到的。

---

[1] Cf. G. W. F. Hegel, Differenz des Fichteschen und Schellingschen Systems der Philosophie, in: Jenaer Kritische Schriften 1, hrsg. v. H. Brockard und H. Buchner, Felix Meiner Verlag, Hamburg 1979, S. 56. 中文本参见黑格尔:《费希特与谢林哲学体系的差异(1801年)》,第44页。

第三章 主体性时间理论及其存在论缺陷:雅各比与黑格尔反对费希特

3. 此外同样重要的一点是:对费希特和康德的主体性时间理论而言,最重要的都是"想象力"这一概念。如前所述,费希特将想象力理解为设定且同时不设定的能力。在其时间理论的语境下,设定是指自我在时间中的自我规定,而不设定是指只有部分自我在时间进程中得到了规定。设定与不设定的综合只有通过一种完全理性的方式才可能,因为只有理性才能提出整体性的要求。而在反思性经验进程中,理性只是在一定的有限范围内进行规定,其所规定的范围,就是想象力进行图像化所及的范围,这一得以确定图像化了的有限范围,就被费希特称为知性的范围。这种划分方式与康德是完全一致的:在理论知识的范围内,理性认识只是对于我们有限认识而言理想性的整体性知识,而能够通过时间图型在诸经验时间中确立的具体的、客观实在的知识,只会是知性的知识。理性要运用想象力,才能将知性的时间图型和具体感性经验的时间连接在一起。费希特在这里所做的彻底化工作,就是明确将知性定义为通过理性所固定下来的想象力,对此他在《全部知识学的基础》中说得非常清楚:"知性可以说是理性固定下来的想象力,或者说是由想象力配备了客体的理性"①,其功能就是固定想象力所扩展出来的那一段可规定的时间,并由此使之具有可确切理解的实在性。

只有通过这种理性、想象力和知性的彻底合一工作,我们也才能理解《全部知识学的基础》中一些表面上的矛盾。一方面,费希特说是想象力"将自我的状态在其本身中扩展为一段时间(对于单纯的理性来说,一切都是同时的,只有对想象力来说,才有时间)",并且一切反思的实在性"都仅仅是由想象力生产出来的",但另一方面,费希特又说"只有在知性里才有实在性。……在想象力里没有实在性"②,这不过是因为如果分开

---

① 费希特:《全部知识学的基础》,第 646 页。
② 费希特:《全部知识学的基础》,第 629、639、646 页。

看待想象力量和知性的功能,则前者是生产(不确定量的时间存在者),后者是固定(确定的时间存在者),而只有固定下来、不再变化的规定才能被称为有确定实在界限的规定;但如果看到知性其实就是和想象力一体的,都是对想象的时间进程的理性规定的话,那么它们的实在性就没有任何实质区别,其源泉都是想象力的生产作用。

这样一来,康德那里作为感性直观先天形式的时间形式,实际上就没有了任何特别的地位,而是完全被转化为想象力生产图像的形式了。换言之,作为内直观的时间形式,就是一种自我在其设定和反思活动中的直观形式。它是内直观的,因为它不借助任何他者,就在自身中面向自身能动力的产物,但它也是反思的,因为它为此在自身中设立了实在界限。此处可以附带区分一下在我们论述中出现过的三种直观概念:其一是在自我遗忘中的对象直观,它是一种纯粹自身感受性的无限直观(在这个意义上它也是一种智性直观,但它是盲目的),这种直观中的一切实质上都是无时间的;其二是有限的空间性外直观和时间性内直观,二者都是在反思的意识中才可能的,并且是由于低级反思和高级反思作用的不同才产生的;其三是将反思的时间整体加以实体性把握的直观,这一直观才是完整的自身对自身全部展现的直观,也才是有清醒意识的理智直观。而康德那里作为感性直观先天形式的时间形式之所以在此处不再被需要了,正是因为费希特将所有与时间相关的直观活动都放在主体意识之内,并且它们可以从感性、知性、想象力和理性的原初同一中被演绎出来,而不是如同在康德那里一样,时间形式只能被先验阐明,而无法被演绎。对于雅各比而言,这是一个比康德学说更容易看出其虚无主义特性的极端主体性学说,因为在其中,一切时间性的实在的确都是理性想象力的自身变化,而它不多不少只是一些纯粹规定的逻辑推演而已。在上一章中,我们已经看到雅各比是怎样从康德学说内部找出其虚无主义特质的,但那是

第三章 主体性时间理论及其存在论缺陷:雅各比与黑格尔反对费希特

一项辛苦的工作,因为在那里首先不是要将康德学说荒谬化,而是要让它成为一个彻底的理性体系,然后才能指出一切都源于同一主体理性的反复编织,而其编织的手法就叫作主体性的时间进程。在本章中,这项工作就简单了很多,因为我们不需要再将费希特哲学彻底主体理性化了——他自己就帮助我们做到了这一点。

为了明白雅各比指向其内部存在论缺陷的批判,以及这一批判对黑格尔的影响,除了在本章第一节中导论性地提到的那些内容外,我们还需要先分析一下,实在性对于这种彻底的主体性理论来说究竟意味着什么。根据之前的研究,费希特主要在两种意义上使用"实在性"一词。首先是在自我遗忘的进程中的那种无限的生产能力,其次是在想象力进程中包含着确定界限和反思性的客观效果的实在性。无论哪一种,它都是"对我们而言"才存在的,是思维之物。并且如果说到客观实在性,那么它就只存在于第二种意义之中,但这里的"客观",除了指向主体的规定活动之外,再无其他意义了。这正切中雅各比的批评:

> 因为人们只能通过其把握活动才有认识,而他的把握是通过将事物转化为纯粹的形态,从而将形态造就为事物,又将事物造就为虚无。[1]

形态和事物的转化关系,也就是图像和事物的转化关系,或者说是自我在完全想象出来的时间中将界限不断向着非我推移并压缩非我活动范围的进程。由于这种图像绘制被视为真正的实在来源,所以留给非我与外物的,最终只能是一片虚无。剩下的就是同质的意识规定而已,它的整

---

[1] Jacobi, Jacobi an Fichte, S. 201.

体,就是费希特所谓的"知识学"。雅各比因此接着写道:

> 如果人们以费希特的方式从基础上走近了这种真理,或者科学知识,那么起码对于我来说,恰恰由此能够看到的就是:我们在纯粹的科学知识中只有一种空洞的计数活动,数数活动,算出新的命题,然后继续算,而只会追问一种计数活动的意义及其内容,这件事必须被看作是倒胃口的、又可笑又可怜的。①

作为科学最高命题的自我意识的同一性命题,由此仅仅是一种量的同一性命题,这种同一性虽然应该在时间中得到充实,但实际上却永远不会被充实,且就算充实了,也不过就是同一性的再次重复而已。而用以充实的又是什么呢?是被想象力所绘制或被知性所理解的图像,是一些语词,根本没有什么真正的现实。这就是在整个这种彻底化的主体哲学中的存在论缺陷。

如前所述,通过雅各比的工作,黑格尔也发现了费希特哲学的这一问题。正因为如此,他才和谢林一起,开始了一种对此存在论缺陷的弥补工作,尽管两人所采用的途径大不相同,甚至因此而分道扬镳(这将在下一章中得到集中讨论)。这一弥补工作的核心,就是建立一种不同于彻底主体性哲学的实在哲学,其首要表现就是一种新型的自然哲学。在本章的最后,我们将通过黑格尔在成熟时期的自然哲学等文本中的讨论,来一窥黑格尔对雅各比批判的继承以及二者的不同之处。至于对耶拿规划中自然时间的阐释,则要在本书第二部分才会展开进行。

在《自然哲学》258节的说明部分,黑格尔论述时间是一种直观的变

---

① Jacobi, Jacobi an Fichte, S. 207.

第三章 主体性时间理论及其存在论缺陷:雅各比与黑格尔反对费希特

易时,非常明确地回溯到了费希特哲学,并指出这就是纯粹抽象和观念性的时间:

> 时间同纯粹自我意识的我=我是同一个原则;但这个仍然完全外在的和抽象的原则或单纯的概念,却是被直观的、单纯的变易;这就是纯粹的己内存在,简直是一种从自身产生出来的活动。①

在这段显然与雅各比一致的论断之后,黑格尔继续论说,作为纯粹"己内存在"之原则的"我=我"完全是空洞的,因为在时间之中只有彼此毫无差异的自我的诸形式规定而已。所谓的实在性,在时间之中只能作为环节而非整体存在,并且这种环节是立即要被否定的,因为它只是被设定和被想象出来的,并且马上要随着实在界限设定的推移而被取消。真正永恒存在的则只有无限自我的理念和精神,但它们根本与时间没有关系。这样一来,那些被想象出来的实在界限,就又在思维中被超越,这一所谓的时间进程,因此就只是什么都没有真正确立下来的变易而已。尽管我们可以辩解说,时间并非这里的全部,因为毕竟还有外物的存在,后者在费希特那里是非我的产物,但一切外物终归说来也不过是有待被自我图像化进程规定的东西而已。这样一来,黑格尔就说道:

> 实在的东西虽然与时间有区别,但同样在本质上是与时间同一的。实在的东西是有限制的,而且相对于这种否定的他物是在实在

---

① G. W. F. Hegel, Die Naturphilosophie mit den mündlichen Zusätzen, in: Enzyklopädie der philosophischen Wissenschaften im Grundrisse 1830, Zweiter Teil, Suhrkamp Verlag, Frankfurt 1970, §258 Anm., S. 49. 中文本参见黑格尔:《自然哲学》,梁志学、薛华、钱广华、沈真译,商务印书馆,1997年,第47—48页。

东西之外的。因此,规定性在实在东西之中是外在的,所以是这种东西的存在中的矛盾;其矛盾的这种外在性和非静止状态的抽象就是时间本身。①

结合之前对费希特的分析,这段话并不难理解。此处在实在性之外的否定性的他物,当然就是指时间进程,其整体则是时间本身这一抽象概念。黑格尔一方面借此指出,这充分说明在时间之中是不可能真正有理念自身的发展的,所以,如果自然实在性的存在范围就是自然时间的发展范围,那么自然中当然就只有时间性的形态变化而已——而对于理念的进展来说,时间性的自然是无能的。当黑格尔这么说的时候,他已经不把实在自然看成精神本身(或者如费希特一样,将之看作反思性主体的某种属性表达),而是视为精神的他者了。关于这一点对于后费希特哲学进程有什么意义,只有在本书下一章和随后的研究中才能进一步阐明。此处最引人注目的反倒是另一方面的含义,即这样抽象的时间进程根本还不是自然实在性的展开,而只是一个空洞贫乏的开端罢了。在其中,自然的实在性是被否定的,是欠缺的。这就和黑格尔在 1801 年《费希特与谢林哲学体系的差异》中对费希特的批评很好地结合在了一起。众所周知,谢林本人当时非常赞成黑格尔在此书中对费希特的批判,而这时的黑格尔除了已经阅读过雅各比的著作外,也是谢林自然哲学的忠实拥趸。

在《费希特与谢林哲学体系的差异》中,黑格尔对费希特时间理论的总体评价是这样的:

> 过程应发生在时间之中,时间所得到的这种好处只能在于,追

---
① 黑格尔:《自然哲学》,第 48 页。

第三章 主体性时间理论及其存在论缺陷：雅各比与黑格尔反对费希特

求绝对与一个外部感官世界对立，而被设定为一个内在者，此时，自我被假设为绝对主体，作为点的统一，说得通俗些，被假设成灵魂。……对时间的真正扬弃是无时间的当下，亦即永恒；而在永恒之中，省略了追求还有绝对对立的持存。那种延长了的定在只在时间的综合中美化对立，通过美化性地联系一种与它绝对对立的无穷性，时间的贫乏并未得以完备，而是更加显眼。①

与外部感官对立的时间性内在者就是图像化进程，而作为诸时间点统一的就是无限自我，也就是无时间的当下，在其中，各种对立都被扬弃。然而这种时间综合仅仅是一种"美化"作用，它所美化的，就是实在性的匮乏，也就是"时间的贫乏"，或者彻底主体哲学的存在论缺陷。正因如此，费希特哲学才必须让位给谢林哲学，只有后者才发现了与先验哲学不同的自然哲学：它以客观实在为首要之事，而不再将主体的时间构建作为理论哲学的唯一核心。没有雅各比的批评，这种实在哲学的重要性就得不到彰显，但仅仅依据雅各比去指出这一实在哲学的必要性仍然是不够的。黑格尔认为，谢林的最大贡献，就是他除了建立实在哲学之外，还从始至终都主张，自然哲学与主体性的先验哲学是同一哲学的两个半面，只有将二者结合在一起才共同组成了对真无限进行阐释的全部内容。雅各比没有完成的恰恰就是这种结合，所以他才和康德、费希特一样，都仅仅建立了一种理念与实在相分离的"反思哲学"而已。不同之处仅仅在于，后两者强调的是主体面，而雅各比强调的是实在面。在本部分第一章中已经大致指明了这种批评的错误之处——其关键是不能将雅各比认为是一个外在实在论者。然而更重要的是看到，黑格尔对自然哲学的研究，除了与

---

① Hegel, Differenzschrift, S. 56. 中文本参见黑格尔：《费希特与谢林哲学体系的差异（1801年）》，第44—45页，此处将其中"要点"一词修改为"点"，因为那是指诸时间点。

对主体哲学之存在论缺陷的批判有关外,更重要的是,此研究务必要被置入精神与自然之统一的真无限中,否则——黑格尔认为——就会有无法解释的外部实在被保留下来,而这是绝对不能被容许的。

也正是因为这一见解,在黑格尔对谢林哲学的赞颂之中,他想到的并不是谢林所有类型的自然哲学,而是其1797年的自然哲学。并且即使是这种哲学,也让他很不满意,并因此再次求助于雅各比的谢林批判。其结果就是,他终于在这之后走上了自己的自然时间之思的道路,并与谢林决裂。这一切将在下一章中得到充分的解释。

第四章
直观的自然还是概念的自然？
谢林早期时间学说与耶拿时期
黑格尔的比较分析

自 1803 年起，黑格尔尤其在其自然哲学之中对时间产生了极大的兴趣，这件事情需要合理的解释。其中最重要的契机，就是我们在上一章中所看到的，黑格尔对主体性哲学内部的存在论缺陷的发现。这一发现不仅要归功于雅各比的工作，而且也受到了谢林自然哲学的深刻影响。在上一章中，我们集中讨论了雅各比与黑格尔的一致性，而在这一章中，将要集中处理的则是谢林与黑格尔自然哲学的关系问题。这不仅涉及在面对主体哲学的存在论缺陷的时候，谢林和黑格尔二者在何种意义上具有一致态度这一问题，而且同时需要解释的是，黑格尔是如何在这一时期与谢林的时间学说拉开了距离的。这是因为，虽然黑格尔在耶拿早期深受谢林自然哲学影响，而恰恰是在那里，包含着谢林所进行的多种对时间问题进行回答的尝试，并且正是在这些尝试的影响下，黑格尔在耶拿早期才慢慢形成了自己的时间学说。但尽管如此，黑格尔在 1807 年提出其著名的"时间的画廊"说法时，还是与谢林决裂了，并且我们在黑格尔的耶拿体系规划之中就可以明确地发现这一决裂的思想开端。这样一来，本章所

第一部 时间问题的发生：黑格尔与康德、雅各比、费希特和谢林之争

处理的，其实就是谢林早期自然时间学说对黑格尔而言的两面性问题，即黑格尔是如何一方面选择性地吸收谢林的工作内容，另一方面又对之展开批评的。

在本书第二章中我们已经看到：从康德开始，时间综合机制就已是回答自然科学如何可能的关键一环。而在谢林各版早期自然哲学中，也都强调时间是理解自然自身展开的要点。同样，黑格尔也认为，整个自然均处于时间治下，这已表明时间问题对自然哲学的关键性。从时间问题视角去探讨早期谢林与黑格尔自然哲学，因此也就是在自然学说内在最核心处去展现二者的异同。可惜的是，中文学界对二者早期自然时间哲学少有问津，更不用说系统地清理其关系了。在国际范围内，虽已有大量对二人早期自然哲学的研究，但从时间问题入手对二者进行分析的文章也不多见。这种在核心问题上的研究缺陷应得到补足。

同样地，从历史的线索看，这一缺陷也应得到重视。在第一章中已经得到说明的是，到1803年为止，时间主题都还完全处于黑格尔主要哲学问题的一个边缘域，随后黑格尔在其耶拿自然哲学之中却对时间产生了极大兴趣。我们需要解释这一转变。同时要解释的是，黑格尔是如何在这一时期与谢林的时间学说拉开距离的：黑格尔在耶拿早期深受谢林自然哲学及其时间学说的影响，尽管如此，在1807年他却与谢林发生了决裂，且此决裂的原因之一也可追溯到其时间学说。由此，谢林对黑格尔形成其时间学说究竟产生了何种影响，其界限又何在，这些问题就应被认真考察。

为回答以上问题，本章将论证，在谢林早期诸自然哲学中，黑格尔尤其看重其1797年自然哲学的时间理论，而对其1799年的另一种时间理论兴味索然。尽管如此，黑格尔并非照搬了谢林1797年的那些论述，而是以此为契机发展出了自己的独特哲学，这也推动了黑格尔和谢林的反

第四章 直观的自然还是概念的自然?
谢林早期时间学说与耶拿时期黑格尔的比较分析

目。自此之后,黑格尔就走上了他概念化自然的道路,并反对谢林的那种智性直观的自然。具体而言,本章意图证成以下论点:

1. 黑格尔与谢林均试图通过自然哲学填补费希特留下的存在论缺陷,其途径就是统一时间、物质与自然力,以构造不同于费希特意识哲学的实在哲学;

2. 在谢林构筑实在哲学的努力过程中,相较于1799年独立于意识哲学的自然时间学说,其1797年的自然时间学说与意识哲学结合得更紧密,对黑格尔影响也更大,因为后者既提供了实在性,又在自身中提供了其与意识的统一性;

3. 但谢林的努力在黑格尔看来包含着"智性直观"的问题,即只有先直接认可自然的永恒存在,才能对之加以解释的问题。而对于黑格尔来说,这种不可解释的直接性构成了对自然的时间性实在的一种威胁,即有限时间存在者的来源不可解释,为此黑格尔引入了先行于自然存在的概念实在论机制,并在此基础上建立了其时间学说;

4. 相对于谢林对时间进行双重普遍化的方法,黑格尔特别注重时间存在者的个别化进程,其主要原因仍是反对基于"智性直观"对无限自然存在的直接认定,并因此强化有限自然实在者的时间中介链条的重要性。

出于篇幅的考虑,我们没有办法将谢林早期各种令人眼花缭乱的自然哲学和同一哲学的全貌进行巨细靡遗的复述,而只能提供一个概论,这是在进入本章之前需要事先说明的。尽管如此,这个概观对我们关心的主题论述来说已经足够了——它足够表明两种将被考察的谢林自然哲学的最重要特点,即它与先验哲学的关系,以及在其后统一两者的同一哲学内部的最大的问题。

第一节
准备性的概论:早期谢林的两种存在论自然哲学

在耶拿,谢林和黑格尔一起将自然哲学推入了德国古典哲学视野的中心。自然哲学不仅是谢林整个哲学构想之关键,而且也推动二者去发展一种新型的存在论,这在之前的论述中已经被反复提及。为了弥补先前哲学的存在论缺陷,这种新型存在论的关键任务,就是在最高的同一性中引入具有自身肯定性的自然的力量,也即存在的力量。对此的把握不能依据经验性的自然科学,而是必须依据一种基础性的自然存在论。在本书前一章的末尾我们已经看到,作为谢林在耶拿的战友,黑格尔于1801年曾公开指责费希特的理论哲学中没有自然的位置。这样的批评在1802年也被重复,在那里,费希特被认为仅仅在一种与理性绝对相对的形式中考察自然,但从未把握住存在本身的真理性。具体来说,黑格尔批评费希特哲学仅仅建立在主观的主体客体性上,没有客观的主体客体性。这就是说,客观实在性在费希特哲学中仅是被观念化地设定的,或者更准确地说是以对立于观念化设定的方式被设定的,而这种空洞的"辩证"之辞不过是为了遮掩以下事实,即从完全主观的自我意识中产生不出真正的实在性,但它又不能宣称自己不实在,所以只能用一种反对自身的方式来设定一种虚伪的实在性。这种实在性不是别的,就是一种被设定的"非我"观念和自我与非我之间的观念联系。由于自然(非我)对主体而言仅仅是被设立的,是一种纯粹否定性,所以自我试图通过把握其对立面来充实自身的努力也注定仅是某种"应当"自我充实的企图而已,它永远无法真正实现。在这两年中,黑格尔反复强调,除非如谢林一样,将自然和意识看作是原初统一的,否则就无法克服费希特的窘境。

第四章 直观的自然还是概念的自然？
谢林早期时间学说与耶拿时期黑格尔的比较分析

关于以上内容的研究已汗牛充栋,而相比之下少为人知的是,黑格尔在此时已经接触过两种彼此差异巨大的谢林自然哲学,但他所捍卫的谢林自然哲学,主要应被看作是第一种,即1797年的自然哲学,是它将黑格尔引上了自然和时间研究的道路。为证明此点,需要首先大致勾勒这两种自然哲学的情况。

1. 1797年,谢林将自然哲学理解为对"一种自然,也就是一种出于原则的整体性经验世界"的可能性推导。自然概念下所要"探究的乃是,是否对它而言,一般所谓实在性是可以达及的,或者说,是否这一概念表达了某种能让其自身被演证出来的东西"①。所有的自然事物都是外在于意识并且与之以思辨的(谢林自己后来将之改作"反思的")方式被区分开来的,而这一区分则是由哲学自身所预设的,"因为假如没有这个区分,我们就没有哲思的需要"②。然而,这种自然与精神,或者对象与表象间的区分又是必须被扬弃的。真正的实在性不能被还原为自然的实在性,而只能在自然与意识的统一中被给出。1797年,这种统一性被谢林叫作"存在"("是"),它就是自然事物和表象性意识之间的系词——自然并不能与意识被相分离地考察,自然是在与表象的本质性关联中被区分性地把握的,只有通过这种方式,才能够回答存在之问题。这就是说,外在的实在性只能被主体感觉到。主体虽然不是感觉到实在者自身,但却应将之通过其主体性的感觉带向意识,由此才给实在者以实在者的规定,这一过程也就是实在者的现实化的过程。在这一意义上,对于谢林来说,自然只有借助于人类意识并为了人类意识才真的是实在的,也即"与我们一

---

① F. W. J. Schelling, Ideen zu einer Philosophie der Natur (1797), in: Friedrich Wilhelm Joseph Schellings Werke 5, hrsg. v. Manfred Durner, Frommann-Holzboog Verlag, Stuttgart-Bad Cannstatt 1994, S. 69.
② Schelling, Ideen zu einer Philosophie der Natur, S. 72.

道"并"为着我们"才是实在的。需要进行必然性解释和为存在论奠基的,就是这种"与我们"和"为我们"。总而言之,作为真正实在存在的自然,只能在被意识所造就的范围内存在。

2. 然而,1799 年,谢林却大幅地修改了他的论证,以至于他最终将自然理念论(Naturidealismus)看成比先验理念论更为原初者。弗兰克、格林、劳纳等学者均已经指出这一时期自然哲学相对于意识哲学的优先性①:谢林现在要让观念项(意识)起源于实在项(自然),并借由后者得到解释。自 1799 年始,自足自然的自生产性被看作是实在论的原则。相较于 1797 的论述,"我的感觉"和"我的意识"不再被确立为自然的基础,毋宁是自然自身被看作是自然现象的内在结构。谢林此时已经坚定地认为,自然本身就是一个体系,而自然哲学也是一种"完全本己的,与其他科学截然不同的,独立的科学"②。谢林进而将能生的自然(natura naturans)称为存在本身,而将被生的自然(natura naturata)称之为有限存在者。由此,正如布洛赫和鲁多夫尼指出的③,自然就是自我生产的统一体,自然存在论的动力机制和实在性也来源于此。这些研究都指明了谢林自然哲学体系内在发展的原因。

这种发展对黑格尔而言并不具有吸引力,相反,在他看来这是一种倒

---

① M. Frank, Eine Einführung in Schellings Philosophie, S. 105; K.-J. Grün, Das Erwachen der Materie: Studie über die spinozistischen Gehalte der Naturphilosophie Schellings. Kapitel VI Der „Spinozismus der Physik" und der Spinozismus des Geistes, George Olms Verlag, Zürich und New York 1993, C. Lauer, Suspension of Reason in Hegel and Schelling, continuum, London/New York 2010, S. 33 – 56.

② F. W. J. Schelling, Einleitung zu dem Entwurf eines Systems der Naturphilosophie, in: Friedrich Wilhelm Joseph Schellings Werke 8, hrsg. v. M. Durner und W. G. Jacobs, Frommann-Holzboog Verlag, Stuttgart-Bad Cannstatt 2004, S. 30f. , S. 37.

③ E. Bloch, Natur als organisierendes Prinzip – Materialismus beim frühen Schelling, in: Materialien zu Schelling, S. 293; M. Rudolphi, Produktion und Konstruktion. Zur Genese der Naturphilosophie in Schellings Frühwerk, Frommann-Holzboog Verlag, Stuttgart-Bad Cannstatt 2001, S. 127ff.

第四章 直观的自然还是概念的自然？
谢林早期时间学说与耶拿时期黑格尔的比较分析

退。具体来说,在上述两种关于自然的说法中,1797年的版本无疑对黑格尔具有更大的吸引力,因为只有在前者中可以看到自然和精神的原初关联性。正如上一章最后说到的那样,1801年和1802年黑格尔反复指责费希特哲学中原初关联性的缺乏,以及其所导致的自然与自我只能"应然"统一的问题。在这两年中,黑格尔也反复强调,除非如谢林一样,将自然和意识看作是原初统一的,否则就无法克服费希特的窘境。在这一点上,是谢林1797的自然哲学,而非其后的同一哲学给了黑格尔巨大的启发。因为在前者中,谢林的看法是,如果没有对自然的表象,那么理性就没有任何实在性。这一点显然对黑格尔自己的哲学构想而言极端重要。但也正是在这一点上,困扰他的反倒是谢林本人后来越来越强的斯宾诺莎哲学倾向。1799年谢林所言的那种真正的自然哲学,不能被看成任何一种关于自然现象的哲学,因为后者完全没有面对真正"不可预想的基础",这一基础不是被反思到的,而是被智性直观到的——自然是自主的和自身能动的,而不是为着主体存在的。这种想法对于试图给出自然哲学以逻辑学奠基的黑格尔来说,显然是过于激烈和神秘了。

  上述这一点可以通过谢林的同一哲学更为清楚地被看到,而黑格尔恰恰一直对之抱有某种矛盾心理。1801年起,借助斯宾诺莎的资源,谢林开始试着将自然哲学和先验哲学作为一个同一性的整体来把握[①]。此同一整体同时设定了主体和客体,而分裂乃是其内在必然,由此,它也是同一进行自身认识的无条件的前提。这可以简要归纳为:原初同一是分裂的实在性基础,而反思性的分裂及其相互关系则造就对原初同一的解释机制。但此处的麻烦在于:谢林显然因此分离了最高的实在性基础和它

[①] Cf. F. W. J. Schelling, Darstellung meines Systems der Philosophie, in: Friedrich Wilhelm Joseph Schelling, Schriften von 1801 – 1804, Wissenschaftliche Buchgesellschaft, Darmstadt 1968, S. 4.

的解释机制，将前者看作一切存在者存在的无限源泉，而将后者看作对一切有限者进行表象的基础的阐明①。这样一来，作为主客体现实性源泉的东西，同时也就只是在认识中被预设出来的某种东西。主客体分离后任何反思性的思考，都只能后发证明此种原初同一，而不能真正考察它。鉴于此种困境，1802年谢林承认，那种依据自身而来的实在性，只有通过智性直观才能被看到②。但黑格尔后来的批评重点恰恰在于：谢林并没有真的证明，为什么这种智性直观不是一种空洞的直观，他也不能说明，有限者是如何在其中获得其有限的实在性的。

    这种困境显然成了黑格尔后来从1804/1805年基于逻辑学开始发展自己的自然哲学时所要极力避免的。虽然1802年的时候，黑格尔仍然在谢林同一哲学的影响下采用了诸如"同一与非同一的同一"的著名说法，但谢林分离原初实在基础和解释机制的做法，黑格尔在耶拿时就已经越来越难以赞同，而这一点也在后来亨利希对此的评论中被非常清楚地看到了③。1807年，黑格尔就此写道："如果说……认为思维在其自身中就是与实体的存在合为一体的并且把直接性或直观视为思维，那还要看这种理智的直观是否不重新堕入毫无生气的单一性中以及是否它不重新以一种不现实的方式来陈述现实自身。"④这个说法显然触怒了谢林，并导致了二者友谊的破裂。对黑格尔而言，谢林的同一哲学表明了它不可能通过他者来重演绝对本身的现实性，而这正是黑格尔想要完成的哲学科

---

① Cf. Schelling, Darstellung meines Systems der Philosophie, S. 27. Cf. M. Frank, Eine Einführung in Schellings Philosophie, S. 122－125.
② F. W. J. Schelling, Fernere Darstellung aus dem System der Philosophie, in: Friedrich Wilhelm Joseph Schelling, Schriften von 1801－1804, Wissenschaftliche Buchgesellschaft, Darmstadt 1968, S. 258.
③ Cf. D. Henrich, Andersheit und Absolutheit des Geistes, Sieben Schritte auf dem Wege vom Schelling zu Hegel, (in: Selbstverhältnisse, Reclam, Stuttgart 2001), S. 152f. und 162ff.
④ Hegel, Phänomenologie des Geistes, S. 14. 中文本参见黑格尔：《精神现象学》（上卷），第11页。

学的任务。也许对黑格尔来说可惜的是，1797年的谢林本是有可能走上此条道路的，虽然这种想法谢林自己绝不会赞同。

第二节
谢林早期的两种时间理论及其与直观的关系

作为对费希特哲学存在论缺陷的弥补和克服，谢林自然哲学要解决的首要问题就是实在性问题。实在自然是与我们心灵有差异的存在，而为了理解它们的差异，以及为了理解为什么尽管存在差异，实在自然仍可以被我们所理解，就必须深入到实在自然与我们心灵互动关系的形成机制研究之中去。这种形成机制必须综合差异双方，在康德先验想象力学说之后，这种心灵与世界之综合机制进程的核心无疑就是时间。它也被谢林和黑格尔当成是理解自然实在存在的关键。当然，此种时间不能如在康德和费希特那里一样只是主体的想象，而必须有不同于主体的其他来源，否则它就难免仅是一种观念构想。谢林于是从斯宾诺莎那里借来了力的概念，其目标是在后康德哲学时代提供一种建构性的自然有机论表述。相比之下，这种自然有机论在康德第三批判那里只是范导性的。在谢林看来，此种建构性的生命力存在于作为自然之实在性的物质之中。物质的时间性建构过程就是力的实在的生产性过程，也就是自然的动力学进程。时间、力与物质运动的统一进程，也就是实在自然本身。对这一进程的解释，谢林分别提供了以下两种差异巨大的方案：

方案一（1797）：1797年谢林追问的主要问题是外在自然及其所有的显现的实在性问题，也就是物质的实在性问题。最初，这一外在的实在性世界和我们通过形式所表象的世界之间，显得似乎并没有任何可能的关联。于是需要解释的是,物质是如何产生的?它与我们认识的实在性问题有何关联?虽然在前康德哲学中,尤其在斯宾诺莎和莱布尼茨哲学中,物质的本己力量被看作是可认识的,但康德哲学和费希特哲学都并不认可质料自身的实在力量,因此也就不能从理性层面解释物质自身究竟是什么。而谢林首先将对它的解释与"力"这一概念关联在了一起。他认为,物质并非仅仅具有力,毋宁说物质本身就是力①,并进一步将它规定为引力和斥力。他以一种反牛顿和反康德的语气说道,力的概念不是一个"纯粹形式的、通过反思产生的概念",而是关于原初物质的理性概念②。作为力的物质的实在性必须通过理性的直观而被见及,而引力和斥力则被看作是两个一般性的自然法则,也是我们形成客观知识的条件。但吊诡的是,谢林同时也如费希特般承认,这两个法则都只能通过主体性的方式被确认,即首先通过感觉,然后通过理解被确认。事实上,谢林在1797年主张,所谓的自然力并不是自然自身生产自身的力量,而是精神力量在自然中的内在塑形力,是一种精神的想象力(Einbildungskraft)。需要研究的正是这种想象力的内在进程,而这一内在进程的形式,就被称为时间。相反,到了1799年,时间就不再被看作主体性直观的形式,而被看作自然本身的本源力量。谢林此时认为,自然中的物质实在性必须独立于自我的表象能力来被解释,而这一实在性进程所需的时间,也不再是主体性时间,而是自然本身的创造力的展现进程,所以自然力也不可能仅仅是主体所想象出来的,恰恰相反,自然力、物质在其自身的运动进程中展现为时间。

1797年的谢林将引力和斥力视为两种自然的法则和自然之所以可能的条件,而物质就是力。谢林进一步界定道:"现在物质对我们来说不是

---

① Cf. Schelling, Ideen, S. 79, S. 208f.
② Cf. Schelling, Ideen, S. 183ff.

别的,而就是一般来说的某物,它向三个维度延展并充实空间。"①力、物质与空间充实的统一并非谢林的原创,它来自康德的《自然科学的形而上学基础》,尤其是其中的动力学部分和力学部分,在那里,物质是通过充实空间的活动而被看作运动者的,而此种充实空间的活动能力来自物质的力,康德也将之分为引力和斥力,它们是造成自然的机械运动的原因②。当然,康德并不认为这里包含着对质料的某种存在论界定,其所包含的仅仅是某种认识论界定;而谢林对力与物质运动的存在探究尝试则不限于对经验有效的部分,也就不限于自然现象的部分,相反,谢林试图将之作为本源精神活动的结果来加以呈现。谢林认为,物质虽然是实在存在的,然而这一存在本身是与精神一道并通过意识的方式,才被确认为自成一体和自我组织的,因此,考察自然的基础必定只能提供一种有机论的哲学。1798年的谢林甚至认为,没有有机论的地方,就没有力学③。在这样的背景下,1797年谢林自然哲学对运动物质通过力充实空间的理解,就和一种有机论的自然时间问题绑在了一起,其具体的论述可分为两步:

  1. 对谢林而言,无论充实空间的经验情况多么复杂,物质都是在引力和斥力这两个基本原则的作用下运动并充实空间和表现其存在的。任何一种经验情况,都是这种物质运动与时空的统一性在两种力的作用下的一种变样而已。然而,仅仅通过两种力的概念并不足以解释质料的实在性,因为"这种纯粹的概念只是一个没有意义的言词……一切这个概念

---

① Schelling, Ideen, S. 183ff.
② Cf. I. Kant, Metaphysische Anfangsgründe der Naturwissenschaft, hrsg. v. K. Pollok, Felix Meiner Verlag, Hamburg 1997, S. 39.
③ Cf. F. W. J. Schelling, Von der Weltseele—Eine Hypothese der höheren Physik zur Erklärung des allgemeinen Organismus. Nebst einer Abhandlung über das Verhältnis des Realen und Idealen in der Natur oder Entwicklung der ersten Grundsätze der Naturphilosophie an den Prinzipien der Schwere und des Lichts, in: Friedrich Wilhelm Joseph Schellings Werke 6, hrsg. v. K. Torsten Kanz und W. Schieche, Frommann-Holzboog Verlag, Stuttgart-Bad Cannstatt 2000, S. 69.

所具有的实在性,都只能由先行于这个概念的直观赋予它"①。显然,谢林对诸力实在性的奠基必须借助于存在论意义上的智性直观,此直观展示着我的本源力量。但是,仅仅借助我的绝对活动力,尚不能看见任何客体,如果需要看到客体,则本源活动力必须受到限制或抗阻。这样一来,直观得以可能的必要条件就是两种活动力必须被设定为实在的。谢林将第一种积极的活动力称为引力(推动力),将后者称为斥力(抗阻力),二者实际上都不仅是物质力,而且也是精神力。

2. 积极的推动力可以朝向所有可能的方向,而消极的抗阻力完全不朝向任何方向,只是将第一种力限制在某一个点上。由此就有了两种形式的空间——向着所有可能维度扩展的空间及点状空间。当前一种力受到后一种力的阻碍时,就会朝一个点发生坍缩。换言之,当积极的活动力受到限制时,它就不再朝向所有维度,而是朝向一个特定的维度行进。这种行进方式可以通过一条线来表示,也就是某种在一维层面进行的运动,谢林将之称为时间的形式②:精神力的一维运动就是时间,通过它,空间得以充实。而此处"充实"的意思,就是两种空间力得到了实在的综合,从而既不是被简单地理解为包含所有可能维度的空的空间,也不会仅仅被压缩到一个点上。被充实的空间意指一种在特定时间维度上的运动中被具体看到的空间。前两种空间模式都不是经验可见的,而经验可直观到的实在空间,必定在其自身中包含着时间向度③。反过来说,时间也只有在空间中并通过空间才能获得其延展性④。由此,就有了统一可经验的时空运动,它与力不能分离。

---

① Cf. Schelling, Ideen, S. 209.
② Cf. Schelling, Ideen, S. 219.
③ Schelling, Ideen, S. 219.
④ Schelling, Ideen, S. 220.

第四章 直观的自然还是概念的自然？
谢林早期时间学说与耶拿时期黑格尔的比较分析

与康德(至少在形式上)严格区分时间与空间的做法并不相同,谢林以上这种将时空统一的做法,更类似于费希特1795年在《略论知识学的特征》中采取的路径,在那里,时间和空间在观念层次上是完全统一的,这种统一是通过意识内的时间综合机制实现的。但值得注意的是,谢林看似主张与费希特相差无几的时间综合机制,这一机制只有在精神性空间原初的双重形态已经被给予的情况下才能被谈及。这也相应于谢林1797年所言的自然和精神总是结对出现这一事实。精神与自然是统一的,但在自然与精神的统一体中,也同时有着一种绝对的分裂,而空间的被给予的原初双重形态也与此有关。对双重形态进行时间综合所产生的实在性,也不仅仅在主体内部或理论哲学的观念层次上成立,而且在自然存在论层面也同样成立。这是区分谢林和费希特主张的一个关键要点,也正是这一点深刻地影响了黑格尔。

方案二(1799):在1799年的自然哲学规划中,谢林虽然保持了他的力、物质、时空统一理论构架,但关键变化在于,他此时将1797年紧密交织的意识哲学和自然哲学松脱为各自独立的部分。解释自然的绝对生产力如何生产出经验自然,成为此时的主题,而时间学说也是在这一主题下被建立起来的。其具体论述分为以下三步:

1. 在自然历史中,绝对生产性的时间呈现着"原初的序列(一切无限序列的)理想",在其中"我们智性的无限性自行演化"。[1] 没有这种原初的和自我升级的演化(Evolution),就无法设想自然的连续性。谢林进而将之说成是理想性的演化,因为它指向能生自然的绝对活动性,这种活动性无法通过后天归纳被把握。这种时间连贯地生产着自然,谢林也将之

---

[1] Schelling, Einleitung zu dem Entwurf eines Systems der Naturphilosophie, S. 42.

看作本源力的作用过程。他认为,这种力只能在智性直观中被见及。

除此之外,还有一种反思性的时间。每一定在都有其特定的持续时间(Dauer),这些时间都不是连贯性的和持存着的。对原初演化的阻滞活动,谢林称为原初反射(Reflexion),通过二者的双重性,我们的定在才获得了它的特定的绵延。一切具有特定时间绵延的定在都不是原初的自在存在,而是被绝对的时间存在所生产出来的产物。

因为以上两种时间都是在动力进程被看到的,所以它们也被看作两种不同的力:相对于智性直观而言的力,与相对于反思而言的力。前者被称为重力(这显然是借助了牛顿力学中一切力都可还原为引力的想法),而后者被称为阻力。对谢林而言,重力作为一切力的来源,不能在任何经验中被看到,也不能仅仅被看成一个被推断和构造出来的概念,所以它必定只能是在自身中有其实在性,而又为我们所智性直观到的力[1]。此种力作为本源时间也必定是延续性的。断裂的时间只有在反映活动中才可被见及。

2. 这两种对立的时间必须被再次统一起来,因为它们本源地就是一回事。谢林将此种综合进程称为自然的再生过程[2]。我们能够经验直观、感觉和理解的,只是这种自然的再生过程而已。换言之,我们经验中的自然客体,都是在原初自然的双重时间的实在综合进程中才出现的。这些客体绝非单纯的空间点或空间界限,而必须是充实和实在的。只有在空间被充实之处,实在的客体才会出现。双重时间力的综合进程,因此也必须就是空间的充实进程,而充实的空间就被叫作物质。由于物质是在综

---

[1] 就此而言,谢林的处理实质上超出了牛顿引力究竟是数学力还是物理力的讨论,而这一讨论却是牛顿时代的真正中心所在。参见科瓦雷:《牛顿研究》,张卜天译,商务印书馆,2018年,第3—31页。
[2] Schelling, Einleitung zu dem Entwurf eines Systems der Naturphilosophie, S. 45.

合性的再生进程中才出现的,所以物质也具有被综合双方的双重特性:物质的自身存在是实质存在(Substrat),其时间是永恒绵延着的时间,也就是能生自然本身的时间;而物质那种可被摧毁的存在,其时间则是反映性、非连贯性的时间①,也就是受造自然物的时间。物质的第一种特性是可以任意延展的,而第二种特性则收缩在一定的范围内。在经验中,物质的时间则属于第三种,它既有始终,又永恒绵延,谢林将之称为发生过程的时间链条。每一时间环节都可以被看作链条上的一个相对无差别的过程点。而过程本身就是对这些点的连贯归类,是自然的自身变形(Metamorphose),也就是自然的类进程。

3. 独立于先验哲学的自然哲学表现在自然的类进程中,在其中,扩展性的力的时间与收敛性的力的时间彼此交互关联。一切自然力,在谢林看来都可以被归类为重力的某种变形。此时,重力就不仅仅是能生自然永恒绵延着的创造力,而且是诸力的统一②。重力在时间链条上充实着空间,并使得物质成为实在的。因为这里的重力本质上仍是综合而来的,所以它并非原初地生产着客体,而只是将客体再造了出来。一言以蔽之,借助重力,综合活动呈现着"客体自身的再生过程"③。

当两个物体各自有其重心的时候,它们就是彼此对立的。但因为它们本身在时间进程中倾向于拥有一个重心,所以它们又是互相吸引的。这种力学上的互相吸引,会在更高的物质活动形态中呈现出来,尤其是在磁学、电学和化学之中。1799年,谢林特别关注的就是化学进程,它既与物体的分解相关,也与其聚合相关。此处虽不能详述谢林对化学中时间作用的看法,但值得一提的是,谢林认为,在化学进程中,同一物分解时常

---

① Schelling, Einleitung zu dem Entwurf eines Systems der Naturphilosophie, S. 48.
② Schelling, Einleitung zu dem Entwurf eines Systems der Naturphilosophie, S. 65, Cf. S. 75.
③ Schelling, Einleitung zu dem Entwurf eines Systems der Naturphilosophie, S. 68.

伴随着发光现象,而这件事情十分关键①。"光"从1799年开始,就成为自然物质进一步演化的一个开端性标志。在谢林看来,要真正解释有限时间存在和无限时间绵延之间的综合机制,就必须借助一种统一各种自然科学的自然哲学,它提供的解释方案可以很顺利地在力学、电学、磁学、化学和光学等不同物质形态理论中建立连贯性。而光学研究和重力学研究又是解释物质建构过程中最为关键的两种研究,它们始终陪随着不同质料(Massen)的综合性时间进程。事实上,同谢林一样,在黑格尔后来的耶拿自然哲学中,重力与光也构成关键要点,而这一要点恰恰是在康德和费希特的时间学说中少有提及的,其原因之一在于,二者那里都没有物质自身的幂次升级概念,也没有一种完全统一的物质-能量理论诉求,尽管这一诉求在18世纪末19世纪初已经成为了科学研究的最重要诉求。

谢林自然哲学对当时科学界的实质影响颇大,但就哲学思想而言,在其1799年时间理论中还是包含着一个难题,即能生自然是超出经验且不能通过被生自然的经验实在性来得到奠基的,因此其实在性只能来自自身,而所有的被生实在都只具有部分的实在性,只是时间链条上的一环而已。所以在经验时间中,能生自然的实在性仅仅具有智性直观层面的理想意义。虽然有限存在者可以完全现实化,但这种直观理想的实在性仅存在于未来。此问题也可以表述为:一方面,自然自身是它的产物的永恒原型,其实在性只能体现在力的自然建构过程之中,也就是在有机自然内诸时间的动力学进程之中,这一进程不是在现在,而是在未来才能完成;然而另一方面,谢林也明白地说,永恒者并无时间性的内容,没有前后之别和时间顺序。因此有限的时间性存在者仅仅是被反映的产物,它不能反过来为永恒的实在奠基。对此,1802年雅各比在写给科本(Friedrich

---

① Cf. Schelling, Einleitung zu dem Entwurf eines Systems der Naturphilosophie, S. 70.

Köppen)的信中就已说得非常清楚。对雅各比而言,谢林所说的永恒自然仅是一个"纯粹的语词","通过它,在永恒中,一切被造就了"①。早在谢林之前,斯宾诺莎就已经有了这种想法,即从永恒出发走向时间,而谢林不过是其变种而已。因为谢林把存在视为永恒直观的自然,而非时间性的有限存在者,所以雅各比也将之叫作"完全的、齐备的、绝对的'是'(Ist)"②,在此存在中,变化从一开始就已经被永恒化了,所以,根本没有任何真正属于变化者的地位。在时间中生产出来的有限存在者的实在性,完全是一种"幻影性的产物"③。真正重要的恰恰不是能生自然的永恒时间,而是时间性有限存在者有生有灭的中介性链条,以及自在的有限此在。尽管不能肯定黑格尔知悉雅各比的这封信,但黑格尔显然清楚雅各比此处的核心看法,因为它并非在此信件中才首次被提出,而是早在其《斯宾诺莎书信》中就通过(作为斯宾诺莎永恒时间绵延学说对立面的)对具体时间性存在者的中介链条的阐释被强调过。黑格尔自己在耶拿曾深入研究过这种自在有限时间存在者的中介学说,这在他的《信仰与知识》中关于雅各比的部分明显可见,在那里他特别强调了雅各比所给出的自在时间有限存在者的哲学重要性(详见本书第一章的讨论)。此外,黑格尔显然也知道雅各比对斯宾诺莎永恒化时间所做的著名批判。对他而言,自然哲学也必须给出时间的贯通性(而非后发解释性的)中介链条,以及有限时间存在者的自在性,而不能仅将之视为永恒自然的变体或显现,否则,那仅被智性直观到的永恒实在终将难逃空洞之讥。

---

① F. H. Jacobi, An Friedrich Köppen, in: Schriften zum transzendentalen Idealismus. Friedrich Heinrich Jacobi Werke Band 2. 1, hrsg. v. W. Jaeschke und I. M. Piske, Felix Meiner Verlag, Hamburg 2004, S. 354.
② F. H. Jacobi, An Friedrich Köppen, S. 354.
③ F. H. Jacobi, An Friedrich Köppen, S. 354.

第三节
反对直观自然:黑格尔耶拿时期的概念化自然及其时间性展开

雅各比对谢林的批评当然不会被谢林承认,二者之间的争论后来在一场席卷整个德国思想界的"神圣事物"之争中继续发展。但对黑格尔而言,这些争论只能通过他的概念化自然时间的方法才能得到真正平息,由此他也叛离了谢林。通过对此进行研究,本文希望深入到谢林与黑格尔之争的实质分歧点中去。虽然黑格尔与谢林一样,是在力-物质-运动-时空的统一体中来理解时间的,但黑格尔更倾向于接续谢林 1797 年的道路,将自然理解为潜在的精神:有机自然的时间进程开始于概念的外化,终结于现实精神历史。由此可以看出,与谢林极其不同的是,黑格尔的自然哲学有其概念学说的基础。他的哲学必然导向自然的概念化。而恰恰是这一点,被谢林认为是从时间实在性问题中的一种逃遁而对其加以拒斥。

在《哲学百科全书纲要》自然哲学部分,黑格尔关于力-物质-运动-时空统一体的表述[1],事实上是其耶拿体系规划的延展。在 1804/1805 年的体系规划二与 1805/1806 年的规划三中,均已有对此的大量论述。其中,1804/1805 年规划与成熟时期自然哲学一样,主张自然是从与逻辑学的关系中外化出来的[2]。这一点构成了黑格尔与谢林自然学说最为重要的区分之一。其实在黑格尔 1801 年的博士论文《论行星轨道》中,时间仍然被

---

[1] Cf. G. W. F. Hegel, Die Naturphilosophie mit den mündlichen Zusätzen, in: Enzyklopädie der philosophischen Wissenschaften im Grundrisse 1830, Zweiter Teil, Suhrkamp Verlag, Frankfurt 1970, §262, Anmerkung, S. 63.
[2] 虽然耶拿逻辑学与后期逻辑学的整体形态和结构,乃至重点都有很大不同,但在绝对概念的确立和作为自然哲学的先导意义上,二者还是一致的。

第四章 直观的自然还是概念的自然？
谢林早期时间学说与耶拿时期黑格尔的比较分析

视作变化的心灵原则①，因为单纯的空间仅仅是静止的，不足以解释运动的可能。而由于空间的充实是一个进程，所以主体的心灵时间动力对于充实空间形成实在物质来说，是需要被首要关心的②。整个天体自然因此仅仅是一种单纯外在显现着的自然，而非自然本身或者精神的他者。相反，1804/1805 年的"自然是精神的他者"这一说法③，则是黑格尔第一次明确提出自然与精神在分离中保持统一的说法。黑格尔此时认为：虽然自然在被认识的过程中最终将被证明为是精神整体的自我认识环节，但在最初，它却并非就是整体的精神，而是与之不同的东西，这种不同之处特别表现在自然物质的非整体的个别性或部分性上，它们只有在自然整体的类中，才能真正达到其概念。1804/1805 年的自然哲学，因此一开始就聚焦在整体类与特殊部分的关系之上。就整体一方来说，精神并没有直接显现在自然的部分之中，而是潜藏着的、伴随性的；而就部分一方来说，自然并没有真正认识自身，真正的自然只有在了解其精神概念时才返回到自身之中。在这一后来为人们所熟知的辩证关系中，其实包含着三个极其重要的信息：

1. 与谢林 1797 年的想法相类似，黑格尔是在自然与精神、认知和意识的统一体中开始其自然哲学研究的。他完全不认可谢林 1799 年的那种独立能生自然；

2. 非常醒目的是，接续雅各比对谢林的指责，黑格尔现在将自然首

---

① 甚至这里的心灵-精神概念(mens)，也是从谢林 1798 年的"世界灵魂"观念中引出的。Cf. W. Jaeschke, Hegel Handbuch. Leben－Werk－Schule. 2. Auflage, Verlag J. B. Metzler, Stuttgart/Weimar, 2010, S. 106ff.

② Cf. G. W. F. Hegel, Dissertatio Philosophica de Orbitis Planetarum (Philosophische Erörterung über die Planetenbahnen), Übers. Eingeleitet und kommentiert von W. Neuser, VCH Verlagsgesellschaft mbH, Weinheim 1986, S. 74f.

③ Cf. G. W. F. Hegel, Jenaer Systementwürfe II, Logik, Metaphysik und Naturphilosophie, hrsg. v. R.-P. Horstmann, Felix Meiner Verlag, Hamburg 1982, S. 188f.

先在"他者"的意义上放到了部分或有限个别存在之内,强调时间性的有限存在者的重要性,即具体的自然实在性,而非原初的动力时间的分化和统一。这成为黑格尔填补谢林基于智性直观的自然存在论之空洞性的重要一步;

3. 但是,与谢林和雅各比均不同的是,黑格尔在自然哲学部分之前就优先引入了一种自我认识的整体概括部分,没有这一部分,"自然是尚未达成其自身认识的概念精神"这一命题就不可能在最开始得到充分讨论,而此部分就是耶拿逻辑学-形而上学(关于这一点,我们将在下一章中进行详细研究)。由此可见,不仅谢林1799年智性直观中的能生自然,甚至连1797年智性直观中的自然和意识统一性,都没有得到黑格尔的真正赞同。

其后黑格尔整个自然哲学论述的展开,都与这三个要点紧密关系在一起。而在本书的第二部分,我们也将能非常具体且清楚地看到这三个要点是如何一步步在自然哲学中具体表现出来的。本章接下来的论述,则可被看作对基于这三个要点的黑格尔自然哲学的简短导论,其目的是突出展示谢林和黑格尔在面对主体性哲学的存在论缺陷时所采取的不同应对路径。

在1804/1805年体系规划中,接续逻辑学-形而上学的概念讨论,为了让自然的观念的普遍整体性在最初就展露出来,以说明自然作为概念外化首要的理念性质,黑格尔就将自然的第一个环节定位在了对"以太"这种纯净的、理想性和精神性物质的分析上。这一方面接续了1801年《论行星轨道》对天文系统的分析,另一方面却也留下了一个问题,即如果以太是如此独特的物质,为什么在一年之后的体系规划以及《百科全书纲要》的自然哲学部分,它的体系位置却明显后移了?

后一个问题将在本章稍后略作探讨,并在本书第二部分进行详细处理。这里真正关键的,还是去理解以太概念对于黑格尔将自然表述为精神他者和概念外化的关键性。这一做法从一开始就和谢林拉开了差距,因为谢林早期的两套方案都是直接从力的原初的双重性而非物质的普遍性开始讨论的,而黑格尔关注以太,恰恰是由于他对以太的"中介"地位而非原初地位的看重,这种"中介"的作用就在于为普遍概念引入物质实在性,但又不至于直接去讨论部分和有限的自然物,而保留物质最初的精神同一性。

作为仍然具有纯粹性和精神性的概念,以太的"道说"或表达就是时空[1]。作为纯粹的表达中心与时空展开的基底,以太因此也被看作一个纯粹理想的出发点,即恒星。而时空表达的最初形式,就是恒星的光。光学时空因此构成了物质自然实在性阐述的第二步。这一点显然深受谢林自然哲学的物质-能量统一性理论倾向的影响,只不过在谢林处自然发展进程中幂次更高者,在黑格尔那里变成了最初幂次。其原因之一在于,自然的普遍概念性更适合直接表现在光、以太之中,而非具体的力学交互作用的时空之中。

然而对普遍概念性的强调只是黑格尔自然哲学开头的一个方面。另一个更重要方面就是上文提到的——以太的时空表达首先是点状的。自然实在的第一环节不是弥漫的以太,而是无数并列的以太恒星光点和它们之间的同时关系。这种宇宙图景突出的是自然的有限性和个别性特征!事实上,无论是1805/1806年规划或后期自然哲学,黑格尔虽然都后移了以太分析,但都保留并强化了点状有限时空存在者的优先地位,这完全不同于1799年版本中对无限能生自然的永恒绵延的做法,而显然是要

---

[1] Cf. Hegel, Jenaer Systementwürfe II, Logik, Metaphysik und Naturphilosophie, S. 204ff., Cf. S. Gruner, Hegels Ätherlehre, including a Summary in English: Hegel's Aether Doctrine, VDM Verlag Dr. Müller, Saarbrücken 2010, S. 47 – 66.

避免从一开始就陷入雅各比提出的,在谢林那里自然只是空洞地是其所是的那种指责,而智性直观只是加强了这种无限和永恒性,却使得有限自然存在一开始就被蔑视和贬低了。因此,理解具有强烈概念性点状时空的优先性,同时也是理解有限个别实在存在在概念层面对于整个自然展开进程的优先性。在海德格尔影响下,很多人将黑格尔的点状时间看作鲜活时间体验的概念性沉沦状态,然而与之不同,我们必须从黑格尔的论争背景出发,将之看作对实在有限存在在体系哲学中关键性地位的捍卫,以及从概念层面恢复对时间真正活动的精神体验的努力。

从对点状的时间以及有限自然实在存在者的概念分析出发,1804/1805年和1805/1806年两部体系规划中的自然哲学体现出越来越强的关注具体个别物的倾向,而时间在这一倾向的不同发展阶段也显示出越来越强的个体化作用,成为贯穿整个自然哲学的红线。时间中的个别化倾向首先表现在从天文系统向着独一无二的地球系统的分析之中,其次体现在地球系统内部的具体个别物质分化的力学和物理学进程中,体现在地质构造进程中,最后则体现在个体性的植物、动物和自然人的时间感之中。1805/1806年体系规划的精神哲学更进一步指出:这种个别的时间感知就构成了意识理解世界的最初源泉,即自然有其历程,而这种历程在个体的人的意识理解中才成形。人的独特的个别意识既是随着自然发展才清醒的,但同时也是对自然真正的概念把握。总的说来:

1. 自然作为他者,特别体现在它不是整体,而是部分和个别之上,所以整个自然的时间进程,就是物质在其个别化趋势中不断丰富和充实的变化过程,这一过程就自然来看根本不是什么概念的进展;

2. 但从精神的回忆来看,这一过程也是精神运动以不同的力的形式(重力、机械力、化学力、生命力)表现并认识自身的时间进程,因此,在力-时空-物质的运动统一性理解中,最为关键的就是这种精神与自然的不可

第四章 直观的自然还是概念的自然？
谢林早期时间学说与耶拿时期黑格尔的比较分析

分离性,换言之,自然虽然是他者,但只能是"精神的他者"。

就第二点来说,我们可以明显察觉到谢林1797年自然哲学中的自然-精神统一论对黑格尔的影响,这种影响不仅超过了1799年自然哲学,甚至也超过了后来的同一哲学。但第一点却和雅各比的谢林批判,尤其是时间性有限存在者在谢林那里不受重视这一批判相关。能够将这两点联系起来的,恰恰是精神与自然的辩证概念关系,因为个体化自然与整体性精神的区分是概念性的,所以自然才是可理解的,而非某种谢林式的神秘智性直观;但由于这种概念性区分只体现在自然和精神的实在表达上,所以才必须坚持谢林式的存在论层面的概念实在论。

尽管存在着诸多细节改动,但整体上,黑格尔的以上想法在百科全书时期的自然哲学中仍保持不变。但恰恰是这些想法导致谢林于1807年以近乎绝交的方式对此做出了激烈反应。正如舒尔茨已经指出的,即使是在其晚期哲学中,自然是一开始就处于体系之中,还是逻辑学的外化,这一问题仍然是谢林所关注的焦点。对于谢林来说,黑格尔的逻辑学只是将不可证明者放到了作为实在的存在进程之中去证明,但完全不考虑这种证明必须让不可证明的自然本身先行发生这一问题,因而只是加深了某种建构论哲学的错误而已[①]。以上说法可以在谢林1799年学说的脉络上得到非常恰当的理解:能生和独立的自然,怎么可能是一个概念衍生品,而非先于一切概念的存在本身呢？概念的实在性,比如以太的实在性,又怎么可能不是从自然,而是从逻辑概念自身中就能获得呢？如果自然是实在的,那它必须首先就其自身就是实在的,而不是一个欠缺实在的概念;如果这种实在要获得理解,那么它就必须经历与不同于它的意识的斗争,而不是通过一种意识内部空洞乏味的自否定,这种自否定除了否定

[①] 参见舒尔茨:《德国观念论的终结——谢林晚期哲学研究》,韩隽译,中国人民大学出版社,2019年,第131—143页。

自己的理解外,和自然自身的实在性根本没有任何关系。

当谢林在《近代哲学史》中对黑格尔做出批判,指出"在黑格尔哲学里,出发点相对于后来的东西而言是一个纯粹的负量……在这里根本没有什么被克服的东西",没有真正现实的对立的时候[1],他所否定的就是黑格尔将自然作为逻辑外化的做法,以及黑格尔通过融贯的个体化时间学说对谢林(尤其在1799年开始)主张的对立的双重时间学说做出取代的倾向。如果说雅各比和黑格尔对谢林的批判都体现在个体有限时间存在者对于自然存在的优先性上,那么谢林对二者的反批判就集中在:有限时间存在者必须首先存在,时间存在论的差异必须首先被整体给予和直观到,才能具体去解释有限时间存在者的存在状态;而如果说黑格尔批评谢林的这种源初自然存在和源初双重时间的差异性统一,只是一种说不清楚的空洞直观,无法再进一步得到解释的话,那么谢林的反批评就是,黑格尔的那种概念外化的自然哲学和融贯的时间学说根本没有触及,而只是掩盖了实在存在的真正发源问题。就此而言,谢林认为,黑格尔"企图在我的自然哲学之上构建他的抽象逻辑学"或者"纯粹的逻辑学",而这只能是一种"生搬硬造"[2]。——这当然不会是对黑格尔的最后一击,只要黑格尔强调,他的自然哲学也完全不是限于自然科学层面的实在学说,而他的时间理论恰是对概念实在化进程的真正形上展示,那么他就始终可以反驳说,谢林那种分隔能动自然存在的时间和被动自然经验时间的做法仍然缺乏必要的中介环节,而这一环节只有从概念实在论自身的融贯展开中才能被看到,也即从概念个别化和具体化的逻辑外化进程中才能被看到。否则,不能被理解的就不仅是对自然本身的智性直观,且还有这一直观与具体实在自然的整个勾连进程。

---

[1] 谢林:《近代哲学史》,先刚译,北京大学出版社,2016年,第165页。
[2] 谢林:《近代哲学史》,第166—167页。

第四章 直观的自然还是概念的自然？
谢林早期时间学说与耶拿时期黑格尔的比较分析

总结说来，本章聚焦在 1807 年前谢林与黑格尔关于时间问题的关键分歧点上，这一分歧点至今仍然以各种方式激发着哲学思考。它可以表述为：

1. 谢林主张的时间的原初双重性事实上对应于智性直观和反思的双重性。其中前者之所以必要，是因为逻辑和概念的推演活动并不就是绝对实在本身的展开活动，证明有限者的实在性是通过概念机制的中介进程才被给予的是一回事，而展现作为概念机制自身的本质实在性则是另一回事，如果要将二者混同起来，那就必然会混同逻辑的结果和实在的结果，实在自然也就会变成一种概念异化过程中的苟延残喘。而如果我们不想让事情变得如此极端，那么事先分开给予活动的实在基础及其概念中介运作，就是必须要做的事情，就算为此需要付出并非一切都可以得到先行解释的代价。

2. 但黑格尔则认为，假如采纳这种事先的分离和时间的双重化方案，则谢林所期待的绝对"先行存在"运作进程，就同时消除了有限者的自在时间存在，并将一切有限时间永恒化。因为所谓有限时间存在者其实都是从无限实在之中派生出来的，但为何它们得以派生，却是不可做任何解释的，而只能是直观的。这样一来，除了那种神秘的绝对实在之外，有限时间的实在性就根本没有别的保障，而我们作为有限时间存在者，也永远没有机会理解为什么绝对实在就是实在的，而不是一个空洞的谓词。除非二者间有一种辩证中介机制，能够同时成就永恒者和有限时间存在者的实在性，否则谢林的先行存在就只能是一种需要相信的神话，而非需要理解的哲学。

3. 理解以上分歧之重要性的关键，并不在于首先要站到谢林或者黑格尔双方中的一方。本文的重心也并非在二者间完成选择性站队。真正的哲学重点毋宁是双方的关系：通过谢林的批评，去抵御一种将黑格尔概念化自然的道路单纯理解为绝对概念推演的做法,因为后者无法充分回应实在性问题;同时,通过黑格尔的批评,去抵御一种将谢林智性直观自然的道路解释为毫无疑问地揭示了前概念的原初实在性的倾向,后者的问题在于这条道路是一条断头路,因为道路的每一步都淹没在晦暗之中。而双方关系真正值得深思之处,也不仅在于它关系到一切实在者整体的存在论前提究竟在于无限自身还是无限与有限关系的追问,更重要的是,它提示作为有限存在者的我们,去询问有限性在这两种方案之中有没有机会得以展露并保持住自身的独特地位。在此方面,是黑格尔为我们指引了更为明确的方向,尽管它始终将受到来自谢林的如下质疑:有限此在的自身地位追问真的具有存在论上的优先性吗?

我们主题的限制使得我们无法再详细探究谢林后期哲学与黑格尔哲学的争论详情,但上文已经清楚地说明了对本书而言最重要的事情。如果黑格尔通过发现费希特彻底主体性哲学中的存在论缺陷,认识到了时间历程中实在性的重要性,那么通过学习谢林自然哲学及与他的论争,现在被突出的就不仅是泛泛而言的客观实在性的重要性而已,而且还有有限存在者的实在性的重要性。换言之,黑格尔和雅各比都认为,真正的实在性保持只能在具体事物的领域才是可能的。并且这个领域必须拥有与无限存在不同的、别具一格的存在意义,用黑格尔的话来说,就是拥有作为"他者"的自在性,否则它就会被当作无限存在同一性或无限存在的单纯表现,而它别具一格的实在性也就会被这种无限者吞没。这是因为,所有作为无限自身表现的实在性都只可能来自无限自身,但这种无限存在的实在性自身又能在哪里被看到呢?只能在根本说不清楚的、空洞的智性直观那里被看到。在那里,有限者的一切实在都消失在了无限存在之同一性的无尽黑夜之中。

总的来说，如果说克服单纯主体性哲学的存在论缺陷是黑格尔开始其时间之思的第一个重要契机的话，那么此事发生的第二个动因毫无疑问则是，黑格尔明确意识到，必须重视时间性的有限存在者，它作为精神的他者必须拥有其自在存在。除此之外，还必须补充上第三个动力，即虽然这种时间性有限实在是精神的他者，并作为他者拥有其自在存在，但必须强调的是，它只有在与精神的原初关系中才被称为"他者"。这就意味着，这种他者与精神自身的关联从一开始就必须得到分环说明，也就是说，他者之为他者首先必须得到某种精神性的概念把握，得到概念环节的中介，否则对他者的一切说明就只能源于某种对诸如"能生自然"之类东西的智性直观了。而鉴于后者本身抵抗一切先行的概念把握，于是哲学就只能终结在一种无法说清的东西之前，但这是绝不可接受的。正因为如此，黑格尔才对1799年版的谢林自然哲学完全不感兴趣。也正因为如此，黑格尔才从1804/1805年的体系规划开始为自然哲学引入了强烈的"外化的逻辑学"这样的含义，并且在同年的逻辑学和形而上学中，黑格尔就已经开始反复强调个体性的、具体的有限存在者的重要性。他在不同的地方不断论证"这个"（即具体有限定在）与无限（即精神与自然的统一体，或逻辑学-形而上学自身）的关系，并在体系规划自然哲学的开头部分大谈个别与普遍的关系。换言之，黑格尔坚定地认为，只有在自然与精神的统一框架之中，才能去谈论时间性个别事物的自在的具体实在性。而只有这些实在性在"自然哲学"中都扎实地表现出来之后，彻底主体哲学的存在论缺陷才得以真正消除。

与雅各比和谢林一起，黑格尔发现了主体哲学的存在论缺陷；与雅各比一起，他认识到了有限存在者的自在的实在性的重要；而只有作为黑格尔自己，他才把握到这些实在性都必须从一开始就作为概念的"他者"得到把握——只有从这里出发，谢林1797年的自然哲学才是有意思的。而直到这一步为止，我们才完全了解了黑格尔在1803年所做的以逻辑学-形而上学为前导的自然时间阐述的全部关键动机：它仍然属于本书第一章就明确展示过的那种对具体真无限的探究，但加入了对其中介化、他者化和具体化的把握环节，这些环节就是那些作为精神"他者"的实在自然存在者和有限时间存在者。没有它们，真无限就会沦为一种空洞的说辞。

在本书第二部分，我们因此就开始探究黑格尔耶拿体系规划中的自然时间问题，也就是探究有限时间存在者在黑格尔体系中的重要性问题。为此，我们首先需要在耶拿逻辑学-形而上学内部勾勒出有限"这个"的重要性，以及它与无限的互相成就关系，然后再深入自然哲学部分，看看有限时间存在者是如何作为精神的他者，从逻辑概念中被导出的。对后面一点，本章第三节虽然也进行了大致说明，但其细节内容，我们将在第二部分的最后两章中再做详细论述。

第二部
自然时间：黑格尔耶拿时期体系规划自然哲学中的有限存在者

第五章
逻辑与有限存在：以"这个"为中心的耶拿逻辑学-形而上学研究

本书第一部是关于黑格尔自然时间学说起源的综合研究。这一研究与黑格尔耶拿早期的思想处境之实情紧密关系在一起，因为早期黑格尔是在与同时代那些伟大思想家的激烈争论中，才发展出自己的体系构想的。在本书第四章最末部分，这些论争对此的意义已经得到了综述。在此基础上，进入黑格尔耶拿体系规划的必要准备工作和思想演练就已经完成。

同样是在本书第四章中，我们也已经说明，自然时间学说在耶拿时期黑格尔那里是与逻辑学-形而上学紧密连接在一起的。构成它们之间相互连接的关键词，就是具体的、实在的有限存在者。不仅在1804/1805年耶拿体系规划中自然哲学的开头部分可以看出这种紧密关系，而且甚至在耶拿逻辑学-形而上学内部，我们就已经可以明确看到以下要求：作为以真无限概念阐释为目标的耶拿逻辑学-形而上学，只有通过以对有限"这个"概念的研究为中介，才能完成其任务。换言之，黑格尔甚至在逻辑学-形而上学的内部，就已经做好了铺垫，要去探索和强调有限存在。尽管这种存在在此处还不具有自然时间上的有限性，而只具有概念上的有

第二部　自然时间：黑格尔耶拿时期体系规划自然哲学中的有限存在者

限性——也就是说，不是有生有灭意义上的现实有限性，而是相对于无限整体的、这个或者那个"个别事物"概念上的有限性——但这种探索已经为这部体系规划中自然哲学开端处个别概念与个别实在的转化，打下了第一步的基础。了解这第一步的基础工作，有助于我们理解逻辑学与自然哲学在黑格尔那里的体系统一性。关于此点，我们将在详细探索黑格尔耶拿逻辑学-形而上学中对"这个"概念的处理方式之后，在本章末尾再次做出说明。

黑格尔《耶拿逻辑学与形而上学》(1804/1805)中有大量关于"这个"概念的讨论，集中于其逻辑学向着形而上学过渡的阶段，主要在《逻辑学》部分"关系"章"思维关系"一节和"比例"章，以及《形而上学》部分"客体性形而上学"章"灵魂"节与"世界"节。这些讨论揭示了黑格尔早期耶拿哲学(1800—1802)向着晚期耶拿哲学(1803—1806)过渡的重要线索：正如本书第一章已经详细讨论过的那样，在早期耶拿哲学中，很难找到关于"这个"概念的主题性关注，更多的关注被给予了"真无限"这一概念。但作为黑格尔自己哲学体系正面建设的尝试，必须处理在"真无限"概念下包含的种种难题。其中最大的一个，就是如何确定真无限具体展开的环节，以及如何确保这些环节在各自独立的同时具有组建整体的作用。没有这一讨论，"真无限"就始终有被混同于"坏无限"的危险，因为它回避了每一具体环节之绝对性和真实性，而绝对无限恰恰是在每一"这个"与无限本身的关系结构中才确立起来的。"这个"与"无限"的关系，是逻辑学-形而上学最为核心的问题之一。令人遗憾的是，尽管此书在国际黑格尔学界享有盛誉、研究迭出，也已有汉译，但国内至今乏人关注，遑论深入研究。

本章所论及的主题，在黑格尔其后的大小逻辑中都难以看到，它属于耶拿逻辑学中十分独特的部分。本章按照文本顺序，首先分析在耶拿逻辑学关系范畴下的"无限"和"这个"。在此范畴下，对"这个"概念的存在论探寻是失败的。真正确定"这个"概念的存在论地位的努力,将在本章第二节,即对"比例"章的分析中被看到。在此章中,黑格尔试图处理绝对认识的存在论构造问题。而在存在论上得以奠基的"这个"概念,其现实性表现则体现在一种新型形而上学的领域,即客体性形而上学的领域之中,在其中,单子式的"这个"灵魂,发挥着关键作用。这一点将在本章第三节予以充分说明。

第一节
关系范畴中的"这个"与"无限"

"无限性作为简单联系的实在性就是简单联系的总体。"[①]这是关系范畴中对无限性的初步界定。真无限就是一种实在的无限(实无限),它既关系到思维的整体,也关系到存在的整体,并且就是这二者的真正统一。这样一个想法,从之前对费希特存在论缺陷的批判中,是不难理解的。但即使没有这一思想史的背景,我们也可以说,所谓真无限或实无限,就是思在合一的无限。

对真无限的分析,因此就是对真实整体的分析。这一整体不能是数目无限意义上的整体。在黑格尔那里,数目上的无限整体是指这样一种单调无限或潜无限:对任何实存都可以做量化分析,即将之还原为某种程度的量的规定,而每一限量原则上都可以被"超出"。这种"超出"不仅意味着量的增加,而且意味着旧有限度的扩展,以及对包含此一限度的限定性根据的再量化分析进程。真无限(或实无限)在这样的进程中是无法达

---

① G. W. F. Hegel, Jenaer Systementwürfe II. Logik, Metaphysik und Naturphilosophie, hrsg. v. R. -P. Horstmann, Felix Meiner Verlag, Hamburg 1982, S. 36. 中文本参见黑格尔:《耶拿体系 1804—1805:逻辑学和形而上学》,杨祖陶译,人民出版社,2012 年,第 52 页。

到的,因为坏无限(或潜无限)是不断超过特定限量而指向无限的单向否定进程,在其中,无限只是消极地被指示,但从未被真正达及。

真无限却是积极的构成性无限。它拥有以下几个特点:(1)无限自身先于量的进程存在,(2)无限表现在此进程整体之中,并且(3)收敛其量的范围。相应地,黑格尔认为,理解真无限的关键,就在于理解无限整体并非一个连续的单向否定进程——如同在第一章中提到的时间的"二律背反",或者第三章提到的费希特的反思性的否定性时间进程的运作机制那样——而是(1)自成一体(先行存在且自为根据),(2)自行表现和(3)可收敛为单元(Einheit,统一体),且每一单元自身都是无限的(自身具有无限性的环节作为真无限的构成部分)。他进一步认为,认识真无限或实无限,包含了(4)对无限诸收敛环节相互关系的认识,以及(5)对所有环节与真无限自身收敛关系的认识。上述的最后三点,强调的其实就是:环节自身作为一个单元统一体,拥有自身内的无限性,或者说拥有作为一个单元的自在存在,而不仅仅是无限整体的某种表现而已。这些单元之间的关系,是同样具有无限性但彼此作为对方"他者"的关系。通过本书第四章的阐述,我们已经能够猜到黑格尔为什么会特别强调真无限的以上特点——这是为了与谢林式的"智性直观"中的存在拉开距离,避免陷入一种从根基上就说不清楚的、所谓的"实无限"洞见。

对上述五点的关注贯穿本章的全部内容。而在此节中,我们将跟随黑格尔的文本,首先说明:(1)"存在关系"上必须接受而非设定真无限的自行表现,虽然其差异化环节并不清楚(存在的直接性问题);(2)"思维关系"上的主观差异判断,以及对这些差异判断的推论性连接,虽然具有有效性,但并不足以从存在论上确立无限整体和每一"这个"环节的实在性(思维的空洞性问题)。

1. 在对黑格尔论"存在关系"部分的文本分析中,我们首先说明真无

第五章 逻辑与有限存在：以"这个"为中心的耶拿逻辑学-形而上学研究

限的自为根据和自行表现。在单调无限中，一切被认为是"部分根据不完备"的规定，都会向着"根据完全不完备"坍塌。这是因为所有规定都只是在一定量和一定尺度标准上来谈论的，但这些定量分析或尺度标准本身的根据只可能来自更深层的定量分析或更高的尺度标准，后者复又依赖更深层的定量范围或更高的尺度标准，如此以致无穷。这样一来，最终根据就始终是不完备的。成熟时期的黑格尔因此将所有这些存在分析，都归入了只有单纯过渡，没有真正本质和概念发展的"存在论"之中。

通过单调无限的量的进程没有办法抵达完备的存在整体，而完备整体的存在首先也不是这样被分析出来的，而是必须作为事实被接受下来的。这样被加以接受的完备关系整体，就其作为一切部分实存者的最终根据而言，被规定为"存在关系"，并且首先是"实体关系"。因为就哲学传统而言，所谓实体关系，就是指自在且完备的自身根据。对此，黑格尔的说法是："我们把关系直接接受下来（aufnehmen），就好像它的概念已被确定了似的。"[1]

当黑格尔这样来初步界定实无限时，从历史线索来看，这包含了黑格尔对斯宾诺莎哲学方法的原则性赞同，和对费希特哲学方法的激烈反对。前者是指斯宾诺莎关于从充分知识出发的综合方法[2]，后者则是指费希特的直接设定式的方法。黑格尔始终是费希特式设定方法的坚决敌人，正如斯宾诺莎是笛卡尔式分析性方法的坚决敌人一样。笛卡尔的分析方法

---

[1] Hegel, Jenaer Systementwürfe II. Logik, Metaphysik und Naturphilosophie, S. 38. 中文本参见黑格尔：《耶拿体系 1804—1805：逻辑学和形而上学》，第 54 页。
[2] 这一点也可从黑格尔后来的说法中得到印证。比如，尽管黑格尔本人在《小逻辑》"概念论"中将清楚概念、明白概念和充分观念都排除出了"概念"的范围，因为这三者对他而言都是心理学的概念而非纯粹概念，但他对这几个概念的态度明显是不一样的。清楚和明白的概念来自笛卡尔传统，它们在黑格尔看来或者是抽象的，而这显然与黑格尔力图寻求的、包含着完备实在的绝对概念并不一致。对于恰当概念，黑格尔则将之认作接近概念乃至理念的。Cf. G. W. F. Hegel: Enzyklopädie der philosophischen Wissenschaften in Grundrisse（1830），HW 6, Meiner, Hamburg 2015, S. 181f.

指从结果到原因的推论方法。推论的出发点是一个清楚明白的结果观念,"从一个结果的明晰知识出发,我们能给出结果所暗含的、不明确的、有关其原因的明确知识,并且表明,若结果不具有一个它所必然仰赖的原因,那么结果就不可能是我们按其所是知道的那样"①。斯宾诺莎则在《知性改进论》中反对称,这种方法的问题是,被推论出来的原因或根据仅仅是以一种含混的方式被说明的,也即只是以否定的方式来表现原因②。相反,斯宾诺莎的做法是:从包含着结果观念的原因观念出发,即从充分观念出发来建构知识。充分观念拒绝对原因进行抽象的、推论式的说明,而是自身之中就包含着存在的力量。而黑格尔对此的赞同表现为:当黑格尔对作为自身关系的"存在关系"进行讨论的时候,他所看重的并非对完备性存在整体进行否定性标记,而是在绝对层面上直接展示和接受这一实在整体自身的充分性:不是以对实无限的设定为前提,而是以使得此设定得以可能的实无限自身为前提。

由此也可帮助我们再次理解,黑格尔在一生之中,尤其是在耶拿哲学早期,为何反复进行费希特批判。如本书第三章所述,此批判的关键早在 1801 年就已确立③,即费希特所寻求的完备存在整体(即自我关联的绝对主体自身),仅能在一条现实中永不可完成的推论链上被推定。换言之,费希特试图说明的绝对同一性永远都非现实。他因此最终不得不求助于某种超越的完备整体,对这一绝对整体——上帝,我们只能信仰其存在,但其存在只是被推论出的可能形式设定——与之相反,黑格尔绝不"设定"实体关系,而是"接受"它:实体不是一个正题(形式前提),因为它不

---

① 德勒兹:《斯宾诺莎与表现问题》,龚重林译,商务印书馆,2013 年,第 153 页。
② 德勒兹:《斯宾诺莎与表现问题》,第 154 页。
③ Cf. G. W. F. Hegel, Differenz des Fichteschen und Schellingschen Systems der Philosophie, in: Jenaer Kritische Schriften I, hrsg. v. H. Brockard u. H. Buchner, Felix Meiner Verlag, Hamburg 1979, S. 77ff.

第五章　逻辑与有限存在：以"这个"为中心的耶拿逻辑学-形而上学研究

是形式规定；实体也不是某种可能的、被推论出的信仰对象，相反，它自身表现为必然的和首要的。如同在斯宾诺莎那里一样，必然性和实体自身具有原点意义："实体或必然性因而无非无限性如其在自身里那样的展示。"①

黑格尔耶拿逻辑学中的整个"存在关系"节，因此可被读解为改造了的斯宾诺莎形而上学。此读解方法也可以帮助我们理解，为什么直到该节结束，"这个"概念都并没有被讨论。依据此种阐释模式，一切个别定在存在者都被理解为对存在本身的本源力量的某种表现。正如斯宾诺莎"用一个基于力量的论证形式取代了之前那种（笛卡尔式的）基于现实的量的论证形式"②，黑格尔也用绝对存在论意义上的力的自身表现论证取代了费希特式的主体存在论意义上的形式化论证。在这样一种论证策略的主导下，个体，"这个"，是没有实体性地位的，它们的实在性全部来源于存在自身或能生力量的自我表现活动。黑格尔将这种对实体关系的理解称为"返回自身的交互作用"或"绝对实现了的实体"，它意味着"一切规定性的中性化（Indifferentiirung）"③。"中性化"这一措辞表明，一切被规定者的规定都具有绝对意义上的平等性和无关紧要性，因为它们都只是直接的存在自身的表现而已。

到这一步为止，这种黑格尔式的"改造了的斯宾诺莎形而上学"的另一实质内核，其实也不难辨认：它与我们之前在本书第四章看到的，将力和力的表现作为一切实在关系之统一的谢林自然哲学也是一致的。这并不让人感到奇怪，因为正是通过阅读斯宾诺莎，谢林才从费希特的彻底主

---

① Hegel, Jenaer Systementwürfe II, S. 42. 中文本参见黑格尔：《耶拿体系1804—1805：逻辑学和形而上学》，第61页。
② 德勒兹：《斯宾诺莎与表现问题》，第74页。
③ Hegel, Jenaer Systementwürfe II, S. 75. 中文本参见黑格尔：《耶拿体系1804—1805：逻辑学和形而上学》，第116页。

体性哲学中挣脱出来,并发展出其自然哲学。这一哲学史上众所周知的事实,现在就在黑格尔耶拿逻辑学中获得了其体系环节的定位。对它的批评也非常清楚,就是这种所谓无限的实在存在是直接的、未经论证的,而其所规定的所有内容都只是"中性的"、漠然无别的存在表现而已,根本没有其各异的、别具一格的自在实在性。

2. 我们接下来分析"思维关系"部分的文本内容。对"这个"概念的讨论在"思维关系"章中才出现,它与有限思维层面上的逻辑判断和推论的有效性确认程序相关,而与"这个"的存在论地位无关。本章需解决的总问题是,在实体关系的优先性已经得以确认的情况下,如何从中性化表现中区分出各异的规定性?因为在中性化状态中,尚且既无任何具体的、对有限思维而言的认识,更没有对绝对的认识。

黑格尔认为,有限人类思维虽然可以对存在关系的诸环节(诸"这个")做出判断和推论,但不能真正理解这些环节或单元的各异实在,也不能真正理解它们的交互关系及其与绝对无限的关系。其理由如下:由于接受了无限实体的先在存在,任何特殊的逻辑主词就都以特定的方式表现着无限实体。在这个意义上,特定概念并不是"这个"概念,而是关于存在关系整体的普遍概念。特殊之为特殊,仅仅是对此实体关系进行思维的分割和有限化,让其中性化的规定显示出特色来而已。这件事并不是内在地基于"这个"存在的本质来做出的,而是为了让思维能够理解和述谓特殊存在而外在地做出的。判断和述谓活动并不涉及真实无限的自表现整体,而是在有限层次上表达出那种被思维主观认定的、有限认识与无限存在之间的差异,以及二者的非本质性关联。

在此背景下,对"这个"之本质的存在论探究注定无法完成。无论是特称判断或者单称判断,都只是在主观思维分割及对分割部分的空洞联结层面被提出的,所以真正的存在论讨论在这里付之阙如。黑格尔自己

第五章 逻辑与有限存在:以"这个"为中心的耶拿逻辑学-形而上学研究

的论述是:

> 特称判断只陈述,不应把 A 当作普遍的东西来包摄,因为被包摄者就直接是一个特殊东西。但是,它除去单纯的应当以外什么都没有表达。①

应当被表达的是具体实在的、差异化的"这个"或"那个"。然而这里的特殊性,却只是通过被收摄入普遍性才被看到的,它表达的只是对主词普遍性的某些思维限制,并通过此取得其有效性。单称判断的情况也是如此。"这个"在单称判断里被表述为"这个是 B",然而:

> 单称判断的这个是这个判断的主项,但是这样的,即这个这个……只是被设定为一个可能的,为一个扬弃了的,谓项 B 支配整个判断,它是把这个主项包摄于自己之下的普遍东西,以致主项不是一个肯定的,而是仅仅作为一个可能的,或者说以致主项(因为它是一个这个)通过普遍性来表达它的特定状态和自身完全发展了地来展示特殊性的本性。②

这同时就是对康德式认识论的一种变相说明:单称判断的有效性并非来自特殊实存的对象,相反其"实在"性是由主体通过将个别性向着特殊性、特殊性向着普遍性的"有效"归置活动而被支撑的。这就是说,单称

---

① Hegel, Jenaer Systementwürfe II, S. 84. 中文本参见黑格尔:《耶拿体系 1804—1805:逻辑学和形而上学》,第 133 页。
② Hegel, Jenaer Systementwürfe II, S. 85. 中文本参见黑格尔:《耶拿体系 1804—1805:逻辑学和形而上学》,第 134 页。

判断里的主词"这个",仅仅是被外在设定了的,"它仅仅是外在地,形式地在关系自身那里设定起来的一个他在,一个应当有的东西,一个非普遍的东西,不是一个'这个'"①。至于"这个"实体层面的独特实在性,则被推到了一切判断的思维关系结构之外,作为一个被推论出来的、思维结构整体的相关项,即一个空洞的思维标记而已(康德或称之为先验对象 X)。

然而,黑格尔认为,只要有限思维意识到,其自身的有限性是基于无限存在的表达机制才成立的,有限思维就不再空洞了。假如从完备的出发点出发,证明诸观念的关系和它们被主观推论出来的统一性,就是存在关系的自表现及其统一性,那么就能够一举解决两个问题,即一方面可以回答"如何对最初只是被直接接受下来的绝对自存在进行知识和理解"的问题,另一方面可以回答"为什么有限的这个那个的思维规定居然可以表现真无限"的问题,为此就需要提供一种新的阐述方案。

第二节
"比例"章中的"这个"与"无限"

"比例"章是黑格尔耶拿逻辑学最终章,分为"定义""分类"和"认识"三节,其核心任务是建立一种新的存在-逻辑(Onto-Logie),在其中,存在(Sein)与意识(Bewusst-Sein)的等同关系得以确立。这也意味着,与"关系"范畴下被分别看待的存在关系和思维关系不同,无限的自身表现既克服了单纯存在关系的直接性,也克服了单纯思维关系的空洞性。围绕着建立实在无限的具体存在-认识论框架的工作,1804/1805 年耶拿逻辑学的最终目

---

① Hegel, Jenaer Systementwürfe II, S. 85. 中文本参见黑格尔:《耶拿体系 1804—1805:逻辑学和形而上学》,第 135 页。

第五章　逻辑与有限存在:以"这个"为中心的耶拿逻辑学-形而上学研究

标,就是"比例"章最后一节"认识"所揭示出来的、存在论意义上的"……实现了的无限性,这种无限性把自己分散地投入到了双重的关系里,并返回到了自己……"①。正因如此,1804/1805 年耶拿逻辑学和形而上学才以不同于 1801 年逻辑学的方式,构成了一个充分的内部循环,相比之下,1801 年版逻辑学不过被视为真正形而上学的一种工具性导论,其目的是揭示一切反思性逻辑体系的不足而已②。这一工作分三步进行:

1. 指明对每一"这个"的思维和定义活动都是无限自身的展开活动,而无限就表现为定义序列,定义序列的每一项与它项间都具有类比关系,每一项定义的实在效果是通过类比关系,而非通过设定某个个别"这个"的实存来确立的。

2. 类比关系围绕唯一的被类比项"这个"展开。每一被类比项和围绕之的诸类比项共同构成一类,诸类比项合围出类比项的实在性。因此,通过外在的分类活动,可标识出被类比项的实在性。

3. 每一类比项自身也可称为被类比项。由此就有无限的类比和被类比项。认识、证明和演绎的类比活动和表现活动的同一性的条件为(1)接受类比活动是无限自身的表现活动,以及(2)无限的类比项和被类比项的相互指涉构成的实在性之网。

对于以上三点,以下分别予以详细说明。

1. "定义"部分。为了避免存在根据追寻活动陷入"中性化",以及避免为思维关系寻求其实在性奠基过程中的形式化,需证明:思维中的特殊

---

① Hegel, Jenaer Systementwürfe II, S. 124. 中文本参见黑格尔:《耶拿体系 1804—1805:逻辑学和形而上学》,第 202 页。
② Cf. M. Baum, K. Meist, Durch Philosophie Leben lernen. Hegels Konzeption der Philosophie nach den neu aufgefundenen Jenaer Manuskripten, in: Hegel-Studien, Bd. 12, Bonn 1977, S. 43-81.

性规定正是无限存在自身的自我规定。因此,黑格尔在"比例"章一开始就说,"两个关系的等同性是返回到自己内的联系"①。理解此等同性意味着(1)接受自奠基的无限整体,同时保存思维关系中可以划分出来的那些规定(定义);(2)让这些规定彼此交互相关,并将之划入特定单元(分类);以及(3)比较这些单元,并说明这些关系单元以彼此交互相关的方式表现着无限整体(认识)。个别规定、特定单元和无限整体三者都出于并表现自为根据的存在,黑格尔称之为"自我保存"②(Selbsterhaltung)。

"自我保存"是一切实在定义的出发点和落脚处,它具有双重意义:(1)作为这一个特定个体和整体得以保存,以及(2)在个体对它个体、个体对整体的关系中得以保存。黑格尔为此所举的例子十分耐人寻味。每一定义的主体,也就是思维判断中的逻辑主项,都具有实在的自我保存能力,这一存在论上具有优先地位的鲜活能力,是一切表现活动得以可能的基础。所以,当黑格尔谈到定义或定义的主项时,他首先想到的是"有生命的东西"的定义③。"这个"定义是对特定生命的自身持存能力的定义,即它在与他者打交道的过程中不停止其所是的那种能力的定义。此论述的来源可以在亚里士多德的具有实现能力的"实体"及莱布尼茨的"灵魂单子"中找到。

如何理解这种在与他者的关联中自我保存着的"这个"呢?首先,虽然所有"这个"的定义都是自足的,但这种自足都是在联系中表现出来的。每一"这个"的实在定义,并不由作为某一定义的相关项的"这个"确定

---

① Hegel, Jenaer Systementwürfe II, S. 105. 中文本参见黑格尔:《耶拿体系 1804—1805:逻辑学和形而上学》,第 169 页。
② Hegel, Jenaer Systementwürfe II, S. 107. 中文本参见黑格尔:《耶拿体系 1804—1805:逻辑学和形而上学》,第 171 页。
③ Hegel, Jenaer Systementwürfe II, S. 106. 中文本参见黑格尔:《耶拿体系 1804—1805:逻辑学和形而上学》,第 170 页。

第五章 逻辑与有限存在：以"这个"为中心的耶拿逻辑学-形而上学研究

(如与这头"驴"这一名词对应的实在的一头驴),而必定在与他者的关系中确定(如这头驴的定义为马科马属,头大耳长,面有白斑且在特定时间地点活着的那头驴)。每一"这个"的定义因此都确立在"这个"的表现序列中,而这一表现序列的每一项也可再被定义。

其次,在此表现序列中,"这个"应该是持续存在的,且正如对实体的诸范畴规定不等于实体本身,"这个"的存在本身是一种诸派生性特殊规定都围绕着的"一"。

再次,在单一定义必须在彼此关联的定义系统内才可能的意义上,定义具有主体性思维关系的特征,即特殊者是依据普遍系统内给出的有效表达而被定义的;但在有效的表达不足以完备地表达出特殊者可被定义的全部独特根据的意义上,"这个"作为一系列特殊概念所围绕的独一本质,其实体性存在又只能被接受下来。

最后,对"这个"的定义因此既是在思维序列上做出的,也依赖于先行接受特定的"这个"存在。定义因此是思在的统一。

然而上述"思在统一性"不过是说,思维系统中给出的特定有效定义,必定应该有先行的实体性存在作为基础。但此种说法并没有说明为什么有效定义就是特定存在自身的展开。此处清楚的只不过是,围绕"这个"存在的诸规定都以接受"这个"存在为前提,并被认为在某种程度上体现着"这个"存在。这种"某种程度上的"本质体现,在传统上被称为与"这个"有着某种比例关系的存在类比。因此,本章总标题就是"比例"。当黑格尔说"这个的这种真真实实在性……一般说来表达比例的概念"①的时候,他想要说明的正是在独一存在者和由此派生出来的种种规定间的存在类比的统一,而这种统一恰恰是他并不满意且想要克服的。"在定义中

---

① Hegel, Jenaer Systementwürfe II, S. 107. 中文本参见黑格尔:《耶拿体系 1804—1805:逻辑学和形而上学》,第 171 页。

比例并没有被完满地表达出来"①，因为所有其他的规定的实在性，都奠基于与"这个"存在的类比关系，但恰恰这个唯一项本身无法通过关系被表达："因此，定义只表达返回了自己之内的存在，即绝对实在性的要求。"②

2. "分类"部分。定义的源泉不是别的，就是"这个"的自我保存活动，但当我们在述说"这个"存在的时候，只存在对"这个"的诸表现样态的定义，不存在对"这个"本质的定义。比如，"这滴水"并不是对"这个"对象的本质的真正表述，因为"这个"存在的本质也同样存在于这滴水变成的"这粒冰"或"这团气"之中，换言之，即"这个"自身存在于其自我保存活动所可能具有的所有形态之中；而我们对"这滴水""这粒冰"或"这团气"这些差异性表述的理解，并不意味着我们同时就理解到了其共同之所是。这样一来，一方面，作为普遍"类本质"的"这个"，可以不断差异化地表达自身为同属一类的一物或另一物；另一方面，所有对同属一类的这一物或另一物的可理解表达，都不是对它们所围绕的"这个"之为"这个"的特殊"类本质"的真正表达。

为解决这一困境，黑格尔坚持了表现论的"定义"理解思路，这条思路导向过程性的无限"分类"，而不先行设定任何最高属和最具体的个别存在。这就是说：

（1）定义活动的真正目标，不是逐一单项地去确定"这个"之为"这个"，而是将每一"这个"放在无限的中介化进程中加以定位，换言之，确定"这个"之为"这个"的工作，与确定"无限"的具体展开的工作，是不能

---

① Hegel, Jenaer Systementwürfe II, S. 108. 中文本参见黑格尔：《耶拿体系 1804—1805：逻辑学和形而上学》，第172页。
② Hegel, Jenaer Systementwürfe II, S. 108. 中文本参见黑格尔：《耶拿体系 1804—1805：逻辑学和形而上学》，第173页。

第五章 逻辑与有限存在:以"这个"为中心的耶拿逻辑学-形而上学研究

分割开的一项统一事业。

(2) 在无限中介化进程中,说"这个"作为进程中一切环节所围绕的"自类无限"性的"类本质",与说它是独一无二的、实体性的、特殊的"独自存在",是一回事。

(3) 共同围绕着这一"类本质"的、同属一类的诸存在样态,在其共同"向一"的方向上,都否定性地指向所谓"最高的类",换言之,"最高的类"是根据类进程的需要才出现的,而不是在先设定出来的抽象东西。

(4) 对同属一类的东西的各自不同定义(如"这滴水""这粒冰"或"这团气"),都表现着同一类本质,它们也可以被称为诸"这个",即较具体的个别存在者。同一类本质的定义中包含着诸多较为具体的定义。黑格尔称之为定义的"增多"。而这些较为具体的"个别存在者"也是根据类进程的需要才被认定的,而不是在先被设定的抽象实在。

(5) 因此,在类的进程中的,类本质和个别事物都只有通过分类的构造活动,才能被区分开来。而分类活动就是对二者的同时迫近。

(6) 在上述意义上,分类活动提供定义。这就是说,通过将"这个"的无限具体形态收敛入一个对自身具有无限性的"这个"单元,所有这些形态就否定性地合围出"这个"之为"这个"的定义。换言之,就是通过构造(即比较、界定和表述)诸形态的异同,来反逼出鲜活本质之所是。因此,分类学是从定义活动中不可见的本源生命力中引发出来的,是一种实在存在的形态发生学,而不是"属加种差"的形式逻辑学。虽然这一点在1804/1805 年耶拿逻辑学中表现得并不明显,但在 1816 年逻辑学中,通过其中关于"鹦鹉种类"和动植物学诸形态的例子[1],却是可以轻松看出这一点的。

---

[1] Cf. . G. W. F. Hegel, Wissenschaft der Logik, Zweiter Band. Die subjektive Logik, HW4, Meiner, Hamburg 2015, S. 217 – 220.

分类活动作为构造活动,构造和生产着经验可见的形态的聚集体。这显然也利用了存在的类比学说,但其重心不在唯一的最终被类比项上,而在诸类比项上。这些类比项虽然在形态上彼此分离,但在类进程中却交互联系。同时,分类也是定义的增多,这就是说,每一个作为类比项的规定,本身也具有被类比项的身份,用黑格尔的话来说,"就涉及'这个'定义的诸项而言,普遍性在 A、B、C 里是同样的东西",而 A、B、C 项分别现实体现着"这个"的自我保存①。由此一来,作为特殊"类本质"的"这个",既可以理解为形态 A 的本质在 B、C 中的保存,也可以理解为形态 B 的本质在 A、C 中的保存,如此以致无穷。换言之,每一"这个"形态都不仅仅是形态而已,而是自身就可以被看作实体性的,是收敛着它形态而自成一体的无限单元(如同自身无限、自我封闭但可以比较大小的单子),相应地,涵盖一切具体无限单元的类本质,则是绝对的真无限。

有着无限互相指向、自内收敛并映现他者的"这个",它们全部处于交互实现的进程中。诸"这个"的自身表现与它们之间无限复杂的交互指向关系是同构的。它们的形态区分,并不基于某种"实在的"质料性内容,而是基于其不同的指示性变样。但每一种变样,都和其他任何一种变样一样,是"这个"实体的自我保存活动的表现,综归而言,虽然有无数种的表现方式和变样,但只有一种自我保存的表现活动。唯有如此,通过分类活动合围出的对实体性此在的本质定义,才不仅是经验性的推论,而是存在论上的必然。或者更确切地说,分类活动所真正赢获的,乃是对"区分活动所要抵达的极限并不外在于区分进程"的认识。毫无疑问,黑格尔此处利用了莱布尼茨无限"单子"论来对斯宾诺莎的唯一实体学说进行改进,而这种改进的最终形态体现在稍后将论述的

---

① Hegel, Jenaer Systementwürfe II, S. 111. 中文本参见黑格尔:《耶拿体系 1804—1805:逻辑学和形而上学》,第 177—178 页。

第五章　逻辑与有限存在:以"这个"为中心的耶拿逻辑学-形而上学研究

"客体形而上学"章中。①

3. "认识"部分。当"分类"在以上语境中被理解的时候,分类就不仅仅是对实体性"这个"的合围,而毋宁是对无限"这个"的证明:无限整体内在于形态化、中介化的进程中,并且在此构造性过程中,它才分裂为诸独自存在的部分。但所谓"分裂",只不过是形态表现的不同。如果认识到了这一点,那么"这种把构造和分裂引回到定义的统一性就是'证明'(Beweis)"②。

被证明的东西,首先不过是无限多"这个"互相指向的整体进程。然而既然它不过是进程而已,那么它就是未完成的,是对完满整体的一种否定性指示,而绝非任何"大一"与"小一"的自身表现。那么,否定性的本质指示和肯定性的本质表现能完全统一起来吗? 很容易发现,指示向的"大一"(无限整体)与"小一"(诸"这个"),是处于序列中的。每一"小一"都在自身中映现着其他"小一",而"大一"是所有这些交互映现的更高层级的整体,因此,"大一"与"小一"之间乃是升幂与降幂的关系(它显然带有谢林影响的痕迹③)。从诸"小一"到"大一"的道路,被黑格尔称为下降的道路。在形式化(即数学)系统中,它与对数运算相关,因为它涉及对极其繁复的关系的化简;相反的道路,则被称为上升的道路,它与指数运算相关。如果能够证明,正如对数运算和指数运算互为逆运算一样,从

---

① 即使在大逻辑中,关于"认识"的讨论,也总是和灵魂单子学说相连的,比如1816年"理念"部分对灵魂的讨论不仅出现在最初"生命"章中(Cf. Hegel, Wissenschaft der Logik, S. 181),也出现在"认识的理念"章中(Hegel, Wissenschaft der Logik, S. 192–198)。
② Hegel, Jenaer Systementwürfe II, S. 113. 中文本参见黑格尔:《耶拿体系 1804—1805:逻辑学和形而上学》,第 182 页。
③ Cf. K. Düsing, Spekulation und Reflexion. Zur Zusammenarbeit von Schelling und Hegel in Jena, in: Hegel-Studien, Bd. 5, Bonn 1969, S. 95–128; Cf. M. Baum, Zur Methode der Logik und Metaphysik beim Jenaer Hegel, in: Hegel in Jena. Die Entwicklung des Systems und die Zusammenarbeiten mit Schelling, hrsg. v. D. Henrich und K. Düsing, Bouvier Verlag, Bonn 1980, S. 119–138.

"小一"到"大一"的降幂过程,就是"大一"自身的升幂过程。那么,作为繁复标记活动的分类活动,就是真无限自身表现活动,也即"大一"的自身演绎活动。而这种证明看似并不难:在对分类活动的解释中我们已经知道,区分活动所要抵达的极限并不外在于区分进程,只不过在那里,去抵达"大一"整体的进程,尚没有被看作"大一"整体的自身表现进程。但只要考虑到,分类活动真正得以可能的根据正是这一整体的自表现、自派生和自定义,那么就可以说,抵达"大一"整体的"对数运算"进程,不过就是将这一整体的自表现、自定义扬弃于自身之中的"指数运算"进程而已。

圆圈由此闭合了。"无限"在表现过程中表现为无数"这个"。但以上这种解决方案只是一种夸夸其谈而已,因为它没有解决一个关键问题:无限存在究竟是如何具体表现自身的?自身表现如何不仅仅是一个形式规定?到这里为止的所有尝试只不过是一种循环论证:真无限作为一切具体"这个"的源泉,其自身也是具体的,因为它具体地表现了自身;而之所以说它具体地表现了自身,是因为一切具体"这个"都指示向它;之所以一切具体"这个"都指示向它,是因为这些指示中都包含着这一无限的自身表现;而之所以这些指引都包含着真无限的自身表现,是因为无限自身是一切具体"这个"的源泉。这就是在上升道路和下降道路交合处所认识到的一切。黑格尔因此认为,这样的形式性"演绎"是糟糕的:

> 这两条上升和下降的道路彼此交叉着并在作为特殊性或坏的实在性的中心会合,不是在绝对的中心里。[1]

---

[1] Hegel, Jenaer Systementwürfe II, S. 120. 中文本参见黑格尔:《耶拿体系1804—1805:逻辑学和形而上学》,第193页。

第五章 逻辑与有限存在：以"这个"为中心的耶拿逻辑学-形而上学研究

正是在这样的节点上，耶拿逻辑学发展为耶拿形而上学，后者的根本任务是说明：不仅"无限"单向地表现为无数"这个"，而且无数"这个"也主动表现为无限，通过后者，无限才具有现实的内容和必然的目的。

第三节
"客体性形而上学"章"灵魂"节与"世界"节中的"无限"与"这个"

形而上学是寻求及阐明存在之根据的科学。从莱布尼茨开始，形而上学和逻辑学的联合就通过根据律与矛盾律的统一得以实现：逻辑学的形式规定之所以对实在世界真实有效，是因为一旦我们深入追寻那些偶然事物（诸"这个"形态）的存在根据，就会发现终极存在根据自身必然存在而不能不存在，这种形而上学的存在而非不存在的必然性是由矛盾律来保障的，所以，充足理由律和矛盾律的区别是对现实而言的，而不是对绝对自身或终极根据而言的[1]。所谓灵魂的功能，就是对存在根据的逻辑必然性和其充足现实作用进行主动意识和呈现。而黑格尔在与逻辑学紧密相关的"客体性形而上学"章中讨论灵魂、"这个"与无限的关系，并将之放在对矛盾律和根据律的讨论之后，显然有着极强的莱布尼茨背景。

在认识活动中，诸"这个"（"小一"）彼此关联着向自身收敛，由此构成无限繁复的"这个"之网（"大一"）。任一"这个"，无论它是否主动意识到此网，都已然被纳入此网之中，因为预先接受了此网就是无限自身的表现。由此，一切"这个"都被动地被收敛入无限整体，换言之，"这个"还

---

[1] 参见罗素：《对莱布尼茨哲学的批评性解释》，段德智译，商务印书馆，2010年，第41—46页。

第二部　自然时间：黑格尔耶拿时期体系规划自然哲学中的有限存在者

没有主动意识到并承认，那无限之网就是为了成就诸"这个"自身的自为根据和自行表现才存在的。如若缺乏出自个别存在者自身的能动认可，则无限自身表现为哪些具体的"这个"就是随意的，"这个"也就变成了随便"某一个"。黑格尔将此称为"这个"受动灵魂的漠无区别性。而整个"灵魂"节分析的重点，就在于指出，不能仅从接受无限整体的表现角度来说明"无限"与"这个"的统一，还必须从每一"这个"的实际呈现活动来说明它，用黑格尔的话来说就是要让"受动的东西（das passive）……重新成为自身"①。仅从"这个"可通过同类的他者被否定性地指示出来的角度来说，"这个"仅是受动的；而只有从"这个"向着他者的生成变化，并由此实现其自身无限性的角度来说，"这个"才是能动的。前者强调的是"这个"灵魂相对于他者的独立性，后者强调的是在与他者关联中的自身开展——前者强调个体性灵魂，后者强调灵魂在世界之中：

  灵魂以世界和自己本身作为在世界中者为前提。因为灵魂的规定性无非是这个：它本源地在其自身存在中既是另一个的要素，而另一个在同等程度上也再次是它的要素。②

在受动性上说，"这个"灵魂必然被纳入必然性之网并在其中被定位；而在能动性上说，"这个"灵魂自由地开展并表现于自由之网。前者说明灵魂的逻辑规定是此非彼；后者说明灵魂的实现是多样的，而其形而上学的实存根据是出于自身且充分的。黑格尔对此说道：

---

① Hegel, Jenaer Systementwürfe II, S. 141. 中文本参见黑格尔：《耶拿体系1804—1805：逻辑学和形而上学》，第233页。
② Hegel, Jenaer Systementwürfe II, S. 142. 中文本参见黑格尔：《耶拿体系1804—1805：逻辑学和形而上学》，第236页。

第五章　逻辑与有限存在：以"这个"为中心的耶拿逻辑学-形而上学研究

自由和必然的这种同时存在并不是一种通过扬弃其一或其他方可得到校正的假象……相反地，这种同时存在是认识的实现中的一个必然的环节。①

因此，每一"这个"，都同时兼具受动性和能动性双重身份：当它被包裹起来，被认识和被指示时，是受动的和必然的；当它展开出来，去认识和指示他者时，就是能动的和自由的。世界进程及对其的认识，也是同时在这两方面展开的，其中每一具体环节都是由一簇互为展开和互相指示的"这个"的单元，这一单元就是自身统摄着一堆单子的单子。而灵魂单子的自我保存的双重含义因此在于，它既是个别存在的持存（诸单子作为诸单一项），又是类本质的持存（每一单子作为一单元整体）。

黑格尔由此从诸"这个"出发给出了真无限的内容。借助莱布尼茨，他也反对了康德式的先验辩证学说，完成了通向自己辩证论的关键一步。在本章结尾处，我们将对此再稍作说明。

当黑格尔强调单子（诸"这个"）的自由和必然的认识统一性时，他的确在说，这不是什么先验幻相，而就是现实化进程本身。诚然，如阿利森所指出的，康德在第三个二律背反中处理自由和因果问题时，也攻击莱布尼茨根据律②，其理由为：莱布尼茨主张对任何现象或事态都既有先行原因又有完备说明，但既然先行原因可以无限回溯，所以对其的说明总是不完备，所以根据律存在谬误。但这完全忽略了莱布尼茨的真正主张，即根据律只有在交互收敛的连续性单子论系统中才能被真正理解。这就是

---

① Hegel, Jenaer Systementwürfe II, S. 143. 中文本参见黑格尔:《耶拿体系 1804—1805:逻辑学和形而上学》，第 237 页。
② 参见阿利森:《康德的先验观念论:一种解读和辩护》，丁三东、陈虎平译，商务印书馆，2014 年，第 457—459 页。

说,根据的连续性并不是单向地从先行原因导向结果,而是收敛层级的连续性。而自由也并不存在于先行原因导出结果的自然律中,而是体现在单子在交互的实在性之网中将他者收敛入自身单元的能动性上。黑格尔显然看出了单子总是单元,因而总是诸事物关系的类本质体现,才会将个别性的实存解释为"类的诸要素"及其统一①,他也才会认为,在单子系统中自由和必然的辩证关系,不是超越性的幻相,而是事实本身。只不过,对这一事实的认识,依赖于对类的层级划分标准的认识,或者说,依赖于对单子作为单元的界限的认识,而这一点是莱布尼茨并未充分提供的。黑格尔在耶拿形而上学中的进一步工作,就是去说明这些界限划分的标准,以及为何通过这些划分,无限整体性反而得到了增强,但在这部分的文本之中,关于"这个"的研究并无多少。因而限于篇幅和主题,我们就不对此展开进一步的详细研究了。

在本书论述的内在系统组织上,以上关于"这个"与无限的所有研究的关键性在于,它为我们展示了在第四章中所言的有限个别存在者之实在性的重要意义,是如何基于"真无限"的逻辑结构被一步步建立起来的。尽管仅仅说明此种意义,还并不足以回答自然中的有限时间存在者是如何存在的这一问题,甚至必须承认,时间维度在以上分析中都仍是完全欠缺的,但这并不妨碍我们理解黑格尔思路中的若干关键内容,它们可以被总结为以下几点:

1. 真无限是在自身中具有实在性的无限。这种实在性体现在思维和存在的整体合一之中。这种合一不可能通过强调二者中的任何一方就能够完成。仅仅强调存在的整体性,就会出现所有有限存在者在实在性

---

① Hegel, Jenaer Systementwürfe II, S. 147. 中文本参见黑格尔:《耶拿体系 1804—1805:逻辑学和形而上学》,第 245 页。

第五章 逻辑与有限存在：以"这个"为中心的耶拿逻辑学-形而上学研究

本质上漠然无别的问题，出现存在自身无法继续得到说明的直接性问题；相反，仅仅强调思维的整体性，就会出现所有个别规定都只是思维的推论，而自身没有实在性的问题，即出现思维的空洞性问题。前者是斯宾诺莎和谢林体系会出现的问题，后者是康德和费希特体系所带有的问题。

2. 两种问题的关键都在于实无限的具体环节自身没有实在性，也就是说"这个"存在没有其自在的、别具一格的实在性。除非"这个"有限存在本身在其自身中也具有无限性，或者说，除非每一"这个"也是自身作为实无限的一个单元，个别具体存在的实在性就无法相异于整体"无限"的实在性得以建立，则后者由于缺乏前者作为具体环节，其实在性就总会沦为空洞。

3. 但反过来说，如果只有无数不同"这个"的实在性，那么该如何理解这些实在，它们又如何统一为同一的实在类别，就又成为问题。所以，所有这些个别实在性，不仅要被看作自在的，而且更重要的是证明，这种自在实在又是只能通过思维在存在中的类比和比例关系才能得到真正把握的。

4. 所谓比例关系，其实就是同属一类的诸无限"这个"互相中介、互相指示其实在性的关系。其中最重要的，既不是最高的类的实在性，也不是最具体的这个的实在性，而是这一自身证明他者，并让自身的他者证明自身的进程。这一进程既可以指向作为大一的类，也可以指向作为小一的有限个别存在。

5. 不仅出于真无限需要有具体内容的形式要求，这种诸个别"这个"的互相指示和互相中介的系统需要被建立起来，而且出于诸"这个"自身的能动性要求，这一系统也需要被建立起来。只要"这个"单子意识到，如果要为其实在存在提供充分理由的话，那么仅仅去主张自身就是其自身实在的根源，只是一句空话，真正重要的，是主动在与他者的关系中建立并说明自身的实在性。这种主动性,就是灵魂单子在整体无限世界中建立自身的主动性。它也就是从具体走向整体的动力之源。

　　基于以上五步工作,黑格尔自信已经从概念结构的层面,也就是从逻辑学和形而上学的层次上,建立起了一个有别于之前所有思想家的思辨体系,它不仅是真无限的体系,而且是具体的体系,甚至是一切自身与他者互相中介、互为其实在性证明的科学体系。目前尚待完成的,只是把这一个别存在和无限交互渗透的科学体系的结构勾勒,运用到实在的时间性有限存在者之上去,并让这种运用构成这一哲学体系的"实在"演绎部分。这当然不会是一种先简单预设有限时间存在者已经现成在场之后,再将此结构从外部像标签一样黏上去的运用。而是有限时间存在者必须首先主动地从这种概念理解结构中生长出来,在个别与类整体的关系中被规定下来。这些时间存在者都是这一概念结构的"他者",它们的辩证关系就构成了自然哲学的真正开端。对此我们将在下两章中进行具体研究。

第六章
论力、时空、运动与物质之统一的
第一版本：1804/1805年耶拿时期
黑格尔的自然时间学说

通过本书第四章和第五章的工作，我们已经为研究黑格尔耶拿体系哲学中的自然时间学说打下了良好的基础。在本部分接下来的两章中，我们将分别对黑格尔1804/1805年和1805/1806年的两种自然时间学说版本进行考察。

但在进行这种考察之前，需要预先说明的是：尽管黑格尔时代对自然的讨论方式在今日看来比较难以理解，其术语使用和领域划分也难以与今日自然科学的具体研究一一对应，但这对于我们研究的主题而言并不构成严重困难。这是因为，无论是在对哪个版本的研究中，我们之所以对黑格尔构想进行复述和还原，都不是为了去重建或揭示其自然哲学与今日自然科学或科学哲学讨论的融贯性，而是回答一个更为重要的问题：即使根本不处理这些与当代理论的融贯性的问题，黑格尔自然哲学是否仍然可以被视为在哲学上重要的、不可或缺且做出了重大贡献的，因此我们完全不应该如今日研究所做的那样，基本上忽视黑格尔自然哲学的核心工作目标及其具体内容？通过对黑格尔耶拿体系规划的两个自然时间理论版本的研究，我将对此做出回应①。

在本书第五章的结尾，作为对黑格尔耶拿逻辑学-形而上学中一个重要主题的研究，我们已经将有限的"这个"视为在存在论层次上对观念体系整体进行实在论证明的关键环节，并且也指出，仅在逻辑学-形而上学的推演机制中，这一证明并没有完成，因为有限"这个"自身的能动性展开并没有得到具体和充分的展现。本书接下来的两章，就是要在这一基础上指明，黑格尔是如何利用其自然哲学，完成对有限定在之自在地位的说明以及对其时间性的能动展开阐释的。为了称呼简便，我们可以将1804/1805年的版本称为第一版本，而把1805/1806年的版本称为第二版本。

这两个版本有着许多共同之处，其中最为重要的是，它们的一个中心问题，就是要去说明时间性的有限存在者的实在论地位及其具体演化脉络。而黑格尔这样做的目的，又是要填补雅各比在康德和费希特那里发现的存在论缺陷，并且同时避免谢林早期自然哲学中（在黑格尔看来）缺乏论证的"智性直观"问题。这一工作的可能性基础也在本书前一章中有所提示，即如果我们能既将时间性的有限存在者看成是自在的、能动的，又将它看成是为了永恒精神整体才存在的，并且具有对其实在性证明效力的东西，一言以蔽之，看作是以否定的方式作为其自身中介并朝向其自身的东西，那么这样一来，时间性的有限实在存在者，就既不是完全从属于永恒存在自身的、单纯作为其非根据性的表象的东西（相反，它在其自身中就有存在论价值），也不是在与永恒存在的关系上不可认识的完全他者存在（相反，它虽然作为他者存在着，但在存在认知层面上，这一他在存

---

① 这就意味着，读者不应该期待以下的复述具有一种在当代自然科学或科学哲学意义上易懂的语言风格。这些更接近用黑格尔式的语言整理黑格尔自身理解的工作的主要目标也不是让每一个论证细节都能经受住当代科学和科学哲学的推敲，而是要让黑格尔的整体论述结构和真正目的得到大体的展示，并且通过一些及时的总结和比较工作，让读者能明白这些论证在哲学论争中的真正功能是什么。

第六章 论力、时空、运动与物质之统一的第一版本：1804/1805年耶拿时期黑格尔的自然时间学说

在却是为了精神自身才具有其自身存在论价值的）。这一从自然哲学方面看"为它的自在存在"学说，从精神-逻辑哲学方面来看就是"精神自身的他者"学说，二者只有视角的区分，没有本质的不同。因此，无论是哪个版本，都是基于"作为精神自身之他在存在的自在自然"的版本。而时间性的有限存在者的实在论地位，也只有在这一独特视角之下才可能成为哲学探讨的对象。对此下文还有更为具体的解释。

当然，这两个版本之间也有一些重要的差异。其中最为重要的一个，是第一版本其实是一个不完整的版本，因为它并没有完成对作为个体的时间性有限存在者是如何具体存在的说明工作，而是（因为是草稿的原因）终结于一个尚未分化出个体性存在的总的个别化系统，即地球系统。相比之下，只有第二版本才提供了对个体化的有限存在者（即动物以及动物性的人）之时间机制和实在存在论地位的充分说明。因此，对于本书后续章节而言，第二版本其实是更为重要的。通过阅读第八章，读者也可以轻松得出这一结论。

另一个在本书语境下其实比较次要的差异，即两个版本在开端部分的差异，我也还是花费了相当大的篇幅进行论述。在诸如基默勒等专家看来，这个差异十分关键，但我认为这是没有完整考察自然时间学说在整个自然哲学中各种表现及其核心作用所带来的偏颇之见。有趣的是，无论国内外，对黑格尔的自然哲学及时间学说的研究，都非常热衷于重点研究这一开端部分，这对于理解黑格尔的真正贡献来说，实在是一个巨大的遗憾。而本书虽然也重视对这些开端部分的相同点与不同点的阐释，然而总体意见却是，尽管存在着明显的版本差异，但这种差异的形成恰恰是由于黑格尔越来越重视时间性的有限实在存在者的地位，并因此不断更换策略，试图将它放在更优先的位置上加以阐述。换言之，差异的出现，是由于论述紧迫性的需要，而非实质观点的更替。此外，在两个版本之间

还有一些更次要的差异,它们都会随文本重建的进程一并得到分析。

第一节
概览:时空、运动与物质的统一对耶拿时期黑格尔哲学的意义

在《百科全书》中,黑格尔对于时空、运动与物质的统一是如此论述的:

> 既然有运动,那就有某物在运动,而这种持久性的某物就是物质。空间与时间充满了物质。空间不符合于自己的概念;因此,正是空间概念本身在物质中得到了现实存在。人们常常从物质开始,然后把空间和时间视为物质的形式。此中的正确之处在于,物质是空间与时间中实在的东西。但在我们看来,空间与时间有抽象性,因而在这里必定向我们表现为最初的东西;而物质是它们的真理,这必定是我们后来看出的事实。就像没有无物质的运动一样,也没有无运动的物质。①

黑格尔将这种统一理解为时空从纯理想形式向实在性过渡的要点。对他来说,就这种统一而言,首先要处理的就是自然的存在论问题,这在自然哲学的开端处就已经很清楚。② 同谢林一样,黑格尔在耶拿时期就强

---

① G. W. F. Hegel, Die Naturphilosophie mit den mündlichen Zusätzen, in: Enzyklopädie der philosophischen Wissenschaften im Grundrisse 1830, Zweiter Teil, Suhrkamp Verlag, Frankfurt 1970, §261, Anmerkung, S. 63. 中译文引自黑格尔:《自然哲学》,第60页。
② 富尔达因此认为,黑格尔1830年成熟时期的自然哲学即非一种对自然科学的合理性重建,也非一种对自然的时间规定,而是对自然理念的现实化。这一理念的现实化进程,就是这里所说的自然的存在论。Cf. H. F. Fulda, G. W. F. Hegel. Verlag C. H. Beck, München 2003, S. 133–139.

第六章 论力、时空、运动与物质之统一的第一版本：1804/1805 年耶拿时期黑格尔的自然时间学说

调自然的实在性意义，而他的强调就是基于上述统一而做出的。因此在黑格尔这里，正如在谢林那里一样，时间的自然力在其自身之中包含着一种新型存在论的要求，并且表征了精神与自然的不可分割性——如本书第四章所述，这与谢林 1797—1798 年的自然哲学是一致的。

然而在黑格尔这里，这种新型存在论的要求不能像在谢林那里一样，通过从绝对者而来的演化得到满足。黑格尔必须尝试以一种完全不同的方式解决有限性的原初缺陷问题。当他在《百科全书》中将物质自然的本质描述为精神的概念时，他不再像谢林一样，把自然的观念说成是主体性的直观。在 1804/1805 年以后的黑格尔这里，自然的观念也不能是无中介的，因为根据先前的逻辑学和形而上学，概念必须经由中介才能得到理解。换言之，自然的实在性是观念的他者，它只有在形而上的精神产生之后，在逻辑-形而上学的观念的整个初步进程之后，才能得到规定和领会。如果说谢林 1797 年自然哲学仍然以一种经验性的方式，将被生的自然描述为先天自我的对立面的话，黑格尔却从 1804/1805 年开始，就已经在强调纯粹从观念中演绎出来的自然，它绝不能经验地而必须要思辨地或概念性地加以阐释。[①]

通过对精神中概念性自然的这种思辨性论述，黑格尔意图通过有限自然在无限精神中的内在显示，来解决谢林那里的问题，即自然的有限与精神的无限之间为彼此而存在（Füreinander-Sein）的关系并不是现实的。在谢林那里，于智性直观中表现出来的精神的无限性，作为绝对原则是完全现成的；相反，自然的有限性只是被生的和作为属性的，二者之间存在着难以跨越的鸿沟。而现在，黑格尔不仅要将精神的他者视作存在的一

[①] 基默勒因此指出，黑格尔 1804 年的自然哲学完全是以演绎的方式进行的，而与经验真理无关。Cf. H. Kimmerle, Das Problem der Abgeschlossenheit des Denkens. Hegels System der Philosophie in den Jahren 1800–1804, H. Bouvier und CO. Verlag, Bonn 1970, S. 153f.

种特性,更要将其理解为本质性环节或精神自身的他者。精神绝不只是"原则上"被设定的东西而已,而是作为自然与精神之间实在化(Realwerden)圆环的开端。与谢林相比,这里的自然绝不仅仅是被生的和有限的,而是在形而上学的意义上无限的,自然由此认识到它在精神之中的存在。精神与自然彼此环绕,并在一个整体中相向运动。这样一种"圆周运动"只能由思辨触发,而对它进行论述,也就意味着对整体的绝对性加以把握。

在谢林1797年的自然哲学中,精神与自然的圆环不是闭合的,因为精神的无限与自然的有限之间并未得到完全的再统一。现在黑格尔一方面以一种突破常轨的方式,借助物质性自然力的概念,将形而上学的无限性嵌入到有限自然之中;另一方面,他又将有限自然从无限精神中推导出来。[①] 也就是说,自然是从精神中获得其实在性的,同时它又从自身中构造出精神的实在性。只有通过黑格尔对自然的先行的精神性规定,才能理解,为什么他将自然中最初的物质,即以太,看作一种纯粹的精神性物质,以及为什么他不像谢林那样将时空引入到物质的构造进程中,而是在自然哲学开端处将时空论述为自然最初的观念规定性。

本文在接下来的部分将逐步探讨黑格尔1801年至1805/1806年间关于力、时空、运动与物质之统一的论述及其存在论论证过程。这部分内容的主题是,黑格尔如何在自然与精神的相互关联之内,通过一种对时间性有限者(Zeitlich-Endlichen)的构造,尝试消除(雅各比所指出的)在康德、费希特及谢林那里的存在论缺陷。这些内容有一些在本书第四章中已

[①] 斯帕恩认为,作为有限性哲学的自然哲学,正是在1804/1805年的体系中才正式出现的,再早一点的话,则可以追溯到1803/1804年。自此之后,它就一直是黑格尔哲学的一个中心问题。Cf. Spahn, Lebendiger Begriff, begriffenes Leben. Zur Grundlage der Philosophie des Organischen bei G. W. F. Hegel, Königshausen & Neumann, Würzburg 2007, S. 112 - 122.

经得到了简要说明,但在这里,它的详细论证结构才第一次得到完整的展示。

第二节
黑格尔1801年对力、时空、运动与物质之统一的论述

在其1801年讲师资格论文中,黑格尔将牛顿视为主要对手之一[1],因为牛顿对"力"这一中心概念的说明"不是出于物理上的根据,而是出于几何上的"[2],也就是说,力的根据并非出于思辨物理学,并不具有哲学意义上的内容,而是仅仅出于数学,是纯形式的。与牛顿相反,黑格尔着重探讨了诸实存力的重要性。他将自然中诸实在力称为联结性的重力及其两个对设部分:离心力和向心力。[3] 这些力是自然的内在根据。[4] 同谢林一样,黑格尔也将诸实在力视作现实性的根据。然而必须补充说明的是:

---

[1] 参见诺伊瑟尔在黑格尔讲师资格论文之前的编者前言。Cf. W. Neuser, Hegels Habilitation und Reaktion auf seine Habilitation, in: Hegel, Dissertatio, S. 5 – 34. Cf. auch T. G. Buchner, Wissenschaftstheorietische Überlegungen zu Hegels Planetenschrift, S. 73. 关于黑格尔的牛顿批判的一些历史性介绍,参见 M. J. Petry, Hegel's criticism of Newton, in: G. W. F. Hegel. Critical Assessments, hrsg. v. R. Stein, Volume IV, Hegel's Philosophy of Nature and Philosophy of Sprit, Routledge, London/New York, 1993, S. 52 – 70; W. Neuser: Von Newton zu Hegel. Traditionslinien in der Naturphilosophie. in: Hegel-Jahrbuch, 1989, S. 27 – 40 sowie in Bonsiepen, Die Begründung einer Naturphilosophie bei Kant, Schelling, Fries und Hegel. Mathematische versus spekulative Naturphilosophie, S. 497 ff. 。
[2] G. W. F. Hegel, Dissertatio Philosophica de Orbitis Planetarum (Philosophische Erörterung über die Planetenbahnen), Übers. eingeleitet und kommentiert von W. Neuser, VCH Verlagsgesellschaft mbH, Weinheim 1986, S. 82f.
[3] Cf. Hegel, Dissertatio, S. 118f.
[4] 帕拉据此对比了黑格尔的力的概念与现代科学中的力的概念。它更非一种经验力,而是要被理解为物理学的基本结构的东西,如同"能量""场"这样的概念。Cf. Parra, Hegel hat recht. Der Mythos der empirischen Wissenschaft, übers. von Peter Storandt, Centro de Estudios Flosóficos José Porfirio Miranda, México 2011, S. 236 – 260, insbes. S. 258.

第二部　自然时间：黑格尔耶拿时期体系规划自然哲学中的有限存在者

讲师资格论文中的自然,主要是指天上的自然,也就是说,黑格尔将其力学理论限制在行星系统中。①

在1801年的黑格尔看来,牛顿错误地将时间概念与空间概念分割开了,而"在实际的自然关系中,空间和时间密不可分……,如果数学中的几何学是从时间中抽象出来的,而算术是从空间中抽象出来的,并且,如果整个几何学仅从空间的原理出发,而全部算术学仅从时间的原理出发来构造",那么,对自然力的形式的整体性认识就被"与实际的自然关系分割开了"。② ——"而另一方面,将几何与分析计算相结合的高等几何学,是由于同样的必然性而产生的,它贯通时间与空间,使之成为一个统一体,此时它仅仅是通过无限的概念否定地扬弃分割,但对二者之间真正的综合,却并未给出说明,并且在它的否定中,它绝不能将自身与几何的和算术的形式方法分开。"③这意味着,对牛顿来说,时空的统一仍然只是纯形式的和否定的,通过这种统一所能带来的不是时空的现实综合,而只是一种抽象的无限性。根据这种纯形式的分别和统一,牛顿既没有看到一种现实上的分别,也没有看到诸种力的现实统一。力之间的差异仅仅是不同方向上纯形式的差异,它们的统一则是纯形式的重力概念。

与牛顿相反,黑格尔一定要在实在时间和实在空间中澄清力的概念。实在空间绝非数学形式,而是充实的或者说有密度的空间。它规定着所有客体。然而这种空间作为整体,其客观性仍然是空洞的,这是因为：

---

① 耶什克指出,此处黑格尔仍然受到谢林的强烈影响(Cf. Jaeschke, Hegel Handbuch. Leben - Werk - Schule. 2. Auflage, J. B. Metzler, Stuttgart/Weimar, 2010, S. 107),所以这里更侧重论述一种自然与精神的绝对同一性,而非有限存在者的优先性。这显然也是黑格尔在1801年选择行星系统作为论述对象的重要原因之一：相比于地上的那些有限性时空存在者,天上的那些纯粹质料的星体们,显然更具有与精神永恒性存在的相似性。
② Hegel, Dissertatio, S. 80f.
③ Hegel, Dissertatio, S. 80f.

第六章 论力、时空、运动与物质之统一的第一版本：1804/1805年耶拿时期黑格尔的自然时间学说

如果空间是被充实的，那么变化和阻抗的每一条原则都将被扬弃，原则必须从别处获得。我们要认识实在物质，就必须将一种对立物加以空间的抽象概念，这种对立物，我们以拉丁语称之为 mens，当它与空间有关的时候，就称之为点。以这种方式，点，或者说在点的不同形态下的时间以及空间，就创造出物质的诸元素。元素不是拼凑在一起[构成物质]，而是物质的原理。①

被完全充实的空间是不变化的，因为整体现在已经绝对地充满了，其中只有一片死寂，因此全然的客观存在就是死亡。在绝对充实的空间中，一切客观存在都是匀质的，亦即没有差别。为了将变化和差别引入到空间中，还必须给出一些不同于空间的东西，即与客观性相对的主观性（或称为精神，mens②）、与整体性相对的个别点、与静止相对的变化、与一致性相对的多样性。这样一种与空间互为对设的东西，就被称为时间。时间是一种精神性原则，是变化的原则。充实的空间，就其是完全普遍的而言，与具体物质无关，而是依赖于时间，因为它只有在时间之中才能具体化。在时间中，要么是对设极的空间表象在中点（即内聚点）上造成统一，要么是内聚点的空间表象在两极之间的差异发生倒转。差异的再生，或者说出离了抽象空间的相对统一，这样的时间进程就被黑格尔称为变化：

变化无非就是从差异中永恒地重建同一性，并造成一种新的差异：收缩和扩张。而另一幂次，按照完满的抽象性从空间中持续自身

---

① Hegel, Dissertatio, S. 128f.
② 此处可见谢林的影响。Cf. W. Jaeschke, Hegel Handbuch. Leben – Werk – Schule, S. 106ff. 当然，细心的读者也可以看出费希特时空理论对此的影响，参见本书第三章的内容。

第二部　自然时间:黑格尔耶拿时期体系规划自然哲学中的有限存在者

创造的精神,就是时间。①

因此,当空间从物质运动的自然实在性中被抽象出来之后,精神时间将实在性带回到主体自身之内。时间从而是空间的原则。此外,时间还是个体性的原则,它在每个单一的时间点上构造着具体内容。时间也代表着在实在性的复多内部的统一。如果没有时间,存在着诸种不同的力这件事根本无从理解。也就是说,诸种力在本质上是时间性的力,因为这些力必须在自身之中具有质的差异,而这些差异只有通过时间才能显露出来。如果时间在本质上是精神性的,那么力也是。在这一点上,黑格尔谈到了理性的自然力,他写道:

> 自然是从理性中被塑造出来的。②
> 对时间与空间之综合以及对精神之过渡的阐明[……],关于诸种力的每一种通常的解决方式都以此为依据,这些解决方式在数学上的真理性和必要性都是被假定的,在物理学上的真理性却被蒙混过去。③

数学真理无论如何都达不到时空的综合与精神的"过渡"。只有基于真正的综合,诸种力的在数学上被假定的差别才能得到实在的解释,而这种综合只有通过时间才是可能的。在"天上的自然"之中,所有的力在思辨物理学(亦即哲学)上的实在性,都是由时间所形成的。

此外,由于时间实际上是运动着的、以动力学的方式被充实的空间,时间也就构成了实在的物质。物质不再是抽象的,因为它不是静止地局

---

① Hegel, Dissertatio, S. 128f.
② Hegel, Dissertatio, S. 136f.
③ Hegel, Dissertatio, S. 132f.

第六章 论力、时空、运动与物质之统一的第一版本：1804/1805 年耶拿时期黑格尔的自然时间学说

限于个别点，而是必须在运动的线和面中被构造。也就是说，物质必须作为实在的-动力学的物质，在时间中被生成。精神时间是运动着的空间。相比于这样一种理解，对静止空间中的物质的论述，只是反思性的-数学的，是失败的：

> 在由时间向空间的这种过渡中，那种反思看似早已被消除——它以数学的方式预测和相信事物自身，是去比较事物的数和量，而非不可公度的事物自身，而时空恰恰是对这样的事物自身而言的时空。①

不可公度的事物永远无法在抽象的、静止的空间中被直观到，而只有在时间性的、动力学的空间中才实存，对它们的论述不能以一种反思性的、数学的方式达成。只有这些在动力学的意义上彼此差别的事物，才是具体的和实在的物质，从现在起，它们要在精神中实际地被加以认识并被创造出来。因此，时间性的精神是作为运动的物质在自然现实性上的存在论原则。

不同于后来在 1804/1805 年那样，黑格尔 1801 年的论述与谢林 1797 年的十分类似，即在精神性综合中获得同一性的时间与空间，仅仅拥有外在自然的一种主体性起源。意识（精神，或 mens）要求将物质的自然实在性奠基于我们之内，而时空实际上就是按照这种要求产生的。在黑格尔 1801 年的论述中，自然既不是自然自身，也不是精神自身的自在的他者，而是精神的现象学观看方式。自然从而指的是一种单纯外在显现的自然，它尽管外在于精神，但同时也是"从理性中被塑造出来的"。② 考察物

---

① Hegel, Dissertatio, S. 132f.
② Hegel, Dissertatio, S. 136f. Cf. W. Neuser, Hegels Naturphilosophie der Jenaer Zeit und ihre Bedeutung für die Systemkonzeption, S. 90 – 94 und S. 96.

质自然,就意味着在精神-存在论的认识中,解释"无限与有限(infiniti et finiti)的统一"这一"理性的"法则①。由此,时空、力、物质与运动的统一仅仅是精神性同一的无限性的表现。这种精神性同一的实在性当然不可能根据自在自然的他在存在(Anderssein der ansichseinden Natur)而得到证明。或者换句话说,在1801年的黑格尔的构想中,单凭精神的创造,自然就是实存的,它不过就是"理性的一种更高超和更纯粹的表达"(sublimior purioque rationis expressio)②而已。与此相应的是,在1801年的黑格尔那里根本找不到关于自然时间的论述。他所论述的时间要么是理想的、主观的形式,要么是精神的现实性起源。但这两种意义上的时间,就其自身而言都不是自然的。可以肯定的是,黑格尔在1801年绝不认为时间的实在性来源于自然的有限性,只有从1803/1804年开始,他才看到时间自然有限性的维度。

第三节
黑格尔1804/1805年对力、时空、运动与物质之统一理论的导论

与1801年相反,在1804/1805年,黑格尔不再将自然力和物质的意义限制在行星系统中,而是将其应用于整个自然。③ 他这一时期的实在哲学以逻辑学和形而上学为前导,其中首次出现了关于自然时间的系统论述。

---

① Hegel, Dissertatio, S. 76f.
② Hegel, Dissertatio, S. 80f.
③ Cf. W. Jaeschke, Hegel Handbuch. Leben – Werk – Schule, S. 160ff. 进一步的论述参见 W. Jaeschke und A. Arndt, Die Klassische Deutsche Philosophie nach Kant, Verlag C. H. Beck, München 2012, S. 362 – 364。

正是在这里,黑格尔将其时间理论与谢林明确区别开,它是从逻辑-形而上学的观念中构建起来的。两种理论方案之间另一点更重要的差别是,黑格尔的自然现在被理解为精神自身的他者。① 谢林 1797 年的方案中那种自然与精神之间的联系,由此发生了结构上的转变。下文将首先论述自然的他者性,随后将逐步探讨 1804/1805 年黑格尔的时间理论,其目的是揭示出,相比于对谢林来说,时间性有限者对黑格尔的重要意义。

关于自然作为精神自身的他在,黑格尔自己是这样说的:

> 精神的理念,或者说在作为自身的他者中直观自身的理念,复又直接就是与自身作为绝对精神的关系中的精神;或者它是作为无限性的绝对精神,并且为了它的自身认识,或者说它成为出于它自身的他者,这个他者,就是自然。②

因此,自然之所以实存,是为了精神自身的无限性能够达成自身认识。没有这种精神的无限性,就不会有自身认识,而只有对外在自然的认识。换言之,自然的本质是向着精神而变易。但只要自然还不是精神自身,那么在这种生成变易中,自然对于精神的关系就仅仅是否定的,也就是说,它仍然是有别于精神的。这种与精神互为对设的自然观念,在其变易中尽管与自身认识有关,但尚未达到本质的自身认识。这就是自然的首要规定。

在这种变易中,自然的每一个环节都还没有达到与整体的完全同一,但是仍然有一个环节,它对自然自身这一整体的本质性而言始终是否

---

① 格里瑟尔已经看到了这一点。Cf. W. Grießer, Geist zu seiner Zeit, Mit Hegel die Zeit denken, Verlag Königshausen & Neumann, Würzburg 2005, S. 42 & 43ff.
② Hegel, Jenaer Systementwürfe II, S. 188f.

定的。自然中的这种否定环节就是自然个体或特殊性,它们还不能具体地得到解释。仍然在自身之中包含着这种否定性个体的自然整体,尚未达到其自身的同一性,因而仍然是作为普遍的、自然的类属①。在自然之中,整体(类属)和部分(个体)之间从而产生了张力②。自然运动正是由这种张力被触发,其目的是扬弃整体与个体之间的对设。自然的这种运动——扬弃,也就是自然的存在及其认识之间的联结过程。自然愈是充分地与自身内在的否定部分达成同一,就愈是认识到它在变易之中的本质,与其自身相比也就愈是完美。对此,黑格尔写道:

> 它(自然)的存在以及它的同一性或它向着绝对精神的变易,是形而上的变易,或者说是认识向自身认识的变易。③

因此,这种形而上的变易意味着对自然他在的扬弃,或者说对自然之否定性的扬弃。通过这种扬弃,自然在自身认识中获得了它的同一性。不过,个体与类属这二者,就其作为对立面而相互否定而言,并不是自在现实的。二者的统一性(或者说同一性),即自身认识的精神,尚未绝对地定在于此,而是以理想的方式在二者之间游移不定。自然整体还不是精神整体。只要这种变易没有达到理想的同一性,"自然……按照其理想环节的这一面,就不是自在的"④。因此:

---

① 类属概念是耶拿形而上学与自然哲学连接的关键概念。正是在耶拿形而上学中,黑格尔将世界视为与单个灵魂相对立的类属进程。热尔也将之视作生命与精神相关联的关键概念。Cf. A. Sell, Der lebendige Begriff. Leben und Logik bei G. W. F. Hegel. Verlag Karl Alber, Freiburg/München, 2013, S. 44–59.
② Cf. Hegel, Jenaer Systementwürfe II, S. 192ff., insbesondere S. 195.
③ Hegel, Jenaer Systementwürfe II, S. 192.
④ Hegel, Jenaer Systementwürfe II, S. 196f.

第六章 论力、时空、运动与物质之统一的第一版本：1804/1805 年耶拿时期黑格尔的自然时间学说

自然仅仅被以下述方式设定为概念，即理念的理想环节作为本质性的，而生命仅仅作为这些本质性的理想环节，并且仅仅是那些共同的本质的理想环节。①

在类属与个体性之间的自然张力中，精神已经认识到它的实在开端，尽管这种认识还不是精神完全的自我认识，但就此而言，自然的观念必须被视为精神的自身变易②。也就是说：

1. 精神必须在自然中隐藏自身并伴随着自然。没有精神，自然张力得到联结的可能性也将消失。

2. 但藏匿在自然中的精神并不是完全的精神，否则就只有绝对精神，而没有自然的自在存在了。这就无非只是一种精神自身的同义反复。因此：

3. 自然中的精神也必须与自然相对立。精神之所以实存，是因为它认识到自然凭借自身就是一个统一体；但同时，精神又与自然相对，因为精神尚未将自然的统一认作是从自身出发的统一。

在此基础上，黑格尔写道：“自然的观念自身成为自然的第一个环节，它始终是绝对普遍的它自身；对于认识着的、有差别的自然而言，它仅仅是第一个环节。”③这是因为统一性与普遍性的差异在这里尚未得到展示，也是因为整个自然作为认识的第一个环节，与精神相对立，始终坚持其否定性。精神自身将自然设定为"对认识着的、有差别的自然而言"的"第一个环节"，首先是为了将它的存在与精神的存在一般性地区分开来，其次是为了精神自身设定一个认识它的实在性的根据。这是因为精神需要一个基础性的证明，要通过自然整体来证明自己的存在，而自然整体就是

---

① Hegel, Jenaer Systementwürfe II, S. 197f.
② Cf. Hegel, Jenaer Systementwürfe II, S. 199.
③ Hegel, Jenaer Systementwürfe II, S. 199f.

此认识的第一个环节。自然的自在性由此就构成了证明的核心，因为没有精神的自然性自在存在，精神就会是纯粹的自我，它的实在性——正如在康德和费希特那里一样——只能是一种主观上的实在的"规定"，而绝不能是客观上的实在的"实存"。这意味着，这样一种实存，作为与精神的主观性相对的他在，必须自身就是现实的，否则它只能主观地被思想，而不再是自我存在的存在论证明；但同时，这个他者也必须为着精神而存在，否则精神的存在将始终是否定性的、盲目的变易。

在黑格尔1804/1805年的论述中，时间将其自身呈现为自然他在的力，就此而言，时间和自然作为精神自身的他者而被融合在一起。在本章接下来的部分，以时间和自然力的融合为视角，"以太"的概念将得到澄清。随后，1804/1805年版本的黑格尔的时间理论也将得到详细展开。本节以下对此分四步进行处理：

1. 时间与以太的问题；
2. "显现与实现运动"部分中的时间问题；
3. 力学部分的时间问题；
4. 物质进程与物理学中的时间问题。

第四节
时间与以太：1804/1805年自然哲学开端处的时间理论

让我们首先来分步处理时间和以太的问题，也就是1804/1805年自然哲学开端处的时间理论。

1. 自在存在并被精神认识的第一个环节是自然存在，它首先与精神对立而普遍实存，其次则被精神视为自身的简单证明。这样一种自然存

在,从现在起被黑格尔称为以太:

> 简单、绝对、自身与自身相关联着的精神就是以太,绝对的物质,并且它是在他者中发现自身的精神,是在其自身之中闭合的并且有生命的自然。①

以太从根本上讲是精神,因为它是精神的自然认识的第一个普遍环节。它关联于精神,并且最终与精神相等同。但作为最初的自然存在,以太同时在精神的他在中被闭合,这种闭合的自然整体与精神相对立,并同时用于对精神的认识。并且更进一步:

> 以太是绝对精神作为其绝对自身等同性的一面,或者说以太在以下范围内就是如此的,即精神作为纯粹对自身的关系,并且因此与自我认识的精神作为自身等同的规定性与它相对立。②

以太是实在存在着的物质,仅仅是根据精神自身等同性的要求,而不是根据精神的认识。因此,以太的存在尚未从根本上得到证明。这样一种存在只是自身等同性的普遍观念,其现实性是完全空洞的(这显然借助了当时的科学观念:以太是一种被思维假定的,无所不在的能量媒介,是一种均质的物质)。或者说:

> 绝对物质是一种在其自身存在中自我否定着的无限性的自身等同性,或纯粹的、绝对的虚无,绝对的非静止,此非静止恰恰作为绝对

---

① Hegel, Jenaer Systementwürfe II, S. 189.
② Hegel, Jenaer Systementwürfe II, S. 200f.

永恒的东西消耗着在其自身中的他者。①

这意味着,这种绝对物质在这里仍然是虚无,而不是任何实在存在者。它是无限的,因为它仅仅是普遍的,以至于还不能展现具体的个体。它也是绝对的非静止,因为它尚未充分获得其存在的证明。它是非具体的(仅仅是普遍的和无限的)、初始的自然存在的概念。

2. 在这样一种为其存在奠基的倾向之中,以太必须展开并具体化。黑格尔将这种展开称为以太的"言语":"它(以太)在发言、在运动时,是无限的",而"以太的自言自语就是它的现实性"。② 这种"言语"指的无非是以太的普遍性和无限性在其具体环节的表达。用黑格尔的话来说:

言语是无限性在发音。③

只有通过这种言语,或者说通过绝对物质的展开(也就是绝对物质运动并划分自身的过程),空间与时间的出现才能被理解为是可能的,因为"作为真无限而向外打开的以太,其无中介的环节就是空间与时间,而无限性自身就是运动,就是整体上作为场域和运动之统一的系统"④。展开是指以太的向外打开,它初始的、无中介的普遍性贯穿在其具体划分中。这样一种贯穿的趋势,现在要被放在空间和时间中来打量。以太在时空

---

① Hegel, Jenaer Systementwürfe II, S. 202. 埃蒙斯和霍斯特曼将以太视为黑格尔耶拿自然哲学的基础,所有其他自然现象都是由此派生出来的。Cf. D. Emundts und R. -P. Horstamnn, G. W. F. Hegel. Eine Einführung, Reclam, Stuttgart 2002, S. 30.
② Hegel, Jenaer Systementwürfe II, S. 202–203.
③ Hegel, Jenaer Systementwürfe II, S. 204.
④ Hegel, Jenaer Systementwürfe II, S. 205.

第六章 论力、时空、运动与物质之统一的第一版本：1804/1805 年耶拿时期黑格尔的自然时间学说

中自我言说①。这种言语，就是绝对物质的向外展开。它也是时空、物质和运动力之统一的第一个表达。

重要的是，这里的时空还不可以被理解为实在的或特殊的物质的具体环节。二者仅仅构成以太向外打开的普遍条件。因此在这里，它们根本上是自然实在性的理想规定。或正如黑格尔所说：

空间与时间的实在性本身就是诸环节之整体的表达，但是在它们之中被区分开的东西仍然直接停留在简单之物的规定性中。②

因此，时间与空间是整体性的表达，而不是单一性的表达；它们是简单的、直接的，而不是具体、得以中介的。这种简单而理想的规定，就是时空的逻辑-形而上学规定。

以太，绝对的普遍者，在自我表达。所以它是言说者：

> 以太最初的言语，就是让自己成为言说者，这是他的第一个语词；让自己成为一个创造者，这就是它的第一个造物。以太这种纯粹性的具体化，就是否定的"一"的第一个环节，也是点的第一个环节。③

以太是一个点，是单一点。由于以太是普遍的和无限的，所以从根本上讲，这样的单一点是无限多的。这样一种从根本上讲是无别的(gleichgültige)、通过以太的具体化而产生的单一点，被黑格尔称为恒星(它可被视为一个发光点)④。恒星是"无别的'一'(Eins)，但同样也是简单、

---

① 格鲁纳认为，黑格尔此处的以太学说借助了柏拉图和亚里士多德的学说并对之做了变形。Cf. Gruner, Hegels Ätherlehre, including a Summary in English: Hegel's Aether Doctrine, VDM Verlag Dr. Müller, Saarbrücken 2010, S. 55.
② Hegel, Jenaer Systementwürfe II, S. 206.
③ Hegel, Jenaer Systementwürfe II, S. 204.
④ Cf. Hegel, Jenaer Systementwürfe II, S. 204.

第二部　自然时间:黑格尔耶拿时期体系规划自然哲学中的有限存在者

纯粹的量,与'一'相差别,但也是在自身中扬弃着差别的自身等同性,以绝对的方式发散着光"①。光在这里显示出自身等同性的无限性,因为所有单一点(发光点)都直接属于"一",因为"一"与"点"在自身之中都仅仅具有最简单的东西②。因此,恒星的光在其绝对的简单性之中,根本上不为任何他者,而是仅仅从自身并为自身而发散。因此,恒星是"自身太阳"③,将自身视为被等同设定的世界的绝对中心。每个点都是一个界限,它自在地与他者相区别,但当它自在地在绝对的简单性中实存时,也是与他者在自身等同性中共存的。点与点之间的差别仅仅是,每个点都将自己视为独一无二的,或者说"绝对的这一个",因此将其他点完全排除在外。

3. 定量的"一"(比如一束光)在自身中拥有这些点,这些点自身等同,但为数众多,它们只有在自身之中实存时,才在这里或那里实存。这种定在的、在其界限之中排除了一切他者的点,其所照亮之处就被黑格尔称为"当前"或"现在":

> 界限,或"当前"这个环节,时间的绝对的"这点"或现在,是以绝对否定的方式简单地被规定的,是将一切复多性绝对排除在自身之外地被规定的,因此是绝对被规定的,而不是一个在自身中扩张着的整体或定量。④

---

① Hegel, Jenaer Systementwürfe II, S. 204.
② 关于光的概念在黑格尔成熟体系中的进一步研究可以参见 Hegels Licht-Konzepte. Zur Verwendung eines metaphysischen Begriffs in Naturbetrachtungen, hrsg. v. Neuser und Kohne, Verlag Königshausen und Neumann, Würzburg 2008, insbesondere S. 93–106。
③ Hegel, Jenaer Systementwürfe II, S. 204.
④ Hegel, Jenaer Systementwürfe II, S. 204.

第六章　论力、时空、运动与物质之统一的第一版本：1804/1805 年耶拿时期黑格尔的自然时间学说

时间是处处等同的此刻，并且是独一无二的此刻。这里还没有时间序列，因为恒星是带着光一同显现的。但此恒星与彼恒星并不相关。也就是说，它们被完全限制在自身之中，从而代表着定在的一、绝对的现在。当然，"现在"是绝对否定的，因为它一方面否定了其他定在的点之中的其他的现在，另一方面又被其他的现在否定了。就一切时间点中的每一个现在都是被无别地设定而言，这种彼此对立而实存着的点所做出的否定，就是简单现在自身的否定。或者说，"现在无中介地即是其自身的对立面，是对自身的否定"①。这种否定是在一切点中的现在的唯一活动。只要这种否定仍不能消除点的复多性，绝对现在就仍然不存在于此，而是存在于将来。就这种否定始终没有扬弃掉复多性而言，绝对的现在始终并不"在此刻"，而是在未来。

所谓未来，就是完满的现在本身。而与自身的无别物（即一切时间点中的简单的"现在"本身）一同被扬弃的现在，就是未来。黑格尔就此写道：

> 当前就这样扬弃着自身，以这种方式，未来反而在它之中，它本身就是这样一种未来；或者说，这样一种未来本身事实上还不是未来，而是当前所扬弃着的东西，但以这种方式，它就是当前，是绝对否定着的简单，它毋宁说就是当前，但当前按其本质而言，同样是其自身的不存在，或者说未来。②

因此，未来是当前本身否定性的本质，即绝对否定性的简单性，或者说，是当前本身绝对的不存在。这是因为当前只是相对的当前，对一个单

---

① Hegel, Jenaer Systementwürfe II, S. 207.
② Hegel, Jenaer Systementwürfe II, S. 207.

一点而言的当前,对另一个点而言都是非当前的。

未来与当前之间的差异只能这样来看:未来之前的现在不再是自身扬弃着的,而是被扬弃的。这样一种被扬弃的现在,称为过去。现在对于未来而言是过去,而未来就是这样一种任其自身流逝以贯穿其本质否定性的现在。因此,在过去,现在向着未来并通过未来而达到自身的本质。或正如黑格尔所说:

> 过去是这种回返到自身之内的时间;以前是一种自身等同性,但却是一种来自扬弃的、一种综合的、被充实的、时间总体性的维度,这种维度是前两个维度在其自身中被扬弃的。①

当前在它的过去之中扬弃了自身,并在未来之中实现了它的否定性本质。时间总体从而在这种综合中第一次被揭示出来。当前与过去之间的差别仅仅是反思性的,因为从本质上看,三个维度是等同的。这样的等同性在一切时间中都无限地实存。因此:

> 无限总体其实并不是第一环节中的一次回返;而是第一环节自身作为诸多环节中的一个而被扬弃。②

也就是说,这种总体性只是在第一环节的消逝中才出现,但它同时也是第一环节的实现。通过第二环节(未来环节)被扬弃、并同时被现实化的第一环节,就不再是第一环节,而是作为现实化环节的第三环节(过去

---

① Hegel, Jenaer Systementwürfe II, S. 208.
② Hegel, Jenaer Systementwürfe II, S. 209.

第六章 论力、时空、运动与物质之统一的第一版本：1804/1805 年耶拿时期黑格尔的自然时间学说

环节)①,"但这第三环节是时间在自身中的反思,或者说,它事实上是当前"②,因为时间整体即是完满的当前本身。在一切时间中的当前因此就得到了充分实现,从而它就是时间自身。黑格尔于是称之为"实在时间",它"是绝对概念失去活性的非静止"(die paralysierte Unruhe des absoluten Begriffs)③。

4. 这样一种时间,即对一切定在点都一般无别的绝对当前,于是就被称为空间。更恰当的说法是,时间将自身空间化了。"绝对空间是无中介的自身等同性","在其中,否定、界限以及作为时间运动的界限移动,都完全被扬弃了,而空间就是这个被设定的、被扬弃的存在"④。换言之,时间本身在空间中被扬弃了。由此,它的否定性也在时间运动中被扬弃了。空间从此起着时间自身的肯定性表达的作用,时间的否定性实存不再是自在的实存,而是在彼处的实存。也就是说,自为地存在于时间中的否定性"在这里仅仅是空间的一种限制,仅仅在于空间,而不是自为的"⑤。从外部看来,空间的这种限制与每个空间点有关,因此它并不实存于肯定性的空间中,而是实存于空间的否定性的外在维度中。黑格尔称之为一般维度。这一维度展现了空间的外部否定性。与此相反,在时间点内的否定是内部的。黑格尔通过面、线和点论述了空间的这种外部否定性。

---

① 当一束光此刻从发光点发出,并在未来到达另一处,则发光点相对于另一处的"此刻"已是过去。因此,与其说时间是被光照亮的相对点,不如说是光在以太中传播所造成的效应的整体。
② Hegel, Jenaer Systementwürfe II, S. 209.
③ Hegel, Jenaer Systementwürfe II, S. 210.
④ Hegel, Jenaer Systementwürfe II, S. 210.
⑤ Hegel, Jenaer Systementwürfe II, S. 211.

面是空间的他在,是空间的两个维度彼此之间的关系,其中一个维度作为形式规定性,它通过另一个维度被表达自身独有的对立面。①

面是空间的他在,就此而言,它保持着空间的外部否定性。因此,面被设定为肯定性空间的他在,也被设定为非否定性空间的非他在。线作为诸维度的统一,"是一个无别的环节,作为面的否定而与诸维度相对立"②。线实际上是空间被反思到了的本质。或者说,它只有在设定了它的对立面时才是实存的。同时,线也表征着空间的现实化,尽管这种现实化仅仅被贯穿在线的否定性中。因此,线是空间在其否定性现实化中向着自身的回返。黑格尔写道:

> 回到自身之中的空间是对这一维度的否定,但同样是对作为空间的它自身的否定;因为空间作为普遍空间,仅仅被设定为是肯定的;在对它的本质进行着反思的时候,它是对自身诸限制的否定,但当作为否定时,空间自身的对立面、复多之间关系的自身等同性的被扬弃的存在、空间自身的绝对排斥都指向同一物:它就是点。③

当线充分扬弃了它的对立面时,它就会回落到一点上。点是绝对的肯定,这种肯定意味着空间的总体性。因此,它是完全的单一点,容纳一切。同时它也排除了一切,就此而言,一切对它而言是一种否定。简言之,空间具有肯定性,根据在于它的绝对的否定性。这种绝对的否定性表

---

① Hegel, Jenaer Systementwürfe II, S. 212.
② Hegel, Jenaer Systementwürfe II, S. 214.
③ Hegel, Jenaer Systementwürfe II, S. 214.

第六章　论力、时空、运动与物质之统一的第一版本：1804/1805 年耶拿时期黑格尔的自然时间学说

征了空间的存在,这种存在完全被限定在点上。但是它不受他者的限定,而是受其自身限定,因为其他一切都已经在其中被扬弃。它自身的这一界限,不仅是在这一点中,而且是在每一个点中都像这样实存,它反而是最简单的定在,这种定在连同每个这样的点一起,都是无限无别的。因此它也就是时间。①

5. 回返到点之中的空间自身将时间化,正如时间一度经过了空间化一样。对此,黑格尔写道:

> 因此,由空间而变易为自身的时间,事实上仅仅在空间而言才是实在的,而空间仅仅是这种由它变易生成的时间,正如它也仅仅是向着时间的变易而已。②

通过空间,时间的变易过程为时间的实在性提供了证据,在空间化之前,时间是抽象的。只有在空间中,通过外部限制而定在的点以及限制的扬弃才被充实了。点从而作为时间点,以自为的方式再次浮现出来。换言之,时间通过它的他在,即通过空间,而第一次成为定在,反之也是如此。所以:

> 二者的实在统一在自身中拥有二者,使二者作为分别着的以及直接在分别中作为自身而扬弃着的;这种统一本身是简单的,并且是

---

① 可以将面理解为光在以太中传播的所有范围,将线理解为从任意发光点到达另一点的距离,而将点理解为经过传播的光照亮的那个特定范围。这一整体,因此也就是有其具体效应的时间整体。
② Hegel, Jenaer Systementwürfe II, S. 217.

以太实在的无限性,它的环节、时间和空间,自身是绝对简单的,无限性不是作为环节的固定,而是(作为)一种直接的被扬弃的变易过程被展示出来。①

因此,以太通过空间与时间的统一,在每个定在的环节展开了它的实在性。这样的实在性仍然是无限的,因为以太并没有在任何有限的部分得到规定。但是,它此后不再被设定为静止的言说者,而是被设定为言语现实化的时空运动,或者用黑格尔自己的话来说:"物质本质上是运动。"②

6. 以太在既定的点上原本是静止的,没有展开(没有发挥其传播作用)。然而,在时间的运动中,它就不再是静止的,而是展开的(发挥着其传播作用)。以太在时间运动中的这种展开被设定为以太的他者。只要以太的绝对静止点还不是时间性地被生成的点,这种绝对静止就不是运动,而只是运动的原因,运动就以这种方式被道说出来。相对地,只要这两个点最终是同一个点,那么静止和运动也就密不可分地共属一体。物质的现实性实际上来自静止物质与其时间性运动的统一。在以太的无限性中,运动和静止必定是密不可分的。这种密不可分也意味着时间的无限性。

相反,如果时间的有限维度要被论及,则只能是在运动与静止相分,或者在静止言说着的以太与被生成的点相对立的地方才可能。被生成的点在与空间相关联的时间中才实存,时间自身则通过空间性的他在而表现出来。因此,时间性运动必须通过空间的变化来表现,并终于空间性的

---

① Hegel, Jenaer Systementwürfe II, S. 217.
② Hegel, Jenaer Systementwürfe II, S. 217.

某一定点。只要起点和终点是分开的,那么每个点都是有限的。更进一步,一个静止的点,只有在外部已经有另一个运动着的点推动它时,它才能运动。反之,一个运动的点,只有在有另一个静止的点阻碍它时,才能静止下来。但二者都是有限的和个别的质点。这里重要的是,空间作为时间的他在,使时间的有限性成为可能:"属于时间的有限性只能通过空间来体现。"①也就是说,在时间中,静止的点和运动着的点之间的差别,只有通过简单地向着空间而生成的时间和从空间中被生成的时间之间的差别才能得到理解。不同点上时间的有限性也必须通过这一差别来理解。

但是,静止和在时间中的运动是处在一个无限的统一之中。它们原本并未被分开。"此外,因为它们是个别物体,它们在本质上也是实在的或绝对的物质,静止与运动在其中密不可分。"②在一开始,绝对物质仅仅在自身中(在其内部时间中)静止,但在最后,它却通过空间而成为实现了的、时间性运动着的存在。在本质无限的时间自身,亦即内部时间和时间化空间的统一体中,静止与运动的这种不可分割性因此显露出来。黑格尔写道:

> 已经证明,绝对物质是如何在其自身、依循其自然而具有静止和运动的。以这种方式,绝对物质作为自身等同与无限的统一,前者是在差异中或作为环节的空间,后者是时间,前者是持存者或一般自为存在的环节,后者是自我否定的环节。有限者的有限性是,诸环节在自为存在的形式中分别;有限者的无限性则是,它本质上同时间一

---

① Hegel, Jenaer Systementwürfe II, S. 218.
② Hegel, Jenaer Systementwürfe II, S. 218.

样,或者说作为规定性而扬弃自身。①

也就是说,绝对物质在自身中就具有时间与空间的诸环节:在空间中,一切都保持为无别的;相反,在时间中,空间性的持存者必须被扬弃。但是,二者对于物质而言是在同一个统一之中。因为外在的东西最终必须成为内在的,所以空间必须通过时间自身才能得到理解。时间自身被称为自然的精神性力量,它在精神的意义上是自然的无限力量,是作为有限的时间与有限的空间的统一:

> 正因如此,时间是绝对的、仅仅是盲目的自然的力量,并因此是古代的诸神之一,自然听从于他,没有任何东西能够抵挡他,但在精神实现自身的地方,他又被逐回到黑夜的界限之中。②

因此,时间自身与有限时间和空间相对,它被认为是精神在自然之中的表达。

至此,时空、运动和物质的统一已经得到解释。在 1804/1805 年的耶拿体系草稿中,这也是实在哲学第一部分(即"运动的概念"部分)的主要内容。其要点可以总结如下:

1. 时空的原初性在于以太的语言。这种语言是普遍的。因此,以太的所有环节都普遍地、被等同地设定。在这个意义上,每个点本身都是恒星或一个自身太阳,都是绝对自在的。各点之间的绝对等同关系就是,它

---

① Hegel, Jenaer Systementwürfe II, S. 218.
② Hegel, Jenaer Systementwürfe II, S. 218.

们都是发光点,并且都以自身为中心向外传播光。

2. 因此,每个点都实存于同一个时间环节,即现在。然而,这个当前是否定的,因为它限制了自身,以便与其他点区分开。因此,这种否定性的当前,相比于未来而言,成为过去。只有通过当前的过去,未来才得到揭示。当前、未来与过去的内在统一,就被称为时间自身或实在时间。

3. 纯粹内在地看,时间自身不再是否定的。但是外在地看,它始终保持着它的否定性。这种否定的"一般维度"外在地限定了每一个点。时间自身的外在限定称为空间。时间在空间中,亦即在面、线和点中,将自身空间化。在绝对点上,空间的外在否定性被充分扬弃。这样的点再一次被称为时间自身。空间从而将自身时间化。

4. 此后,以太(绝对物质)既在时间的空间化中,也在空间的时间化中展现自身。空间与时间相向而成为无限的,它们共同使无限的物质得以展开。

5. 在以太的无限性中,空间和时间是密不可分的。尽管它们同时也必须被分开,以便使有限物质的运动得到解释。对此可以提供以下简要解释:一个质块在一个特定的时间序列中(从时间点 a 到时间点 b),从空间点 A 到空间点 B 移动,只有将空间和时间分开之后,这一事件才能得到确证。A 存在于时间点 a,而不是在时间点 b,A 与 B 由此才能得到区分。反过来,a 与 b 之间能够得到区分,也只是通过:a 仅仅对应于空间点 A 而非 B。因此,要对有限性进行外在的描述,终究只能通过时间自身(即空间)及空间自身(即时间)的他在存在。有限质点 Bb 仅仅是由于质点 Aa 的推力而运动。Aa 虽然施加作用于 Bb,但由于质点 Bb 的阻力而在 Bb 处停止运动。在一个特定的时间和一个特定的地点上,尽管有 Aa 或 Bb 实存,但缺失的质点是当前质点的运动力学原因。

但是,因为从无限的角度来看,Aa 与 Bb 之间其实并没有差别(因为 a

和 b 在绝对连续的时间内保持无限且不可分割),所以必须说,Aa 与 Bb 全然是一。不同质点的这种统一不可能通过外在的空间,而只能通过内在的时间得到理解,因为在空间中,A 和 B 只能同时并置。"某物从 A 运动到 B"这一命题,只有通过从 a 到 b 的连续变化才能得到理解。也就是说,绝对连续的、纯然自为存在着的时间自身,扬弃了自身之内的所有差别,相反,如果只通过空间来看,则仍然有差别存留。这样的时间自身就是自然的真正力量。但是,对于黑格尔而言,这种力量是精神性的,因为它并不在任何有限的时空点中实存,而是展现了时空性自然这一整体。

尽管黑格尔在这里的论述显然受到了谢林 1797 年方案的影响,但他自己时间理论的独特性也能从中被辨认出来:

1. 黑格尔后来对自然统一体的论述,既不像谢林在 1797 年那样借助主体性的感觉,也不像他自己在 1801 年方案中那样,只是借助时间性的精神,他转而主张,在绝对物质理想的但也是自然的展开之中,自然统一体被创造出来。黑格尔所论述的开端性的、逻辑-形而上学的、形式的时间维度,谢林并未论及。在自然哲学的开端处,时间维度的逻辑-形而上学的派生特征并未被扬弃。

在"运动的概念"部分的结尾处,黑格尔简略提到了定在及其具体时间——这种具体时间绝不是无限的,而始终是有限的。也就是说,自然的定在在这里还不是现实的,更不用说它的存在论证明了。没有这种具体的定在,无限性时间的物质就全然是形式的。总而言之,时间维度在由逻辑-形而上学向自然的过渡中尚未被视为得到了完整的存在论证明。

2. 与谢林相比,在黑格尔的论述中,时间的双重性有着完全不同的意义。在本书第四章中我们已经看到,谢林在 1799 年将这种时间的双重性描述为:一方面,在原始的能生自然之中,时间是永恒的;另一方面,在反思性的被生自然之中,时间是绵延的。而对于1804/1805年的黑格尔而言,时间的双重性绝不能在自然内部,而必须要在自然和精神之间来论述。因此,自然中的有限时间是精神性时间自身的他者,它并不能简单地奠基于精神性时间,而更多地是为精神性时间提供存在论证明。

必须注意的是,黑格尔所论述的时间的双重性,在"运动的概念"部分还不能完全得到理解,这是因为具体自然物中的有限时间虽然被提到,但还没有现实地得到解释。在这一点上,时间的双重性具体的存在论含义仍然是晦涩不明的。不同于1797年的谢林,根据黑格尔的观点,对精神性时间的完整论述绝不能紧接在自然哲学的导论之后,而只能放在精神哲学当中才能被说明。精神哲学中的这种精神性时间将在本书第三部分中得到论述。本章接下来的部分将要论述的是有限时间中具体的存在者,它首先出现在"显现与实现的运动"中。

第五节
黑格尔1804/1805年在"显现与实现运动"部分的时间理论

1. 在运动的现象中,空间和时间是相互对设的,尽管它们在时间自身中必须统一。结果是不再有绝对者的简单无限性,而只有"特殊"和"个别"。相反,绝对者是纯粹的点,它作为对时间和空间的最终规定,展现着二者的统一。黑格尔称之为"实体"。"凭借它,运动中的点表达了时间对于空间的关系"[1],这正是因为它是时空的简单统一。

实体性的东西作为时空的无限统一,并不在各种现象中实存。因此,显

---

[1] Hegel, Jenaer Systementwürfe II, S. 220.

现出来的现象事物(das Erscheinende)(即特殊与个别)并不是实体性的,而是偶然的。现象事物的运动"在空间中作为再次自我扬弃的位置变化,是绵延着的运动,或者说,以这种方式,时间仅仅作为空间的变化,凭借空间而显现,时间自身则随着变化而被扬弃,时间是绝对的绵延"①。绝对的绵延于是就只是空间中偶然和特殊的运动,而空间又是应该在时间中被扬弃的。当这种扬弃进行下去的时候,现象中有限的空间也就得到了无限化。

2. 在现象中,个体化(Vereinzelung)只会以可能的方式发生,而不会以现实的方式发生②,因为质点的运动"根本上是在它(简单性)的实现之中,直到它的环节成为外在的、理想的大小"③。也就是说,对于简单点的实现,绝不能在现象中给出某种内在的、质的理解,而只能给出一种外在的、量的理解。这种外在的、量的关系必须通过时空才能得到展示:

> 时间和空间以比例表达的运动还不是运动本身,而是一个比例单位,是速度。在对设中,时间按照它的原理而言,是点,是一;而空间从根本上讲,就是这个作为定量的点,它在自身之外设定自身,这种已外存在又再次进行限制,但仅仅是通过自身而进行限制。④

也就是说,在空间和时间的比例关系中,现象中各点的运动通过速度来表示。一个物体(即一个质点)的速度被理解为位置的时间导数,即每

---

① Hegel, Jenaer Systementwürfe II, S. 221. "绵延"这一概念对于耶拿时期黑格尔时间理论来说,是关键性的。尤其在 1805/1806 年的自然哲学版本中可以看出这一点。关于此,参见来自加布勒尔的说明和报道。Cf. Hegel in Berichten seiner Zeitgenossen, hrsg. v. G. Nicolin, Felix Meiner Verlag, Hamburg 1970, S. 87.
② Cf. Hegel, Jenaer Systementwürfe II, S. 221.
③ Hegel, Jenaer Systementwürfe II, S. 221.
④ Hegel, Jenaer Systementwürfe II, S. 223.

段所需时间内路程的定量。对于黑格尔来说,时间在这里是度量单位,是"一",或者说是二者(时空)的定律。相反,路程则是质点显现运动的定量,是受限制的己外存在。

3. 如果时间和空间显然是分开的,并且一个物体的速度显然是均匀的,则该物体的运动还不是自为的运动,因为该位置上的空间和时间仅仅是在量和属性上被规定的。不过,时间不仅要被理解为是与空间相分别的东西,更要被理解为时空的统一,也就是说,它是实际时间,或者说是时间的平方:

>因此,所经过的空间的大小仅仅是时间的平方,而自为的运动,当它是线性运动时,就全然只是一种匀加速或匀减速运动。①

这种加速或减速是经验性比例中的"初始速度"。加速运动在这里已经是自为的运动,因为各点的实现是在它的实际时间=时间^{2}中进行的。由此可以推知,经验性运动定律 $c=s/t^2$ "是物体自由下落的定律"②,并且显示了时间(作为统一或者说综合)对于空间(作为外部存在和时间的他在)在经验现象中的实际比例。在自由落体运动中,空间、时间、运动力与物质首先在现实经验中联系在一起;这可以通过线性运动来表象:"时间在空间中的显现是必然的,它是诸多的点成为线的(运动)。"③

---

① Hegel, Jenaer Systementwürfe II, S. 223.
② Hegel, Jenaer Systementwürfe II, S. 224.
③ Hegel, Jenaer Systementwürfe II, S. 225.

4. 在线性运动中,时空与物质的统一纯然是量的统一①。这意味着,非匀速运动并没有获得它的本质。它永远不能被视为时间自身完满和静止的本质,而只能被视为时间在运动中的显现。其结果是:

> 运动的这种不均等性,是运动在对于静止、对于中点的关系上的一种不均等性;它不需要中介,就作为半径的不均等性而实存,半径与速度的不均等性相关,回返的形式将不是一个圆——在圆上,运动对于静止和对于中心点的关系是绝对均等的——而是一个椭圆。②

因此,静止的点不能通过非匀速的显现运动而达到,它只能不断接近或远离物体的运动轨迹。这种运动必须在环绕一点的椭圆上进行。线性运动于是也就成为"以平面的方式加以描述的运动"③。时空现象中的质点(在太阳系中即所谓的"自身太阳"或恒星)的运动轨迹,就被描述为在一个椭圆上的运动。

在恒星的这种显现运动中,时间的平方代表了原始统一;相反,空间是量的复多性。因为"时间的平方仅仅是实现了的时间,是空间的概念,而不是实现了的空间"④。在这里,物体仍然是在量的现象中运动着,而尚未获得它的本质。"但在这种总体性运动中,必须存在一种实在时间与实在空间的比例关系。"⑤换言之,因为空间作为时间的他在,还不是时间自身,所以作为时空统一体的时间仍然没有回返到自身。为了充分展现自身在运动中的本质,时间不仅要同显现着的空间 = R 相联结,还要同实

---

① Hegel, Jenaer Systementwürfe II, S. 226.
② Hegel, Jenaer Systementwürfe II, S. 226.
③ Hegel, Jenaer Systementwürfe II, S. 226.
④ Hegel, Jenaer Systementwürfe II, S. 228.
⑤ Hegel, Jenaer Systementwürfe II, S. 228.

现了的空间 = R^2（作为空间自身的空间）相联结。实现了的空间是使运动通过在它之后的椭圆轨道的空间。相反,显现着的空间则是一个质点仍在其中运动的空间。因此,恒星点的运动不能仅仅像落体运动一样,通过 R 与 Z^2 之间的关系来解释,而是必须更进一步——作为进行了的运动和尚未进行的运动的统一——不仅通过 R 与 Z^2 之间的关系,而且还要通过 R^2 与 Z^2 之间的关系来进行论述。由此可见,它无非作为 R^3 和 Z^2 之间的关系。或者说,恒星点的运动必须按照 $s^3:t^2$ 的定律来描述。这就是开普勒第三定律:两个行星——一个作为静止的中心,另一个围绕该中心运动——其公转周期的平方正比于各自轨道长半轴的三次方①。只有在这种圆周运动中,时间自身才能再次与空间达成统一。由此,时间同它的他在一起,再次回到了自身等同性②。在这一点上,时间自身与空间自身得到了综合,运动也从而终止,这个点不再是恒星初始的、绝对静止的点,因为运动已在其中被扬弃。按照黑格尔的论述,这一点即是"椭圆的另一个焦点"③。

5. 正是在这"另一个"焦点上,才产生出实现了的个体性。它不再只是现象,因为运动不再是显现着的,而是实现了的。也就是说:

(1) 绝对的个体性必须与运动放在一起来看,它并不是保持绝对静止的。作为另一个中心,它与那个绝对静止的中心(即自身太阳)相互对设。这两个中心点,只有当处于同一轴线上时才是等同的。但实在地来看,它们并不实存于同一轴线上。因此,绝对的个体性作为运动着的中

---

① 关于开普勒定律对于黑格尔自然哲学的意义,更进一步的阐述可以参见 Ziche, Mathematische und naturwissenschaftliche Modelle in der Philosophie Schellings und Hegels, Frommann-Holzboog Verlag, Stuttgart-Bad Cannstatt 1996, S. 133 – 194。
② Cf. Hegel, Jenaer Systementwürfe II, S. 229.
③ Hegel, Jenaer Systementwürfe II, S. 230.

心,必须这样运动:"这种简单的、关系着自身的运动(……是)绕轴旋转的。"①也就是说,运动着的中心与静止点有关。它尚未现实地、自为地实存,而是为他者而实存。因此,这种个体性"全然不是自为的,而是一定关系着过去和未来,因此一定外于自身"②。所以说,个体性是围绕另一个中心点(自身太阳)而旋转的。黑格尔称这种个体性是"实在的",相反,称另一个中心点是"理想的"。

(2)尽管个体性的运动是为他的,但它最终必须作为对自身的关系而被认识。因为静止点是它自身的他在。这种个体性与绝对静止的中心的再统一,只能是以一种否定的方式,亦即通过自身扬弃和自身趋于静止的过程得以产生。也就是说,在实在的无限个体中,时空统一是自在否定的。黑格尔将这种否定的然而实在的统一称为地球,它与理想的自身太阳相对。地球努力追求它的本质,也就是追求自身太阳。③ 这种追求是在时间中发生的,因为地球尽管是个体,却还只是无限的和否定的个体——或者更进一步而言,是"绝对的个体"④。它必须在时间绵延中进一步实现。这意味着,地球必须证明自己是本质性的实在者,否则,它相对于太阳仍然是外在的。因此必须证明,个体在简单无限的地球中也是本质性的。于是就出现了整个地球系统,它恰恰是诸实在个体的系统。这一点对于时间的个体化和实在化进程来说十分关键,它将在下一节中得到具体阐明。

对本节内容进行总结有助于我们理解黑格尔在这里的大致论述结构:

---

① Hegel, Jenaer Systementwürfe II, S. 230.
② Hegel, Jenaer Systementwürfe II, S. 232.
③ Cf. Hegel, Jenaer Systementwürfe II, S. 241.
④ Hegel, Jenaer Systementwürfe II, S. 242.

第六章　论力、时空、运动与物质之统一的第一版本：
1804/1805年耶拿时期黑格尔的自然时间学说

1. 黑格尔在显现运动中论述了空间与时间的分别。这种分别必须被理解为时间自身在空间中的表现，时间自身是实体性的，空间则是属性的。二者之间的关系仅仅是量上的。

2. 这种显现运动还必须被理解为对空间现象的否定，以及向时间自身的回退，空间与时间自身（Z^2）以这样的方式相联结，然后在圆周运动中，作为空间与空间的平方，与时间的平方综合在一起。

3. 然而，圆周运动中围绕自身太阳（即围绕绝对静止的时间点）的这种综合，却是时空的一个否定性统一，它在绝对的个体性（＝地球）中得到表征。绝对时间点的个体化首次获得了它的实在性。

与谢林1799年的方案相比，1. 黑格尔并没有将显现中的时间简单视为被反思到的，被反思到的时间总是与永恒时间自身相对立。时间必须通过自身否定，通过向统一性的回返来得到处理。原始的统一，即时间自身（Z^2），在这里作为显现运动的具体环节而发挥作用。这意味着，它既不实存于"彼岸"，也不是简单地作为原型而实存，而是作为一种构成因素，构成了反思性的和显现中的运动。因此，使黑格尔有别于谢林的两个要点是：(1) 内在于显现中的时间并向着时间自身回返的趋势；(2) 原始的时间性统一与反思性的运动中的现象的协同作用。

2. 由此，黑格尔展现了时间性个体的实在性。有限时间只要还在显现运动中运作，就还不是实在时间，而只是时间自身的表现。只有当这种显现着的时间作为实在的个体性（地球）而得到现实化时，个体性才被证明为自在的个体性。换言之，被认识到的自在存在，或者说时间的实在性，只能与现实的个体性一同被设定。只有在时间的双重性中，在时间实体和在现象中，时间的本质才被设定为完全理想的。当实在的地球作为否定性统一，换言之，作为太阳否定性的现实化而被扬弃之后，时间的实在性和现实性才显露出来。谢林1797年与1799年的方案与此迥然不同。在谢林的方案中,时间的无需中介,是从一开始就被直观到的。而个体性与地球系统中实在无限性时间的意义,对谢林而言则是不可设想的。下文将着重考察这一点对黑格尔的重要程度。

第六节
黑格尔1804/1805年在"力学"部分的时间理论

在地球系统中,具体物质在有限时间内被构造,并在其中获得本质性的自在。由此,有限性时间被论述为无限性时间自身的他在。

1. "力学"部分首先要处理的主题是"物体的或形态的构造"和"杠杆"。它们是地球系统的第一和第二环节,在这些环节中,落体运动和圆周运动得到了再一次和更进一步的论述。有趣的是,自1805/1806年以后,力学部分——而不再是"显现运动"的部分——就变成了紧接在对时间与空间的理想性论述之后的部分。也就是说,自1805/1806年以后,黑格尔就将两个部分(显现运动和力学)都划入到了"力学"部分,而在1804/1805年,地球力学仍然与显现着的天体运动相区别。因此,黑格尔仅仅在力学中才引入了实现了的个体和现实的(质的)力,而在显现运动部分,则只有个别的和量的现象。

2. 个体,或者说有限者,通过空间与时间在运动中的相分而实存。地球一方面围绕着太阳旋转,但另一方面,它又凭借静止的中心点,代表着圆周运动否定性和无限性的统一,同时,它也在自身之内保持着时空之间的分别和再统一。因此,只要地球在时空中运动,空间和时间对它来说

第六章 论力、时空、运动与物质之统一的第一版本：
1804/1805 年耶拿时期黑格尔的自然时间学说

就始终是相分别的。但是，由于地球在自身之内经历了整个运动，所以它已经认识到了时空在返回自身的时间之中的统一。

地球运动中的诸具体环节是实在个体和有限性时间绵延中具体的点。相反，地球的整体运动是这些个体的普遍规律①。地球是绝对点，"点与运动相分别"②。地球在时空中的运动从而具有了两种不同的意义：要么是作为个别的运动环节（在时间绵延中），要么是作为诸环节的普遍整体（在时间整体中）。二者以否定的方式得到综合，而地球中这种实在的综合，就被称为重力③。重力在实在运动中处处占据主导地位。在特定时间绵延中，每个个体都有向着它的重心的冲动，这是时间综合的关键。

个别质块的运动，在一开始被表述为向着重心的下落或线性运动，因为在重心上（在时间自身的绝对点上）的综合尚未被设定在运动着的个体内部。运动还不是那种"消除了元素、时间与空间之对立的东西，而是空间的杂多性或时间，它将空间微分"④。这意味着，在这种情况下，时空之间的对立尚未真正消除。外在于质块的重心被理解为是这种落体运动的目标，而时间绵延能够从中获得自身的本质。

在抛物运动中，个体不能再像在落体运动中那样，直接向着外部重心而运动。而"时间，也就是点，不再被单纯地设定为线而生产着，或被设定为径直的方向，而是被设定为一个在其自身的差异，不是在自身内被反思到的某种东西，而是在其自身之内进行着反思的东西，是在其统一性存在（Einssein）中自在地拥有着对立的东西，或者说，一个作为它自身的他者"⑤。也就是说，个体并不是向着时间的本质——某种被外在设定的综

---

① Cf. Hegel, Jenaer Systementwürfe II, S. 244.
② Hegel, Jenaer Systementwürfe II, S. 244.
③ Cf. Hegel, Jenaer Systementwürfe II, S. 244.
④ Hegel, Jenaer Systementwürfe II, S. 248.
⑤ Hegel, Jenaer Systementwürfe II, S. 250.

合性的点——而运动的。相反,个体之内已经有着这样的本质。这样的个体,并不是统一外部的差异,而是一个"自在的差异"。因此,个体的重心不仅在其外部,而且同时在其自身内部。因此,抛物运动必须是朝向外部重心的线性运动和朝向内部重心的向心运动的结合。通过抛物运动,质点部分地返回到了自身之中。①

在钟摆运动中,个体向着属于自己的重心,向着属于自己的时间本质回返,这表明,内在的重心恰恰是个体的运动现实的、内在的中心。"钟摆运动事实上是被扬弃的运动,因为它完全落在重力内部。"②更确切地说,质块的这种运动不断接近静止点,而静止点恰恰是绝对的、本质性的时间点。必须要证明的是,这种运动的中心点就是静止点。

3. 在杠杆中,"运动的全部环节都是作为一种被扬弃的东西,运动以这样的方式得到了实现"。"就这样,它(运动)在自身中从运动返回到静止;但这种静止是运动的极限,或者说是来自运动。"③这意味着,在杠杆中,钟摆运动被扬弃了,在其中,钟摆运动通过它的媒介(即通过围绕中心点的运动)最终到达了它的静止点。然而,这种扬弃只能在极限情况下才能达到,更确切地说,静止实际上只能被视为运动的一种显著成果。因此"那种减速至静止的运动,尚未自为地克服其原始对设,其对立面是一个他者"④。运动尽管减速至静止,却仍然在制动过程中作为实在个体而继续绵延下去。也就是说,杠杆代表了静止与运动的辩证法。它是一种力学传动装置,由可旋转地固定到一个支点上的刚体构成。固定的支点意

---

① Cf. Hegel, Jenaer Systementwürfe II, S. 254.
② Hegel, Jenaer Systementwürfe II, S. 255.
③ Hegel, Jenaer Systementwürfe II, S. 257.
④ Hegel, Jenaer Systementwürfe II, S. 258.

第六章 论力、时空、运动与物质之统一的第一版本：1804/1805年耶拿时期黑格尔的自然时间学说

味着一个绝对的静止点。同时，这个传动装置也围绕支点而运动。在杠杆中，不同的个体，其运动的时间绵延并没有终止。相反，它们必须继续相互斗争，以保持绝对静止的本质的实在性。所以：

> 向着静止而运动的运动必须是倒转的，必须扬弃过渡的片面性，静止必须被（认作）是运动，就像运动将自身认作是静止一样。①

静止的本质，或者说绝对的时间点，仅仅被认作运动的结果，正如时间绵延中的运动实际上也只能被设定为朝向着静止点一样。静止与运动之间、时间本质与时间绵延之间，是一种相互作用于彼此的关系。

因此，对于静止的本质而言，个体（作为绝对静止的他者）的运动的时间绵延也是在本质上实存的。或者更确切地说，个体的这种时间绵延被视为对于构造实在物体而言的本质性东西。个体性充实着空的空间，并充实着以理想方式被设定的静止点，就此而言，它是"物体的本质"②。因此，随着本质性个别物体的出现，时空、运动与物质的统一获得了本质上的实在性，这是因为，在时间绵延中被充实了的空间，亦即物质或质量，随着个别物体的运动，第一次被完全召唤出来。这同时意味着，不仅静止的时间点或绝对内在的重心是空间性运动的本质，空间性运动（作为物体的实在存在）也是时间的本质。空间性或在时间绵延中的运动，首先会否定时间的简单本质，但随后会在时间的极限静止点上反而否定自身。这两个否定对于构造质量的现实性而言是本质的。时空通过在彼此之中被扬弃而为彼此构造起二者的本质。黑格尔写道：

---

① Hegel, Jenaer Systementwürfe II, S. 258.
② Hegel, Jenaer Systementwürfe II, S. 258.

第二部 自然时间:黑格尔耶拿时期体系规划自然哲学中的有限存在者

在个别物体中——或者更确切地说是在质块中,因为质块本身具有物体的个体性——空间与时间在其分离和断裂之后从根本上被扬弃。这样一种被扬弃,在空间中是绝对的、实在的否定;这种否定本身是空间的,并且同样被归入它之下,并且在质量的个体性上被绝对地消除了。同样,时间——和充实的空间——是绵延着的时间或同样被扬弃的时间。但是两者都被扬弃了,差别在于空间,根据其在被扬弃的存在中作为自身等同者的肯定性自然,等同于自身并被它的对立面所充实,而与此相反,时间作为其自身的对立面,仅仅是否定性的,是物体的诸维度的总体性,表示着无限性的图像,并且作为实存着的无限性,作为这样一种,在其中毁灭,在这里是被扬弃的存在的规定性,是空间的本质规定性,但与时间相对设。①

这意味着,充实的空间(个别的质块)实存于绵延着的时间之中,因为它在时间中运动,并通过它的运动争取着静止的、固定的时间本质。时间代表着被扬弃的空间,因为它在自己的无限本质中保持着有限者运动的实在性。空间与时间是一,但也是二。它们是一,是因为差别已经在个体性中被否定了;它们是二,是因为它们互为对设,以便为彼此创造出实在性和本质性。

于是,绝对运动就是个体向着静止并再次从静止出发的运动。这被黑格尔称为循环运动。"它(运动)的个体性,就在于成为完整的循环运动,甚至可以说,个体性本身就是对对设的扬弃。"②在循环中,空间和时间得到综合。这种实在的综合,只能通过实在个体或者说有限者来加以

---

① Hegel, Jenaer Systementwürfe II, S. 259.
② Hegel, Jenaer Systementwürfe II, S. 264.

第六章　论力、时空、运动与物质之统一的第一版本：
1804/1805年耶拿时期黑格尔的自然时间学说

认识,有限者从此就是本质上自在的了。

总而言之,在"力学"部分,时空、运动与物质的统一是通过本质性有限者而成立的。本质性有限者不再代表现象上的数量大小,而是代表实在的自然力。这里的要点是：

1. 空间与时间的分别(因此也是运动与静止的分别)必须通过地球形态的构造而现实地得到展现。在落体运动、抛物运动和钟摆运动中,在空间中运动着或在时间中绵延着的物体不断趋近其内在重心及其绝对的时间本质。

2. 空间与时间(因此也是运动与静止)通过杠杆运动和循环运动在其交互作用中终于得到了综合。就其本质而言,运动与静止是等同的,时间绵延和时间本质也是等同的。

与谢林相比,在黑格尔1804/1805年的方案中:1. 作为实在自然力的实在时间最初是在地球系统中出现的。因此,黑格尔并不是从一开始就在时间自身的意义上讨论重力。对他来说,作为实在力的时间自身,它的实在性并不是原始实存的,而是必须通过自然的一段漫长发展才会显露出来。换言之,当谢林1799年将时间自身视作实体性的力,进而将之断定为反思性时间绵延的实在性保证时,在黑格尔这里,时间却从一开始就只是一个抽象概念,还不具有现实形态。与这种抽象概念相对,时间绵延或时间性有限者被黑格尔视为现实的。这种有限者通过它的运动和它的力,为时间本质的实在性奠定了基础。由此,自然哲学中存在论论证的关键,就从谢林的无限性时间本质转向了黑格尔的有限性时间绵延。时间是以实在的方式而定在着的,这一点不再仅仅基于时间本质,而且还基于有限的时间绵延。时间性有限者是本质性的。也就是说,作为时间绵延的有限者具有在其自身之内的本质。由此可知,空间与时间的分别(因此也是运动与静止的分别)不仅是现象上的或单纯作为属性的,而且还是现实的和本质性的。对于运动的现实性而言,有着时间绵延的有限个体与无限、静止的时间本质同等重要。由此说来,循环以及时空的交互作用(或者说时间绵延与时间本质的交互作用)并不意味着有限者与无限者之间完满的综合,而只意味着有限者内部的综合。

2. 正是因为考虑到有限者的意义,黑格尔并没有像谢林那样忽略掉力学。力学之所以对于谢林而言根本不重要,是因为对于他来说,通过内在无限性产生出的一切都绝不可以被视为一种本质上外在的东西,或者说,一种自在着的他在存在。相反,在黑格尔这里,力学之所以重要,是由于有限者本质性外在的定在(作为无限性自身的他在)从此获得了它的存在论意义。也就是说,自然的他在只要在其时间性发展中贯彻着无限性的实现(这种无限性是在逻辑-形而上学的意义上被设定的),它就不仅是在精神之中实存,而更是作为精神自身的他者,实存于精神外部。这样的自然他在,要获得它的实在性和存在论意义,就必须通过时间绵延中实在的有限者,而绝不是直接通过时间本质中的无限性。自然中必须要有时间性有限者的领域,在这里,有限者在本质上外在于精神的无限性而居于主导地位,并且它是作为本质性的有限者,以力学的方式发挥作用。

在力学的结尾处,由于循环运动的出现,每个个体都获得了一个时机,在其自身之中产生一种内在作用。以这样的方式,地球上的个体现在可以在自身之中找到它的中心点并绕之旋转。个体的这样一种内在形成过程,将在"物质的进程"中以及在"物理学"部分得到展现。

第七节

黑格尔1804/1805年在"物质进程"和"物理学"部分的时间理论

"物质进程"和"物理学"是黑格尔1804/1805年版本自然哲学中最为复杂的部分,但这一节仅处理其中直接涉及时间理论的那些简短段落。

1. 物质的进程开始于作为圆周运动的内化(Verinnerlichung)。在圆周运动中,静止的整体和运动着的整体始终是互为对设和交互作用的关系。静止的整体被黑格尔称为"调性"(Ton),它指的是静止的时间本质("简单时间"①),或者说绝对重心;相反,运动的整体则被称为"流动性",它在时间和空间中"流"向绝对重心。

在调性和流动性之间,个体内部有了新的对立,即在外在时间形态中实存着的重力的对立。对此黑格尔写道:

> 这样的个别物体,其本质就是重力的特定化(das Spezifische der Schwere,亦即以比重的形式表现出来);这种特定化是物体的绝对规定性,它不是一种外在的东西,而是使物体得以成为"这一个"的东西,它不是一种能够从物体上被剥夺的东西。②

这意味着,有着特定比重的个体就是绝对的己内存在。在个别物体之中,这种比重就代表了调性的本质和时间自身,通过它,个别物体内部

---

① Hegel, Jenaer Systementwürfe II, S. 269.
② Hegel, Jenaer Systementwürfe II, S. 269.

作为实在重心的物质获得了具体形态①。但这只是事情的一个方面。另一方面,这种内在的比重必须再次在运动中或者说在流动性中被设定。也就是说,它必须如时间自身那样,再一次被空间化,以保持个别物体的实在性。这种时间本质,或者说这种调性,必须也要在自身的他在之中得到证明,也就是说,在流动性或时空绵延中得到证明。时间自身在空间中的这种绵延,或者说在其内在性他在之中的个体,就被称为实在进程或化学机理(Chemismus)。黑格尔本人对此说的说法是,在绝对流动性中的化学机理,使时间到空间的过渡成为现实。②

2. 调性中的理想形态及其在流动性中的化学实现必须再次得到统一。"实在的东西是这一个完整的进程"③,即调性与流动性之间的循环。作为调性和流动性的统一,这种实在被黑格尔称为物理的实在。

在物理学中,每个个体必须自在地被视为一个整体。这样一种自在地作为总体性而存在着的个体就是"物理元素"④:火、水、气与土。土不仅是四种元素之一,它同时也是精神太阳的现实性他在,是否定性统一。这种否定性统一最初是在物理学中获得其实在性的,并且由此也成为诸元素的统一。其结果是:

> 土元素作为这些元素的总体性,它的进程就是诸元素具备形态的进程,确切地说,就是它们自身关联于自身的进程,或者说是它们的静止。作为这样一种总体性的土元素是实存着的精神,但这种精

---

① Cf. Hegel, Jenaer Systementwürfe II, S. 270.
② Cf. Hegel, Jenaer Systementwürfe II, S. 277.
③ Hegel, Jenaer Systementwürfe II, S. 278.
④ Hegel, Jenaer Systementwürfe II, S. 279.

第六章 论力、时空、运动与物质之统一的第一版本：1804/1805 年耶拿时期黑格尔的自然时间学说

神并非自为地就是实存着的，因此并非自在地就是精神，而仅仅是对我们而言的实存，或者说，是精神的他在……在这一环节，它（土元素）自身即实在地是整体。①

这个实在的整体虽然始终在运动，但它已经抵达了它内在的中心点。也就是说，它一方面在时间绵延中实存，另一方面则已经达到了永恒的时间本质。因此，上述整体就实存于永恒的、没有时间的绵延之中。土元素由此获得了一种规定性，即"诸环节的这种绵延，时间的被扬弃的存在，是形式的普遍性，在其中，土元素以这样一种方式实存"②。但黑格尔随即解释说，它只是形式上被视作实存，然而具体地来看，它却必须以某种方式在有限的时间绵延中存在，否则这种整体就会是空洞的。"土元素的力量，或者说地球时间，就是火，并且是主导者，或者说，是地球自身的进程的概念。"③因此，时间之火（Das Zeit-Feuer）主导着土元素的实在进程，在这一进程中，土元素尚未达到形式普遍性。

但是，一旦土元素作为普遍的土元素而实存，地球进程的火就会熄灭。一旦如此，则这种普遍时间或永恒的绵延就不是精神的现实永恒性，而仅仅是形式的、空洞的永恒性。因为：

对于这种内容而言，进程自身就一种过去了的东西；通过时间来保有它，或者将其形成过程的诸环节表象为一种后果，并不会真正掌握其内容自身。因为时间是一个完全空洞的进程，是对此进程的一种抽象，对它来说，进程的实在环节是某种绝对的特殊物，一种并非

---

① Hegel, Jenaer Systementwürfe II, S. 325.
② Hegel, Jenaer Systementwürfe II, S. 325.
③ Hegel, Jenaer Systementwürfe II, S. 326.

第二部 自然时间:黑格尔耶拿时期体系规划自然哲学中的有限存在者

时间自身理念的内容。①

在永恒的绵延中,只有内容的形象物(Gebilde),因为在时间中,实存着的(火性的)东西被绝对地否定了。在土元素的冷却形态中,因此也是土元素的矿物学的形式中,土元素所拥有的只是一度有生命的火的余像(Nachbilder)。这时,物理内容只通过这种抽象的、死去的土元素来表征。因为这种抽象表征是静止的、本质性的,所以它是时间自身的观念,这种观念并非实在的时间。

因此,这种形式性的时间自身,根本不是有生命的,而是死去的。它也不是现实的精神。这里仍然缺少的,恰恰是生命力,或者说导向精神时间自身的那种有机体。在 1804/1805 年,黑格尔根本没有论述这样一种有机时间。这就注定了这一版本其实是一个残缺的自然时间哲学的版本,尽管关于有机体的论述在 1803/1804 年版本的自然哲学里就已经出现,在 1805/1806 年版本里又进一步完善,但 1804/1805 年版本里却的确无法找到后续的论述。而只有在黑格尔 1805/1806 年对自然哲学的研究中,时间的角色才被理解为真正生命性和有机性的,通过它,自然时间到精神时间的过渡才是一般可理解的。

在进入下一章对黑格尔的 1805/1806 年时间理论的分析之前,首先可以再次简述 1804/1805 年版本的成果。

黑格尔在 1804/1805 年的耶拿自然哲学中提供了精神的存在论论证,这是康德和费希特所缺失的②。在谢林的影响下,黑格尔通过时空、运

---

① Hegel, Jenaer Systementwürfe II, S. 326.
② 1803/1804 年的黑格尔哲学中就已经有了这种存在论论证,但它在黑格尔的时间理论中还没有表现得非常清楚。

第六章 论力、时空、运动与物质之统一的第一版本：1804/1805年耶拿时期黑格尔的自然时间学说

动力与物质的统一给出了这一证明，而这里的统一是自然的、实在性的。相反，在1801年，这种统一只是主观的或者说精神性的。实在性自然在时间中的系谱就被称为这种统一的实现。

与1797年的谢林相比，黑格尔1804/1805年版本的自然概念取得了全新的意义：它是精神自身的他在。自然是精神，因为只有在精神的规定性中，它才能具体地被认为是一种形而上的无限。但自然又是精神的他在，这是因为它尚未认识自身，而仅仅是作为一种幽暗的力量，与概念上明晰的逻辑-形而上学相对，也与尚待阐明的精神哲学相对。这种精神自身的他在的第一个环节就是以太。在一开始，它还是完全抽象的、理想性的。为了使自身现实化，它在时空中道说自身。作为以太的道说，空间与时间在一开始仅仅是理念。在这之后，时间化的空间与空间化的时间之间的关系，以及时间的双重性，一般性地得到了论述。理想性的时间本质，或者说绝对的时间点，显现在时空绵延之中。

显现运动就是质块的时空性的量的运动。因为现实性的运动最初是在质块的机械运动中被发现的，所以，只要在时间绵延中的质块尚未在己内获得其时间本质，它的现实性就仍然是外在的。现象中量的个体性，和实在机制中现实的个体性，都是没有充分实现的。二者之间的差别在于，后一种个体性已经是本质性有限者了。

时间性个体的进一步实现处于物质的进程和物理学中。个体在内在运动中使它的时间本质成为现实之后，它就作为冷却的土元素，扬弃了它火性的、有生命的时间进程。在物理学中达到的时间本质是死的，它既不是精神自身，也不是精神性的时间本质。1804/1805年的自然哲学版本遗憾地终结于此，这一遗憾将在一年后新的耶拿体系规划中得以补足。并且只有从后一个版本出发，从自然时间到精神历史的过渡进程才能得到真正的理解。

第七章
论力、时空、运动、物质之统一的第二版本:1805/1806年耶拿时期黑格尔的自然时间学说

黑格尔1805/1806年的时间理论,在开端处就与1804/1805年自然哲学中的不同:在1805/1806年规划中,没有"逻辑学-形而上学"的部分和"太阳系"的部分。时空、运动、物质的统一,从一开始就是在力学中论述的。另一个重要的变化是:力学的开端不再是在时间中,而是在空间中。这些变化的真正意义,将在下文得到详细说明。①

---

① 基默勒认为,尤其是第二点对于黑格尔时间理论来说是决定性的。它甚至已经预示着对时间的消灭。关于这种消灭进程,将在本书第三部分进行深入研究,此处只需指明,基默勒的观点可能过于激进,因为虽然在1805/1806年的版本中,时间是从空间中演绎得来的,但这并不意味着此版本中缺乏时间空间化的论述,因此不能如基默勒那样,只强调时间的空间化。除此以外,在本书第三部分我们也能够看到,所谓时间的消灭,其关键点也不是时间的空间化,而是其范畴化。Cf. H. Kimmerle, Georg Wilhelm Friedrich Hegel interkulturell gelesen, T. Bautz, Nordhausen 2005, S. 50–54 und S. 60–62. Cf. H. Kimmerle, Kann Zeit getilgt werden? In: Hegel-Jahrbuch 2001, Akademie Verlag, Berlin 2002, S. 259.

第一节
黑格尔1805/1806年在实在哲学开端处及"力学"部分的时间理论

1. 黑格尔1805/1806年的思考开始于一般物质(以太)与精神之间的关系。同1797年的谢林一样,也同1804/1805年他自己的规划一样,黑格尔将自然的这种绝对物质定义为"无规定的神圣精神"①。此外,以太也是"永恒地从他在返回到自身之内的本质",是"实体和一切事物的存在",它"自身就是一切,因为它就是存在"②。作为包容一切的实体,它是无限者,而"无限者"指的是那种"作为返回到其概念之中的定在的观念"③。也就是说,以太实际上被设定为观念的他在,或者说无限概念的他在——这里的"无限概念",代表的是一切定在之中的存在。令人惊讶的是,与1804/1805年相比,1805/1806年当"存在"得到强调的同时,以太的以及自然的"变易"(Werden)层面却不再突出。如果说在1804/1805年,自然被视为是向着精神、向着自我意识"变易着的本质",那么现在看来,自然已经被处理为"永恒地返回到自身之中的本质"。此外,黑格尔现在已经将以太认作自我意识④,而在1804/1805年的论述中,自我意识仍然只属于精神自身,他并不直接将以太也算作某种自我意识。

尽管如此,我们仍然可以说,在以下这一点上,1805/1806年关于以太的论述与1804/1805年的并没有本质上的不同。因为无论如何,黑格尔

---

① Hegel, Jenaer Systementwürfe III, S. 3.
② Hegel, Jenaer Systementwürfe III, S. 3.
③ Hegel, Jenaer Systementwürfe III, S. 3.
④ Hegel, Jenaer Systementwürfe III, S. 3. Cf. W. Grießer, Geist zu seiner Zeit, Mit Hegel die Zeit denken, Verlag Königshausen & Neumann, Würzburg 2005, S. 266.

都没有将这种自我意识视为是实在的,这是由于它是"作为一般存在着的东西,而不是作为存在着或真正被规定了的东西"①。也就是说,以太的本质性存在只能被理解为一般存在者,因此它的自我意识也只能是理念性的,而不是具体的,在其中没有对现实性定在的认识。只有通过精神,绝对物质的这种自我意识才能是实在的,因为一般存在者只有通过精神才能现实地认识到它的定在。对此,黑格尔写道:

> 非定在之存在的这种被规定性过渡到定在之中,而实在性的元素是普遍的被规定性,在其中,精神作为自然:内在的本质、以太自身还不是定在;或者说,它的己内存在的这种内在性并不是它的真理性②

这种自我意识,在我看来,是作为以太的一种抽象规定,而以太的内在本质仍然是空洞的和形式性的,这是由于具体的定在或者说一般存在者的真理性尚未在精神中实现出来。以太的这种抽象规定,在1804/1805年也是显而易见的。而在1805/1806年,这种规定必须要通过具体化而成为精神。换言之,尽管黑格尔在这里将这种本质明确称为一般存在,但以太的本质和它的自我意识必须通过整个自然才能发生变易。所以,1805/1806年的以太理论引以为导向的,是精神自身之中的自然物质真正的、现实的本质,这恰好与1804/1805年是相同的。

2. 但另一方面,由于以太的自我意识,1805/1806年关于以太的论述又与1804/1805年有所区别。1804/1805年,黑格尔强调的是以逻辑学-形

---

① Hegel, Jenaer Systementwürfe III, S. 3.
② Cf. Hegel, Jenaer Systementwürfe III, S. 3f.

而上学的方式所预设的,然而却以自然的方式存在着的、对立于我们的概念①(这与 1801 年他对内在于我们的主观-形式性时间概念的论证相反),而在 1805/1806 年,这个概念的主观意义明确回归到自然哲学之中——更确切地说,首先是回归到以太自我意识的概念之中:

> 定在着的以太直接即是空间。空间作为这种简单的连续性,直接即与自我是一,直观由此而被设定。②

但同时,黑格尔也补充道:"这是一种对'在此'存在的连续性的规定性,它作为从自我中被区分出来的东西,就是空间。"③也就是说,尽管有了自我性(主体性,或形式性的直观),物质现在(不同于 1801 年)也是指自然的(这里是指空间性的,之后则也是时间性的)定在者。所以,在绝对物质中,不仅有自我的主体性和直观,也有作为精神自身之他者的自然定在。从此,自然不仅是内在于我们和为我们而存在,而且也是相对于我们并自在地存在。这种新的论述已经指示了空间-时间性定在的物质与 1807 年《精神现象学》中的自我的关联。

与 1804/1805 年的论述相比,这里有以下两点特别值得注意之处:

第一,绝对物质的自我意识被确立下来,它同时具有"为我们而存在"和"自在存在"两个方面;

第二,在自然哲学的开端处所表明的,是现象学-精神性的含义,而不

---

① 1804/1805 年,自我的直观在自然中是没有位置的。黑格尔甚至说:"作为进程整一的精神在自然中并无实存。"(Cf. Hegel, Jenaer Systementwürfe II, S. 199.)尽管自我与自然当然仍是统一的,但那时他强调的的确是精神与自然理念的对立,而非自然最初的自我意识。
② Hegel, Jenaer Systementwürfe III, S. 4.
③ Hegel, Jenaer Systementwürfe III, S. 4.

第二部　自然时间：黑格尔耶拿时期体系规划自然哲学中的有限存在者

是逻辑学-形而上学的含义；因此，在其定在中存在着的物质这一概念，并不是从一种先行的逻辑学-形而上学过程中被推导出来的，而是在经验性直观中被发现的①。通过这种被直观到的在以太中的"为-我们-而存在"，以太的自我意识得到了阐明。或者换一种方式来说：以太能够知道自身，因为它的定在对我们而言可以通过精神的方式得到认识，并且对它自身而言是在精神之中去认识的。这样一种以太是自我意识，因为我们知道，它尽管还不是精神自身，却会从它自身出发将它在精神之中的认识当作是自己的认识。正在这个意义上，它是自在的，却又对我们而言确立了自我意识：它是自在的，因为它被我们从自在存在中抽象出来，这种自在存在被解释为自我自身的自在存在；它对我们而言，是被认识到的对象；对它自身而言，它还只是无规定的自我意识，它的规定仅仅在精神中才能表达出来。

此外，一般存在者的自我意识之所以是它"自身"的，是因为它被认定为自在的绝对物质。意识将这种自在存在认作精神自身的他者。但这种他者也存在于意识之中，因为它对我而言总是已经被设定为直观的对象。于是自我的这种直观可以利用绝对物质的"为-我们-而存在"。就此而言，空间（以及时间）不仅是存在中的实在者，而且是直观中的理想。这种理想性的实在者，现在就被称为定在，它目前仍然是抽象的，而之后必须在精神中具体地认识自身。

就此而言，空间性（或时间性）的直观与物质之间的关系，就显示出黑格尔的时间理论（1805/1806）与康德的以及谢林1797年版本的时间理论

---

① 格里瑟尔已经看到了这两点，并强调了1805/1806年版本与1807年《精神现象学》的关系。由此，他还进一步论述道，相比1804/1805年第一版本的自然哲学更强的逻辑学特征，1805/1806年的第二版本则更具现象学的特色。Cf. W. Grießer, Geist zu seiner Zeit, Mit Hegel die Zeit denken, Würzburg 2005, S. 267.

第七章 论力、时空、运动、物质之统一的第二版本：
1805/1806年耶拿时期黑格尔的自然时间学说

的差别。不同于康德，对黑格尔而言，空间(和时间)还有物质都是存在论的规定：物质不仅是在空间性(时间性)的直观形式中被认识到的，而且它就是定在着的空间(和定在着的时间)。① 与1797年的谢林相比，1805/1806年的黑格尔强调了物质的自在存在，以及定在着的空间(和定在着的时间)的自在存在。尽管在谢林那里，直观也是存在论上的，但它仅仅是作为存在(以及自在的"我思")的原初无限性统一。另一方面，作为直观的定在仍然是经验性的，而非本质性自在的。不同于1797年的谢林，在黑格尔这里，自在存在着的有限者的本质性，或者说定在的存在论真理性，是从存在中表明的。

以下将逐步阐述黑格尔1805/1806年力学中的时间理论：

1. 以太(一般存在者)在空间中定在。"定在着的以太直接即是空间。"它的自在存在代表着抽象的本质或者说"纯粹的本质性"，这种本质性只是否定地存在着，因为除了这种一般的普遍存在之外，根本什么也没有，也就是说，既没有特殊，也没有与普遍者的区别。"定在着的区别不会突然产生，或者说，它是区别的绝对可能性。"②

于是，空间必须从普遍存在的否定性发展为具体的定在。"否定性的这种发展就是空间的维度。"③然而，空间必须在这种发展的一开始就"呈现为无差别的"④。这里的无差别性表达的是存在与空间之定在的简单关系。在这种否定的空间维度中，定在就其自身而言还不具有任何特殊规定。于是，空间的第一个维度就被称为点。点被规定为空间的否定，并

---

① 基默勒同样在这里看到了黑格尔与康德的差异问题。Cf. H. Kimmerle, Kann Zeit getilgt werden? in: Hegel-Jahrbuch 2001, S. 259.
② Cf. Hegel, Jenaer Systementwürfe III, S. 5.
③ Hegel, Jenaer Systementwürfe III, S. 5.
④ Hegel, Jenaer Systementwürfe III, S. 5.

且它一般地设定了一种基于空间之存在的关系。黑格尔称这种空间点为"一般定在",它意味着存在成为定在的绝对开端①。点作为一般定在,不仅存在于特定的"此处"(Da),而且处处存在,因为它是凭借一般存在而被等同设定的:

> 空间中的这种定在在各处都被称为开端;也就是说,空间中各点的定在就是线。②

线代表着一般处于空间中的点的连续性。同时,点否定着它自身,因为它并不在自身之内,而是处处都存在于自身之外。然而它的己外存在也是同它的己内存在一样的方式被理解的,因为线上的点是处处无差别地被设定的。所以,在线的内部,点的己外存在也必须在点的己内存在中出现和消逝。线于是获得了它的开端和它的终点,由此也获得了它的方向:

> 这种己外存在,自身作为这种简单保持着的东西,仅仅在一个开端和一个终点上,与一个在先的点和一个在后的点相关,它……是纯粹的方向。③

线从一个点开始,在一个特定的方向上通过所有的点,并在某一个点上结束,因此该方向上的所有点都包括在这条线之内。尽管如此,仍然必须有某个外部的东西与这个内部的点相对,那就是"一个他者"④。线必

---

① Cf. Hegel, Jenaer Systementwürfe III, S. 6.
② Hegel, Jenaer Systementwürfe III, S. 6.
③ Hegel, Jenaer Systementwürfe III, S. 7.
④ Hegel, Jenaer Systementwürfe III, S. 7.

须在这个己外存在(或他在)之中被设定。黑格尔于是称这种外在被设定的线为平面。它是线的否定和点的否定之否定。点作为一般定在,存在于平面上的各处,也就是说,平面就其自身而言无非一般定在。在平面上,也只有一般定在,没有实在的区别。点的己内存在与己外存在之间的区别,单纯是被我们设想的①,因为在这里所有的点都是被等同设定的。

2. 仅仅在定在的无差别关系中的空间,仍然是非本质性、非实在的,黑格尔称之为"直接定在着的量"②。在量的关系上,定在之间的区别目前还仅仅是对我们而言的,自在地看,还没有实在的区别。在此基础上,黑格尔继续写道:

这种纯粹的量,作为纯粹的、对自身而言定在着的区别,是抽象的无限者,或者说就其自身而言的否定;时间。③

不同定在虽然都在"此处",这个"此处"却只能否定地、抽象地加以理解,也就是说,这个"此处"是在存在与定在的无差别关系中,仅仅作为"并非此处"而在此处的,因为"此处"在处处(无限地)存在,并同时否定着自身。因此,时间表达了定在在其无限的、纯然是抽象的等同性中的矛盾:这种等同性是"定在着的存在,它是直接消逝着的,也就是定在着的不存在,它同样是直接的;这就是定在着的纯粹的矛盾"④。正是这种"定在着的纯粹的矛盾",后来被黑格尔称为时间的本质,即变易。

---

① Cf. Hegel, Jenaer Systementwürfe III, S. 9.
② Hegel, Jenaer Systementwürfe III, S. 9.
③ Hegel, Jenaer Systementwürfe III, S. 10.
④ Hegel, Jenaer Systementwürfe III, S. 10.

时间与空间同样是否定性的"一"。但时间与空间的区别在于,空间的"一"只能在它的"彼岸"找到,相反,时间的"一"始终是"内在的"①。在空间中,定在与它的他者始终构成对立面(例如左相对于右、上相对于下等),二者的统一因此只是外部的;相反,在时间中,定在自在地就已经是他者。这种内在的"一"直接在自身之内否定一切他者。黑格尔称之为当前或现在。"这个现在从自身中完全排除了一切他者,它完全是简单的。"②但是,这个简单者,却只能被理解为简单的矛盾,因为它的定在完全只是否定的,并且会变成不存在:

> 如果我们坚持它(时间)的存在是不存在,是与它相对的、作为存在着的东西被设定的东西,那么这种不存在就会扬弃它,这样我们就设定了未来;未来就是一个他者,就是对现在的否定。③

相对于"当前"这种存在,它的不存在就被称为未来。但是,只有"当前"在自身之内包含自身的否定时,这种"未来"才存在于当前。因此,当前就在自身之内扬弃了自身。在自身之内被扬弃的非存在,作为当前的存在而得以绽现。黑格尔此时称这样一种不存在为过去,它作为存在着的当前和不存在着的未来的统一,意味着"完满的时间"或"纯粹的结果或时间的真理性"以及"作为总体性的时间"④,而它另一方面也是这样一种现在:它已经在自身之内将它的他者(或它的非存在)现实化了,或者说,它意味着自我扬弃着的定在。因此,"现在"是完满者和遍在实存者

---

① Hegel, Jenaer Systementwürfe III, S. 10.
② Hegel, Jenaer Systementwürfe III, S. 10.
③ Hegel, Jenaer Systementwürfe III, S. 11.
④ Hegel, Jenaer Systementwürfe III, S. 11f.

(das Vollkommene und das Überall-Existierende)。作为其未来的过去被称为"时间自身",它是永恒的。它作为当前、过去和未来的统一,在每一个片刻都独立实存,于是它又被称为"自为存在的纯粹自身(das reine Selbst des Fürsichseins)。……它(永恒的时间)因此是一切存在者的最高权力,因此也是一切存在者真正的观看方式,它在它的时间中,亦即在它的概念中观看,在这里,一切都仅仅被看作消逝着的片刻"①。也就是说,在时间的这种永恒性之中,一切是通过绝对的消逝而永恒的。时间自身的永恒存在无非时间性片刻的绝对消逝。换言之,时间自为地就是存在与变易的辩证统一。它在它的总体性中无限地流动。然而,这种永恒性只是时间的一面。时间的另一面,被称为复数时间(Zeiten)的具体(即有限的)绵延。每个运动都发生在具体的时间绵延之内,即在复数的时间之内,这种时间将他者视为一种空间-外部性的定在。时间的双重性(时间自身的永恒绵延和在复数时间中的时间绵延)现在构成了时间的整体。

3. 时间如何空间化,以及空间如何时间化,将在运动中更进一步地被展示出来。通过这种向-对方-而变易,时间与空间成为实在的。

在时间绵延中,机械运动被称为"'一'向他者的过渡运动"②。或者更确切地说,它被称为(1)从一个时空点到另一个时空点的运动,以及(2)从时间性存在到空间性存在的运动。时间绵延中的运动必须通过空间的变化(尽管完全是"对我们而言")来表示。相对地,运动自在地即意味着"简单点"的运动,而简单点代表了时间与空间的统一。③ 这样的点展现了空间中时间的实在性,黑格尔称之为"这里"(Hier),同时也称之为"现在"(Jetzt),因为它是 hic et nunc(此时此刻)。这样 hic et nunc 的点也

---

① Hegel, Jenaer Systementwürfe III, S. 11f.
② Hegel, Jenaer Systementwürfe III, S. 13.
③ Hegel, Jenaer Systementwürfe III, S. 14.

被称为"位置":①

> 这样的位置不仅指示另一个,而且扬弃自身,成为另一个;但区别也被扬弃了。——在绵延的实体中,此处直接就被设定为在自身中回返的存在;或者说,位置就是完全的普遍者。②

这意味着,位置是向着自身回归的持续时间,在其中,"这个"和"那个"时空点之间的区别被扬弃了。所以,位置是普遍的,因为它将时空运动的统一性固定在一个特定的点上,而且这个特定点实际上可以在任何位置。就此而言,时间仅仅是从概念上,而不是现实地被设定的,这是由于位置仅仅是现在的位置,它在未来会变成其他位置。只要时间仍然在运动,并由此在流动着的空间点中被表示出来的话,那么"位置就绝不是自在的,而是相对的,也就是说,作为另一个位置"③。"运动"的概念在这里得到了明确定义:它使现在位置的变易成为可能,现在的位置向着另一个未来的位置过渡,并由此让自身成为过去的位置。所以,运动被理解为是从一个位置到另一个位置的时间性运动,通过这种运动,时间在空间中获得它的实在性,反之也是如此。"它(运动)通过空间而是实在的、持存着的时间,或者说,空间通过时间才真正是有区别的空间。"④但这种实在性却是全然流动着和运动着的,尽管时间作为运动的真理性,本身是永恒的。

以一种非同寻常的方式,黑格尔称这种真理性的时间为"简单灵魂",时间中的运动自身就是"真灵魂的概念"或"作为主体的主体"以及"作为

---

① Cf. Hegel, Jenaer Systementwürfe III, S. 14.
② Hegel, Jenaer Systementwürfe III, S. 15.
③ Hegel, Jenaer Systementwürfe III, S. 15.
④ Hegel, Jenaer Systementwürfe III, S. 16.

第七章　论力、时空、运动、物质之统一的第二版本：
　　　　1805/1806 年耶拿时期黑格尔的自然时间学说

自我的自我"。另一方面,黑格尔将时间中的运动称为"谓词"①。第一个主词性的时间自身只有通过第二个谓词性的时间才能获得其实在性。就其自身而言,这样的时间自身只是形式-概念性的,或者说,仅仅是"在时间的形式中作为运动的绵延"②,而不是在时间的实在-空间性定在中的复数时间。但是,因为时间自身是流动着的时间,它必须否定自身,然后成为实在地定在着的时间环节,因为"否定的第一个直接的定在是时间,并且在绵延中获得了其定在"③。这种时间性定在,恰恰被黑格尔理解为运动的空间性时间环节。于是黑格尔现在必须进而考察各种运动与各种空间-时间环节之间的关系。

黑格尔所考察的第一种运动是线性运动。它代表了从一个位置到另一个位置的变易的连续性,在这种运动中,所到达的那个位置与这个位置一样都是现在的。第二种运动是直线运动。现在点为达成它的实在性而运动到未来点,并同时否定自身,由此成为过去点。黑格尔对此写道:

> 直线性的,正如落体或其他运动一样,并不是自在且自为的运动,而是由另一个东西所施加的,在那里它已经成为谓词,或被扬弃了的环节。④

由于未来点本质上也是现在点,自在且自为存在着的时间点就在未来返回到自身。这种回归,指向着非本质性的点与本质性的点之间的综合。⑤

---

① Hegel, Jenaer Systementwürfe III, S. 16.
② Hegel, Jenaer Systementwürfe III, S. 17.
③ Hegel, Jenaer Systementwürfe III, S. 17.
④ Hegel, Jenaer Systementwürfe III, S. 18.
⑤ Cf. Hegel, Jenaer Systementwürfe III, S. 18. 此处如同在 1804/1805 年版本中一样,黑格尔还论述了落体运动中谓词性的空间与本质性的时间,即时间的平方的关系。

第三种运动是圆周运动。现在点成为未来点,但未来点也是一个现在点。同时,现在点成为过去点,而过去点也曾是一个现在点。现在、先前和以后由此合在一起。这种统一被称为圆周运动,在这种运动中,一切都为着返回到自身而过去。因此,在圆周运动中,目标是过去。一切(现在、先前和以后)都在其中得到了综合。但绝对现在之存在,或者说时间自身,却并未被完全达到,因为运动仍然在持续。但空间-时间性的定在从此成为实在的,因为它不再是抽象-概念性的本质,而是在运动中得到了充实。这种运动,随后被黑格尔称为"定在着的运动"或"整个持续时间"(ganze Dauer),①它就是在圆周运动中得以呈现的。无限性存在的他者(定在)在运动的每个片刻都被具体地设定,而不再是仅仅在理想的时间或理想的空间中被直观到。与此相应,空间通过时间性的运动而得以充实。"它在此处"②,作为质料或实在物质在此处。

4. 通过空间-时间性的运动,质料出现了。在质料中,自然的实在力第一次发挥作用。空间、时间、运动力与物质的存在论统一性,从这里才开始充分明晰起来。

由于空间的时间性充实,质料作为现实性定在而存在于圆周运动之中。作为已经完满的曾经运动着的东西,它是静止的质料,并且与仍然持续运动着的东西相对立。但因为质料仅仅通过运动而存在,而运动仍然在持续,质料就被理解为"静止和运动的环节的统一"③。质料是运动中的静止者,又是否定着静止的运动者。这意味着,"静止与运动是通过一个他者而在它们之内被设定的",这个他者对于静止而言是运动,相反,对

---

① Hegel, Jenaer Systementwürfe III, S. 20.
② Hegel, Jenaer Systementwürfe III, S. 20.
③ Hegel, Jenaer Systementwürfe III, S. 21.

第七章　论力、时空、运动、物质之统一的第二版本：
1805/1806年耶拿时期黑格尔的自然时间学说　231

于运动而言是静止。由此,质料是与运动和静止一起被等同设定的。它同时存在于运动和静止之中。但由于运动与静止之间的矛盾,质料实际上并不是具体的定-在,而是普遍存在于各处。也就是说：

> 当然,物质是以这种方式存在的,但在这里它还不是这样存在的,或者说它还不是自在自为的,而是为了达成这种无差别性,它自身必须降格为谓词,降格到被扬弃的环节中去。①

因此,自在自为的质料,只有在空间-时间性(谓词性)的,虽然是定在着的(有限的)但却有待于扬弃的诸环节中,才能赢获它的实存。它的实在性不仅存在于自身之内,而且还存在于一个他者之内。或者换一种方式表达：这种实在性虽然就其自身而言就是本质性的,但这种本质仍然是抽象的。黑格尔对此写道：

> 因此,物质是自在的,这意味着,它仅仅是按照它的抽象性被看待的；它虽然也作为这种抽象性而实存,但却恰恰不再是作为它自己的实在性；它的实在性是一个他者。②

黑格尔称质料(运动与静止之统一的实体)为天体。"天上的球体是持续、绵延着的,亦即静止的、就其自身而言的运动,因为运动的整体是持续时间；它们是整体,这并不是通过一次推动之类",因此,"运动的形式,落体、抛物运动及诸如此类"并不适用于它们③。天体上不能辨别出任何

---

① Hegel, Jenaer Systementwürfe III, S. 21.
② Hegel, Jenaer Systementwürfe III, S. 22.
③ Hegel, Jenaer Systementwürfe III, S. 23.

外力或谓词性的实在,它就其自身而言是无限的和抽象的。它的力仅仅以概念的方式存在。仅当这个天体成为有限的、谓词性的东西,也就是说,仅当它处于落体运动、抛物运动或类似运动中时,它才成为实在者。

天体的运动是定轴旋转的,因为空间-时间性运动一直持续下去,直到抵达它绝对静止的质点。但空间-时间性运动绝不可能达到这个质点,因为这种绝对质点实际上"不在此处"①,它并不在一个特定的静止的位置实存,而是在当前每个时空点上处处实存。因此,没有单个的点能被视为运动的中心,而是所有点一起形成定轴旋转的物体的中心线。

但是,这条线应该收缩在绝对本质性的和静止的一点上。因此,定轴运动应找到它绝对的中心点。在这个意义上,涡旋运动出现了。而在这种运动中,绝对点只是在"彼岸",因为绝对点虽然总是被找寻,但从未被找到过。尽管如此,这种定轴旋转运动总是越来越接近它绝对的中心点,以此来实现自身。由此产生了实在力,即向心力和离心力,它们代表了"定在者与其中心点的关系"②。因此,实在力是朝向运动中心点的推动力,这种力应该仅在未来才存在。

由于涡旋运动在当前无法达到它的中心点,它仍然不会静止。"但这种非静止只是涡旋接近中心点的片刻,是纯粹的过渡。"③也就是说,这种运动必须不仅向着中心点推动,而且还要过渡到中心点,并且"过渡本质上不仅是纯粹的变迁,而且,这种他在,就其自身而言无需中介地是自身的对立面"④。一方面,绝对的但又是不可达到的中心点不仅在运动外部,而且也在运动之内,因为它在处处都在当前;另一方面,由于内在于自

---

① Hegel, Jenaer Systementwürfe Ⅲ, S. 24.
② Hegel, Jenaer Systementwürfe Ⅲ, S. 27.
③ Hegel, Jenaer Systementwürfe Ⅲ, S. 27f.
④ Hegel, Jenaer Systementwürfe Ⅲ, S. 28.

第七章 论力、时空、运动、物质之统一的第二版本：1805/1806年耶拿时期黑格尔的自然时间学说

身的不可到达性,运动必须否定中心点,亦即过渡到中心点。因此,运动在自身只能扬弃中心点并使之成为过往。每个当前点都必须在运动中成为过往,就此而言,过去在过渡运动中居于主导地位。运动着的质点,仅当绝对-本质性的点(之前被称为未来点)在运动中被扬弃时(也就是说,当未来点成为过去点时),才会实在地反思到自身。恰恰在这个意义上,质点是自在自为的,因为在绝对当前的质点之外被设定的本质现在内在化了。

当质点的运动在自身之内扬弃了它的他者之后,它就返回到了自身。现在,它不再被设定为朝向外部中心点的运动,而是将中心点包含在自身之内的运动。在这个意义上,它自在自为地就是围绕自身而定轴旋转的运动。黑格尔将这种"向着自在存在的变易"的运动领域称为一种完满的领域,"而其他领域仅仅呈现了其个体化的环节而已"[1]。也就是说,这种自在的运动在自身之内充分扬弃了它个别的、有限的诸环节。它因此也是自为存在。与开始时绝对实体性的质点相比,这种自在存在的点虽然也是实体性的,但它在自身之内也具有谓词性的个别点(空间-时间性运动的诸环节)。于是,质料的运动就是总体性的运动。它在它的诸环节中现实化,而每一环节都被证明为通过质料运动的实在力而展开的环节。由于实在力,质点与它的他者之间绝对内在的统一,不再是理想性的普遍者,而是通过一个实在个体被表示出来的统一。黑格尔将这种永恒地被设定在天体运动中的个体视为地球,它的定在目前还仅仅是我们所"以为"的,这是由于它作为多样性环节,尽管在自身之内具有包容性,但它仅仅是普遍地、作为扬弃着一切具体定在的东西而存在的。

---

[1] Hegel, Jenaer Systementwürfe III, S. 29.

我们可以对以上论述的要点进行如下总结：

黑格尔的"力学"部分结束于作为绝对个体的地球的出现。当存在达到了它具体的定在，时空、运动力与物质的统一也就获得了现实性。从存在到定在的过渡被黑格尔构造为时间性的，因为时间(同1804/1805年一样)是"自然的权力"①。到目前为止，黑格尔1805/1806年的时间理论可以被总结如下：

1. 在空间中，"存在成为定在"是通过从点到线再到平面的发展。空间性的定在同时存在于整个空间中。但它并不是实在的定在，而是完全理想性的，因为在"这个"和"那个"定在之间还没有现实性的区别，有的只是一般定在。

2. 在时间中，"存在成为定在"是通过时间(现在、未来和过去)的建构。定在不再像在空间中那样是同时性地存在，而是逐渐地和连续地存在。定在也否定着他者，不仅是从外部，而且是从内部。也就是说，它把其他定在视为它的他者，并在自身中扬弃着它们。于是就有了时间的双重性：其一是自身扬弃着的时间，它是永恒绵延；其二是被扬弃的复数的时间(时间自身的他者)，它是在每一个环节中都被否定的。但时间性定在的永恒性仅仅存在于它的否定性绵延中。时间性定在因此也不是实在的，而是理想性的。

3. 空间和时间是在运动中和在位置上得到综合的。定在以线性运动为开端，接下来做直线运动，最后是圆周运动。这种发展对应于定在自我实现的时间相继，以及时间化了的空间的充实而充实的空间，就是质料。

4. 在质料层面，定在被视为天体。质料首先围绕自身旋转，然后发

---

① Hegel, Jenaer Systementwürfe III, S. 20, Fußnote 1.

第七章　论力、时空、运动、物质之统一的第二版本：
1805/1806年耶拿时期黑格尔的自然时间学说

展为涡旋运动和过渡运动,为了最终返回到质料绕自身旋转的运动中去。正如位置的运动一样,此处具体质点的运动也对应于时间相继。在这种时间相继中,定在(质点)将自身个体化。于是在这种具体的定在(即在地球)中,时空、运动与一般物质的统一得到了理解。

本节接下来的部分将深化以下问题:

1. 1805/1806年与1804/1805年的手稿和1830年的《百科全书》相比,在论述结构上有何区别? 我们将看到这种区别再次导向了有限性定在的问题。

就此而言,接下来就涉及2. 黑格尔与谢林的思考之间的区别,因此也涉及黑格尔关于时间-有限性定在与永恒-无限性存在之间关系的新的辩证观点。

接下来就必须处理3. 黑格尔理论中的时间的新的双重性。综上三步,在黑格尔这里,时间性有限者在原则上的重要性也就得到了展示。

最后还应注意到:4. 1805/1806年的时间理论与1804/1805年相比的一个更进一步的变化,即在1805/1806年,黑格尔将空间而不是时间放在了自然哲学最开始的位置。

以下就是对上述四个分问题的分别说明:

1. 通过上述四个步骤,黑格尔在1805/1806年推导出了时间性自然的存在论证明。但这种证明必须从根本上与1804/1805年的证明区别开。与《百科全书》中的论述相比,这二者之间的区别更加深刻。我们可以用以下表格来说明这种区别。

章目	1804/1805	1805/1806	1830
显现运动	这一部分属于"太阳系"部分。它不仅涉及天上的有限者的可能性,也涉及有限者理想性的落体、抛物和钟摆运动。	这一部分在1805/1806年不复存在。	这一部分在1830年不复存在。
力学	包括"物体或形态的构造"和"杠杆"部分。涉及地上有限者实在的落体、抛物和钟摆运动。	没有"形态学"部分。只涉及天体的实在运动,而没有涉及地上实在有限者的落体、抛物、钟摆运动。在论述落体运动本身之前,先讨论了向心力和离心力。	在"有限力学"部分,不仅考察了天体的实在运动,也考察了有限者实在的落体、抛物、和钟摆运动。在论述了落体运动本身之后,在"绝对力学"中讨论了向心力或离心力。
形态构造	这一部分属于"力学"部分。	本部分是与"化学原理"绑定在一起的。涉及地球上实在有限者实在的落体、抛物和钟摆运动。	这一部分在1830年不复存在。

在所示表格中有一条贯穿性的线索:自然的实在性一开始完全只存在于无限性的本质中,为使自然的实在性在本质性定在中现实化并得到证明,实在空间-时间性定在的实在性的本质性必须被展示为自在自为存在着的真理性,这种真理性是无限性自然的他在。并且,这种实在性必须始终是第一位的,因为实在空间-时间性定在的实在性必须不仅由自然的本质无限性来奠基,而且它还要反过来为这种无限性奠基。换言之,对黑格尔而言,这种实在性必须尽早出现,以达成其基本的存在论功能。所以,它不仅出自无限性,而且毋宁是自在地,同时也是为证明这种无限性而存在的,并同时证明了这种无限性的实在性。遵循这一线索,我们可以

第七章 论力、时空、运动、物质之统一的第二版本：
1805/1806年耶拿时期黑格尔的自然时间学说

通过以下方式解释文本组织上的上述变化：

1804/1805年，有限性定在的本质-自在-实在性首次出现在"太阳系"这部分内容之后。个别化(Vereinzelung)第一次被贯穿在"力学"部分。相反，在显现运动中只有这种实在性在量上的可能性，其中没有定在的现实性-机械力的位置。而在1805/1806年，黑格尔从一开始就在强调，与存在的无限性相对立，空间-时间性定在的本质性-自在实在性有着重要的意义。从此，定在的实在力已经出现在自然哲学的第一部分。与此相应，"力学"部分也被黑格尔移到了规划的开端处。后来在《百科全书》中，不仅定在的实在性得到了强调，而且空间-时间性定在的实在性也必须在力学中得到关注，甚至个别化定在的实在性也得到了关注。而在1805/1806年关于质料的部分中，它还仅仅被论证为一般绝对定在（即地球）的实在性。总而言之，这意味着，定在的本质性和个别物的机械力的实在性，在黑格尔自然哲学的发展中越来越受到重视①。在这种发展中，时空、运动力与物质的存在论统一，必须越来越清楚地被理解为在本质性定在中的统一。

2. 与耶拿时期谢林的思考相比，以上这一点至关重要。尽管谢林也在有限性定在与无限性存在之间做出了区分，但这种区分并不是本质性的或绝对的，因为这种区分单方面取决于绝对存在的统一性。时间与永恒不是彼此互为条件的，也绝不是为彼此而存在的。正是由于这个原因，在谢林那里，永恒存在与时间性定在之间，没有存在论区分上的完善的辩证法。而只有通过这样的辩证法，空间-时间性定在与永恒存在本身，才能在一种基本的存在论中得到保证。

3. 在黑格尔这里，永恒存在与时间性定在的辩证法，是与时间的双

---

① 在1830年的自然哲学中，黑格尔甚至从一开始就论述了元素的个别化进程。Cf. H. Drün u. a., Hegels Enzyklopädie der philosophischen Wissenschaft (1830). Ein Kommentar zum Systemgrundriß, Suhrkamp 2000, S. 142 – 153.

重性相一致的。在雅各比批评了康德和费希特单纯主体性哲学时间双重性中的虚无主义之后,正如我们所看到的,谢林已经想要消除这种存在论缺陷。黑格尔起初遵循谢林的方法,但当他认识到定在的原初性意义之后,他就将定在着的自然时间的存在论功能看作一个越来越紧迫的挑战。于是,在黑格尔1805/1806年的规划中,时间双重性所具有的意义,就不仅是在理想性时间的展现中,而且是在实在运动和质料中的一种根本性意义。这种双重性是实体-主词性的时间自身(作为运动的运动以及自在的质料)和谓词性-实在定在着的复数的时间(运动环节以及具体时空中的质料)。没有复数的时间,时间自身就只是一个空洞的概念。因此,时空、运动力与物质的统一,必须始终与从时间自身的永恒存在到复数时空中的有限定在的过渡这一主题一起进行处理。

4. 正如已经指出的那样,黑格尔1805/1806年版本的自然哲学与1804/1805年版本之间的一个显著区别是,1805/1806年,自然哲学的开端是空间,而在1804/1805年却是时间。由于黑格尔没有在1805/1806年解释这一变动,下文将参考《百科全书》中的论述来解释其原因。因为《百科全书》同1805/1806年一样,也将空间置于第一位。在该文本中,黑格尔对空间的定义如下:

> 自然界最初的或直接的规定性是其己外存在的抽象普遍性,是这种存在的没有中介的无差别性,这就是空间。空间是己外存在,因此,空间构成完全观念的、相互并列的东西;这种相互外在的东西还是完全抽象的,内部没有任何确定的差别,因此空间就是完全连续的。[①]

[①] Hegel, Enzyklopädie, Zweier Teil, §254, S. 41. 中文本参见黑格尔:《自然哲学》,第40—41页。

第七章　论力、时空、运动、物质之统一的第二版本：
1805/1806年耶拿时期黑格尔的自然时间学说

此定义与1805/1806年的论述非常吻合。空间是最外在和最抽象的，其中还没有对自然自身的实在认识，而只有对之的空洞概念。尽管空间是普遍性的和实体性的，但各空间点之间是完全的并列关系。空间仅仅被设定为一种同时性直观的理想形式。在这个意义上，黑格尔将之与康德那里空间的直观形式联系起来：

如果我们撇开康德概念中属于主观唯心论及其规定的东西，那么剩下的正确规定就在于认为空间是一种单纯的形式，即一种抽象，而且是直接外在性的抽象。①

这句话有两个含义：

第一，空间是纯形式的。它与实在的感觉无关，因为实在的感觉必须感觉到某种实在者，而空间中却根本没有实在者。留在空间中的仅仅是被我们所认识到的概念的外壳。

第二，我们所认识到的这种空间概念，并不是在认识论-主观唯心主义的意义上纯然主观的。这种被我们所认识到的空间概念、空间的自在存在，有一个存在论的-客观的原因。这种自在存在是抽象的，但它并不是被理解为主体性自身，而是被理解为主体的他在。

与谢林的自然哲学形成对比，在黑格尔《百科全书》中，空间的这种自在存在必须通过逻辑学获得其最初的规定性，但这种规定性就其自身而言是概念性的、空洞的。在1805/1806年，黑格尔并未发展出这种逻辑上的准备工作，但他从一开始就将空间的概念性确定了下来。黑格尔将"空间"章移至"时间"章之前，因为空间虽然与时间同样是观念性的，但它是

---

① Hegel, Enzyklopädie, Zweier Teil, §254, S. 41. Anmerkung. 中文本参见黑格尔：《自然哲学》，第41页。

最外在的。空间概念的这种外部性,绝不应像在康德处那样被单纯理解为我们的外感官,而应被理解为外部的概念。黑格尔在空间概念中抽象掉了自然的一切实在性以及自身存在的一切内部性,并进一步将这个概念奠定在精神-逻辑性的基础上。换言之,这种自然空间并非来自它自身,而是来自一种外部存在的他者。这种存在,在一开始还不是存在自身,而是存在于自身之外和他者之中。正是在这里,黑格尔把握到自然与精神(或逻辑)的辩证法,空间概念的外在性作为与自然他在的接合点,并且由此也作为空间对自身之否定的切入点,在此就得到了关注①。与空间概念的外部性相比,时间概念在自身中具有一种自身存在的内部性。也就是说,时间是自否定的,而不是被某个他者否定的。这就是时间概念在1805/1806年自然哲学中不再占据第一位的原因。

当然,以下这一问题仍然没有解决,即为什么黑格尔在1804/1805年将时间放在空间前面?在我看来,这与黑格尔当时对太阳系的思考有关,也与以太的重要意义有关。在1804/1805年,精神的他在及其简单性不是通过空间的概念,而是通过以太及其道说来论述的。以太的重要性在1805/1806年已经弱化②;在《百科全书》中,它在自然哲学的开端处已不再扮演重要角色。黑格尔在1804/1805年通过光的概念解释了以太表达出来的语言。以太(自身太阳)的这种表达是光的传播,时间构造与光的传播紧密相关。于是,黑格尔必须紧接着以太概念来论述时间概念。但自1805/1806年以来,黑格尔不再强调以太的语言与光和时间之间的关

---

① 惠斯勒在黑格尔1830年的自然哲学中,同样发现了这一点。Cf. V. Hösle, Hegels System. Der Idealismus der Subjektivität und das Problem der Intersubjektivität, Felix Meiner, Hamburg 1998, S. 297.
② 根据格鲁纳的统计,"以太"一词在1805/1806年的版本中,总共只出现了6次,并且分布在5句话中。Cf. S. Gruner, Hegels Ätherlehre, including a Summary in English: Hegel's Aether Doctrine, VDM Verlag Dr. Müller, Saarbrücken 2010, S. 66–71.

系。作为替代品，空间的意义越来越受到重视。但在我看来，这并不意味着黑格尔只根据空间模式来思考时间，尤其考虑到在1805/1806年的版本中，时间空间化和空间时间化两条线索仍然存在。

第二节
黑格尔1805/1806年在"形态构造与化学反应"部分的时间理论

如上所述，在1805/1806年，时空、运动力、物质的统一为了在力学中获得其实在性，最终必须借助地球的绝对定在。地球既不是一个现实的个别化了的事物，也不是一个完全的有限者。黑格尔在"形态构造与化学反应"部分进一步发展了定在中的这种统一，在这里，有限定在的本质性和实在性是与自然时间进程的展开一起被论述的。由于这部分内容非常复杂，因此下文仅关注与黑格尔的时间理论直接相关的那些段落。首先要处理的，是对物质的形态构造、其与时间的关系以及化学反应中的时间进程的思考。

1. 在"形态构造"部分，事实上，地球的普遍定在得到了个体化或者说有限化。在"力学"的结尾处，质点的运动已经返回到自身，从而保持了它的实在性和它现实化的力。这种返回到自身的运动或力，黑格尔称之为"重力"："质料是有重量的，这是它的已内存在。"[1]质料已内存在的重心，在一开始只是抽象和普遍的，因为在这里它仅仅被视为在每个运动中静止的持存者，"运动的本原落在它（抽象的物质）之外"[2]。换言之，质料

---
[1] Hegel, Jenaer Systementwürfe III, S. 35.
[2] Hegel, Jenaer Systementwürfe III, S. 35.

的重心存在于定在之运动的外部。

　　为使自身之内的重心再次移动,物质必须在地球运动中向着自身发展。这种发展不再是发生在天体的无限性运动中,而是发生在地球上的定在的有限性运动中。个别物体的这种有限性运动,必须在时间的流逝中发生。黑格尔将它们依次论述为落体运动、抛物运动和钟摆运动,最后是杠杆运动。黑格尔阐述这些运动方式的顺序与1804/1805年的版本是一样的。但这一次,黑格尔并没有像先前那样,详细阐明这些运动与时间的关系。然而,可以确定的是,事实上,这些运动必须与有限性时间相结合,否则我们就无法解释,地球上运动着的个别物如何能在自身之内具体地拥有其重心。

　　2. 在1804/1805年,黑格尔主要是通过地球上物体的运动来论述他关于本质性有限者的时间理论,而在1805/1806年,他深化了在物理元素(火、水、气和土)的形态构造中以及在化学反应中的时间主题。

　　地球上的个别物通过落体运动、抛物运动和钟摆运动,使自身之内的重心再次现实化,这些个别物是真正被充实的空间,并且:

> 同样,这个"一"的整体就是重力,表面构成了一个"一",但"一"作为整体又返回到中心点。因此,"一"仅仅是表面,或者说是整个连续体,物体是完全坚硬的;它是绝对的重量,绝对的力,在其整体性中的绝对的自为存在。①

　　也就是说,当地球上的物体固定了它的重心之后,它就是自在自为的

---

① Hegel, Jenaer Systementwürfe III, S. 40.

第七章　论力、时空、运动、物质之统一的第二版本：
1805/1806年耶拿时期黑格尔的自然时间学说

重力统一体：它自身就是重心，从而它完全处于自身之中。它是绝对的己内存在，是"刚性的"。但因为绝对的个别物（有限者）作为重心，存在于一切运动之中，所以它也带着它的空间-时间性持续定在一同连续运动。因此，个别物又是以"绝对柔韧"①的方式存在的，它也是一个弹性点。己内存在的弹性是通过表面的延展性而表现出来的。因此，实在有限者的这种己内存在，一方面在它的运动中有柔韧性，另一方面在它绝对的中心点中有刚性。前者被称为有限性质料得以流动的力，与此相对的是构成阻碍的力。前者产生作用，后者产生反作用，而质料是二者的统一，由于这两种作用的对立，质料是"振动着的"。物体的这种振动被黑格尔称为在时间中的振动②。在时间中，有限性质料第一次完全作为内部性-实在的质料力而存在，它在自身中保证了力与反作用力之统一的现实性。

黑格尔将自在自为的刚性称为"调性"，相反，将运动中的柔韧性称为"流动性"。二者都属于地球上物体的己内存在。因此，质量总是从一个定在着的点流到另一个定在着的点，但对它们的流动性必须进行扬弃，因为一切他者实际上都是质料自身，而这又是由于一切都存在于质料自身的己内存在中。有限性定在之流动性的扬弃，黑格尔称之为"结晶"。"但由于晶体是这个静止的目的，运动则有一个不同的目的，所以目的还不是时间。"③也就是说，与时间流动性相对立，晶体起初仅仅被视为一种尚未时间化的东西，时间流动性由此被扬弃。这种无时间的晶体是质料的核心，或坚固的调性。就其不是时间性的而言，它是单纯空间性的。质料的时间流接受它作为自己的目的，让自己与之相关，但尚未与之达到一

---

① Hegel, Jenaer Systementwürfe III, S. 41.
② Cf. Hegel, Jenaer Systementwürfe III, S. 42.
③ Hegel, Jenaer Systementwürfe III, S. 53.

体化。① 但由于时间流的目的并不存在于外部,而是存在于己内,因此时间同样也必须存在于这种无时间的空间性晶体构造中。时间流在自身之内扬弃了它的空间性核心,通过这种方式,时间在其流动中消灭了空间。② 也就是说,这种流动在自身中扬弃了它的目的。因为这种扬弃不是形式的,而是与实在的质料力一起发生的,所以流体的推动力必须克服结晶力,这无非就是"冲击力"。两种力之间的游戏使时间性的流体和无时间的晶体之间更高的统一性成为可能,黑格尔现在称之为热:

> 实体,简单地与自身等同,作为一种有力的、流动性的自身等同存在,物质,热。③

热是通过推动力和冲击力之间的游戏,即通过二者之间的摩擦而产生的。热同样是流体,它也返回到了自身并与自身等同地被设定。由于这种回归,热是实在的。因此,热是现实化了的物质形态构造,它必须被视为时间性流体与质料的空间性核心(黏土或晶体)的统一。④ 因此,热就代表了时空、物质与运动力在个别性质料自身的绝对己内存在中的统一,因为时间性的流动通过内在的摩擦运动在自身之内扬弃了空间性的核心,并且因为此时出现了充分内部性的物质。从这时起,物质不再有外部的、单纯力学的实在性,而只有绝对内在的实在性,这是黑格尔在"化学反应"中所论述的。

---

① Cf. Hegel, Jenaer Systementwürfe III, S. 53.
② Cf. Hegel, Jenaer Systementwürfe III, S. 53f.
③ Hegel, Jenaer Systementwürfe III, S. 55. 由于《耶拿体系草稿》系手稿,行文多有零碎之处,如本段。
④ Cf. Hegel, Jenaer Systementwürfe III, S. 56.

3. 在化学反应中,热是"普遍物质"。① 它具有它的时间性意义,但尚未显明可见,因为它简单地只是作为时间和空间的统一而存在,也就是说,它在一开始还没有展开:

  热,它尚未发展它的环节、它的元素,它还不是火元素;这种活跃的时间已经将它的环节实现了出来。②

因此,热目前只是简单的己内存在。它是无时间的,它的时间环节尚未实现。然而,对设环节(向对方的流体 vs. 自身的内聚体)在热中占据主导地位。这种热必须不再是简单者,而要在时间中采取行动以扬弃内部的非静止。因此,它在时间中发展,然后作为火而出现,黑格尔也称其为化学或物理进程。"物理物体最初仅仅是一般的火。"③

这种化学-物理的个别物体在其时间进程中,只有通过火才获得了实在性。火是"内部性本源、个体性、个别性"④。它产生了本质性个别物在自身内的实在定在。于是这种内部进程就是"自我向自我的运动——震颤——物理性的火生成物理性的火——它朝向一种同样简单的定在,并且,尽管也是一种否定性的、消失着的东西,却是作为时间"⑤。正是基于自身向着自身的这种时间性运动,本质性的、在自身之内存在着的有限者才步入生命。这是物理时间理论最关键的点和顶点。所以,通过处于时间过程中的火,自身变易着的个别物出现了,它是自在自为的,也就是说,不再是作为无限性实体的谓词的外部性定在,而是已经自在地是"自身、

---

① Hegel, Jenaer Systementwürfe III, S. 55f.
② Hegel, Jenaer Systementwürfe III, S. 58.
③ Hegel, Jenaer Systementwürfe III, S. 92. 此处"物理的",在文本中其实意指"化学的"。
④ Hegel, Jenaer Systementwürfe III, S. 92.
⑤ Hegel, Jenaer Systementwürfe III, S. 93.

主体、真正的实体"①。火"是通过自身,从物理性独立物体中,被创造出来的,它自在地拥有自身"②,由此,有限者和个别物获得了它们独立的和本质性的实在性。也就是说,个别物现在是自组织的,而时间因此也是自组织的时间,是有机物的时间。此后,化学反应过渡到有机体。由此,在1805/1806年,黑格尔发展出一种新型的、关于有限性生命的时间理论,这在1804/1805年的理论中是没有出现过的。③

接下来我们总结一下至此已经完成的工作,且其中的中心点亦有必要在这里略微加以深化:

1. 在"形态构造"部分,无限性的天体在有限性的时间和有限性的空间中成为个别化的。与1804/1805年一样,黑格尔最初是在落体运动、抛物运动和钟摆运动中论述这种个别化的,但此时他不再强调时间性。尽管如此,个别物的形态构造仍然在时间中保持其实在性,因为它们只能在中介化进程中抵达它们的重心。

个别物一旦在自身之内把握到它的重心,就会陷入一种新的矛盾,即调性和流动性之间的矛盾。尽管调性也作为流动性存在于质料的已内存在之中。从调性中,出现了空间性的晶体,从流动性中出现了时间之流。它们的统一性称为热。热是时空、运动、物质的内在性实在统一的第一个形态构造。

2. 热之中的这种内在性-实在性统一在化学反应中,因此也是在火

---

① Hegel, Jenaer Systementwürfe III, S. 100.
② Hegel, Jenaer Systementwürfe III, S. 100.
③ 恩格尔哈特对黑格尔成熟自然哲学中介于物理学和有机体之间的化学的作用做了详细阐释,他认为,在那里,化学对于形成个体性整体而言是十分关键的。这一点在1805/1806年版本中,同样可以看到。Cf. Engelhart, Hegel und die Chemie, Studie zur Philosophie und Wissenschaft der Natur um 1800, Guido Pressler Verlag, Stuttgart 1976, S. 101. Cf. auch: A. Sell, Der lebendige Begriff. Leben und Logik bei G. W. F. Hegel. Verlag Karl Alber, Freiburg/Münchhen, 2013, S. 86 – 91 und S. 169 – 174.

的进程中进一步发展。热作为空间性的调性和时间性流动性的内部统一，一开始就意味着无时间的绝对己内存在。但这种己内存在却不是静止地存在着的，因为在推动力和冲击力之间，热只构成了一种微弱的平衡。这里仍然缺乏内部稳定性。因此，热必须变成火，这是为了在时间中展开，也是为了去等同设定在自身之内尚未被等同设定的一切。这种时间变易最终意味着物理-有机性的自身变易，因为它现在在质料的自身等同性中出现。它因此是从自身到自身的变易，或者说是内部的时间组织。通过火的进程，真正自然的"自身"(或主体)浮显出来。化学反应过渡到有机体，过渡到现实性的生命界。

与谢林相比，个别物或有限者自身的这种内部的时间变易获得了一种全新的权利，因为它意味着时间性有限者的本质独立性。在黑格尔 1805/1806 年的理论中，有限者的时间作为有生命的事物得到了明确讨论。它不再像谢林的看法那样单方面取决于无限性存在，而是自在自为地存在。也就是说，有限者的时间，是有限者或个别物在自身时间中闭合的自身变易。自身变易连续地、具体地产生出每一个定在，这一进程在存在论上是基础性的。

这首先是说，在 1805/1806 年，有限者自身(主体)在化学反应中获得了形态。与 1804/1805 年相比，这里的时间性化学反应作为通向有机体和通向生命界的入口，是全新的。在 1804/1805 年，化学反应被理解为是无机的，但在 1805/1806 年，化学反应中却出现了"有机进程的图像"[①]。因此，自然可以在内部时间中把握其目的。这个目的无非就是去理解有限者或定在本身。这个目的、这种理解的可能性，必须在化学性的时间进

---

① Hegel, Jenaer Systementwürfe III, S. 100.

程中得出。换言之,化学反应和有限者的内部时间在从无机自然到有机自然的过渡中扮演着至关重要的角色。

其次,黑格尔还证明,精神的自然他在事实上是一种实在的他者,而不仅是一种理想性的、被设定的他者。与1804/1805年(在形而上学进程之后才出现精神的无限性)相反,在1805/1806年,精神的无限性直接处在自然哲学的开端,而且这里必须通过定在的有限性,它才能保持它的存在论意义。黑格尔没有像谢林那样通过自然哲学与先验哲学的分离,而只是通过精神自身内部的辩证发展,让自然获得了它的存在论独立性,即时间性有限者之中他在自在存在着的现实性。但有限者的这种本质性实在性在内部-有机时间中必须再次过渡到精神。这种过渡在1804/1805年没有完成,尽管它早先就被放置在1803/1804年的早期耶拿规划中,直到在1805/1806年版本中它才得到了更详细的发展。

第三节
有机自然的时间:黑格尔1805/1806年时间理论中新的部分

1. 时间性的自身(Das zeitliche Selbst),或者说个别物,是通过化学反应产生的,在有机物开始产生时,这种个别物还不是具体的、有机的,而是普遍的。时间对于有机物来说也只是普遍的,它是"普遍的当前和现实性"[1],并被阐释为光[2]。这种普遍自身,只能通过自身变易来理解,因为

---
[1] Hegel, Jenaer Systementwürfe III, S. 100.
[2] 需要注意,光在此处不再仅是如1804/1805年那里的理想性的东西,而是变成了生命的源泉,也就是自身中有热源者。

它尚未达到它完善的自身存在：

> 有机物就其自身而言已经是现实性的东西。它是它的变易的运动。但作为结果的，也是正在成为过去的。至此为止这是我们的认识。物理物体就其自身而言，是重力和热的统一体，这就是它所变成的，而这种变易正是它的现实性本身。①

这种独立但普遍的有机物，在其变易过程中成了具体化和个别化的。为了区分普遍个别物和具体物这二者，黑格尔将普遍者称为"个别性"②。它是自身变易中实在的和绝对当前的实体，它被称为地球，并代表了生命体的统一。

地球作为自身变易的实体，在化学反应和时间性的火中有其前史。土元素是冷却的火和普遍的静止下来的时间。"历史在早先时候已经坠入到土中；但现在它已经达到了静止。一种在自身之内酝酿的生命，时间按照它而拥有自身，——这就是地球的精神，它尚未达到对立面。"③在1804/1805 年，从时间绵延（静止的火元素）到绝对当前（静止的土元素）的变易的历史（即作为流动性的热的质料的化石的历史）已经得到了论述。而在 1805/1806 年，黑格尔进一步展示了在何种程度上，土元素在有机进程中扮演了重要的角色。

2. 已经冷却下来的土元素曾经是流动的。它的生命"本质上是对它

---

① Hegel, Jenaer Systementwürfe III, S. 101.
② Cf. Hegel, Jenaer Systementwürfe III, S. 102. 在 1803/1804 年，黑格尔称之为"绝对个体性"（die absolute Einzelheit）。Cf. Hegel, Jenaer Systementwürfe I, S. 121.
③ Hegel, Jenaer Systementwürfe III, S. 106.

所有部分的完全的流动性渗透"①。与此相对,在土元素冷却之后,作为自身变易之环节或部分的所有个体都是并列和等同的,因为不再有什么是在时间中运动的。所以,土元素是普遍的,但它的各个部分却是个体性的。黑格尔于是写道:

> 普遍者,却又是目的,在它们(诸环节)之中扩散,复归于自身之内,它们的无差别性是片面的环节,这种环节在否定性中合并起来,并成为个体。实体将自身分为部分,不仅是各个不同的,而且是在绝对对立面中是这样的:它们中的每一个都是总体性,都是在自身之内被反思到的。②

也就是说,土元素作为整体,或者说,作为一切个别物的个别性,现在与各部分和诸个别物形成对立面。但每个部分都在自身之内保存有总体性,所以这种总体性(作为已内存在)固然就是处于每个部分之中的。于是现在就有了一种双重的总体性:在每个个别物之中的总体性,以及在一切个别物的普遍个别性之中的总体性。二者在原初的意义上是同一的,因为二者都属于地球上的有机物自身。黑格尔将这种普遍的总体性称为类属,它是"与个别物相对的力量"③。在它的进程中,"(它)扬弃了这个个别物,产生了另一个,这就是类属的现实性"④。因此,类进程获得它的现实性,是通过有机的类属将个别物的否定和另一个个别物的构造带入到时间序列中。类属中介了这个个别物与它的他者,或者更确切地说,类

---

① Hegel, Jenaer Systementwürfe III, S. 111.
② Hegel, Jenaer Systementwürfe III, S. 100.
③ Hegel, Jenaer Systementwürfe III, S. 112.
④ Hegel, Jenaer Systementwürfe III, S. 112.

第七章 论力、时空、运动、物质之统一的第二版本：1805/1806 年耶拿时期黑格尔的自然时间学说

属作为二者的统一而存在。"实体的这种统一是直接的过渡，是直接的变化。"①因此，它是时间性绵延者，或时间性的发展的进程②。

在时间性类进程中，双重化的总体性得到了综合，因为普遍实体现在不再只是自在的，而且还通过一切个别物而绵延。一方面，这种综合意味着时间性个别物的出现与消逝，而时间性个体来自绝对实体又复归于它；另一方面，普遍实体在时间性类进程中也得到了现实化和具体化，它由此而否定它的普遍性，因此：

> 但这种普遍者，就其自身而言，有待于现实化——这就有了它的自身感觉——正是通过运动——成为自为的。普遍者已经迁移到自身感觉之中——自身感觉耗尽自身；它翻转到自身的对立面，作为无需中介的普遍者，作为有机的类；它自身就是有机物。这是它的个体化进程。③

实体就是指静止的个别性，以上内容也就是说，通过实体的现实化，普遍者复归于自身，因为它在它的运动中已经扬弃了一切个别物。这一扬弃进程也被称为实体的个体化进程。所扬弃的，不仅是向着他者进行着时间性运动的个别物，而且是绝对静止，以及实体的个别性的刚性。黑格尔写道"有机物开始于个别性并上升为类属"④，因为具体的个别物，尽管它在作为一般实体的个别性中被否定，却在类进程中，在他者之中繁衍。因此，实体个别性也无非就被视为类进程而已。个别有机物通过类

---

① Hegel, Jenaer Systementwürfe III, S. 115.
② Cf. Hegel, Jenaer Systementwürfe III, S. 117.
③ Hegel, Jenaer Systementwürfe III, S. 118.
④ Hegel, Jenaer Systementwürfe III, S. 119.

属的这种繁衍,构造了在生命界中时间、运动力与物质之统一的现实性。这一进程正是有机物的自为存在的时间性进程。

3. 在类进程中,个体化的结果并不是一个简单的与普遍个别性完全对立的个别物,而是一个综合性的个体,它在其自身之内包含了类进程。换言之,新的有机个体必须一方面在类进程中出现和消逝,另一方面又在自身之内扬弃类进程。它必须从自身生产或生育出"他者"。个别物在类进程中的这种繁衍,最初发生在植物性有机体中,即在植物中。

植物是"无需中介的有机个体性"或"个体性的类属"。① 它"作为自身和类属的简单的、无需中介的统一体而登场"②。它在自身中扬弃了(1)简单的个别性(土元素),凭借它的种子吸收土元素的力,然后将这种力用于自己的繁殖。种子逐渐通过生长而展现出(2)它的自身性。也就是说,植物从自身中(即从种子中)生产出其他部分(比如根、叶等),然后上升为这些不同部分的类属。

然而在植物中却缺乏了与土元素绝对对立的力。植物的力完全来自土元素,也就是来自普遍个别性,绝不会成为它的对立面③。这就是为什么植物不是绝对个体,而只是个体性而已的原因。此外,植物的各部分始终相对保持彼此分离,因为植物没有自身感知④,因此各部分也绝不构成它本质性的部分。结果是,各部分构成的整体也仅仅是一种抽象的普遍者,它的各部分不能将自身视为另一个个别物,这是由于植物的每个部分(比如根或叶等)都在自身中具有成为另一个植物或其他个别物的可能

---

① Hegel, Jenaer Systementwürfe III, S. 120.
② Hegel, Jenaer Systementwürfe III, S. 121.
③ Cf. Hegel, Jenaer Systementwürfe III, S. 128, Fußnote 6.
④ Cf. Hegel, Jenaer Systementwürfe III, S. 120.

第七章 论力、时空、运动、物质之统一的第二版本：1805/1806年耶拿时期黑格尔的自然时间学说

性。"其他个别物仅仅是一个相同的部分，一个植物也是如此。"①换言之，植物的个体性仅仅是在自身中被反思到的，在这个意义上，整体与部分处于矛盾之中。"它在自身之中的反思性存在因此不是两种个别物的统一，而是这一个倒向了另外一个。"②于是在这种反思中，植物的生命总是被割裂的，因为它的整体和它的部分之间，既不是实际上为彼此而存在，也不是完全能够合而为一的。因此，在植物中，实际上还没有被土元素(或绝对的个别性)所解放的、绝对独立的和有机的个别物的、充分现实化了的时间。这样的时间，必须在动物性进程中，也就是在动物的运动中去寻找。

4. 在1803/1804年，黑格尔已经看到在动物进程中"个别物……与个别性的元素……形成对比"，也看到个别物(特殊)，也就是动物，是"否定性的普遍者，与土相对立的时间"。③"因此，动物有任意性的运动，它表现为生命时间，与惰性的、持存着的土元素相对立。"④与植物那样一直固定在某个位置不同，动物在地球上如其所意愿地那样运动。它的时间，因此是从土元素中解放出来的个别物的时间。土元素的或植物的时间是完全静止的，并且总是当前的，动物的时间则是流逝着的⑤。也就是说，动物在自身之内拥有流动着的时间。动物甚至使这种时间成为它的"自身"，因为它——作为与个别性相对而存在着的个别物——恰恰是任意运动着的时间性存在者，它是那种僵死地在此持存的实体性东西的对立面。因

---

① Hegel, Jenaer Systementwürfe III, S. 129.
② Hegel, Jenaer Systementwürfe III, S. 129.
③ Hegel, Jenaer Systementwürfe I, S. 141.
④ Hegel, Jenaer Systementwürfe I, S. 141.
⑤ Cf. Hegel, Jenaer Systementwürfe I, S. 141, Fußnote 2.

此，黑格尔在1805/1806年将这种时间称为"自由运动"①。在自由运动中，动物是完全个别的自身。或者说：

> 动物是一种排他性的自身，它达及了个体性，完成了自身，区分出自身，并从土元素这一普遍实体中分离出来，土元素具有一种对于它来说外部性的定在。②

与普遍个别性相反，动物是"一种个别物，它就是保持为个别物本身的东西"。与此相应，动物性有机体是"作为生命而定在的生命"。③ 对于这种现实的个别物，以下两点尤其重要：

（1）个别物被称为绝对的自为存在，它与植物以不同的方式存在，在植物中，整体与部分相矛盾。也就是说，动物性个别物绝不是像植物那样存在，植物作为"没有自身的生命"而生存，就此而言植物的生命仍然是割裂的。相反，动物性的自为存在是"作为产生自身的目的——是一种运动，这种运动回归到这个个体之内——个体性的进程是一个封闭的循环"④。动物因此被称为"作为生命而定在着的生命"，因为它自身中具有它的自然运动的目的，并且，因为它以完全目的论的方式建构起它的整体与它的部分之间的循环，所以动物的每个部分（每个肢体）都能够被故意地加以使用，以满足它们作为整体的需求，也就是作为心理物理学意义上以及目的论意义上的需求。这意味着，动物的每个部分现在要被理解为它自己的部分，而植物的各部分仍然只与植物的整体构成对立面而已。

---

① Hegel, Jenaer Systementwürfe III, S. 137.
② Hegel, Jenaer Systementwürfe III, S. 137.
③ Hegel, Jenaer Systementwürfe III, S. 138.
④ Hegel, Jenaer Systementwürfe III, S. 138.

第七章 论力、时空、运动、物质之统一的第二版本：1805/1806 年耶拿时期黑格尔的自然时间学说

作为个别物的动物就是它的自然运动的整体，一种心理生理学-目的论意义上的整体。①

（2）与植物相反，动物性个别物有一种自身感觉。植物的自身在它的割裂存在中仅仅是抽象-反思性地被设定的，而动物能够感觉到它自身。每个动物都会感到饥与渴，感到它的欲求②。这种自身感觉使个别物以其目的的现实性为导向。基于它的自身感觉和它的欲求，动物在自身之内扬弃了其他一切，并成为一种为了自身而存在的东西："有机体已经作为整体而将自身产生出来——这是一种向外的转向：动物性的欲求；它是自为存在，它有所确知，被排除掉的东西不是自己的，而是被自己扬弃掉。"③个别物的外部欲求必须从内部的自身感觉出发，并最终被证明为是为着自身而感觉到的东西；这是对自然个别物完满的自身性（Selbstheit）而言至关重要的一点。

就此而言，动物性个别物生命时间的特征逐渐显露出来。首先，与其他自然生命相比，在这里必须从目的论上去理解在自身变易中的时间；其次，动物的时间是被感觉到的。这两点是相互关联的，它们将在下文得到更详细的阐明。

1805/1806 年的理论与 1803/1804 年已经提出的一样，认为生命时间与动物运动有关。动物"是绝对的运动，是自然的有生命的自身，是过程本身"④。它能够运动，是因为它的心脏推动着血液。正是由于这个原

---

① 关于黑格尔自然进程的目的论结构的进一步分析参见 M. Bormann, Der Begriff der Natur. Eine Untersuchung zu Hegels Naturbegriff und dessen Rezeption, Centaurus Verlag, Herbolzheim 2000, S. 104ff. 。
② 关于黑格尔"自身感觉"学说在其《哲学百科全书》中的后续发展，参见 P. S. -Weithofer, Über die Seele bei Platon, Aristoteles und Hegel, in: Über die Seele, hrsg. v. K. Crone, R. Schnepf und J. Stolzenberg, Suhrkamp, Berlin 2010, S. 222 – 229。
③ Hegel, Jenaer Systementwürfe III, S. 152.
④ Hegel, Jenaer Systementwürfe III, S. 147.

因,血液本身就是"运动的本原","主体,可以说即意志,发起一种运动",或者说,它就是"统一、原因的普遍性和运动自身"。① 血液有一种运动的冲动。血液的这种冲动,也被黑格尔称为意志或努斯②。它迫使动物通过自己的运动来感觉它的"自身"。换言之,血液展示出生命活动。血液行使其功能,"作为我的,作为自我;而非作为事物,(作为)我能够从中进行抽象的单纯的内容"。因此"血液的生命力和活力来自形态——并且它的内在运动也要求着实际的、机械性的外在运动"③。

为了理解这种运动,并借以理解生命时间,必须关注血液的活动,包括它的冲动或意志。根据黑格尔,血液(作为运动的原理)与时间之间的关系如下:

> 它(血液)是整个运动;它与运动的这方面的关系,正如时间相对于空间的关系一样;作为一个环节,因为它是它与它自己之间的区别;运动恰恰是从自身出现这边而言的,由此它成为主体、事物,就是对其在静止和超越自身的延伸性的扬弃,是其对立面。④

这句话不容易理解。黑格尔的意思是,血液的生命冲动具有一种时间性的力,它与空间性的力构成对立面。这种时间性的力当然代表着动物运动的力,而空间性的力则代表着外部世界的力。动物的冲动借助它的血液,从有限个别物的自身性中产生出来,却为着自身性的现实化而向外延伸。这样一种自身现实化,就被设定为它的目的。这个目的只能通

---

① Hegel, Jenaer Systementwürfe III, S. 148.
② 在黑格尔时代,将运动(或称时间化的东西)的冲动与血液绑定在一起,是很常见的说法。它也暗示了一种灵肉的关联性。
③ Hegel, Jenaer Systementwürfe III, S. 148.
④ Hegel, Jenaer Systementwürfe III, S. 148.

第七章　论力、时空、运动、物质之统一的第二版本：1805/1806 年耶拿时期黑格尔的自然时间学说

过如下区分来实现：动物根据它的目的，一方面想要某种东西，而在它的生存时间中运动；另一方面，它又在外部空间世界中寻找它想要得到的东西。作为自在的主体，动物必须在它的内部-时间性生命中扬弃外部-空间性存在着的事物，以实现其目的（在自然的自身变易中，它的自身性）。一个感到饥渴的动物，必须在外部世界中找到某些东西来吃喝。因此，它必须为了自己而摧毁外部事物。动物感到去吃去喝的欲望，是通过它的血液，因为"血液的形成即欲求的产生"①。它在朝向外部的运动中，或者说在涉及空间的时间中，让它的目的成为现实。

　　动物总是欲求自身之外的事物，动物的"自我"指的是动物割裂的自身，在这种自身中，动物有生命的时间性，仍然与其环境的空间性构成对立面。当动物满足了自己的欲求之后，它就沉浸在它的己内存在，或者说它的统一性中："但饱足的欲望是它的睡眠，它的己内存在；夜晚，即自身。"②它现在是作为个体的整体，它的内部-时间性运动已经扬弃了外部-空间性存在者。在己内存在之中的动物因此就是"自我-整体"，因为"对象是我的；反过来：我是对象"③。黑格尔称这种自我的整体为一种性别的原理。一个动物在性别关系中感觉到它自身，是因为它在另一个自我中感觉到了自身，或者说，是因为作为对象的东西等同于它自己。因此，现在就有了"存在与存在者的直接统一"④。这种统一，在黑格尔那里，必须连同时间一起被思考。朝向外部事物而欲求着的动物的"自我"将它的时间空间化，得到满足的动物的"自我"则返回到"空间中的无差别性……，（也就是）自身之内的时间中去"。因此：

---

① Hegel, Jenaer Systementwürfe III, S. 153.
② Hegel, Jenaer Systementwürfe III, S. 154.
③ Hegel, Jenaer Systementwürfe III, S. 154.
④ Hegel, Jenaer Systementwürfe III, S. 154f.

第二部 自然时间:黑格尔耶拿时期体系规划自然哲学中的有限存在者

空间和时间本身被无差别地彼此分开了:现在只有空间关系,然后是时间(关系)(空间成了无差别的瓦解着的持存;时间成了这种瓦解的扬弃)。aa)主体与客体对于彼此而言的消失,单纯否定性的、空洞的否定意义;但特定的对形式的否定,对瓦解的否定;在二者的持存的无差别性中无需中介的接触——形态的感官;空间性自为存在的被规定性,它出现在其对立面中。这就是作为其在自身的规定性,也就是在此出现的时间,它是空间性的中介。作为统一点的中介,它在被充实的空间中与之区分开来。①

也就是说,欲求一旦被满足,外部-空间性的事物也就在内部-时间性的生命中被扬弃了。这种时间性进程,被黑格尔称为消化。先前彼此隔绝分离、无法连贯的东西现在在时间中被否定了。时间是统一,并且是这种统一的中心。② 在空间中并存的一切都被动物消解了。动物的绝对"自我"被称为"持存与消解——空间与时间的直接统一"③。空间(即无生命的外部性的事物)被充实,因为该事物从此作为事物存在于欲求之内及时间之内,并被动物的(消化)运动所扬弃:

感官是饱足的被充实了的空间;——欲求是运动,它不仅是被扬弃的空间,而且是被扬弃的被充实了的空间。——空间自身是缺乏者;饥饿的感觉。渴。④

---

① Hegel, Jenaer Systementwürfe III, S. 154, Fußnote 4.
② Cf. auch Hegel, Jenaer Systementwürfe I, S. 166f.
③ Hegel, Jenaer Systementwürfe III, S. 153.
④ Hegel, Jenaer Systementwürfe III, S. 158.

第七章 论力、时空、运动、物质之统一的第二版本：1805/1806年耶拿时期黑格尔的自然时间学说

因此：对外部-空间性事物的欲求在动物生命中总是通过"缺乏"这种自身感觉产生。一旦缺乏得以消除，空间、生命的对象，也就被充实了。

在时间和运动中，动物感觉到它的欲求，并让它的自然运动的目的成为现实。由此，时空、运动力与物质的有生命的统一体（作为有机性个别物的统一体）完全地显明出来。

自身感觉着的动物通过它的大脑来认识自己的欲求，而大脑是个体的内部器官。但是，只有在动物有所缺乏时，它才会感觉自己是现实的-有生命的个别物。一旦欲求得到满足，个别物的生命运动也就必然被终止。换言之，"已然饱足的欲求在这里并不具有作为这个个别所产生的个体的意义，而是作为普遍的个体，作为个体的根据，按照这一根据，个体性仅仅是形式；内在的有机体，自为存在，已成为外部性。已经饱足的欲求由此复归于普遍者——它直接拥有自在的个体性"[1]。因此，欲求的满足就也是对个别物生命的否定。欲求代表着普遍性，而非特殊性，通过它，一切外部的他者都被绝对地扬弃。

为使个体性得以保持，动物必须接受自身的缺乏和自身外部的他者。它必须接受这种对设。也就是说，一方面，个别动物的绝对缺乏就是动物的死亡，它是绝对静止的（因为在其中所有对立物都被扬弃了），并且总是属于它自身（即它的个别物）。但另一方面，"个体的死亡"[2]不仅表明了动物的个别性存在，而且还意味着个别物与其运动的不可分割性——该个别性存在已经不再处于这个动物之内（因为它已经死亡），而是在另一个作为个别物的动物之内。这个个别物，一度正是那个已死的动物，现在

---

[1] Hegel, Jenaer Systementwürfe III, S. 159.
[2] Hegel, Jenaer Systementwürfe III, S. 161. 芬克认为，死亡对于黑格尔来说，就是有限自我持存者的本质意义。Cf. E. Fink, Metaphysik und Tod, W. Kohlhammer Verlag, Stuttgart, Berlin, Köln, Mainz 1969, S. 163ff.

它再度成为一个有生命的动物,是前一个动物的孩子。通过死亡,动物成为类。"它(死亡)是个体到类的变易。"①现实性个别物的生命时间必须一直繁殖以超越死亡,只要这样,它就如同有生命的自然一样永恒绵延下去。

对于以上阐述,我们不妨做出如下总结:

时空、运动力与物质在有机体中的存在论统一体,就是时空、运动力与有机个别物的生命统一体。个别物(现实性有限者或定在)在此得到了强调,是因为它从自身(主体)中获得了它的意义,并因此在绝对的自为存在中展示了自然的现实性。

1. 通过从化学反应到有机体的过渡,在时间中绵延-非静止的火元素已成为绝对当前-静止的土元素。这种变易不像机械运动一样是外部的,而是地球有机的自身变易。

2. 土元素的个别性是整体。在自身变易中作为运动环节而显现的东西是各个部分。土元素和它的各部分为彼此而存在,因为整体与部分是在同一个"自身"中。处于二者关系之中的整体,黑格尔现在称之为具体个别物的类属和环节。类进程必须在时间中发展。它被定义为个体化进程,因为整体是在它的部分中达成现实化并繁衍的。

3. 类属和个别物的有机统一,最初是在植物中成为现实的。植物利用土元素的力来加强自身。植物还不是完全的个别物(个体),而仅仅是普遍的个体性。它的整体和它的部分尚未充分统一。它的生命中也没有生命时间,但生命时间可以从普遍的元素土的绝对的当前性中解放出来。

4. 生命时间产生于完全的个别物之中,即动物之中。这种时间,被黑格尔理解为充满任意性但却具体的时间,它与普遍的土元素静止的当

---

① Hegel, Jenaer Systementwürfe III, S. 161 – 162.

第七章　论力、时空、运动、物质之统一的第二版本：
1805/1806 年耶拿时期黑格尔的自然时间学说

前性相对立。这种时间的生命性质,是通过动物的生理心理-目的性运动,也就是动物的自身感觉及其欲求而展现出来的。关于动物中有机现实性个别物的时间理论的两个要点是：在自然运动中的心理物理学-目的论时间,以及被"自身"感知到的时间。二者都与土元素及植物的抽象个别性相对立。一旦动物满足了它的欲望,外部对象就在内部时间中被扬弃,因此,动物就不再是一个与外部他者相对的个别物或有限者。动物现在就已经变成普遍的个别性或普遍的个体性。当动物感觉到自己与一个外部他者的区别时,它首先是在缺乏(比如饥与渴)中感觉到它的有限自身。所以,缺乏感显示了动物的定在和有机个别物的现实性。

　　就此而言最重要的一点,是时间与自身生命之间的存在论关系。这种关系意味着向精神世界的过渡。与精神的自然时间相关的生命性质,在黑格尔 1804/1805 年的规划中还完全看不到。而在 1805/1806 年,通过动物的自身感觉与其欲求的满足,这种生命性质被把握为自然之完满的主体。[①]

　　与谢林相比,自然与精神之间的关联在黑格尔这里有着重要的意义。正如多次强调的那样,黑格尔与谢林的主要区别在于,他将精神的有限自在存在的他在(endlich-ansichseiendem Anderssein des Geistes)与无限精神之间的关系把握为一种辩证的关系。也就是说：

　　第一,自然作为精神自身的他者,保证了精神的实在性。这种精神性实在是通过自然生命的意识而产生的,它只有通过有机-现实性的定在的时间性自身变易,才能在力中得到设定。为了避免精神自身之规定的空洞性,精神的他在(有限个别物自在自为的存在)必须在存在论层面得到确立。只有在时间性的自身感觉和心理-生理目的于运动中完成的现实

---

① 对有机自然如何在黑格尔成熟时期理论中产生的问题,参见 Spahn, Lebendiger Begriff, begriffenes Leben. Zur Grundlage der Philosophie des Organischen bei G. W. F. Hegel, Königshausen & Neumann, Würzburg 2007, S. 227–275。

化中,生命-自然定在之自身性的实在才能被找到。在这里,"自身"是它的自身,因为动物性主体同时要有对一个其自身之他者的欲求才能被自身感觉到;并且,实在性是动物性主体的实在性,因为个别物凭借它的生命而在它自身中扬弃了外部-实在的物质和物质的空间形态。

第二,时间性有限者的生命必须不仅根据自然定在,而且根据精神的自我规定来进行表达。尽管精神始终藏匿在自然中,但它是自然本质的真正目的(也就是说,不仅是心理物理学的目的)。在自然实在性的展开中,自然逐渐认识到它自身,换言之,它的意识在主体的生命时间中醒来。尽管这种意识暂时还不是精神本身的自我意识,但它却是动物性主体自身对外部对象之欲求的感觉。如果没有真正的目的在时间中被认识到,自然生命体就绝不可能自为、自由地运动,那么,它的实在性就也不是自为的实在性。相反,对于谢林来说,生命体始终是永恒的,而不是时间性的。谢林写道:

> 但生命却在于某种循环,在于各种反应过程构成的那样一个相继序列,它不断回到其自身之内,这样一来就不可能指明究竟是哪一个反应过程激起了生命,哪个反应过程更早些,哪个反应过程更晚些。每个有机体都是一个在自身内封闭的整体,在这个整体中所有要素都同时存在,而且在这里,机械的解释方式彻底离我们而去,因为在这样一个整体中不可能有任何前和任何后。[①]

[①] F. W. J. Schelling, Von der Weltseele—Eine Hypothese der höheren Physik zur Erklärung des allgemeinen Organismus. Nebst einer Abhandlung über das Verhältnis des Realen und Idealen in der Natur oder Entwicklung der ersten Grundsätze der Naturphilosophie an den Prinzipien der Schwere und des Lichts, in: Friedrich Wilhelm Joseph Schellings Werke 6, hrsg. v. K. Torsten Kanz und W. Schieche, Frommann-Holzboog Verlag, Stuttgart-Bad Cannstatt 2000, S. 237. 译文引用自谢林:《论世界灵魂》,庄振华译,北京大学出版社,2018年,第229—230页。

在这段引文中,谢林理所当然地强调了永恒的整体,但同时也否认了时间对于生命体或有机物的意义。也就是说,在1797年前后的谢林那里,时间性有限者并不是精神自身的独立自在存在,更谈不上是它的实在性基础。

当然,在黑格尔这里,时间的相关性也必须随着自然有限者到精神的过渡而消失。时间必须在精神中被消灭并获得不朽。对于时间的消灭,我将在本书第三部分展开讨论。但在此之前,应简要总结迄今为止我们所探索的,黑格尔对自然哲学中时间理论的思考。

第四节
对黑格尔在耶拿自然哲学中时间理论的简短总结

正如本书第一部分已经说明的那样,在雅各比揭示出康德和费希特先验哲学中根本上的存在论缺陷之后,谢林和黑格尔得以直面哲学如何重获其存在论意义的问题。谢林在雅各比理性批判的帮助下,很早就已经认识到了这种存在论缺陷[①],自1797年以来,他就在寻求一种全新的路径:通过构造现实性的自然,构造物质及物质在空间、时间和运动中的实在性,来解决上述问题。这一新策略极大影响了黑格尔。当黑格尔在1801年为谢林的自然哲学方案作辩护并反对费希特时,他像谢林一样,将存在论问

---

① 珊特考伦正确地论述道,谢林与雅各比一起反对康德的工作早在其"自我"论文中就已经开始,其重点正在于一种新型存在论的发现。对谢林来说,决定性的问题不再是康德的主体性问题,而是绝对的存在问题。Cf. B. Sandkaulen, Ausgang vom Unbedingten. Über den Anfang in der Philosophie Schellings, Vandenhoeck & Ruprecht, Göttingen 1990, S. 34 und S. 28ff.

题摆到了哲学的中心位置,并希望通过全新的自然哲学来解决它①。

但是,谢林并不是像前康德哲学那样简单地构造了他的物质性自然的存在论,而是从一开始就将物质性自然与先验哲学绑在了一起,也就是与对主体的考察绑在了一起。对他而言,只有当主体的存在同时被认识到时,物质性自然才能被理解为实在的。物质性自然的存在与主体的存在互相绑定,二者之间的存在论关系是借助时空(即直观形式)而被理解的。因此,在谢林1797年的方案中,自然永远不能与精神相分离,不能由此被视为独立的。相反,自然与精神总是在一个绝对体系中彼此关联。这一方案对黑格尔至关重要,他在其自然哲学规划中从未忘记谢林的这一主张。这导致他走向自然与精神的辩证法,而这种主张也必须始终被理解为自然个体与精神秩序的共同联系②。黑格尔1801年开始尝试的自然论述,非常接近谢林1797年的自然哲学。在谢林的帮助下,他将时空视为物质实在性的主观存在论条件。

相反,自1799年以来,在谢林那里,自然与精神之间的联系不再紧密。对他而言,自然哲学现在必须与先验哲学分开(二者之间新的统一是在1801年同一哲学中才再次建立起来的)。力、时空、运动与物质的统一,由此被置于完全独立的自然之中。因此,独立自然的绝对存在就构成了谢林1799年至1801年自然哲学的一个本质性规定。但是,这一版本的自然哲学对黑格尔的影响微乎其微,黑格尔主要吸收了谢林1797年至1798年的自然哲学。因此,在黑格尔这里,力、时空运动和物质的统一性绝不可以与精神分离开。尽管在黑格尔这里也有独立的自然物(例如动

---

① 亨利希同样也发现了,在康德与黑格尔的对比中,一种新型存在论的追求构成了二者的关键区分点。Cf. D. Henrich, Kant und Hegel, Versuch der Vereinigung ihrer Grundgedanken, in: Selbstverhältnisse, S. 194, S. 197, S. 200ff.

② Cf. D. Henrich, Kant und Hegel, Versuch der Vereinigung ihrer Grundgedanken, S. 193 und S. 198ff.

第七章 论力、时空、运动、物质之统一的第二版本：
1805/1806年耶拿时期黑格尔的自然时间学说

物），但以下两点必须始终得到重视：（1）黑格尔从未将物质性自然视为没有主观性或缺乏认识的精神的自然自身。自然自身对于精神性的认识而言，必须始终仅仅被理解为精神自身的他者。（2）自然之中的独立性，例如动物自身，同样必须借助认识着的精神而被考虑，因为独立性与自身性都是以精神为导向的，只有通过精神才能被认识到。换言之，黑格尔物质性自然的概念并没有沿袭谢林式的存在论。相反，他以一种他自己的存在论规划来对抗谢林，这种规划是从自然之存在的永恒-无限性概念与它的时间性-有限定在之间的辩证法中发展出来的。谢林和黑格尔的自然本体论之间的差异体现在对时间性有限个体的根本不同的观点上。

  与谢林不同，在黑格尔的方案中，自然（精神自身的他在）必须通过它的他在，并通过它与精神的自为存在的关系来展示。自然的他在是在时间性定在中被展开的，否则，初始的自在存在（具体而言即以太）就还仅仅是普遍的和抽象的。这同时也意味着，时间性定在对于黑格尔的存在论而言是绝对的中心。时间性定在物质的概念性发展分为三个步骤：力学的、物理-化学的和作为有机物质的。这三个部分同属于有限者与无限者的辩证法。在1804/1805年的耶拿体系规划中，物质的构造紧跟在力学和物理学之后（但物质的构造的第一阶段不是力学，而是太阳系）。以太作为绝对普遍者表达自身，以时间-空间性的方式将自身设定在世界之内，不过也是通过一种观念性的方式。这种观念性方式必须在天上和在地球上通过各种运动被扬弃。起初被观念式设定的空间及同样被观念式设定的时间，就是在各种各样的运动方式中得到现实化。这种在时间进程中现实化了的或被充实了的空间，被黑格尔称为物质。物质在外部机械性的运动中显示出来。在这一部分，外部运动着的空间-时间性存在者构造了静止的实体自身的他在。物质的外部性代表了空间-时间性定在与实体-普遍性存在的二分。为使这二者重新统一,物质性自然必须在它的时间性定在中发现实体自身。因此,黑格尔用物理学或化学反应来称呼这样的再统一进程,在这种进程中,时间性自然个别物作为本质性存在和己内存在得到了证明,但这里仍然有一个矛盾,即内部非静止的他在(火元素)与普遍者(土元素)之间的矛盾。在1805/1806年,黑格尔进一步论述了有机体中个别物的这种己内存在。在化学性的己内存在中,己内存在仅仅是自身变易者,而绝不是完满的"已经生成者"(Gewordene),因为个别物不能自为地证明它的自身性。尽管如此,个别物还是能够在有机体中感觉到自身,而自身感觉着的主体,存在于动物的生命中。这种时间性-个别的动物生命必须认识自身,而这种在自身中被自身认识到的生命,就被称为自我或精神自身。

正如第六章开篇提到的那样,无论是在哪一种版本中——1804/1805年逐渐走向个别化的地球系统的第一版本,还是1805/1806年完整终结于个体性的动物生命的第二版本——有限存在者都代表了黑格尔耶拿体系规划中存在论论证的核心,而在早期谢林那里则不然。围绕着这一论证核心,两个版本都提供了关于有限存在者的不同层次的时间机制表述,只不过各有详略。第一版本更着重呈现了以太和天体系统中的普遍时空关系机制(其中介是光),落体运动、涡旋运动、圆周运动等各种不同运动的差异性时间计量和表达机制,以及在地球系统内的化学和矿物学-地质学的时间运行机制和形态分析机制。相比之下,第二版本则大大简化了对天体系统的普遍时空机制的讨论,增强了对地球系统的化学和矿物学-地质学的时间运行机制和形态分析机制的论述,还新增了对植物性有机生命的时间性生长繁衍机制,以及对动物性有机个体的时间性运动和死亡机制的详细解释。这些共处于一个自然的时间演化进程中的差异性机制,也共同构成了有限存在者各个不同的实在存在形态的整体。它们作

第七章 论力、时空、运动、物质之统一的第二版本：1805/1806年耶拿时期黑格尔的自然时间学说

为"精神自身的他者"，也共同证明着所谓精神自身的发展不是一个空洞的逻辑形式推断，而实际上拥有丰富自然内容，因而也是实在的。这不仅对于黑格尔的体系构想自身而言是一个关键性的成果（因为正如第五章所阐明的，逻辑学-形而上学不能简单终结在一种形式上循环证明的整体性中，而必须也要拥有从其个别环节出发的实在内容），而且对于我们从第二章开始就深陷其中的存在论缺陷——它以不同的方式存在于前黑格尔的各个哲学形态之中——来说，黑格尔的这一成果，也可以说以一种巧妙的方式回答了如何补足这一缺陷的问题。

然而，对于黑格尔来说完成上述工作，仅仅是取得了阶段性的成果而已。其原因也非常清楚：黑格尔两个版本的自然时间学说，都是在作为"精神自身的他者"的意义上，为永恒的精神整体或自在的逻辑学-形而上学整体提供实在论支撑的。然而直到目前为止，我们却只看到自然演化进程中各个时间性的有限存在形态的自在的实在性，却并不清楚它们为什么是为着精神体系或逻辑体系而存在的。换言之，我们并不清楚自然中的实在时间演化的目的是什么。除此以外，我们也不清楚，为什么这些自在的有限定在必然是以这样而非那样的方式不断演化着的。迄今为止，我们获得的最多是一个具有连续性和统一性的自然描述系统，而不是对该系统为什么必然如此的根据规定系统。换言之，我们也不清楚，自然的时间演化究竟能在何处获得其认识论上的严格规定。这两个问题——根据上的和目的上的问题——使得黑格尔不能满足于当前成果，而必须决定性地走出下一步，即将自然他在带回到精神-逻辑的体系之中，将自然时间演化带入精神历史的范畴规定之中。本书第三部分，就是对这一工作的阐释。但我们也将在第九章中看到，为了完成这一工作，黑格尔也将自己带入一个更大的困难之中，即他可能以另一种方式，重演我们已经在费希特和谢林那里看到的将时间永恒化的难题。

第三部
精神历史的诞生：黑格尔耶拿时期体系规划精神哲学对自然时间的消灭

第八章
"精神哲学"之开端与自然时间之消灭的开始

自1803/1804年来,黑格尔开始将空间与自然相联系,而将时间与精神相联系[①]:

> 自然存在于空间之中;全部过去的历史依然在当下保持;精神是时间,它已经否弃了过去,否弃了它所受的培植。[②]

尽管现存既有的自然在自然的时间中实存,但是这种时间仅仅在外部存在,而精神在外部世界中处于完全潜藏的状态。现在,只有在第二种时间,也就是精神性的时间中,精神才会回忆起自身,并将这种时间理解为绝对的在场性(Gegenwärtigkeit)。在《哲学百科全书》中,黑格尔进一步揭示了这种时间的二元性:

[①] 对此应特别注意崴贝的看法,他甚至认为,1803/1804年的时空理论不是在与自然哲学的关系中,而就是在与精神哲学的关系中出现的。当然,他也指出,这种情况的出现可能是与这部耶拿体系规划的残篇性质相关的。Cf. V. L. Waibel, Raum und Zeit in Hegel Jenaer Systementwürfen, in: Die Eigenbedeutung der Jenaer Systemkonzeptionen Hegels, hrsg. v. H. Kimmerle, Akademie Verlag, Berlin 2004, S. 104.
[②] Hegel, Jenaer Systementwürfe I, S. 4, Fußnote. 中文本参见黑格尔:《耶拿体系草稿Ⅰ》,郭大为、梁志学译,商务印书馆,2017年,第16页。

第三部　精神历史的诞生：黑格尔耶拿时期体系规划精神哲学对自然时间的消灭

此外，在自然界中，时间总是此刻，存在并没有达到这些维度的持续存在的区别；只有在主观的表象中，在记忆中，以及在恐惧或希望中，这些维度才是必不可少的。时间的过去和将来，当它们成为自然界中的存在时，就是空间，因为空间是被否定的时间。①

类似地，在《世界史哲学讲演录》中，黑格尔如此声称：

因此，我们会知道，世界历史在一般上说来，便是"精神"在时间里的发展，这好比"自然"便是"观念"在空间里发展一样。②

凭上所述，空间-自然性的时间应该和精神性的时间区别开来。如我们所见，前者是有限定在的时间。而在下文中，精神性时间的意义要得到进一步的澄清。

本书第二部分的既有论证已经指出，黑格尔有意突出时间-自然性有限者的重要性，以避免谢林对存在之无限性的空洞陈述。如果没有这种自然中的时间性有限存在者，无限的精神就无法在任一时刻中具体地表现出自己的实在性，因为这些有限存在者为精神的实在性设定了先行基础。在此意义上，黑格尔在 1805/1806 年将时间称为自然中"所有存在者的最高力量"，"并且由此以来，对所有存在者的真实的观察方式就是，将其放在它的时间中，亦即它的概念之中加以观察，在这种时间中一切都仅

---

① Hegel, Enzyklopädie der Philosophischen Wissenschaft im Grundrisse 1817, Fr. Frommannes Verlag, Stuttgart 1927. Zweiter Teil, §259, Anmerkung, S. 52. 中文本参见黑格尔:《自然哲学》，第 51—52 页。
② Hegel, Vorlesungen über die Philosophie der Geschichte, Suhrkamp, Frankfurt a. M. 1986, S. 96f. 中文本参见黑格尔:《历史哲学》，王造时译，上海书店出版社，1999 年，第 75 页。

第八章 "精神哲学"之开端与自然时间之消灭的开始

仅是消逝着的时刻"。① 基于此,黑格尔首次指出了时间的空间性,因为"这种区分并不依靠作为时间的时间,而是依靠空间,它在时间之中"②,"空间是肯定性的东西,是时间之区别的存在"③。

现在,在关于精神性时间的知识面前,这种空间性的时间性-有限性(Zeitlich-Endlichen)的说法不再适用,因为这种时间性-有限性已经被完全扬弃了。与此相应,黑格尔在精神哲学的开端要求时间的消灭:时间应该被消灭,因为它在自然中被纯粹否定性地设定,这使得精神的实在性得不到保障。空间性时间的否定性也产生于这种时间对于存在者而言的最高力量,即在其中所有存在者"仅仅作为消灭着的环节而存在"的力量。在自然中,所有时间性的有限存在者流逝不息,无物得以现实地留存。就此而言,没有任何自然的存在论目的可以在其自身中被认知,因为在自然界中,基于一种纯粹偶然的方式,一个时间性-有限性存在从另一个时间性-有限性存在中产生,然后又自我消逝,产生下一个此种存在。存在论上必要的联系无法存在于这些存在者中。在这样的情境下,时间的力量自身表明了,身处其中的所有存在者终将毁灭,"为此,自然生命中的否定作为一种外在性、一种他在而实存"④。因此,在自然中,有限者无法认知它的自我和它的本质性。尽管在 1805/1806 年《自然哲学》的末尾处,动物在它们各自的感觉中已经发觉,自己在一个确定的意义上已经拥有一个自我,但是,这种自我感并没有在存在论意义上被规定,而是在睡梦中、在动物的疾病或死亡中消灭。动物性的自我在自我感中并不是真正实在的,因为动物性的自我不能在自身中内在地表示它的实在性。

---

① Hegel, Jenaer Systementwürfe III, S. 12.
② Hegel, Jenaer Systementwürfe III, S. 12.
③ Hegel, Jenaer Systementwürfe III, S. 13.
④ Hegel, Jenaer Systementwürfe II, S. 198.

第三部　精神历史的诞生:黑格尔耶拿时期体系规划精神哲学对自然时间的消灭

在自然中不存在精神性的"时间之为时间"。这种时间只有在"精神哲学"中才首次被表述:它不同于"没有自我的"空间性时间,而是被把握为"纯粹的主体"或"自由直观的精神"①(frei anschauende Geist)。在此,这种时间首次获得了它的系统性意义:它作为自然的理念而被设定,也由此在所有的时间中实存,并拥有其自在的自由。换言之,自然的时间在主体中被扬弃了,因为它现在在精神中被认知,也因为精神在自身中回忆起了自然时间变易的目的:

> 回忆补充设定了自为存在的环节——我曾看见过它,或听过它;我回忆起来了;我看到、听到的并不是单纯的对象而已,而是由此在我的自我回忆之中行进,并将我从纯然的图像中抽取出来,又将我设置在自我之中。②

这意味着在这个自我之外再无他者。每一个自然时间都最终变成一幅在主体性时间中被自身直观的图像。通过在回忆中被固定下来的"过去-现在-未来"这一次序,时间不再通过自然的方式,而是开始通过范畴的(概念的)方式被反思。在一个逻辑的-精神的结构中,这一范畴性的时间次序阐明了自然性有限者之发展的目的。

基于第六章第二节所描绘的那种自然性有限者和逻辑-精神性无限者之间的统一,我们有必要赋予有限性的时间以一套无时间的-范畴性的秩序。当精神产生于"(自然的)理念"之中,且同时提供了自然的表现或

---

① Hegel, Jenaer Systementwürfe III, S. 171. Cf. auch: H. Kimmerle, Natur und Geschichte beim frühen Jenaer Hegel, in: Hegels Jenaer Naturphieosophie, hrsg. von K. Vieweg, Wilhelm Fink Verlag, München 1998, S. 98 – 102.
② Hegel, Jenaer Systementwürfe III, S. 175.

第八章 "精神哲学"之开端与自然时间之消灭的开始

结构之时,无时间的-范畴性的秩序才能被把握①。黑格尔把这种表现称为生命过程的自我反思,它伴随着在自身中被体认的对于无限者的意识。在此,自然被设定为概念,并且:

> 作为自然,生命是它自己的概念,并且它仅仅在该方式下是自己的规定性……它是概念,是自己的规定性,作为精神而向着普遍者和特殊者之统一的直接性而存在。②

因此,外在的有限者自身就是无时间的-范畴性的秩序的外在化,而这种精神性的自我规定意味着这些时间性的有限存在者的实在性的自我保存。作为这种自我储存的精神性和范畴性基础,无限的精神从现在起是永恒的,因为它存在于每一个回忆的在场。因此,"自然时间为着其内在永恒化而消灭"这一设定就被保持下来了。换言之,时间中的变易应该被转化为意识中的存在。在这一精神性的永恒秩序中,没有独一无二的时间性的有限存在者变易,因为该秩序意味着时间性否定性的绝对消灭。

自然的实在性基于逻辑-精神性结构,该结构决定了有限存在者之实在性,同时,缺少逻辑-精神性的时间永恒化的有限存在者保持着绝对的否定性——黑格尔的如上思考伴随着一个双重的问题:

1. 如果自然的实在性不是通过时间性-有限性,而是在本质上通过

---

① Cf. Hegel, Jenaer Systementwürfe II, S. 191ff. 关于黑格尔后期成熟体系中,从自然向着精神的过渡,参见富尔达的清晰阐述。Fulda, G. W. F. Hegel, S. 162–184. Cf. auch.: Fulda, Idee und vereinzeltes Subjekt in Hegels Enzyklopädie, in: Hegels Theorie des subjektiven Geistes, hrsg. v. L. Eley, Frommann-Holzboog Verlag, Stuttgart-Bad Cannstatt 1990, S. 59–83; K. Düsing, Endliche und absolute Subjektivität. Untersuchungen zu Hegels philosophischer Psychologie und zu ihrer spekulativen Grundlegung, in: Hegels Theorie des subjektiven Geistes, hrsg. v. L. Eley, Frommann-Holzboog Verlag, Stuttgart-Bad Cannstatt 1990, S. 33–58.
② Hegel, Jenaer Systementwürfe II, S. 198.

永恒的无限者被建构，那么随之而来的问题是，现在如何描述永恒性的时间性他在？换言之，时间在它一般的永恒化中还如何能是时间性的？

2. 如果自然的实在性不是单独地被永恒的无限者建构，而是也通过时间性有限者来得到保障，那么，难以辨明的是，这种时间性如何可以在绝对永恒的内部实存，换言之，时间性如何可以在永恒化中被理解？

以上两个问题针对逻辑-精神性永恒化进程中时间性-有限性的现实性。在逻辑-精神性的秩序中，有限者是被永恒化的有限者，或者说，是有限者的范畴。这意味着，时间性有限者在自身中几乎不是实在的，它仅仅是精神之实在性的表达。外在的时间性-有限性只能通过范畴的永恒性而内在地、当前地被表达，这同时意味着，过去和未来甚至都只是一个范畴，并以绝对当下永恒的方式实存。所以，过去几乎没有过去，正如未来根本没来。据此，可以追问的是，人们如何能看见时间性的在先者和在后者，即生成者和消逝者。

假如时间性的先者和后者实存于它们的外在性中，那么它们必定也外在于绝对者。但是，黑格尔一元存在论之内在性（Immanenz）的外部并没有给有限者留下位置，这是因为时间性-有限性的外在性已经被完全扬弃了。对于黑格尔而言，绝对者是内因（causa immanens），并由此是实在存在的基础。换言之，有限者的外在性仅仅意味着对绝对者之内在性的抛弃。通过基于绝对者的内在阐释，外在的有限者不仅仅得到它被认知的本质，还得到了它永恒规定的存在。

但假如时间性的先者和后者事实上并不现实地存在，假如时间性-有限性的实在性仅仅出于绝对者，而不同时为着绝对者的话，那么黑格尔的思考又如何在根本上与谢林的同义反复区分开来呢？换言之，如果从永恒的无限者自身中就可以独自推出所有的实在性，那么时间性-有限性定在就仅仅是派生自无限者，并纯然在其之中实存。当没有任何定在和有

第八章 "精神哲学"之开端与自然时间之消灭的开始

限者的空间-时间性自在存在相关时,无限者又如何能以非循环的方式表明它的具体定在呢?当先者和后者(生成者和消逝者)仅仅在当下表示它们的范畴性-无时间性存在时,定在又如何能拥有自己的先者和后者?

一种困境诞生于时间的消灭(作为时间性生成者和消逝者的有限者的消灭)这一设定之中,现在,这一困境可以得到进一步的阐明:一方面,黑格尔在《自然哲学》中对时间性-有限性评价甚高,以至于无限者的实在性在缺少它的前提下只能停留于空洞之中;另一方面,黑格尔在"精神哲学"中又必须把时间性-有限性完全地消除,以便通过空间性时间的范畴性永恒化来扬弃该时间的否定性,如此方能形成对自然和精神之统一的完整描述。由此,时间性-有限性在自然中独自外在地实存。但是,事实上并没有这种时间的外在性,因为时间根本上不能外在于永恒性而实存,它只能在模态意义上和永恒性相对。也就是说,这种时间的外在性仅仅在表面上是可能的,从本质和存在论意义上来说,它其实是内在永恒的。正因如此,黑格尔不得不面对如下难题:这种出路是否真的和谢林有所不同,真的没有落入一种同义反复式无限性的境地吗?

这一疑难将在以下两章中得到小心处理。当黑格尔于 1803/1804 年和 1805/1806 年在"精神哲学"的开端谈及时间的消灭时,必须同时紧密结合他的语言哲学来思考这一论点。基于此,下文的研究分为三个步骤:

1. "精神哲学"开端处,基于图像和物的关系而引入的时间之消灭;

2. 内在符号(Zeichen)中的实在性问题以及对时间之消灭的进一步描述;

3. 在名称(Namen)或语言(Sprache)中时间的完全消灭。在完成这三步阐明工作之后,时间之消灭的结果——黑格尔时间理论中双重虚无主义的危机——会得到讨论。

第一节
基于图像和物的关系而引入的时间之消灭

黑格尔早在 1803/1804 年就提出了时间的消灭。① 在"精神哲学"中，与时间的消灭紧密相关的，就是黑格尔开始阐明的从自然-动物性到精神-人类性生命的过渡。此外，如下文将述，他为新的时间和空间分别设定了两种截然不同的关系。一方面，在"精神哲学"开端处，时间和空间通过动物性的感觉被联结；另一方面，它们还通过人类的意识被联结。确切地说，黑格尔和费希特一样，主要通过图像与物之间的主体性关系，在人类意识或者自我中描述时间的建构性功能。不过，和费希特不同的是，他同时强调，时间必须始终和自然-动物性的生命连同起来被思考，亦即，时间的自然-存在论维度不能被忽视。

在下文中，时间的精神性功能会首先在人类意识中被分析，这一功能在根本上与时间的自然性功能相左，它为黑格尔的时间理论增添了一个全新的部分。随后，时间的自然动物性意义会得到考察，它和黑格尔自然哲学中的时间理论紧密相连。接着，借助于对图像和物之间关系的简要考察，我们将发现，黑格尔以双重方式描述了时间的功能，尽管这两种方

---

① Cf. Hegel, Jenaer Systementwürfe I, S. 199. 基默勒关于此的系列论文和书籍是值得高度重视的。Cf. H. Kimmerle, Georg Wilhelm Friedrich Hegel interkulturell gelesen, S. 47–77; H. Kimmerle, Über Derridas Hegeldeutung, in: Philosophie und Poesie. Otto Pöggeler zum 60. Geburtstag, Bd. 1, hrsg. v. A. G. Siefert, Fromman-Holzboog Verlag, Stuttgart-Bad Cannstadt 1988, S. 431; H. Kimmerle, Zeitbegriff und Entwicklungsbewußtsein in Afrika und in der westlichen Welt – Mit besonderer Berücksichtigung des frühen Jenaer Hegel, in: Hegel-Jahrbuch 1997, Hegel und die Geschichte der Philosophie, Erster Teil, Akademie Verlag, Berlin 1998, S. 187–196; H. Kimmerle, Kann Zeit getilgt werden?, in: Hegel-Jahrbuch 2001, S. 259–268; H. Kimmerle, Der Zusammenhang von Sprache und Zeit bei Hegel, Heidegger und Gernot Böhme, in: Hegel-Jahrbuch 2007, Das Leben Denken, Zweiter Teil, hrsg. v. A. Arndt, P. Cruysberghs und A. Przylebski, Akademie Verlag, Berlin 2007, S. 237–241.

式之间存在一次突兀的跳跃(从自然性生命跃至精神性自我意识),但还存在一种持续性的发展(从动物发展为动物性的人)。

如同上文说到的那样,我们首先可以通过与费希特 1794/1795 年的时间理论的比较来阐明,在黑格尔那里,时间在人类意识中的功能。就此而言,与费希特相关的内容已经在本书第三章中得到了详细阐述。因此,此处仅仅采用一种要点总结式的方法来对费希特的时间学说进行概括。

在"理智"(Intelligenz)①这一标题之下,黑格尔于 1805/1806 年将"语言"这一主题和"时间"联系起来。当黑格尔在此不仅一齐引入时间、空间、自我(作为简单的无限性精神)乃至图像和物,还把它们之间的统合理解通向名称和语言哲学的入口之时,这些理论设定显然指向费希特 1794/1795 年的时间理论。在对两者进行详细比较之前,我们除了要复述一下关于费希特我们已经知道的知识外,还要先阐明黑格尔在 1803/1804 年和 1805/1806 年对于时间概念的相关结构的思考,以及从自然性生命到精神性自我意识的一个突然跳跃。

费希特的基本理念在于,把时间理解为弥补自我(图像)和"非我"(物)之间鸿沟的理论要素。费希特一共通过三个步骤来提出这一理论:

1. 在最初,绝对的我作为绝对的行动性,在它简单的无限性中为本原实在性奠基。自我是绝对行动着的,所以它的行动是完全无设定的。现在,实在性意味着自我在其对象中的自我遗忘,这一对象(非我)始终和

---

① 这一标题是德文编者后加的。它事实上是后来黑格尔成熟体系的"精神哲学"主观精神部分,尤其是人类学和心理学部分的一个早期规划。查默勒在对此部分进行研究的基础上,已经指明了它与费希特哲学的紧密关系。Cf. H. Kimmerle, Das Problem der Abgeschlossenheit des Denkens, Hegels System der Philosophie in den Jahren 1800–1804, H. Bouvier und CO. Verlag, Bonn 1970, S. 33.

自我处于一个纯粹观念性的关系之中,并且和自我并不纯然分离。就此而言,自我是所有对象的实在基础,在对象之中,我们并不能回忆起自我。这就是说在对象领域,真正的时间并不存在,因为它作为一种先天的形式仅仅在自我的反思活动中运作,而这种自我的反思并不牵涉眼下。尽管如此,对象性领域仍旧有某种时间性存在者,因为自我基于"不断向对象前进"而自行延展。

2. 自我必须为自身树立界限。借助想象力,自我将它的行动性转移到非我之中,并将非我设定为与自我相对并作用于自我的一种强制力。通过两种相对设定的行动性之间的碰撞,自我获得了反思的开端,这一反思从作为约束的非我中产生;不过,自我同时也获得了自我反思的开端,因为非我原本就来自自我。在自我反思中,自我在其自身中自我回忆。经过反思的自我被自我自我生产,且作为在自我之外的物而存在。与之相反,反思着的我又将物仅仅视为从其自身出发且在其自身之中的图像,因为物被这一自我所想象。因此,经过反思的自我被当作外在之物来直观,且是在反思着的我的图像之中被直观。每一个外在直观的对象,也同时是内在直观的对象。

3. 自我在外在直观中遭遇物,而物的形式是空间。物纯然被自我所规定,不过,自我是通过它的想象来规定物,而想象是在内在直观中通过时间形式而被建构的。界限不过是一个可被规定的东西,它要么通过自我,要么通过非我而被规定。因此,一个新的界限必须被设定;但是,再一次地,它要么单纯通过自我,要么单纯通过"非我"而被设定。因此,对界限的设定活动指向无限者。在自我和非我之间的理想性的空间,就是一个强调界限和不断再次设定界限的领域,而这一空间的每个部分又都是一个空间性的整体。由此,自我和物之间的永恒鸿沟被标明。自我在设定界限的过程中不断地接近"非我",这些被设定的界限被思考为空旷空

第八章 "精神哲学"之开端与自然时间之消灭的开始

间或空旷鸿沟中的一个被填满的点。对于费希特而言,综合过程(完全的充实)就是时间,而在其之中的每一个界限都是一个时刻。因此,时间的整体并不再是偶然的,而更是实质性的。在此意义上,时间的整体就是"我=我"的本质。

在《耶拿体系草稿 I》残篇 20 中的 I. 级次部分,黑格尔和费希特的时空理论之间结构上的相近性清晰可见。在那里,黑格尔从感受(Empfindung)的无限性出发。经验性空间或经验性时间中的被感受者经由时空而被直观,类似于费希特的设定,时间在此充当一个决定性角色,因为:

> 意识直接在空间和时间中进行直观,在空间中直观的是作为持续存在者的个别东西和意识在意识之外的他在,但因为意识的他在同时在时间中被设定起来,所以意识的他在就是作为一种短暂的东西、作为一种在意识的他在本身理想的东西存在的,而不再是现实存在的东西,因为现实存在的东西是存在的;这并不是说,意识仅仅在时间中流逝,而是说,意识借助反思被设定为在时间中现存的。[1]

在空间中,感受者和被感受者彼此处于绝对的对立之中。但是,两者之间的这一鸿沟通过时间而得以被跨越。充实简单性无限的时间过程也是一个个别化的过程,在其中,所有单一的时间点都得到了规定。这些时间点从现在开始是"意识自身的普遍要素"[2],因为它们是无限-普遍进程中的个别事物。换言之,在智性的时间进程中,所有要素都被带入普遍精

---

[1] Hegel, Jenaer Systementwürfe I, S. 197f. 中文本参见黑格尔:《耶拿体系草稿 I》,第225—226 页。
[2] Hegel, Jenaer Systementwürfe I, S. 199.

神之中，因为精神是无限的感受。所有被感受的个别事物到头来都会在精神中被无限化和普遍化。

通过这种方式，"时间和空间中的'这个'被消灭了"①，或者说，"这个"在意识中被无限地形式化了。时间的消灭意味着"时间进程在直观性精神中的完成"。借此，黑格尔提出了一个在根本上与费希特相近的构想：自我（简单的精神）感受自身。被感受者和感受者时间的对立存在于时间和空间之中，但是与此同时，正是通过时间，以上的空洞鸿沟才被填满，且最终转回"我＝我"和无限的精神之中。

黑格尔和费希特之间的如上相近性还清晰地反映在《耶拿体系草稿III》中，在那里，黑格尔首先表明自我和物"在空间中"的对立②，然后指出这一事实：在自我之中，空间是形式上的普遍者，而物是特殊者。空间是自我之直观活动的普遍形式，是生产性和规定性的，与之相对，物则是多样者，是被生产和被规定者。据此，物总是派生于普遍者，也即在普遍者中被直观、被生产和被规定。这一形式上的普遍者因此就是直观中存在者的直接本质和知识。在其中，所有存在者都纯然是形式的，也就是说，它们还没有获得内容的充实。自我或精神仅仅知道在其中被纯粹形式地生产的物，这意味着，自我完全只知道其自身，而且仅仅持有形式性的认知。因此，自我其实什么都不知道，因为它的知识是空洞的。空间就是这种未被填满的形式性普遍者的名称。

但是，物不仅必须被普遍地规定，还更要被具体地规定。如果所有存在者是"在精神中的存在"（亦即在空间中的存在）③，那么"物就不是在存

---

① Hegel, Jenaer Systementwürfe I, S. 199.
② Hegel, Jenaer Systementwürfe I, S. 171.
③ Hegel, Jenaer Systementwürfe I, S. 171.

第八章 "精神哲学"之开端与自然时间之消灭的开始

在中,而单纯是其自身"①。也就是说,物必须在其纯粹形式的存在之外,还同时是一个自在存在(Ansichsein)。在费希特那里,自我和物之间的对立仅仅是自我的普遍行动性和它具体的产物之间的对立。经由空间,两者之间的鸿沟被直接地指出。自我应该自在地扬弃物,但同时它又应该在物的真理中对其加以设定。但是,如果自我仅仅形式地创造物,那么,矛盾还是像以前一样清晰可见。为了摆脱该矛盾,自我或精神必须填补鸿沟,它必须在自身中产生一个中介,然后把所有的物当作它自己的来占有,而这个过程是通过时间来完成的。在时间中,精神才回想起它自为地产生自在存在之物这一事实。因此,精神是在自我反思中完整地产生它的自我规定。对于费希特而言,人早已看到这一进程,而黑格尔如此对之加以描述:精神"是自为的时间,也是时间的自由;是纯粹的主体,这一主体在它的内容中才是自由的"②。也就是说,对于黑格尔而言,时间是精神的本质,它是精神性的时间自身。在这种时间中,精神设定它的物,也即,精神在时间性过程中派生出物。时间性过程应该属于精神,因为精神理应是这一过程的本质,理应是时间的本质。精神能够自在地创造物,因为它有一个绝对自由(活动)的、自为的实存,由此,精神的对象也就是精神自身。以上设定产生了这样的结果:"在直观中……被直观者在我自身之中,——因为是我在对之加以直观——它是我的直观。"③此外,物——精神的对象——在直观中仅仅是图像,或者说,在精神中,图像扬弃了物。这些图像"属于精神,精神占有这些存在,它是这些存在之上的主人;图像在它的估价中被贮藏,在它的黑夜中被贮藏——它是无意识性的,亦即并

---

① Hegel, Jenaer Systementwürfe I, S.171.
② Hegel, Jenaer Systementwürfe I, S.171.
③ Hegel, Jenaer Systementwürfe I, S.172.

不像对象那样先于表象地被证明"①。精神虽然回想起自身,但是仅仅是在黑夜中(在它不断流逝的自我图像中)拥有一种捉摸不定的对象。

黑格尔把这一过程称为无意识直观。在自我的回忆中被生产的东西,同时就是作为我的图像的流动性直观。

> 回忆补充设定了自为存在的环节——我曾看见过它,或听过它;我回忆起来了;我看到、听到的并不是单纯的对象而已,而是由此在我的自我回忆之中行进,并将我从纯然的图像中抽取出来,又将我设置在自我之中。②

换句话说,自我必须回忆起它曾经遗忘了自身这件事。在这种回忆之后,自我才知道回忆并不是对一个外在之物的回忆,而是在自身中的回忆,所有处于这种回忆中的物都被转化为它们的图像。因此,自我或精神在一个空洞的自由之中(在时间的简单本质中)联结和再生产它的图像,亦即,所有的物都在自我之中被任意地生产。对于自我而言,生产的任意性乃至诸物之间的无差别性就是"意识的黑夜"。

总而言之,对于黑格尔而言,时间是填补自我和物之间鸿沟的中介,在这点上他和费希特类似。作为精神的本质和精神的个别环节,时间这一中介自由地在回忆中(在意识之无限、内在和理智性的直观中)生产物的图像。

黑格尔之"费希特式"的自我连同它的精神性时间(亦即,连同它在

---

① Hegel, Jenaer Systementwürfe I, S. 172.
② Hegel, Jenaer Systementwürfe I, S. 173f.

第八章 "精神哲学"之开端与自然时间之消灭的开始

自我意识中的回忆)作为"'精神哲学'的根本性开端"而被思考,同时,它使得"精神和自然之间戏剧性的张力"清晰可见。依据黑格尔的耶拿体系草稿,对精神的理解必须基于一次突兀的跳跃。在自然生命中,自我的现实实存没法被表示:

> 鉴于生命在其规定性中(成为自然的他者),且同时存在,它在其自身中的反思或它的运动就有了第一种形而上学性的形式,这是个别性和类属的过程;精神作为该过程的统一体,作为自我,在自然中并不是实存着的。①

与之相对,"精神哲学"中却如此说:

> 它(意识)是现实存在的,因为它是这样一种东西,在这种东西中双方——自身能意识者和其所意识到者——在它之内将自身设定为统一体,也把自身设定为与它对立的,这就是说,意识本身以这种方式成为一种带有规定性的东西、现实存在的东西。②

在自然中纯然是"非实存者"(Nicht-Existierende)的自我,却在意识中是"实存者"(Existierende)。自我的存在论自我规定不能基于自然的他在性而被建构,确切地说,自然必须在此被完全否定——这是因为,自我的存在是"自我意识-存在"(Selbstbewusst-Sein)。不是"自我意识-存在"的东西,就仅仅被当成自我的他在而对待,这一他在就是自然性定在或自然

---

① Hegel, Jenaer Systementwürfe I, S. 199.
② Hegel, Jenaer Systementwürfe I, S. 191. 中文本参见黑格尔:《耶拿体系草稿 I》,第 219 页。

性有限者。这种有限者(在自然时间和自然空间之中)显然不可能充当自我之自身存在的基础,因为,如本书第二部分关于黑格尔自然时间学说中所展示的一样,它完全不能认识自身。对此,黑格尔写道:

> 就像意识在它自身里设定迄今属于我们的反思那样,它的整个存在首先意味着它是自然界的理想性,或首先对自然界有否定的关系;在这种否定的关系中,意识是作为在自然界之内涉及自然界本身的东西现实存在的,它的现实存在的方式不是自然界的一种特殊性、个别性,而是自然界的一种普遍东西……①

"自然的观念性",亦即自然的自我意识,和自然本身完全不同,或者说,自然在其自身之中反映它的观念性。对此可以有以下几点阐明:

1. 由于把自己规定为实存者,经过自我反思的意识现在是真的存在(das wahre Sein),是绝对的实体②;同时,由于它是自然的观念性,这一意识还充当自然定在的理念。"这一理念与自然哲学绝对相隔。"③自然定在的理念是自然中的非实存和精神中的真实存,后者作为自身存在而为前者奠基,因为前者不可能奠基于非实存,而只能奠基于真实存。换言之,"'我'或精神不实存于自然中"这一事实并不取决于自然的力量,而是取决于精神自身的设定。精神有意识地为自己设立开端,无论是为了它的存在还是非存在,精神都是以自身为开端的。所以,把人类的自我意

---

① Hegel, Jenaer Systementwürfe I, S. 191f. 中文本参见黑格尔:《耶拿体系草稿 I》,第219页。
② Cf. Hegel, Jenaer Systementwürfe I, S. 185.
③ Hegel, Jenaer Systementwürfe I, S. 185.

第八章 "精神哲学"之开端与自然时间之消灭的开始

识-存在之开端思考为自然生命的这样一个简单结论,当然是完全错误的。

借此也可以清晰地看出,黑格尔为何要设定一个从自然到精神的跳跃。决定性的要点在于,自我之自为的自身存在设定了一个完全不同于精神之自然他在的基础。以一种存在论的方式,自我意识-存在于此表现为自然的理念或观念性(以及自然实在性存在者的理念或观念性),这种理念或观念性并不能从现成的自然界中被理解,而是仅能从自我面向存在的自由和自我实现的活动性中被理解。尽管黑格尔紧接着对自然生命的哲学思考来讨论精神,但他绝对不是将精神视为自然有限者的延续,而是将之视为关于无限性的哲学的一个全新的和绝对的开端:

> 这样得到规定的精神概念,就是作为单一东西与无限性一体存在的概念的意识;但在精神里无限性是自为地现实存在的,或者说,是作为真正的无限性现实地存在的。①

2. 紧接着,自然时间就必须被消灭:

> 这(普遍者)在意识中是感觉的规定性,是时间和空间的这一个,而感觉的先后相继与彼此并列表现为一种自由感觉;感觉对于普遍要素完全无关紧要,是一种能动的再生活动,因为加以特殊化的正是这种普遍要素。②

---

① Hegel, Jenaer Systementwürfe I, S. 183f. 中文本参见黑格尔:《耶拿体系草稿 I》,第 210—211 页。
② Hegel, Jenaer Systementwürfe I, S. 199. 中文本参见黑格尔:《耶拿体系草稿 I》,第 227 页。

如同本文第一部分中的相关工作已经指出的那样，自然的时间性是时间性的有限性。在此，时间性的有限性和被直观者一样都是"时间和空间中的'这一个'"。每一个自然定在都通过一个有限的"此时此刻的'这一个'（Dieses hic et nunc）"而得到再现和限制。与之相对，精神是普遍和无限的，也即在其自身中自由的。精神的无限性或普遍性实存于对感知之内在自由的回忆中。回忆是自由的，因为它一般并不处于自然时间之中，以至于不再有自然性的时间顺序、不再有演替和并列关系为了它而存在。回忆实存于时间自身之中，这种"时间自身"，作为"时间的自由"，在对纯粹主体的直观中生产出图像和物的综合①。

在自然特殊性中实存的时间的消灭，以及在（没有演替和并列关系的）精神性时间自身的自由中的回忆，两者共同指明了，黑格尔在这里的时间理论和它在自然哲学中的时间理论有多么不同。为了理解精神性的时间理论，"此时此刻的'这一个'"必须以跳跃的方式转向普遍性，转向精神性时间自身的自由。

3. 不过，就此产生了一个根本性的问题：这一跳跃出现于主体的回忆之中。这种回忆是自由的，因为它没有一个规定好的时间顺序，而是在图像和物的关系之中自发又任意地从自身内重新生产一切。因此，两个被生产者之间不再有"这个与那个"般的本质性区别，因为现在不再有"此时此刻的'这个'"，不再有自然性的特殊者或有限者，而仅只有普遍性和无限性。精神时间中的回忆因此是对时间性-有限性定在者的遗忘，这种回忆实存于意识之绝对"黑夜"②中，在其中一切都显得无甚区别。

---

① Hegel, Jenaer Systementwürfe III, S. 171.
② Hegel, Jenaer Systementwürfe III, S. 172.

第八章 "精神哲学"之开端与自然时间之消灭的开始

精神性时间自身通过一种任意的"观念联想"①(Ideenassoziation)而被建立,但它没有任何具体的内容。因此,从自然生命到精神性自我意识的突兀跳跃仅在这两点上有它的时间性意义:第一,自我自身的时间是一个空洞的时间②;第二,精神性时间的空洞性和虚无性表现着精神的存在自身,后者和自然定在截然不同。可是,当自我的存在自身空无一物时,它又如何能在自我的回忆中作为实在者而自我表现?

显然,提及自然物的实在性对澄清这个问题毫无帮助,因为目前自然实在性已经被完全消灭。由于和自然实在性以及自然中的要求之间存在戏剧性的张力,对精神实在性的存在论要求显得非常特别。它是对自我意识-存在的要求,而自我意识-存在并不以任何自然物为对象,而是以自我自身在其回忆中的存在为对象:

> 回忆补充设定了自为存在的环节——我曾看见过它,或听过它;我回忆起来了;我看到、听到的并不是单纯的对象而已,而是由此在我的自我回忆之中行进,并将我从纯然的图像中抽取出来,又将我设置在自我之中;我以一种特别的方式将自身设定为对象。③

为了证明作为精神性时间自身的回忆的实在性,自我自身的自由是唯一的可通之途,尽管这一自由是纯然空洞的。在此,这种空洞性中的内在否定性既不意味着在演替序列中一个"此时此刻的'这一个'"被另一个"此时此刻的'这一个'"所否定,也不意味着精神性时间自身仅仅是自然存在者的一个空洞性-形式性外化。其实,这种否定性意味着自我之再

---

① Hegel, Jenaer Systementwürfe III, S. 173.
② Cf. Hegel, Jenaer Systementwürfe III, S. 172 und S. 198.
③ Hegel, Jenaer Systementwürfe III, S. 174.

生产的任意性①。由于这种任意性,对自我来说,一切都没有差别。虽然自我接连联想所有的物,但是一般来说这一联想的次序并没有被认真对待。换言之,自我之回忆中的否定性既不是自我的时间性消逝(即一个自然物的那种消逝),也不是自我意识之纯粹外在的形式(它和具体的、自然的对象相对),而是再生产次序中的平等,以及对"绝对我"的认知。

现在,前述否定性的意义已经得到指明,我们可以开始尝试解决前文中提到的这一问题:在其自身空无一物的前提下,自我在其回忆中的存在如何可以作为实在者而得到表现?

(1)首先要记住的是,对自我来说,一切都没有差别,因为自我中的一切已经被思考为与自然处于绝对分离之中。也就是说,自我不再营营于满足自己的自然欲望,因为自然欲望总是依赖一个外在之物。与此相反,自我现在完全沉入自身之中,它将一切都视同己出,从而在外在之物中是绝对自由的:

> 对象由此一般说来拥有了形式,拥有了规定性,即保持为我的东西;并且由于它再一次得到直观,对象的存在也就不再拥有存在的意义,而是拥有"我的"的意义,它早已被我所认知;或者说,我在我自己之中回忆起对象的意义。②

(2)正是因为一切都是"我的",从而一切都必须在观念联想的任意次序中派生于自我。换言之,自我是普遍者,而一切都在自我中被特殊化了。由于自我连同它的普遍性-精神性时间都被思考为空洞的,那在自我

---

① Cf. Hegel, Jenaer Systementwürfe III, S. 173.
② Cf. Hegel, Jenaer Systementwürfe III, S. 173.

第八章 "精神哲学"之开端与自然时间之消灭的开始

中被特殊化的东西也就是空洞的了①。黑格尔把这种普遍自我的特殊性称为"活动性的再生产"②。

（3）"活动性的再生产"在此意味着没有一种特定次序的再生产，因为在其中并没有"这个"或"那个"，而只有一种纯粹的普遍者③。普遍者无论如何都不是自然性"此时此刻的'这一个'"的简单-外在的形式，它展开自己的内容，这一内容被普遍者加以特殊化，从普遍者自身之中而出。不过，这些特殊者完全没有任何具体规定性，比如在这个或那个时间点（或空间点）。一个东西是特殊者，仅仅因为它是自我之任意再生产过程中的一个时刻。不过，即使它确实存在，自我之回忆顺序对它依然是完全不在意的。

（4）尽管总的说来，目前自我在自身中并非一无所有，但它的内容并不是自然中（或自然性时空中）的外在内容，而是某种纯粹主体性、纯粹内在性的东西，这种东西没有规定性。换言之，自我的内容并不是在它自身中被特殊化的东西，而只是纯粹"我性"的东西（Ichhaft）。黑格尔虽然把这个自我也称作"形式"④，但他并不认为自我是没有内容的外在形式，这种形式仅仅是在彼岸被设定的东西，相反，他认为自我的内容只是在自我之中还没有被确切地规定，因此必须仅仅被视为"一般的内容"。

（5）接续上一点，自我理应被思考为虚无，这是因为它对自己之中的一切漠不关心，而不是因为它自己之中完全一无所有。因此意识的"绝对黑夜"就是绝对的无差别性，在其中唯一本质性的事实是：无论何者实存，

---

① Cf. Hegel, Jenaer Systementwürfe I, S. 198.
② Hegel, Jenaer Systementwürfe I, S. 199.
③ Cf. Hegel, Jenaer Systementwürfe I, S. 199.
④ Cf. Hegel, Jenaer Systementwürfe I, S. 199. Cf. auch: Hegel, Jenaer Systementwürfe III, S. 173.

它对意识而言都毫无差别。黑格尔把这种"绝对黑夜"称为"贮藏的黑夜"①(Nacht der Aufbewahrung)。自我在它的回忆中表达自己的存在,也就是在这种"绝对黑夜"中表达存在,因为这种黑夜并不是存在的湮灭(Annihilation),而是存在的无限性仓库。这种以毫无秩序之态实存的仓库就是我们的自由回忆。因此,对先前问题("在其自身空无一物的前提下,自我在其回忆中的存在如何可以作为实在者而得到表现?")的回答被找到了:由于自然和精神之间的彻底差别,自我的否定性并不能被理解为自然对象的虚无化,而仅仅是对图像与物之间关系的时间顺序的内在否定。

4. 因此,以下这点变得清晰起来:绝对自我的活动性和自由的力量通过联想而产生一切。所以,以何种顺序在自己的内在图像中生产事物,对自我而言是完全无所谓的。念头联想和再生产的开端纯然处于作为主体的自我自身之中。不过,在我们细致的考察下,黑格尔和费希特在这一点上不容置疑的相似性也引出了新的问题:如果自我的活动性和自由对于黑格尔和费希特都一样地具有本原性,那么黑格尔为何一开始就把这种自由称作"再-生产"(Re-produktion)? 为何绝对自我没有浮现于对世界的认知之中,而是首先浮现于对它的世界的回忆中? 对于自我而言,先行的自然界仅仅意味着一种观念性的计划(亦即一种纯粹的被思考者),还是说自然界的实在性对自我的实在性也有某种意义上的建构性呢? 更进一步:自我之任意的再生产活动,对精神之实在性所需的存在论证明而言是完全充分的吗? 以及,时间在这一存在论证明中扮演了何种角色,起到了多大程度的作用? 为了回答这些问题,我们必须在下文中基于一个不同的角度再一次探索自然和精神之间的关系。

---

① Hegel, Jenaer Systementwürfe III, S. 172, Fußnote 2.

第二节
时间在动物性人类之回忆中的作用

上一节的阐述仅仅指出了时间在主体意识中的综合作用,而忽略了以下这一事实,即黑格尔把精神("我的直观"①)称作时间,"它是自为的东西,也是时间的自由"②。也就是说,和费希特完全不同,黑格尔并不将精神时间简单视为一个孤立的精神性的原则,这种原则由绝对的和本原的自我所设立。费希特式的自我绝对不能被人类学式地理解,不能被理解为人类之自然-动物性的实存,因为这一自我是绝对纯粹的,是哲学的第一原则,其中所有的自然性东西都已经被抽象掉而不被考虑。与之相反,黑格尔却在一种动物性自我变易(Selbstwerden)的视角中构想精神时间,并假定自然时间对于精神时间的先行性——他把精神和精神时间理解为动物性人类的直观,而以如下方式,人类意识的先行性表明自己是动物之自然-时间性的自我变易:

> 像动物一样,它(精神)在其自己任意的运动中是自由,它作为时间和空间自身而在时空中的这时或这里任意地设定内容。③

也就是说,自由(精神性直观的自由),仅仅是任意性的,它呈现为被动物在其时空中随意设定(直观)的内容。因此这一点变得非常清楚:精神的自由总的来说并不是纯粹的费希特式主体,而是动物-人类性意识的任意性。这种被人类学方式描述的动物-人类性意识绝不是一个从经验

---
① Hegel, Jenaer Systementwürfe III, S. 172.
② Hegel, Jenaer Systementwürfe III, S. 171.
③ Hegel, Jenaer Systementwürfe III, S. 171, S. 172, Fußnote 1.

世界中被抽象出来的原则,而是完全地沉浸于世界之中,或者更准确地说,沉浸于"世界的黑夜"①中,这种黑夜能被动物真正地(在经验性意义上"可经验的")感受。对此可以有以下更为具体的说明:

1. 在本书第六章中,动物已经被描述为"对抗地球的时间":

> 所以动物有任意的运动,它作为有生命力的时间而自我展现,与无差别存在着的地球呈对立之势,并且,动物将其自身特殊化,并且游历在它所特殊化自身的地球之侧。②

"任意的运动"并不意味着经过反思的(在动物性回忆中被重现的)运动。尽管如此,动物性运动已经是有生命的和自由的。自我运动的动物在时间中感受到它自身,并通过它有生命的时间性的运动满足了那些被感觉到的欲望。

这种时间性的自身感(Selbstgefühl)和时间性的自由的动物运动虽然是实在的,但它的实在性却根本得不到表现,因为精神(自我意识)对它而言是隐藏着的。动物能感觉到它的目的,但完全不能对之加以理解,且它也不能自我回忆起这个目的。确切地说,动物仅仅是任意地往这里或那里运动,因为它并没有自己确定地意识到它的目的。正是因为这些问题,当动物的自为存在还没被它自己认知为它的自为存在时,动物性的实在性就问题重重。因此,动物性定在的基础还落不到实处,它必须被目的论地设定,因为它是唯一实在的基础,或者说,就是动物自身的基础。考虑到这些,我们就必须证明动物性生命的实在性,必须查明和规定动物自身

---

① Hegel, Jenaer Systementwürfe III, S. 172.
② Hegel, Jenaer Systementwürfe III, S. 172.

第八章 "精神哲学"之开端与自然时间之消灭的开始

的目的。

在1803/1804年手稿中,黑格尔写道:

> 在动物有机体的感觉里,能感觉者是一种个别的东西,是一种不同于他在本身的东西;但是,动物有机体却不是在它自身,而是在它之外拥有这种他在;动物是在此中走过的时间,这时间是在它的许多单个的感觉中消逝的;普遍性只存在于必然性的形式,无限性仅仅在时间上是各种对立的隐蔽的统一。感觉中的个别东西对于动物被称为一种理想的东西、否定的东西,它是一种被扬弃的存在;但是,它不是在它本身拥有它的理想性,相反地,它的理想性仅仅是作为对立的他方存在的,普遍的东西仅仅是一种向他方的过渡。①

普遍性或无限性在此意味着感受者和被感受者时间的同一性,即自我规定、自我存在着的动物和它被感觉到的时间-外在性对象之间的同一性,这也是内在地被自我认知的(innerlich-selbsterkanntem)目的和外在地被自我感觉的(äußerlich-selbstgefühltem)目的之间的同一性。这种普遍性-无限性与动物性生命的个别性-有限性形成对立之势,对于动物性生命来说,它仅仅是一个理想,以至于动物的实在性对其自身而言还不是实在的。这就是说,动物还缺少现实的、精神性的统一性。不过,黑格尔的目的是表明动物的实在性,他的如下说法证明了这点:"这就是目标,就是意识的绝对实在性,我们必须把意识的概念提高到这种实在性。"②

在1805/1806年手稿中,黑格尔进一步论证道:

---

① Hegel, Jenaer Systementwürfe I, S. 179f. 中文本参见黑格尔:《耶拿体系草稿I》,第206页。
② Cf. Hegel, Jenaer Systementwürfe I, S. 190.

它(动物)趋向任意的运动;对于动物来说,外在的、并不位于自己控制下的到来者,就是对动物自身的否定,是无关紧要的东西;绝对的无关紧要性就是作为空间性的存在(Bestehen);这种存在是一种经由其自身而得到规定的关系,凭此,它在绝对的无关紧要性中证明了自己的自由。①

简述之,动物的自我在它的自我感中仅仅是否定性的,因为对象(外在的"到来者")还不是它自己的对象。在自然中,对象其实是作为一个他者、作为一个空间性的东西而逗留,它还不是动物那种时间性的、自由的运动。这即是说,动物在时间性运动中的自由根本上仅仅是一种自由感,而不是自我意识中现实的自由,后者必须绝对自在和自为地存在,因此必须在自身中早已扬弃一切对立者。因此,这种动物性自由的实在性不能绝对地通过自身而得到现实化,而是依赖于一个空间-外在性的持存者。不过,动物的目的恰好是它自身的绝对现实化:

它(动物)作为目的而实存,该目的生产自身——这是一种回返于个体的运动——个体性的进程是一个锁闭的循环;在有机体中,该进程是自在存在的领域。②

换言之,只要横亘在动物自身和它的对象之间的对立没有得到扬弃,动物就还不是现实性的自为存在。

---

① Hegel, Jenaer Systementwürfe III, S. 137f.
② Hegel, Jenaer Systementwürfe III, S. 138.

第八章 "精神哲学"之开端与自然时间之消灭的开始

2. 动物在自然中的自由还不是自我意识的自由,不过动物的自由已经以"回到自我意识-存在之中"为目标。因此,我们需要提供一个目的论论证①。

(1)为了提出一个关于动物自身实在性的目的论论证,动物性生命必须融入精神之中,在这种融入过程中,动物通过自己而认识到它自身和它的对象之间真正的同一性。只有在此基础之上,我们才能理解,为何动物的时间性自由必须要在"自我意识"这一标题下再一次被考察。在此,动物是拥有它自我意识的动物("会说话的动物"),也就是动物性的人类。动物性的人不是单纯的动物,而是这样一种动物:它有自己的、自我认知的精神。

在动物性人类的意识中,自我就是感受者(直观者),它通过自己的图像被呈现。另一方面,物是被感受者(被直观者),它不再是自然性对象,而是作为"我的"对象来被认知。只要物和图像之间的关系仅仅在我的同一性中被认识,自我就可以凭此克服以下双重矛盾:其一,自我在其自身之中的主体性矛盾;其二,在自我与自然之间的矛盾。这是因为,对以上矛盾的克服必须被视为自然目的的现实化。动物性人类的意识是物和图像之间的统一,从目的论视角来看,它也就是动物性感觉和它自然性对象

---

① 霍斯特曼已经正确地看到,黑格尔从 1802 年就开始尝试将目的论的自然学说融入其历史哲学,但这一工作只有在世界历史哲学诞生后,才真正取得阶段性进展。因为世界历史哲学表明,自然的目的并不在于自身,而在于人的意识。Cf. R.-P. Horstmann, Die Grenze der Vernunft. Eine Untersuchung zu Zielen und Motiven des Deutschen Idealismus, Verlag Anton Hain, Frankfurt am Main 1991, S. 223–233. 杜辛则强调了这一阶段黑格尔目的论与康德的不同,它尤其体现在这种目的论的客观性和存在论特性上。Cf. K. Düsing, Naturteleologie und Metaphysik bei Kant und Hegel, in: Aufhebung der Tradition im dialektischen Denken. Untersuchungen zu Hegels Logik, Ethik und Ästhetik. Wilhelm Fink, München 2012, S. 192f.

之间的统一①。只有在动物性人类的精神中,定在才在存在论-目的论意义上被证明②。

(2)由以上的论述可知,黑格尔在某种意义上把从自然到精神之间的目的论通路思考为连续的。对该通路的这种方式的思考,标明了黑格尔和费希特之间的差别。在精神时间中,图像和物的统一意味着在存在论意义上扬弃了"时间性自我感和空间环境"之间存在的自然性矛盾③。这种精神性的统一首先只能通过以上自然性矛盾而被认知,在时间之中,该统一建构了自然的中项,并且必须总是和自然一起被共同思考:

> 意识的无限性是在其单纯性中的,对对设者的扬弃;本质总是中项,前述对意识者和被意识者之对立的扬弃就存在于其中。④

和费希特相反,在黑格尔这里,绝对自我的统一首先实存于经验中的

---

① 在这个意义上,人的自身感和动物的自身感的差别已经拉开。希普在后期黑格尔成熟体系中,看到了这一区分的更稳定表达。Cf. L. Siep, Leiblichkeit, Selbstgefühl und Personalität in Hegels Philosophie des Geistes, in: Hegels Theorie des subjektiven Geistes, hrsg. v. L. Eley, Frommann-Holzboog Verlag, Stuttgart-Bad Canstatt, 1990, S. 225.
② 平卡德将这一点与亚里士多德关联在一起,指明动物虽然在自身感受中拥有了一种自身关联,但它不能以目的论的方式反思和证明它。Cf. T. Pinkard, Hegel's Naturalism. Mind, Natur and the Final Ends of Life, Oxford University Press, New York 2012, S. 17-49. Cf. auch.: J. H. McDowell, Having the World in View: Essays on Kant, Hegel and Sellars, Harvard University Press, Cambridge Mass, 2009, S. 285ff.
③ 威尔注意到,黑格尔在成熟体系"精神哲学"部分的人类学章节中,一方面同样将精神本质看成是与依赖于其环境的动物性的人相异的,但另一方面,前者对于后者来说,也是具有合目的性的。威尔进而强调,动物性人类的周遭世界性和精神苏醒的人的世界性,恰恰是通过一种灵魂的合目的性论证被建立的。Cf. R. Wiehl, Das psychische System der Empfindung in Hegels „Anthropologie", in: Hegels philosophische Psychologie. Hegel-Studien. Beiheft 19, hrsg. v. D. Henrich, Bouvier Verlag, Bonn 1979, S. 91, S. 110ff., S. 120-129, S. 138f. 在我们以下的论证中可以很明确地看到,这种结构在耶拿体系规划中其实就已经存在了。
④ Hegel, Jenaer Systementwürfe I, S. 186, Fußnote 1.

第八章 "精神哲学"之开端与自然时间之消灭的开始

分裂之后,而不是(像费希特所认为的那样)实存于其之前;其次,绝对自我的统一也不是作为绝对的-首要的原则而被设定,而是被视为动物性人类之矛盾中的第三者,对于它自身而言又是开端或首要者。

在精神中,仅仅通过对这一中项(即第三者、绝对自我的统一)的建构,自我的行动性才能被理解为再-生产的能力。这是因为被精神生产的东西并不直接是对象的外在实在性,而是在自我的自身存在和对象之间(亦即在图像和物之间)的真实性、现实性关系。在这种关系中,外在存在者的目的得以再现。不过,这种被再现的存在者不再是外在之物,而是我的意识的外化。也就是说,首先,被生产的东西是那些在自然内部早已存在,但没有得到清晰说明的东西。在这种意义上,自我的活动性就是再生产的能力;其次,在自我之中,对自然实在性的精神性证明并不是对那种"早已完全实存于自然中的东西"的纯然形式和空洞的认可,它证明的毋宁是自然性自我变易者(Selbstwerden)之目的论意义上的现实化。在自然中被绝对对立地设定的东西,在精神中却首先被中介和综合,并作为"完成自己目的的东西"而得以实现:

> 首先要说的是:像精神那样,理性的产物是作为理性概念、作为意识的中项,并在此中实现自身。①

迄今为止,我们已经完成了一个方面的工作,得出了如下结论,即自我的行动性必须完全和自然的生产过程区分开,精神仅仅在其自身之中并通过其自身而直接地被奠基②。但在另一方面,我们必须论证:自我的

---

① Hegel, Jenaer Systementwürfe I, S. 186, S. 197. 中文本参见黑格尔:《耶拿体系草稿Ⅰ》,第225页。
② Cf. Hegel, Jenaer Systementwürfe I, S. 186, S. 189.

自身存在就是动物和它的对象之间的真正中介。

> 精神是对其自身进行中介的东西,它仅仅扬弃着其直接所是,并以此回返自身。①

"回返"就是动物的目的。作为"向-自己-回返"的东西,动物性人类是自身实现者,它将外在对象中介为仅仅在它自身中的对象。因此,就这一中介将动物的目的现实化而言,它具有自己的存在论意义。在本质上,这一中介不再是有限的,而是无限的,因为自我通过它的普遍性所再生产的东西不是"这个"或"那个",而是一切。当一切都在自我中被规定的时候,它们对于自我而言也变成全无差别的。现在重要的仅仅是,人类意识作为绝对的中项不应该是个别的意识,而应该是所有对象的普遍性统一体。所以,自我现在不是有限的,而是无限和绝对的。

3. 讨论至此,以下这点也变得很清楚了:并不是自然时间在意识中建构了中项,而是精神时间完成了这一建构②。

仅仅因为动物的对象是我的外在直观的空间性对象,它才能作为我的对象而被认知。与之相对,仅当自我能够通过自己的内在直观而时间性地将这种对象在其自身之内进行理解时,它才能够认识它。时间和空间不但是自然物的实存方式,还是我的直观的形式。"意识直接在空间和

---

① Hegel, Jenaer Systementwürfe III, S. 171.
② 这与黑格尔后来成熟的精神哲学也是一样的。事实上,德里达也同样看出了时间性符号在这里的关键作用。Cf. J. Derrida, Der Schacht und die Pyramide. Einführung in die Hegelsche Semiologie, in: Randgäng der Philosophie, Erste vollständige deutsche Ausgabe, hrsg. v. Peter Engelmann, übers. v. Gerhard Ahrens, Passagen Verlag, Wien 1988, S. 102.

第八章 "精神哲学"之开端与自然时间之消灭的开始

时间中进行直观。"①因此,时空共同建立了通向自我的入口。自我是在精神时间自身中的回忆,它不再实存于个别的时间和空间中:

> 像动物一样,它(精神)在其自己任意的运动中是自由,它作为时间和空间自身而在时空中的这时或这里任意地设定内容;——时间和空间是外部的关系,而精神将这种外部关系作为形式来加以扬弃;原本属于诸如此类的自我的存在,并不是空间和时间。②

和自然时间分离开来的综合性时间(亦即在自由回忆中的精神性时间自身)是普遍的,不过,它只能被认作动物的时间③,因为它表述了动物自身之目的的持续性现实化进程。需要强调的仅仅是,这种现实化的中项在此仅仅是理想性地被设定的。

行文至此,我们可以对本章前两节的内容做出以下结论性的总结:

1. 在"精神哲学"的开端处,黑格尔和费希特之间的相似性显而易见——只要精神或自我并不是通过自然,而是纯然在其自身中被理解,那么从自然到精神的过渡就必然呈现为一次突兀的跳跃。在这一跳跃之中首先缺少的不是外在对象,而是一种内在的规定性次序(Bestimmtheitsfolge)。

2. 在黑格尔那里,精神仅仅显现于精神时间自身之中,而后者意味着自然时间的消灭。自我的精神时间是普遍的、无限的和自由的,与之相对,自然时间是有限的,它被限制于一个他者之中。所以,自然时间必须在精神时间的综合中被完全否定。

---

① Hegel, Jenaer Systementwürfe I, S. 197. 中文本参见黑格尔:《耶拿体系草稿 I》,第 225 页。
② Hegel, Jenaer Systementwürfe III, S. 172, Fußnote 1.
③ Cf. Hegel, Jenaer Systementwürfe III, S. 172.

3. 尽管如此，我们仍然能发现一个黑格尔和费希特之间的决定性差别：对于黑格尔而言，自然动物性生命之目的论性质的现实化发生于精神之中，而人类意识建构出精神性中项。人类意识这一目的论性质的中介进一步表明了自然性动物和动物性人类之间的连续性，因为人类精神再生产出对"先行的自然和生命性动物的本质"的存在论证明。以上两者（先行地、目的论性地要求动物将其目的现实化，以及精神之中介过程中的本原性再生产）在费希特那里是不可设想的。

4. 自然和精神之间的连续性可以被追踪到自然时间与精神时间的内在关系中。在自然中，自然时间早已展示了动物的自由。不过，动物的自然性和时间性的自由并不是现实的，而是一种有赖于他者的、受限的自由。尽管如此，自然时间对于动物来说并不是一个对立性的形式，它其实建立了动物的自由感。只有当一切动物的时间性自我感被理解为"它自己的"（das Seinige）、当自然时间被消灭之时，动物才来到意识之中。因此，自然时间在精神中被扬弃。精神时间展示了人类之自身存在的彻底、人类学性质的自由，并且展示了动物性-时间性感觉的绝对内在化。这一内在化正是主观精神的回忆或向内深入的过程（Er-innerung）。

第三节
内在性符号之实在性疑难
及对时间之消灭的进一步描述

通过前文的分析我们已经看到，在主体的自由回忆中，作为时间自身的精神得到展示。主体完全沉浸于自身之中，亦即沉浸于世界的暗夜或

第八章 "精神哲学"之开端与自然时间之消灭的开始

沉浸于虚无之中,并且:

> 意识的这种形式的存在没有任何真正的实在性,它是某种主观的东西,它并不在外部现实存在;它仅仅是作为抽象的、纯粹的无限性概念存在的,是直接作为时间和空间存在的,就像这个概念作为意识存在那样。①

黑格尔之"费希特式的"自我因此就陷入了虚无主义的困境。因为这一自我仅仅实存于"直接作为时空的无限性"之中,因为普遍的时空是直观的形式。

通过本书第一部分的详细阐述,我们已经知道,在哲学史中,雅各比是第一个批评费希特式自我之虚无主义的人。在雅各比的批评之后,黑格尔当然也知道费希特体系中的虚无主义,并尝试发展出自己的系统性替代方案,这一方案致力于克服费希特的虚无主义。在下文中,我们会先简短地揭示雅各比对费希特知识学中"纯粹主体性的实在性"的批评,以便表明黑格尔和雅各比两人在关于"内在符号的实在性疑难"这一点上的相似性。同时,这也能清晰揭示两者之间的根本差异。因为和雅各比不同,在保障符号之实在性的时候,黑格尔完全不打算借助于上帝之实存着的实在性,这一上帝在我们之先和我们之外。事实上,黑格尔打算在语言哲学中,通过固定无限性主体的自由回忆次序,来保障符号的实在性。然后,他解决内在符号的实在性疑难的工作最终会导向对自然时间的完全消除。

---

① Hegel, Jenaer Systementwürfe I, S. 199. 中文本参见黑格尔:《耶拿体系草稿Ⅰ》,第227页。

第三部　精神历史的诞生:黑格尔耶拿时期体系规划精神哲学对自然时间的消灭

让我们首先来考察黑格尔和雅各比在批评纯粹主体性-内在性符号上的一致性。

1. 在众所周知的"观念论-实在论"之争中,雅各比对费希特发起谴责,因为后者的体系仅仅是一个彻头彻尾的单纯逻辑性的梦幻。这是因为,如同本书第三章中已经分析过的那样,在1794/1795年版本知识论的理论部分中,费希特主要在两个意义上使用"实在性"一词:

(1) 实在性是自我之本原的-绝对的行动性,它生产一切。这一种实在性没有客观的效应,它是完全主观的。也就是说,在该种实在性中,一切行动性的客体都已经被完全抽象掉。现在留下来的仅仅是我们纯粹主体性的经验之流,严格说来,这一经验之流是空洞的,因为它总是否定地延展,而在其中保证不了任何东西。

(2) 在反思中,实在性却意味着一种被想象的或被理解的实在性。在这一意义上,对于费希特来说,"一切实在性——就它对于我们来说的那样而言,在一个先验哲学体系里,它不能不被这样理解——都仅仅是由想象力产生出来的"①。"只有在知性里才有实在性。知性是现实化的能力。在它那里,理想的东西才成为实在的东西。"②在这一视角下,实在性第一次获得了它的客观效应,这种效应就是通过反思而产生的客观规定性。这一规定性在时间中通过想象力而被生产,然后通过知性而得以固定。不过,这里的实在性仅仅是一种作为实在性本身的现实实在性,因为在反思中,一切都仅仅是"为着我们",仅仅是为着我们意识的确定之物

---

① Fichte, Grundlage der gesamten Wissenschaftslehre als Handschrift für seine Zuhörer, in: Fichtes Werke, Auswahl in sechs Bänden, Erster Band, hrsg. v. F. Medicus, Felix Meiner Verlag, Leipzig seit 1911, S. 420. 中文本参见费希特:《全部知识学的基础》,载《费希特文集》(第一卷),梁志学编译,商务印书馆,2014年,第639页。

② Fichte, Grundlage der gesamten Wissenschaftslehre als Handschrift für seine Zuhörer, S. 427. 中文本参见费希特:《全部知识学的基础》,第646页。

(ens certum)。因此,一切都是纯然的被认知者(ens cogitans),而不是活动者(ens actu),亦即不是在纯然理性之外的自为存在着的定在。由于时间以主体性-理性的方式"标记"(zeichnen)了在其自身的实在性,在费希特这里,它就必须被理解为一个纯粹的理智性原则。这一种纯然理性的符号被费希特称作"可理解的规定性",我们可以将之认识为某种实在者(etwas Reales)。或者,用雅各比(在批判意义上)的话来说:

> 人类仅仅通过概念把握的方式来认识;而他们概念把握的方式又仅仅是——在纯然的形态中变换着的事件——将形态变为事件,将事件变成虚无。①

在意识中,通过这些关于实在者的形态或标记(Zeichnen),费希特终究将一切算作意识自身的同质规定性。他将这种计算过程的整体称作知识学,在其中,一个被规定的部分,或者说一个在量上得到规定的知识向我们显现。再一次用雅各比的话说:

> 当人们将真理、将科学性的知识放在眼前,如费希特在该基础上已经做的,且至少在我眼中是清晰可辨的那样,那么,我们在纯粹科学性的知识中仅仅在同空洞的数目做游戏——以计数(Zahl-Zahlen)的方式;计算出新的语句,然后又总是进一步地计算,在一个计数-意义(Zahlen-Bedeutung)之后,仅仅追问一个计数-内容(Zahlen-In-

---

① Jacobi, Jacobi an Fichte, S. 201. Cf. G. Zöller, Fichte als Spinoza, Spinoza als Fichte. Jacobi über den Spinozismus der Wissenschaftslehre, in: Friedrich Heinrich Jacobi, Ein Wendepunkt der geistigen Bildung der Zeit, hrsg. v. W. Jaeschke und B. Sandkaulen, Felix Meiner Verlag, Hamburg 2004, S. 46.

halt），这必然是无聊的、滑稽的且可悲的。①

作为知识学之最高法则的意识同一性，仅仅是量上的同一性，虽然在时间中它固然应该被"充实"，但是真正看来它始终还是未充实的。恰好是这个"仍然还未"揭示出了充实过程的迷惑之处，因为对于费希特来说，事实上并没有现实的将被充实者，而只有纯然的被想象者或被理解者。这些被想象者或被理解者对于雅各比来说是梦一般的本质，因为在时间的理想同一性和时间的简单本质中，它们意味着充实的不可能性②。根据雅各比的说法，这就是理想性时间之中关于实在性的存在论性质缺点，也是费希特式先验观念论的基本缺陷。由于在这种先验观念论中，一切都是纯然的"符号"③或"语词"④，它也就停留于一场无聊的游戏中⑤，而与现实性分道扬镳。

2. 与雅各比一致，黑格尔在 1803/1804 年于残篇 20 的段落"b"中指出了从主体性图像到符号的过渡。在《耶拿体系草稿 I》中，时间本质的纯然理智性总体（亦即意识的形式性存在）没有"任何真正的实在性，它是某种主观的东西，它并不在外部现实存在；它仅仅是作为抽象的、纯粹的无限性概念存在的，是直接作为时间和空间存在的，就像这个概念作为意识存在那样；意识作为这种经验的想象力，是一种空虚的、没有真实性的、苏醒中或睡眠中的梦想"⑥。因此，在那个于时间性本质中被特殊化

---

① Jacobi, Jacobi an Fichte, S. 207.
② Cf. Jacobi, Jacobi an Fichte, S. 214f.
③ Jacobi, Jacobi an Fichte, S. 196.
④ Jacobi, Jacobi an Fichte, S. 216 und S. 222.
⑤ Cf. Jacobi, Jacobi an Fichte, S. 206.
⑥ Hegel, Jenaer Systementwürfe I, S. 199. 中文本参见黑格尔：《耶拿体系草稿 I》，第 227 页。

第八章 "精神哲学"之开端与自然时间之消灭的开始

的个别之物那里(这一个别之物从普遍自我中被特殊化,并且就其自身而言是意识的概念性中项),以上总体仅仅是"符号一般"。进一步地:

> 符号的意义仅仅存在于与主体的关系中;主体依存于其选择的意志,只有通过主体,主体在这里思考的东西才是可理解的。①

换言之,黑格尔也发现了主体的否定性,亦即通过理智性时间中项而来的关于实在者的纯粹主体性符号。

在 1805/1806 年《耶拿体系草稿 III》之 β 部分和 γ 部分的开端处,黑格尔的论述如出一辙:精神时间标明了精神的自由,通过这种自由,自我在它的纯粹内在性中将一切形式化和理智化。所以,对于精神时间而言其实不存在实在者,因为"外在的对象自身恰好在精神时间中被扬弃"②。自我想要如此声称:它反正已经通过如上途径综合了自己和物;它从自身中想象一切物,并回忆起自己的内容。对此,黑格尔是这样解释的:

> 并不仅有一个综合产生了,而且对象的存在也被扬弃了;也即,对象不再是它所是的东西了。内容一般地就是它的简单本质——该本质是内容之存在的他者;本质作为整体而是一个他者,而自身这另一种本质则拥有另外的含义;本质还可以作为符号。在符号中,自为存在作为对象的本质而是对象,且它同时作为依据其内容而被扬弃了的总体性;它的内容不再有其自己自由的价值;它的存在是自我自

---

① Hegel, Jenaer Systementwürfe I, S. 200. 中文本参见黑格尔:《耶拿体系草稿 I》,第 229 页。
② Hegel, Jenaer Systementwürfe III, S. 174.

身——观念论,它自己变成了对象;物并不是它所是的东西;那种存在是自身。①

在简单的本质中(在时间自身之中),只有符号。符号建构了对象之被标记的存在,但是它并不是对象自己的存在。

这里确实体现出黑格尔和雅各比之间的一致性。"您所提出的这种符号,……将质料论(Materialismus)和观念论一统到一个不可分离的本质之中"②——当雅各比如此论说费希特之时,黑格尔也将此批评创造性地继承到自己的哲学之中,具体说来,他展示了"实在论与观念论之统一"的纯粹主观内在性,在其中并没有现实的实在性。显然,黑格尔明白,雅各比所理解的"符号"并不是我们在阅读中视为信息的东西,也不是我们应对之留意的东西。与之相反,雅各比说的是我们"脑袋"中的一种幻象。黑格尔自己强调的正是如下这点:通过自己的想象力来将一切标记为自己的内在性东西的那个自我,任意地将自己外在化,因为它是绝对自由的。对于黑格尔来说,每一个被自我所外在化的符号,从外部来看都是一个名称,但无论如何却不是一个现实性的物。"那种图像的王国是睡梦中的精神,它与毫无实在性和定在的内容相关——它的苏醒是名称的王国。"③世界仅仅在一个幻象性、空洞性的梦境中实存,或者说仅仅在标记定在的想象中实存。

在看到上述黑格尔与雅各比的一致性之后,我们还需要仔细分析黑格尔和雅各比在克服"空洞符号的虚无主义"之方式上的分歧。下文将首

---

① Hegel, Jenaer Systementwürfe III, S. 174.
② Jacobi, Jacobi an Fichte, S. 196.
③ Jacobi, Jacobi an Fichte, S. 175.

第八章 "精神哲学"之开端与自然时间之消灭的开始

先呈示的是,雅各比如何寻求克服这种费希特式的虚无主义。紧随于其后,黑格尔自己克服虚无主义的方式会得到探索,最后,我们将总结说明两人之间的分歧究竟何在。

1. 在论证了被想象的符号的纯粹主体性之后,雅各比清晰地解释了"人类如何能再次从符号之幻梦中醒来"这件事情。根据雅各比的观点,"真实"(das Wahre)和"真理"(die Wahrheit)两者必须被明确区分开来。在雅各比眼中,他和费希特一样都想完成知识学,但是两者在这件事情上有完全不同的意图。费希特想要将知识学的终点视为"所有真理的基础,这一点在关于知识的知识学中已有揭示;变得明显可见的自我就是这一基础:它是真实自身,且它在自己之外先行地迷失着。但是,我的看法和您(指费希特)完全不同,就像您的看法和我的看法不同一样,因为我区分了真理和真实。您没有将我称为真实的东西当一回事,并且,作为一个知识学者,即使在我的二分之下,您也不可能将其当一回事"[1]。雅各比如此解释真实的含义:

> 我将真实理解为先于和外在于知识的东西;它首先给予知识和知识的能力,即理性以价值。……人类的理性并不是认知真实的能力;而仅仅是他们对真实之无知的感觉和意识:既有的对真实之预感。[2]

真实是"在知识之先和之外的东西",它的现实性经由我们的感觉和预感(Ahnung)而得以证实。因此,它是本原性的真实者,我们并不能从知识学的角度理解它的可能性。我们能认识的仅仅是真理,它派生于本

---

[1] Jacobi, Jacobi an Fichte, S. 199.
[2] Jacobi, Jacobi an Fichte, S. 208.

原的-真实的真实之中,并对真实保持承认。换言之,我们不可能认识真实,而只能对其加以知觉(wahr-nehmen)①。雅各比把这种真实称作理性,"(真实)是真理的本质,并在其自身中拥有生命的完善性"②。

如果要把人类的理性(或知性)从拥有纯然主观-内在性质,且不断标记和想象的幻象的困境中拯救出来,那么本原性的理性就必须在以上幻象之前实存,这种理性"比自我更多,比自我更好,它是一个完全的他者"③。与之相对,人类的知性只能停留于空洞的幻象。费希特的缺陷在于,他将这种本原性的真实思考为保证"人类与其自身之间的一致性"④的一条理智法则,进而将其设定为人类理性之被想象的统一体。作为不真实的统一,在雅各比眼中,这种知识学的法则不过是"粗糙、单调和空洞的"⑤,因为它并不发端于外在于自我而实存的真实之中,而仅仅是通过自我的种种假定而得到思考。"自我咒骂它的定在"⑥,于是它将自己想象为一个单纯的同一性,但是这种同一性是纯然理想性的。与之相对,在雅各比眼中,现实性的真实绝不能通过自我而被建构。一言以蔽之:通过自我和在自我中进行的纯然建构仅仅是自我的一条纯粹-抽象性法则。在"我性"的真理的纯粹性中,并没有任何实在性可言,因为人们并不能纯然想象实在性,无论这些思考是知识学的还是迷信的。在这一意义上,费希特的自我是自因和事物因,是存在因,但也是本质因:

因为它现在确知它自己即是实在,或者说,它确知一切实在不是

---

① Cf. Jacobi, Jacobi an Fichte, S. 209.
② Jacobi, Jacobi an Fichte, S. 209.
③ Jacobi, Jacobi an Fichte, S. 210.
④ Jacobi, Jacobi an Fichte, S. 212.
⑤ Jacobi, Jacobi an Fichte, S. 212.
⑥ Jacobi, Jacobi an Fichte, S. 213.

第八章 "精神哲学"之开端与自然时间之消灭的开始

别的,正就是它自己。①

这一自我是根本的存在论基础,在斯宾诺莎那里,它就是实体。费希特哲学,因此不过就是一种经过变幻的斯宾诺莎哲学而已,它们本质上运行在同一个平面上②。要从中走出来,就只有通过区分真理和真实,来补足其存在论的缺陷。

2. 不过,与雅各比相比,黑格尔对主体之存在论性质缺陷的看法完全不同。在黑格尔眼中,这一缺陷不但来自先于知识、外在于知识而实存着的实在性,更是来自想象的经验性特征。被想象的符号是空洞和虚无的,但这不是因为它被自我所设定,而是因为它仅仅被自我所任意地感受:

> 意识的这种形式是经验的想象力,作为肯定的普遍性是在时间和空间的连续性中进行的直观,但同时中断和个体化它们,使它们成为个别的、特定的,也就是得到充实的时间与空间片断。③

---

① Hegel, Phänomenologie des Geistes, S. 157. 中文本参见黑格尔:《精神现象学》(上卷),第155页。
② 关于这两种哲学的相关性,可参见崔勒等人的相关研究。Cf. Günter Zöller, Fichte als Spinoza, Spinoza als Fichte. Jacobi über den Spinozismus der Wissenschaftslehre, in: Friedrich Heinrich Jacobi. Ein Wendepunkt der geistigen Bildung der Zeit, hrsg. v. W. Jaeschke u. B. Sandkaulen, Felix Meiner Verlag, Hamburg 2004, S. 46: „Für Jacobi gibt es nur ein konsistentes und konsequentes spekulatives System, den Egoismus, und zwar den Egoismus entweder als Anfang oder als Ende", S. 49f. ; Cf. auch: M. Heinz, Die Kontroverse zwischen Herder und Jacobi über Spinoza; G. d. Giovanni, Hen kai pan. Spinozafigurationen im Frühidealismus, in: Friedrich Heinrich Jacobi, S. 75–106.
③ Hegel, Jenaer Systementwürfe I, S. 198. 中文本参见黑格尔:《耶拿体系草稿Ⅰ》,第226页。

第三部　精神历史的诞生：黑格尔耶拿时期体系规划精神哲学对自然时间的消灭

如在本章前两节中已经指出的那样，主体之自由的回忆欠缺一个必然性的顺序，在这种顺序中，被再生产的东西同时获得它的根本规定性。只要回忆仅仅被任意地想象，主体就仍然被囚禁于世界黑夜的虚无主义中。不能产生意识之必要的规定性顺序的想象力是经验性的，因为其中具体的（被充实的）时间性-空间性东西，一般来说与精神时间和精神空间的普遍性相对。想象力的经验性特征通过普遍性时间和普遍性空间之中的分裂而得到展示[1]，这种内在于意识的经验性分裂只能通过如下的方式被理解：

（1）尽管自然时间被精神时间和精神空间消灭了，但是先前在自然性生命中的时间-空间性内容却得以被保管在意识之中的全新形式里。不过，这种新形式是内容的"属我性"（Jemeinigkeit）形式，亦即，内容现在纯然是"我的"内容。如果内容是被想象的，且对内容的想象次序是纯粹偶然的，那么内容就是幻象性的。当内容缺少范畴性（也就是必然有效性）的规定时，而非当它符合某个自然对象的时候，我们就也说这些内容是经验性的[2]。

（2）尽管有上述的纯然内在性，自我仍然停留于一个分裂之中。分裂的一方是无限的-普遍的自我或精神时间，而另一方是自我的对象，这种对象处于被自我特殊化的（被任意地联想的）时间性和空间性之中。这一分裂伴随着自我的完整反思。在作为精神时间的自我之普遍性中，有

---

[1] Cf. Hegel, Jenaer Systementwürfe I, S. 199. 中文本参见黑格尔：《耶拿体系草稿 I》，第227页。
[2] 我们在此可以非常明确地察觉到康德的"哥白尼革命"对黑格尔的影响。"经验性"的东西不是通过知识与外物的一致性被界定的，而是通过盲目的直观和缺乏普遍必然的范畴规定来被界定的。当然，黑格尔与康德和费希特不同的是，他不将这种想象力称为先验想象力，而称为经验想象力。Cf. B. Sandkaulen, „Esel ist ein Ton": Das Bewusstsein und die Namen in Hegels Jenaer Systementwürfen von 1803/1804 und 1805/1806, in: Die Eigenbedeutung der Jenaer Systemkonzeptionen Hegels, hrsg. v. H. Kimmerle, Akademie Verlag, Berlin 2004, S. 151.

第八章 "精神哲学"之开端与自然时间之消灭的开始

某种被任意设定的东西,它作为与普遍者相对的特殊者而存在。不过,这种所谓的特殊者仅仅被任意地标记。它的"时间性和空间性存在"外在于自我的普遍性,而仅仅是一个应当-存在(Sein-Sollen):

> 意识的这种现实存在就像意识本身作为普遍东西存在那样,将成为一种同样不完善的、形式上的现实存在。作为普遍东西的意识只能在自身中表示:所直观者应该被设定为一个如实存在的他物,但意识在此中还不是真正自为的,而仅仅是作为一种还关联到对立、关联到主体性的东西,像与主体对立的东西,(关联)到主体的存在,但正因为如此,这个对立的东西就依然是意识所是的东西——意识也还有它自为的存在——,并且意识的他在仅仅是作为一种他在的应有而设定起来的。意识在作为它的概念分裂为空间和时间时,就是要作这样的表达:仿佛没有力量再作为一种应当,完全扬弃主体与客体的对立,在它的外在性中表现为主体与客体的现实的一体存在。因此,意识作为它的概念的这种现实存在着的中项仅仅是符号。①

也就是说,在概念性的时空中,意识的无能分别通过两者呈现出来:先是通过内容性的他在之空洞的应当-存在,而后又通过自我和内容之完美一致性的空洞的应当-存在。在此,他在仅仅是一个应当-存在,因为它既不是自然定在,也不是被规定的-外在化的精神定在。而自我和内容的一致性也仅仅是应当-存在,因为在普遍时间中,主观地、时空性地被设定的特殊者总是对立设定的。

以上两点(一是没有范畴性秩序的内容之偶然的属我性,二是自我中

---

① Hegel, Jenaer Systementwürfe I, S. 200. 中文本参见黑格尔:《耶拿体系草稿 I》,第 228 页。

的分裂)共同展示了主体性符号的经验性特征。在第二点上,自我的经验性特征同时是绝对统一体的缺陷,因为被经验性地想象的东西,总是会依赖一个他者,亦即总是中介性的。尽管作为"概念的实存性中项",符号是自身中介的,但是在自身中介里仍然有一种依赖性——符号仍然依赖于它自己的他者。尽管这种他者的存在不再是自然定在,而是一种基于符号内部规定之无差异性的,纯然的应当-存在,但这种自身中介中余下的依赖性仍然指出了自我之想象的经验性特征。

(3) 无论如何,现在清楚的是,在"精神哲学"开端处早已言及的时间之消灭,必须被进一步地解释。这是因为在回忆中,只有外在时空性对象的"非-为我-存在"(Nicht-für-mich-Sein)消灭了。与之相对,结构性地内在于精神时间的那种分裂保留了下来。经验性的想象力在普遍性时间和被该种时间所内在特殊化了的时间性-有限性之间设立了中项,这一中项就是纯然主体性的符号。通过自我之中符号的中介,分裂并未被现实地克服,而是被直接保留了下来。也就是说,符号不但设定了被指示的东西,还设定了作为一个应当-存在的更高统一性。但是,人们通过符号并没有认识到真正根本的东西。所以,我们还要致力于克服内在于精神时间的这种分裂,为了完成这一点,黑格尔必须取消分裂化的时间结构,亦即是说,他必须在语言哲学中完成对时间的彻底消灭。而这就将我们引入到下一章的分析之中。

第九章
自然时间与感性时间在语言中的彻底消灭

"在名称中,直观、动物性东西和时空首次被根本性地克服了。"[1]黑格尔在此说的就是时间的彻底消灭。在世界黑夜的漫长幻梦之后,精神现在必须醒来,它不再于动物性人类的意识之中时间性地实存。以上这一决定性的变化,只能通过"名称的世界(Welt des Namens)从盲目的和纯然内在的符号(或图像)中产生"这一点得到理解:"图像的王国是做梦着的精神,它和一个内容密切相关,但没有任何实在性和定在——而这一精神的苏醒就是名称的王国。"[2]名称王国的诞生将在下文得到细致展示。

在世界黑夜中,连动物性意识都是模糊的。黑夜中的一切在存在论意义上都是不可规定的,因为它们都只是被任意地设定下来而已。为了规定它们,那些自为的和为我的内容就必须被自我清晰地表现。在自身的外在化中,自我必须逐步地规定那些被它和被精神性时间所特殊化的东西:

> 这种特殊化必定会获得一种现实存在,必定会变为外在的,或者说,必定会把在直观中从形式方面区分开的东西设定为一种外在的东

---
[1] Hegel, Jenaer Systementwürfe III, S. 176.
[2] Hegel, Jenaer Systementwürfe III, S. 175.

西,在直观里的两个对立方面,即能直观者与所直观者,是分离开的,并且意识是作为一个现实存在着的中项存在的。①

不过,主体性的-被指示的"中项"并不能建构这种外在性。"它(自我)首先是直接的内在性,它还必须走向定在,成为对象,反过来外在地是这种内在性;恢复存在。"②"向着存在的回转"恰好指出,存在论证明的缺陷必须经由定在的规定性自身而被清除。显然,这种外在性定在不再是自然定在,而是精神定在。黑格尔现在把这种被自我所表达的定在称作名称,把对绝对自我和具体定在之界限的存在论证明称作语言:

> 这是语言,作为命名的力量,——想象力仅仅给出空洞的形式,描述(的力量)仅仅将该形式设定为内在的东西,但语言(将内在的东西设定为)存在者。语言也就是精神之作为精神的真实存在——精神在这里作为两个自由的自身的统一而存在;并且语言是一个符合于其概念的定在,——语言同时直接地扬弃自身——逐渐减弱着,但是能被听见。③

换言之,外在化的符号(它的界限就是语言)的具名性(namentlich)世界诞生于创造性的命名力量(namengebenden Kraft)中。这一力量是想象力在黑格尔那里的完全专属性变体,伴随着它的引入,黑格尔走入了一条新的哲学之路——这条路一直将他引入《哲学百科全书》之思。命名力量

---

① Hegel, Jenaer Systementwürfe I, S. 199. 中文本参见黑格尔:《耶拿体系草稿Ⅰ》,第 228 页。在此意义上,符号不是认识的真正中介,因为它缺乏确定的对象。西蒙已经发现了这一点。Cf. J. Simon, Das Problem der Sprache bei Hegel, W. Kohlhammer Verlag, Stuttgart 1966, S. 86ff, S. 166.
② Hegel, Jenaer Systementwürfe III, S. 174.
③ Hegel, Jenaer Systementwürfe III, S. 174.

可以被称作绝对中项,作为"自为且为我存在着的"(für-sich-wie-für-mich-seiende)特殊者,亦即作为具体的普遍者,这一力量在自身中连接起可分的界限和这一界限的各部分①。

下文将通过两部分来展开论证:首先,我们必须追问,黑格尔在1805/1806年为何以及如何把时间的消灭偕同命名力量和精神的苏醒来加以思考。这种思考的方法意味着,语言的范畴性秩序将扮演一个核心角色。然后,在一窥黑格尔1803/1804年体系以及他对"民族语言"(Volkssprache)的引入之后,我们将再一次强调黑格尔在第一部分中的关联做法,并将其意义进一步凸显出来。

第一节
黑格尔 1805/1806 年语言哲学中精神的
苏醒和时间的消灭

在黑格尔那里,名称和语言在新的意义上被视为中项。黑格尔在1805/1806年清晰地表明,这一新的中项(通过它,我们才首次获得了意识的实在性)首先只能通过精神的苏醒过程来被思考②。

---

① Cf. B. Sandkaulen, „Esel ist ein Ton": Das Bewusstsein und die Namen in Hegels Jenaer Systementwürfen von 1803/1804 und 1805/1806, S. 151 und 158ff.
② 这一结构在黑格尔《哲学百科全书》的"精神哲学"部分同样存在。对此的研究参见 R. Wiehl, Das psychische System der Empfindung in Hegels „Anthropologie", S. 129 – 139;J. Simon, In Namen denken. Sprache und Begriff bei Hegel, in: Hegel: Zur Sprache. Beiträge zur Geschichte des europäischen Sprachdenkens, hrsg. v. B. Lindorfer und D. Naguschewski, Gunter Narr Verlag, Tübingen 2002, S. 33 – 46;G. Wohlfart, Denken der Sprache, Verlag Karl Alber, Freiburg/München 1984, S. 208 – 231 und B. Lindorfer, Zum Verhältnis von Sprache, Denken, Dingen bei Hegel, Kojève & Barthes, S. 79 – 94。关于这一理论与康德和费希特的差异,参见 J. Habermas, Technik und Wissenschaft als Ideologie, Suhrkamp, Frankfurt a. M.1970, S. 23 – 25;K. Düsing, Endliche und absolute Subjektivität, in: Hegels Theorie des subjektiven Geistes, hrsg. v. L. Eley, Frommann-Holzboog Verlag, Stuttgart-Bad Cannstatt 1990, S.45ff.。

第三部　精神历史的诞生:黑格尔耶拿时期体系规划精神哲学对自然时间的消灭

1. 梦在图像的王国发生,但它现在有了自己的名称。沉睡者将名称视为全世界的真理,亦即,它先是在自己的图像中藏匿真理:

> 梦着的东西也能意谓这些,但这些已经不再如其所是——梦着的东西并不能和苏醒的东西区别开来;但是,苏醒的东西能和梦着的东西区分开来,因为它是真实的,是自为的——它是真实的——对象的图像不再纯然是自己现有的自为存在;而闭锁的自为存在同时拥有存在的形式,它存在着。①

当精神苏醒的时候,它就能够认识到,原来自身之中有一种存在论性质的资格,而这种资格在自己的梦中从未被清晰地表达过。通过这一苏醒,精神认知了实在性——实在性不仅仅是为我的,而更是为着自己的。作为这种自为存在,实在性是被表达的定在的实在性;而作为"自为且为我存在着的"东西,实在性是言说着的自我和它的被表达的定在之间的统一。

现在成问题的是,苏醒中的东西如何能显露出来。作为显露的东西,它知道现在只有一场梦,亦即一个形式化的世界,尽管如此,其中仍然实存着存在的真理,该真理不仅为了一个纯然的符号而被保存,更是为了存在而被保存。为了回答以上问题,名称和语言的功能必须被准确地描述。下文将首先通过和雅各比的比较,指出名称的真正定在意味着什么。然后在此基础上进一步详尽地分析精神如何能苏醒,以及它何时能如其这般所是地认知真正的定在。

---

① Hegel, Jenaer Systementwürfe III, S. 176.

第九章　自然时间与感性时间在语言中的彻底消灭

2. 尽管黑格尔对梦者和苏醒者之区别的思考又再一次指向雅各比，因为后者早已在《大卫·休谟论信仰》中说："在梦中，苏醒的东西无法被区别开来，但在苏醒的东西中，梦可以被区别开来。"①但是，当雅各比指出在纯然理智性直观中展示现实者的不可能性时，黑格尔却通过纯然内在性图像的外在化而力图展示一种内在于理智性直观的现实者。对黑格尔来说，这种现实者正意味着被规定的内容，这一内容现在并不仅仅属于主体自身，而是同时在存在论角度被展示为一个外在的东西。虽然这种外在东西不是自然性的东西，而是精神性的东西，但它也有自己的存在，该存在和纯然内在性的自我意识有所区别。

但是什么才是这种现实者？黑格尔把它称为"感性存在者"(das sinnlich Seiende)：

> 符号中的对象拥有一个与其存在不同的意义——内在的东西；名称的意义反过来是感性存在者。它的内容必须被等同于它简单的、存在着的精神性。②

这种感性存在者仅仅实存于名称的王国中，因为和内在的、有图像的多样者比起来，这种感性存在者必须从外部得到规定，并拥有它自己的存在。它是固定下来的个体，是"在自身中被封闭的东西"，它由于自己特有的存在而不再于自己同自我的关系中得到思考。也就是说，名称不可能是盲目的、被想象的多样者，这种多样者彼此联结。与之相反，名称与另

---

① F. H. Jacobi, David Hume über den Glauben, oder Idealismus und Realismus, in: Schriften zum transzendentalen Idealismus. Friedrich Heinrich Jacobi Werke, Band 2.1, hrsg. v. W. Jaeschke und I. M. Piske, Felix Meiner Verlag, Hamburg 2004, S. 68.
② Hegel, Jenaer Systementwürfe III, S. 176.

一个名称互相区别,它们彼此分离地得到确定。名称,或者说感性存在者,也就是被完全扬弃的个体,是真正的个别事物,或者如黑格尔所言,是物环节(Ding-Moment)。尽管这种个别事物是被自我所再生产的,但它同时和纯然内在性-时间性-我性的再生产脱离开来——它成为自我的他在,成为了在其自身中的具体内容。

现在可以确定的是,名称虽然是感性的,但是并不是自然性的。名称是感性的,因为它还不是在一个范畴性的、被规定的秩序中被自我所清晰认知的东西,而是作为无联系的个别东西而与自我处于纯然的对立之中。

这种切断了同自我的联系的定在不是完全被规定的定在,因为它仅仅作为自我之内在性的外在化而实存,这意味着它缺少自己的具体规定性。定在的名称也是无规定的和纯然否定性的。在此意义上,名称表达了什么,以及它对自我来说确切地意味什么,这两件事是全然无关紧要的:

> 自我的内容是无关紧要的名称;但是在其众多的无关紧要性中,自我自身并不是作为否定性的东西,如其在真理中那样。①

外在于规定性秩序的名称不是"自身"(das Selbst),因为它并未表明自己对自我而言到底是什么。因此,它的纯粹否定性必须被扬弃,而这种扬弃发生在语言之中。当名称被人类充满自我意识性地清晰表达出来的时候,人类也就从它们的梦中苏醒了过来。

3. 总的来说,现在可以确定的是,为了避免费希特哲学中的实在性

---

① Hegel, Jenaer Systementwürfe III, S. 177.

第九章　自然时间与感性时间在语言中的彻底消灭

缺陷问题,黑格尔引入了个体化原则①,将之作为一条与普遍者相对立的原则。这一原则让我们能够不再任意地,而是具体地去规定纯然普遍性理智的每一个部分。借由该原则,作为"物-时刻"②而实存的东西就得以被固定下来。现在,物-时刻意味着感性的个别事物,这一个别事物被感受为一个实在的、外在于主体的他者。同时,物-时刻被称作感性确定性,它本身(per se)存在着,并且还没有在名称的整体中被规定。

由于"在整体中规定个别者"这一哲学目标是自由的,在黑格尔眼中,自我必须提供一个内在于繁复名称的固定秩序。彼此之间有序联结的名称的整体,就是自身表达的语言:

> 语言首先围绕自我自身进行言说,给予物的意义以一个名称,并且将之表达为对象的存在;……语言是第一种创造力,它行使精神;亚当给一切事物命名,这是统治的权利,并且是对整个自然的首次占有,或者说是出于精神而对整个自然的创造;物的逻各斯、理性和本质,以及称呼、事情的范畴。人类将物说成他们的东西,这种东西也就是对象的存在。③

我们可以按如下方式解释本段:

(1) 语言是精神自身的创造力,因为它被精神所行使。一种纯然自然性的语言对于黑格尔来说是无法设想的。自然性-动物性的声音只能通过精神的练习才能成为语言的嗓音。这种精神性语言将自然的"真存在"外在化,它表达出自然的精神性本质。如果没有这种存在论性质的表

---

① Cf. Hegel, Jenaer Systementwürfe III, S. 177, Fußnote. , S. 182.
② Hegel, Jenaer Systementwürfe III, S. 180, Fußnote.
③ Hegel, Jenaer Systementwürfe III, S. 175.

达,自然就只能将自己的空洞存在设定为虚无,因为自然并不本质性地拥有它的自身-存在(Selbst-sein)——自然仅仅是向自身存在转变着的东西,它总还是自身存在的他者。在此意义上,语言"是统治的权利,并且是对整个自然的首次占有,或者说是出于精神而对整个自然的创造",这并不仅是因为语言认知了自然,而更是因为它创造了自然。所以,语言不仅在认识论意义上,而且在存在论意义上也非常重要。自然本质能够自在地存在,这是因为它被无限的自我或者被亚当讲出。没有这种创造一切的语言,自然就不能表明,自己首先拥有普遍的自身存在,其次拥有自己的具体定在。

(2)语言所言说的东西,就是名称,在其中,一个个别事物是一个声音(Ton),它和他者绝对分离开来。也就是说,起初,一切都依据一个响亮的声音而得以和其他的生命本质相区别开来。换言之,名称或声音(它们被意识清晰地表达)向我们指出特殊生命本质之独一无二的定在。名称或声音既是对对象之个别存在的指明,也是不同生命本质之间的区别标记①。"通过名称,对象也就作为存在者而从自我中诞生出来。"②对象作为被外在化的东西而存在,尽管它和纯然内在的自我之间呈对立之势。

(3)但是,名称并不仅仅是一个对象,它还是被我所说出来的名称,或者说被我所表达出来的物-环节。"人类将物说成他们的东西,这种东西也就是对象的存在。"在这意义上,物和自我之间现实性的统一在此首次达成了。曾经存留在精神性时间直观中的那个分裂,现在已经完全消

---

① 黑格尔在此处显然借鉴了赫尔德的语言论证。Cf. J. G. Herder, Über den Ursprung der Sprache, in: Johann Gottfried Herde Werke, Bd. 1, hrsg. v. und Gaier, Deutscher Klassiker Verlag, Frankfurt a. M. 1985, S. 722;J. G. Herder, Verstand und Erfahrung, Eine Metakritik zur Kritik der reinen Vernunft, in: Johann Gottfried Herdes Werke, Bd. 8, hrsg. v. H. D. Irmscher, Deutscher Klassiker Verlag, Frankfurt a. M. 1985, S. 387.
② Hegel, Jenaer Systementwürfe III, S. 175.

第九章　自然时间与感性时间在语言中的彻底消灭

灭了,而时间也在语言中被"克服"。从前被反思所造就的、居于自我和内容之间的内在分裂,现在被克服了,因为内容现在作为一个特殊者,同时作为一个我的特殊者,得以自为地被规定。这种特殊者是"和他者完全不一样的东西,如同它在直观中那样,且它是真正的存在"①——它不再是感性的了。自我现在也不再是被限制在感性对象之中,而是用自己的"自由力量"②来产生对象。

（4）黑格尔把这种语言中的(自我和内容的)统一称为"逻各斯"（Logos）、"理性"或"范畴"。不过,自我的能力仅仅是知性,通过它,范畴能以一种确定的方式应用到名称之上。知性将感性实在者变为非感性东西（Entsinnlichung）,在这里,语言性整体是被现实化的"我自身"。换言之,被知性能力所把握的物-时刻(名称)属于我自身。因此,在被知性固定下来的,关于物之名称的语言性秩序中,"物、知性、必然性"③三者彼此紧密连接。在这一视角下,知性建构了自我和物之间在存在论性质上的统一。

在黑格尔眼中,只有苏醒的精神才能知性地思考。仅当精神知道,它能通过自己的范畴而将一切作为它的东西来带入秩序中时,它才知道自己是醒着的。这种秩序叫记忆(Gedächtnis),在其中,自我表达性地规定和重复它的回忆,并且：

> 记忆的运用就因此而是已苏醒的精神之所谓精神的首次工作。④

记忆是自我的再-回忆,在其中,一切都在一个被严格规定的秩序中

---

① Hegel, Jenaer Systementwürfe III, S. 175.
② Cf. Hegel, Jenaer Systementwürfe III, S. 178.
③ Hegel, Jenaer Systementwürfe III, S. 181; Cf. Jenaer Systementwürfe III, S. 180f., Fußnote.
④ Hegel, Jenaer Systementwürfe III, S. 178.

得到规定。由于名称表达出自我之个别化过程(Vereinzelungsprozess)的每一个部分,并且苏醒的自我将一切以一个接一个的方式带入语言性的回忆之中,普遍者现在就被真正地充实了。换言之,借由"固定中和被固定的秩序"同时得到建构这一点,黑格尔展示了一个双重的存在——从自我到物的存在,以及从物到自我的存在①。

4. 在名称和语言中,时间的彻底消灭发生了。

正如本章一开始所引用的:"在名称中,直观、动物性东西和时空首次被根本性地克服了。"②"动物性的东西"在此指那种沉入自己的简单本质和实质性生命中的精神。动物性精神将某东西首先表象于空洞的时空形式中,但并没有将该东西事先掌握,因为在黑格尔的构想中,掌握和理解以通过名称和语言而发生的时空之消灭为前提。换言之,仅当每一个部分(每一个名称)在自己的时间点上被现实地规定,以至于不再仅仅实存于符号的王国(和自我之纯然内在性时间的简单本质)之时,动物性东西连同时空才会被克服。

现在,在黑格尔这里,只有无时间的、范畴性的精神秩序留存了下来,它取代了在精神直观中实存着的纯然内在性时间。这种精神秩序在记忆中被存在论地和非感性地思考,"记忆是被思考者的转变,是非感性对象的转变"③。该秩序和感性意义上的主体性-时间性直观全然无涉,因为这种外在的-空间性的时间性东西(主体性-时间性直观)仅仅是无联系的感性东西。通过知性而进行的,对名称的语言性再联结引向绝对的去感性化,在这种去感性化过程中,每一个具体的对象作为精神性秩序的部分

---

① Cf. Hegel, Jenaer Systementwürfe III, S. 178 und S. 180ff.
② Hegel, Jenaer Systementwürfe III, S. 176.
③ Hegel, Jenaer Systementwürfe III, S. 180, Fußnote 1.

都是绝对无时间的。换言之,作为被知性设定为自我和它对象之存在的存在论性质基础的东西,精神性秩序的每一部分(即每一个具体的对象)都是纯然概念性、永恒性的:

> 现在对于自我来说,基础就是诸如此类的普遍者,自我将自己当作知性来进行认识,他将被规定的概念说成他自己的东西。①

基于这样的概念,黑格尔现在将秩序理解为逻辑学的精神性秩序,这样,他才能进一步借助这样的概念而论及精神的分割判断(Urteil)和统合推理(Schluss)②。"分割判断"的意思是,非感性的对象拥有自己的存在,并与自我对立着存在;"统合推理"的意思则是,以上两者(对象和自我)通过自我的语言而再一次被联结起来。在统合中,系词是自我自身,它意味着概念性的同一性。作为诸部分之统一的秩序是"概念、判断和推理"的三位一体,这种三位一体是自我表达着的理性,它完全不再是时间上可设想的。

第二节
1803/1804年黑格尔语言哲学中关于时间之彻底消灭的阐述

尽管在1803/1804年的黑格尔语言哲学中,精神的苏醒还不像

---

① Hegel, Jenaer Systementwürfe III, S. 181, Fußnote 2.
② Cf. Hegel, Jenaer Systementwürfe III, S. 181, Fußnote 2, S. 182ff. 关于黑格尔在逻辑学意义上对语言和时间关系的研究参见 J. Simon, Philosophie und ihre Zeit. Bemerkung zur Sprache, zur Zeitlichkeit und zu Hegels Begriff der absoluten Idee, in: Dimension der Sprache in der Philosophie des Deutschen Idealismus, hrsg. v. B. Scheer und G. Wohlfart, Königshausen und Neumann, Würzburg 1982, S. 18–31。

1805/1806年语言哲学中那样得到了清晰的展示，不过通过苏醒着的精神而发生的时间之消灭的结构在1803/1804年版本中也已经是清晰有据的了。

1. 在1803/1804年版本中，缄默的(stumm)意识，这一种"空虚的、没有真实性的，苏醒中或睡眠中的梦想"[1]，必须"绝对扬弃各个理想环节的持续存在的无差别性。……对于意识的这种现实存在的观念就是记忆，而记忆的现实存在本身则是语言"[2]。记忆(谟涅摩叙涅[Μνημοσύνη, Mnemosyne])将"我们称之为感性直观的东西"变成"记忆的事物"，变成一个"想到的东西"，并且"在这里，意识才有了一种实在性，就是说，对于只在空间和时间中理想的东西，即对于在自身之外拥有他在的东西，这种对外的关系遭到毁灭，并且他在自身被设定为理想的，就是说，变成了一个名称"[3]。在此，黑格尔如1805/1806年那样清晰地强调了在记忆中对时空性-感性对象的扬弃。在时空中仅仅是理想性的实在性，作为自我的他在，现在通过名称来被思考。确切地说，早先通过精神之简单的时空性本质而被感觉到的实在性，还并不是现实的实在性，而是单纯主体性的、单纯为着意识而存在的实在性。与之相对，"在名称中符号的自为存在着的实在性遭到了毁灭"[4]。名称"没有物和主体也依然存在的"[5]。作为一个更实在的对象，名称是这样的单一体：它仅仅通过声音而被表达。

黑格尔早在1803/1804年就已强调了记忆之单纯发声性(tönend)的一面，而这一面后来又再现于"心理学"这一部分[6]。在这里，赫尔德的影

---

[1] Hegel, Jenaer Systementwürfe I, S. 199. 中文本参见黑格尔：《耶拿体系草稿 I》，第227页。
[2] Hegel, Jenaer Systementwürfe I, S. 200. 中文本参见黑格尔：《耶拿体系草稿 I》，第229页。
[3] Hegel, Jenaer Systementwürfe I, S. 201. 中文本参见黑格尔：《耶拿体系草稿 I》，第230页。
[4] Hegel, Jenaer Systementwürfe I, S. 201. 中文本参见黑格尔：《耶拿体系草稿 I》，第230页。
[5] Hegel, Jenaer Systementwürfe I, S. 201. 中文本参见黑格尔：《耶拿体系草稿 I》，第230页。
[6] Cf. M. Bienenstock, Zu Hegels Erstem Begriff des Geistes (1803-04): Herdersche Einflüsse oder Aristotelisches Erbe? In: Hegel-Studien, Bd. 24, Bonn 1989, S. 41ff.

第九章　自然时间与感性时间在语言中的彻底消灭

响清晰可见。赫尔德声称,有一种感受的语言,并且它同语声相联系。对赫尔德而言,声音是差异的一个标记,此外还是一个记号(Merkwort)、一个被收集起来的符号,亦即一个名称。

> 由此看来,最早的词汇是由整个世界的声音聚集而成的。每个会发声的物体都说出它的名称,人类心灵于是把物体的图像铸刻在那上面,把声音当作区分的特征。……关于事物本身的特征尚在行为主体和行为之间摇摆不定,事物发出什么声音,就用什么声音表示事物。①

因此,名称就是现实性的中项,它介于主体和悬在物之上的符号之间。虽然其通过知性,或者用赫尔德的用词——悟性(Besonnenheit)而被理解,但是我们并不能将之仅仅理解为精神的自身重演或自身现实化。在黑格尔眼中,它其实是引向了特殊者,我们于是"把那能够自行组织的意识的各个环节看作一物的规定性,既不是在具有禀赋、爱好、激情、冲动等形式的主体的方面,也不是在对立的其他方面,而是像意识作为两者的统一和中项绝对自为存在那样;意识在这个物本身是一个能动者对一个被动者的运动,但作为运动本身是统一体,对立在其中仅仅是理想的,自在地是一个被扬弃的对立"②。

这种"统一和中项"就是语言,黑格尔在 1805/1806 年版本中也对之进行了主题化处理。语言并不实存于"主体那一面",因为它不再纯然内在地实存,而是在其自身中拥有外在性。同时,语言也不实存于另一面,即"对物的规定性那一面",因为外在的、纯然发声性的表达处于名称的领

---

① Herder, Über den Ursprung der Sprache, S. 737. 中文本参见赫尔德:《论语言的起源》,姚小平译,商务印书馆,1998 年,第 41 页。
② Hegel, Jenaer Systementwürfe I, S. 203. 中文本参见黑格尔:《耶拿体系草稿 I》,第 232 页。

域之中,而该领域里并不再有时空性的个别事物。作为个别事物之名称的名称也就不是"这个物的直接的非现实存在"①。语言因此是自我和物在存在论角度的同一性。

发声的名称——比如动物的空洞声音——含有"一个无限的、自在地得到规定的意义",或者说:

> 名称是作为语言现实存在的。它是意识的现实存在着的概念,因而并非固定不变,而是同样也直接不再是它原来那样。它作为无形的、自由的流体的一种外在性,现实地存在于气元素力里,因为它是像它原来那样,绝对存在于自身之外的,拥有普遍发挥传媒作用的现实存在。②

如果语言只是自由流动的,如果词语的意义在每一次出场的时候都有所不同,以至于在不同场合之间理解一个发声的名称的意义变得不可能,那么,人们又如何能总是准确地在这一或那一意义上回忆起一个名称呢?人们又如何能在这一或那一种语言中将名称带入意识中呢?

2. 赫尔德早已尝试着回答名称之具体性这一问题,他以语言的家庭意义和结构性-共同性意义为解决手段。这一点应该在下文得到简短的阐述,以便随后指出赫尔德之论证对于黑格尔而言的意义,以及在这一问题上两者之间的决定性分歧。在《论语言的起源》一书第二部分"人在何种情况下必须发明语言和能够最有效地发明语言"中,赫尔德论证道,动物由于它们做着梦的精神而无法拥有任何语言:

---

① Hegel, Jenaer Systementwürfe I, S. 202. 中文本参见黑格尔:《耶拿体系草稿 I》,第 231 页。
② Hegel, Jenaer Systementwürfe I, S. 201. 中文本参见黑格尔:《耶拿体系草稿 I》,第 230 页。

第九章　自然时间与感性时间在语言中的彻底消灭

动物的思想联系可能含混,也可能清楚,但却不明确。例如在生活方式和神经构造上最接近于人的动物类型——走兽,常常表现出有许多的记忆,在有些场合它们的记忆甚至比我们人类还好。但这种记忆始终只是感性的。(……)它们的感性经验始终局限于个别、具体的场合,它们的记忆会成为一个由不断发生的感性事例组成的序列,但这些事例从未由思考联系起来。由此形成的是一个复杂多样的合成,缺乏明确的统一性;是一个由一系列生动、清楚的感性表象堆成的梦,缺乏一条清醒明白的规律,能把这个梦理出头绪。①

赫尔德称,动物的记忆总胡乱混杂一切感性东西,因为它缺少一个经过(被语言整理的)思考(以及用黑格尔的话来说:经过知性)而得出的清晰秩序。只有作为有语言能力的生命物的人类,才能产生一个这样的秩序。

然而,没有心灵的词语,人类最早的自觉意识活动就不能成为现实;事实上,悟性的所有状态都以语言为基础,人的思想的链带也即词语的链带。②

思考着的人必须通过语言来言说。他所思考的,并不是纯然的感性东西——感性符号其实是一个声音性的"标记"或"记号"③。所以,羊羔

---

① Herder, Über den Ursprung der Sprache, S. 772. 中文本参见赫尔德:《论语言的起源》,第74页。
② Herder, Über den Ursprung der Sprache, S. 774. 中文本参见赫尔德:《论语言的起源》,第76页。
③ Herder, Über den Ursprung der Sprache, S. 723. 中文本参见赫尔德:《论语言的起源》,第38页。

的"咩咩"叫声会给人类这样的印象：它现在才是一个"羊羔"，而不是狮子。这种"咩咩"的叫声成为区分羊羔和狮子的标志，成为一个记号，通过该记号，人们才能在不再感性直观到羊羔的时候，回忆起"它是一个羊羔"这一事实。也就是说，通过这种发声性的记号，人们才能确切地认知一个确定的特殊者，并将之识别出来。

但是，当人们能够准确回忆起纯然发声性名称的时候，名称之具体性这一问题却得不到充分的回答。这是因为，以下情形依然是可设想的：一个声音性记号仅仅对某一个特别的人而言是清晰的，也即这一记号是主体性-任意性的和纯粹私人性的。普遍地看，这种私人记号无法拥有任何具体意义。

为了解决以上困难，赫尔德这样论证：语言能必然地随着人类共同体的成长而发展，因为人类的思维或人类的悟性具有共同性：

> 人本质上是群体的、社会的生物，所以，语言的发现对于人来说是自然而然、必不可免的。①

然后，赫尔德提到"语言的家庭进步"，这一过程通过"课程和教育的纽带"而在一个家庭中得以可能②。在这种进步下，种族语言③和民族语言④必然会诞生。在赫尔德眼中，对语言之深造的必然性来自人类精神的

---

① Herder, Über den Ursprung der Sprache, S. 783. 中文本参见赫尔德：《论语言的起源》，第 85 页。
② Cf. Herder, Über den Ursprung der Sprache, S. 785f. 中文本参见赫尔德：《论语言的起源》，第 87 页。
③ Cf. Herder, Über den Ursprung der Sprache, S. 787f. 中文本参见赫尔德：《论语言的起源》，第 88 页。
④ Cf. Herder, Über den Ursprung der Sprache, S. 791f. 中文本参见赫尔德：《论语言的起源》，第 89 页。

第九章　自然时间与感性时间在语言中的彻底消灭

延续性(以及来自我们共同的悟性):

> 悟性把人类生活的一切状态组织为一个连续的统一体。其中也就包括了语言及其持续的发展。①

对赫尔德来说,语言不是私人的,因为当人类说语言的时候,他们是为了接收来自一个他者的认知,或将一个认知传播给他者。换言之,对说一门语言的人类来说,通过认知的接收和传播来建构整个世界的东西,就是类属本质。正是在这一意义上,人类得以在最高的意义上连续存在,不断进步,以至于"第一颗人类心灵的第一个思想与最后一颗人类心灵的最后一个思想联系在一起"②。正是由于人类精神(悟性)是世界性的,它才是普遍性的。不过,人类精神并不是简单的、直接的普遍性,而是首先在种属进程中经过中介。这一进程不是人类的简单繁殖,而是人类性-语言性知识的发展。仅当其是民族精神(Volkgeist)的时候,语言和普遍性-人类性的思考才得到了完全的展开。

如此看来,现在清楚的是,人类一般而言如何能准确回忆起发声的名称。答案是,人类在民族中和在共同体中通过接收和传播来回忆起发声的名称。老人向他们的孩子传授语词,而这些语词又是从更上一辈那里学习得来的。在一个特定的共同体中,人们彼此传播语词,并且逐渐地进一步发展语言。因此,一个名称连同它确定的含义可以被普遍地接受。对认知的接收和传播过程的同一性保障了我们的精神(或我们的悟性),

---

① Herder, Über den Ursprung der Sprache, S. 799. 中文本参见赫尔德:《论语言的起源》,第102页。
② Herder, Über den Ursprung der Sprache, S. 800. 中文本参见赫尔德:《论语言的起源》,第103页。

因为该精神是就其自身而言普遍的。

3. 毫无疑问,对于黑格尔而言,语言就像在赫尔德那里一样属于普遍的民族精神①。在这一点上,两人之间存在着最大的相近性。黑格尔在1803/1804年版本中明确地断言,整个意识"作为一个民族的精神而实存"②。民族精神是普遍的和无限的,它同时还是诸个体之间的现实性中项。由于个体意识之复多性而无法被证实为特定存在的东西,只能通过民族精神之中该种复多性的简单本质而作为实在者来被把握:

> 这就是目标,就是意识的绝对实在性,我们必须把意识的概念提高到这种实在性。这是意识作为一个民族的精神所拥有的总体性,精神绝对是对所有的民族的意识,所有的民族都在直观精神,并且作为意识,把精神跟自身对设起来,但同样也在得到扬弃的意识中直接认识他们的对设,认识他们的个别性,或者说,认识他们的作为一种绝对普遍东西的意识。③

"绝对实在性"在此意味着自我与其范畴性-规定性秩序的存在论统一。这种绝对实在性基于民族精神而实存,因为个别的意识处于受限制状态,因而并不能普遍地为绝对实在性的实存提供存在论论证。通过民族精神(诸个体的中项),一切都在一个特定秩序中综合为一体。

---

① 事实上,这也是为什么杜辛和惠斯勒都认为,在黑格尔1803/1804年的精神哲学部分,没有个别存在者的位置,而只有普遍民族精神实体位置的原因。在我看来,时间在语言中的被消灭,因此同时也就是个体实在存在者位置重要性的取消。Cf. K. Düsing, Endliche und absolute Subjektivität, in: Hegels Theorie des subjektiven Geistes, S. 38; Hösle, Hegels System. Der Idealismus der Subjektivität und das Problem der Intersubjektivität, S. 401–411.
② Hegel, Jenaer Systementwürfe I, S. 187. 中文本参见黑格尔:《耶拿体系草稿 I 》,第214页。
③ Hegel, Jenaer Systementwürfe I, S. 190. 中文本参见黑格尔:《耶拿体系草稿 I 》,第217页。

第九章　自然时间与感性时间在语言中的彻底消灭

现在,每一个体都必须被认知为诸中项之总体中的一个实在的、特定的实存部分:

> 所以,当我们认识意识构成它的总体时,我们就是在认识意识作为环节如何存在于一种规定性里,而意识是作为一种规定性,作为一种在被对设起来的东西中的规定性存在的,因为它是一个中项;意识在它的各个环节的实在性里的有机组织是它的各个作为中项的形式的一种有机组织。①

而民族精神在其首要的意义上就是语言:

> 作为中项,意识的第一种受到束缚的现实存在是意识的作为语言、工具和财产的存在,或者说,是意识的作为单纯一体的存在,即作为记忆、劳动和家庭的存在。②
>
> 语言仅仅是作为一个民族的语言而存在的。知性和理性也同样如此。只有作为一个民族的事业,语言才是理想的精神的现实存在,在这种语言里,精神说出它(按)它的本质,在它的存在中是什么。③

仅在这一意义上,语言的普遍性和必要性才能被理解。语言绝不是个别人的任意性语言,而总是被人们在一个民族中携手共同建构,并被共同接受。

---

① Hegel, Jenaer Systementwürfe I, S. 191. 中文本参见黑格尔:《耶拿体系草稿 I》,第219页。
② Hegel, Jenaer Systementwürfe I, S. 193. 中文本参见黑格尔:《耶拿体系草稿 I》,第220页。
③ Hegel, Jenaer Systementwürfe I, S. 226. 中文本参见黑格尔:《耶拿体系草稿 I》,第258页。

把自身提高为知性的语言,因此又进入自身,扬弃单个的所说的名称——概念像所有事物一样,沉淀于语言中,并且是一种绝对能加以传播的概念。①

亦即,像在赫尔德那里一样,语言必然地在社会性的消息传播中实存,黑格尔也认为:

被扬弃的名称必定绝对在自身中反思自身,或者说,它作为一种规范者必定不是按照它的个别性,而是仅仅按照它的关系,即作为普遍的名称或概念绝对在自身中反思自身。②

通过这种普遍地被规定的关系,人们能够清晰地知道,一个发声性的名称意味何如,因为该名称在每一种关系中都不是任意地实存,而是对所有人而言有一样的意味。

尽管黑格尔和赫尔德在语言之社会性建构这一块有共同之处,但是两人对语言的理解有根本性的不同,而分歧点在于黑格尔对时间之消灭和语言之逻辑性-精神性意义的看法。

对赫尔德来说,语言的发展是一种历史性-基于经验的发展,该发展就是公共理性:

语言是随人类一道演变,循序渐进地发展起来的,无论历史或诗歌、哲学或语法都证明了这一点。这本来就属于理性可以解释

---

① Hegel, Jenaer Systementwürfe I, S. 206. 中文本参见黑格尔:《耶拿体系草稿I》,第236页。
② Hegel, Jenaer Systementwürfe I, S. 206. 中文本参见黑格尔:《耶拿体系草稿I》,第236页。

第九章　自然时间与感性时间在语言中的彻底消灭

的事实。否认这一点的人,不是出于无知,就是因为过分胆大妄为。①

　　这种理性并不是纯粹理性,也不是欠缺时间历史的纯粹知性,而是在时间经验中的人类学式理性。赫尔德并不断言理性语言是无时间性的,与此同时,黑格尔却坚持语言的无时间性。黑格尔从不简单谈及语言的历史性-基于经验的发展,而是坚持为其保留一个无时间性-逻辑性的结构秩序。作为内在于人类性-人类学性经验内容的绝对形式,该秩序通过纯粹理性而第一次得到揭示。黑格尔并非致力于阐述语言的经验性历史,而是仅仅对语言的概念性结构感兴趣,该结构的同一性虽然是通过理性而得到保障的,但它却不是作为时间性-有限性东西来起作用,而是通过纯粹无限性的自我来起作用。当赫尔德基于人类历史的不完满性来证明语言之必要性的时候,他只能借助彼时的历史性文献,而黑格尔在证明语言之必要性的时候,借助的却是逻辑性、永恒性的形而上学结构——语言之必要性出自本原的纯粹性理念,该理念从自身之中生产出一切实在者。换言之,在人类历史的一个相对特定的阶段中,名称之纯然人类学性质的规定(该规定总是只能被渐进性地确定下来)从根本上满足不了黑格尔,他要将该规定设定为绝对无所变更的、哲学性的基础。由此,黑格尔最终不再需要任何时间性东西,而是只需要名称的永恒理念。时间的消失和语言的逻辑化引向了人类意识的绝对去感性化。这种去感性化不仅意味着,言说着的人类意识必须在根本上和动物性意识区别开来,前者一般来说不再是动物性的,还意味着,人类理智能够脱离开一切时空性、感

---

① Herder, Über den Ursprung der Sprache, S. 808. 中文本参见赫尔德:《论语言的起源》,第110页。

性有限性的内容而实存。理智在语言中是纯然无限性和普遍性的,它是"无限东西的绝对空洞性,是合理性的形式东西,是单纯的绝对的统一抽象"①,也就是说,它就是虚无。在其自身中无限的语言的自我规定,以虚无主义为其特征。这种对于赫尔德而言不可设想的情况,引出了黑格尔时间理论和语言哲学的一个棘手困难:时间消灭之后卷土重来的虚无主义。

第三节
时间消灭后卷土重来的虚无主义

目前为止的阐述可以分为三个部分,在其中,黑格尔完成了时间的消灭:

1. 随着从自然向精神的发展,有限的-自然性的时间在图像和物之间的主体性关系中首次被消灭了,它被替换为无限的-精神性的时间。通过后者,人们所直接直观到的不是自然性对象,而是他们的对象,亦即其内在回忆的一个相关项。这意味着在"世界黑夜"中、在自我之纯然内在性中对物的贮藏。在此,虚无主义的危险涌现出来,该危险就是纯然内在性自我中存在论证明的不彻底性。

2. 存在论证明的不彻底性可以借由时间之消失的不彻底性而被见得,后者是内在于精神时间的潜在分裂(普遍时间和它的内容之间的分裂)。在主体性符号中没有自我之内容的特定外在化。当精神性时间处于分裂状态的时候,对主体之具体性存在的存在论证明就是不充分的。虚无主义的危险进一步延续保持着。

---

① Hegel, Jenaer Systementwürfe I, S. 206. 中文本参见黑格尔:《耶拿体系草稿Ⅰ》,第236页。Cf. Hegel, Jenaer Systementwürfe Ⅲ, S. 185.

第九章　自然时间与感性时间在语言中的彻底消灭

3. 虚无主义必须通过语言来被克服,然而时间却在名称和语言中被完全消灭。精神时间的纯然内在性必须表达自身,把自己内容的存在不仅具体地规定为一个"属于我的东西",还同时规定为它的存在。得到外在化的定在就是名称,它的对象是感性者,而由于被外在化的感性者也属于自我,自我必须将其视为它自己的东西。自我必须认识到,感性的存在正是某种被自我生产出来的东西,并且,无限的自我就是本原性的创造力。这种自我外在化的创造力就是语言。定在现在是单纯被表达出来或被思考的东西,它在主体性角度下的语言性总体中完整地获得自己的存在论证明,在该总体中,名称的去感性化发生了。因此,基于语言性范畴来明确固定每一个部分之后,第一种虚无主义就被克服了,该虚无主义诞生于存在论证明的缺陷中。但是,时间的消灭本身又同时指出一个新的、另外的虚无主义,亦即关于自我之纯然范畴性的虚无主义,也就是说,一个问题重重的后果诞生于时间的消灭之中。

下文将首先阐述这种新的虚无主义如何在语言中出现,以便进一步详细讨论黑格尔时间理论中的问题。

1. 让我们首先说明在时间消灭之后,虚无主义是如何卷土重来的。

语言是一种自由的力量,它从自身之中想出(ausdenken)一切。因此,语言就是"精神自身的无材料性活动和运动"[①]。实际上,自然性的时间性和质料性的有限者在此必须是根本上无法使用的,因为在有限者这一方面,迄今为止对黑格尔来说唯一的东西,就是在一切定在中关于自我意识-存在的存在论证明。尽管有限者(无限性精神自身的他在)也是对精神性自身存在的存在论证明的一部分(这在本文第六、七章的论述中已

---

① Hegel, Jenaer Systementwürfe III, S. 178.

有揭示),但是它在其中并没有任何实质性的意义,这是因为,对一个质料性和外在性存在的证明,既不能出自精神的内在规定,也不能出自自我意识。对于精神自身来说,其实只能提供一个无材料性和内在性的证明。举例而言,当精神把驴称为"驴"的时候,它已经知道和设定了存在论的世界关联,该驴在和他物的联系中确定了此关系,而无需关心驴的质料。

不过,黑格尔并未因此设想一种纯然"唯名论的"物。实际上,物环节是"(无论在其自身中,还是对我们来说)思考着的直观,或直观着的思考。它不是无差别的名称,而是环节,是在其自身中的分隔;通过工作而进行生产之后,它将产物视为对象和直接性的东西;它是进行理解的知性,是明智的必然性、解释、基于效果之理由的探求"①。也就是说,没有质料的物环节一定与范畴性思考相符合,也一定与感性直观相符合。在这一意义上,它并不是纯然唯名论性质的,正如它能够被现实地直观或感受那样。不过,可直观的物环节在语言中的实存并不基于直观,而是通过理性。它的存在论规定性是纯粹合理性的,亦即纯粹非感性的。

> 理智在该意义上并不再将一个另外的对象带入它的内容,而是对自身进行理解,并且将自身作为对象,——物,也就是对理智而言普遍的东西,正如其自在的那样,是被扬弃的存在,并且这就是肯定性的,或者是作为自我的存在。②

换言之,存在者(所有的物环节)仅仅是自我领会的理智。作为理智性的被规定者,存在者第一次被精神自身直观,因此,黑格尔将精神性地

---

① Hegel, Jenaer Systementwürfe III, S. 180.
② Hegel, Jenaer Systementwürfe III, S. 185.

第九章 自然时间与感性时间在语言中的彻底消灭

创造物环节的过程称为自我向物的转变,它正意味着自我向自身的转变。只有在自我和物的关系中,亦即只有在生产着的自我和被生产的自我之间的关系中,物的存在才能被理解。尽管如此,像其他人可能会声称的那样,在没有精神性现实化过程的前提下,自然物看起来也还将实存。但实际上,这些物一般说来并不实存,因为只有意识才能现实地和内在地建构一切物,并且也因为对我们来说,一个没有任何可设想性关系的物,就根本不可能是一个具体的、可证明的、定在着的物。

对于精神来说,一个没有意识的存在在现实中是不可设想的,因为该定在实存的原因并不是它为着自己而拥有自己的存在,而是它的存在被精神所要求,尽管它对于精神来说是不可认知的。作为被范畴所规定的定在,这种"应当存在"得以现实化,且不仅是唯名论意义上的现实化,还是事实上的现实化,因为"自我直观范畴,它把握自己所理解的东西,它是事情自身。这并非因为自我进行理解,也不是因为自我是我性的形式,而是因为自我理解了事情"①。简言之,在自然中仅仅是一个无意识的应当存在的物,并不基于知性的一种"唯名论性质的"我性而得到规定,而是基于事物自身而得到规定。

在前文中,时间性之物的消灭已经得到阐述。物仅仅被称为物,是因为它被自我在其世界关系(Weltverhältnis)中理解和设定。一个绝对不可设想的物是一个非物(Unding),无论它是否是时间性的都无关紧要。世界关系必须被自我在其自身中生产,因此,"物的区分就是自我的区分"②。无材料性的精神活动"也就是自己进行生产的东西;——回返了的东西,它将物带入自我之中;它确定了秩序,它是对自我之内容的思

---

① Hegel, Jenaer Systementwürfe III, S. 180. Fußnote.
② Hegel, Jenaer Systementwürfe III, S. 181.

考"①。但正是从这种由物向自我的重定向过程中产生了一种新的虚无主义危机,它基于无时间性理智的形式性,而这一点将在下文中得到考察。

尽管目前一切都被自我表明为实在的存在者,但存在者的实在性仅仅是一个被主观地创造出来的东西。该实在性并不实存于个别事物自身中,而是仅仅实存于普遍的世界关系和理智上的个别性中。仅当某一个别名字在同知性概念的联系中被规定时,它才有自己的实在性。这些(理想的)实在者,作为个别事物,是否还在其自身中得到规定,这一点是完全无关紧要的,因为一切个别事物——包括自然性时间性和感性时间性事物——都在语言中被完全消灭了。因此,外在的和无关系的名称(作为个别事物)一般来说就被扬弃了。如黑格尔所强调的那样,这种名称并不实存,因为它是被外在化的个别事物,更因为它在关系中被现实地规定:

> 被扬弃的名称必定绝对在自身中反思自身,或者说,它作为一种规范者必定不是按照它的个别性,而是仅仅按照它的关系,即作为普遍的名称或概念绝对在自身中反思自身。②

也就是说,自我为着自身而生产出来的东西,仅仅是存在论关系中的存在,这种关系基于内在的我性而是普遍的。虽然自我能解释,一个个别事物——普遍的且作为必然者而被考察的东西——为何以及如何为着我们而被意识,但它却并不能产生个别事物之自在存在(同样作为个别的东

---

① Hegel, Jenaer Systementwürfe III, S. 180.
② Hegel, Jenaer Systementwürfe I, S. 206. 中文本参见黑格尔:《耶拿体系草稿 I》,第236页。

第九章　自然时间与感性时间在语言中的彻底消灭

西)的实在性。

换言之,被自我生产的自我,也就是自我自身的对象,仅仅是它思想的相关项。知性不能够保证,这种相关项在其自身中也是一个具体的定在。当我们能够通过逻辑学-精神性语言来推论"这个或那个必然存在"时,背后的原因仅仅是,它总是被我们这样或那样地规定。例如,驴必须存在,是因为它作为名称而在我的记忆中得到规定,且能够被我所表达——确切地说,这首先是因为我自己对以下这点相当确定,即我的记忆会给我指出实在者,在其中,我能够借助一个非常确定的原因-后果链条来理解驴的存在;其次是因为我称呼驴的方式和我所在民族的所有其他成员一样,他们都能理解我用"驴"这一语词所意谓的东西。在这一意义上,正是通过我们之间普遍建立的关系,某一个别事物的存在才能被证实。但是,该证实过程还并不足以指出个别事物之自在存在(同样作为个别的东西),因为它仅仅通过纯粹理智而产生。由于理智不能生产作为个别事物的个别事物之定在,它只能将其内容当作一种普遍的个别性来生产①,在其中,具体个别事物之自在存在(同样作为个别事物)通过普遍知性中被思考的自在存在而被完全否定②。没有定在着的个别事物,理智性的个别性就是"纯粹的关系,是无限东西的绝对空洞性,是合理性的形式东西,是单纯的绝对的统一抽象和作为要点的反思。作为这种绝对的抽象,意识是在它的否定性关系里绝对地变成的;意识毁灭一切规定性,而纯粹自相等同"③。也就是说,这种个别性在其自身中是空洞的——并不因为意识不能表明该个别性的内容的存在,而是因为该存在仅仅在一个

---

① Cf. Hegel, Jenaer Systementwürfe III, S. 184.
② Cf. Hegel, Jenaer Systementwürfe III, Cf. auch.；Hegel, Jenaer Systementwürfe I, S. 207.
③ Hegel, Jenaer Systementwürfe I, S. 206f. 中文本参见黑格尔:《耶拿体系草稿I》,第236页。

第三部　精神历史的诞生：黑格尔耶拿时期体系规划精神哲学对自然时间的消灭

主体性关系中被思考，而没有就其自身而得到思考。自我将通过理智而完成的具体(时间性)个别事物的消灭称为自己的绝对自由。同时，如黑格尔解释的那样，自我的理智舍弃了自己的实在内容：

> 理智是自由的，但它是自由舍弃了内容后的回返，以内容的损失为代价，它解放了自身。理智的运动是对设活动，它通过生产与它的意识相关的内容而充实自身；也就是说，它的运动是对内容的设定，或自己制造内容。①

在理智之空洞性的基础上，一种新的虚无主义诞生于语言之中。由于理智以缺乏内容的方式实存，黑格尔就将其规定为形式，它仅仅在理论上证明了真实的存在②。尽管在自我意识中似乎并不缺少什么存在论证明，但是它作为纯然理论性的东西也引出了一个新的虚无主义，即个别内容自身的非存在。

2. 在上述论述的基础上，让我们进一步来分析时间的消灭和黑格尔时间理论中的根本问题。

如我们已经指出的那样，借由消灭时间性个别事物而克服虚无主义，又会引起一种新的虚无主义，它诞生于时间性有限性的、实在的个别事物自身的缺乏中。黑格尔时间理论的这种根本困难结构性地基于黑格尔时间概念的双重性。在下文中，我们会系统地做一次总结性的深入讨论，来看看在多大程度上，黑格尔尝试着把两个彼此冲突的时间理论放在一个内在的统一中，一同对之加以思考，但尽管如此，却也似乎并没有真正解

---

① Hegel, Jenaer Systementwürfe III, S. 185.
② Cf. Hegel, Jenaer Systementwürfe III, S. 185.

第九章　自然时间与感性时间在语言中的彻底消灭

决这一冲突的问题。

（1）在黑格尔的第一种时间理论中，时间性的个别事物是否定性的。一方面，这意味着一切都在时间中产生和消逝，同时，一切也变易为一个他者，因为它是有限的，并被他者否定。否定性内在地实存于时间性存在者的有限性之中。另一方面，在时间性-有限性个别事物和无时间性普遍者的矛盾之中，以上否定性也自我表明了出来：

> 作为否定者的个别事物是对一个他者的否定性排除，是对非否定性东西、普遍性东西的否定性排除。①

个别事物仅仅在一瞬之间保持在自身之中，在自然时间里，它马上又转变为另一个有限者。换言之，个别事物实存于绝对的变易之中，它永远不能认知自身，因为这一"自身"也是不断变更的。因此，有限者在自然时间中没有现实性的自我意识，因为在存在论角度下，一个处于和他者联系中的有限者还不能得到识别。与之相对，通过缺乏联系的方式，个别事物才能在精神的感性时间中，在单个名称里，拥有自己的自身存在。普遍地看来，个别事物的自身存在是否在事实上实存，这一点是完全无关紧要的，因为个别事物在事实上是怎样的，和它是如何在和普遍者的联系中而身为实在的个别事物的，是没有任何关系的。因此，虽然个别事物是普遍精神的外在化，但这种外在化还停留于彻底的任意性和无规定性之中。换言之，在精神的规定性之下，个别事物还不能在同普遍者的关系中得到识别。无论是个别事物和普遍者之间，还是两个时间性有限性存在者之间，都缺少存在论意义上连续的-做出规定的同一性。在这一意义上，时

---

① Hegel, Jenaer Systementwürfe III, S. 182.

间性个别事物的否定性意味着更高统一性的缺失和时间中单纯反思性的分裂。

这种不彻底的反思不仅自身展现在自然时间和精神时间之间的分裂之中,还展现在内在于精神时间的分裂,即精神性的普遍时间形式和个别时间内容的分裂之中。为了扬弃这种反思性的分裂,建构更高的同一性,时间性个别事物的否定性必须再被否定。这种否定之否定就是无时间性的语言,它是无时间性的,因为自己不再实存于时间性反思之中。所以,它展示出自身存在和他在之间现实的积极统一。由于时间性个别事物对于存在论论证(即存在论上的无限性的同一性)来说不仅是无用的,还是绝对非现实性的,它也就被彻底取消了[1]。这种个别事物就是一个绝对无规定的非物而已,它的实在性仅仅在反思中被设定,而没有在其自身中被设定。

(2) 与第一种时间理论相对,在黑格尔的第二种时间理论中,时间性个别事物自身适归于一种本质的实在性和一种积极的、"去存在"的力量。

自然性-时间性有限者,亦即精神自身的他在,必须就其自身而言是实在的。当个别事物的实在性仅从无限性的精神中被思考出来时,这种实在性也仅仅基于精神的自身存在而实存。但是,仅当个别事物的实在性能被证明为是具体的-事实性的,而非普遍的-形式性的时候,无限的精神才能拥有这种实在性。所以,仅当自然性-时间性有限者的所有个别部分都拥有实在性的时候,它才是实在的。不过,这里却产生了一个循环论

---

[1] 基默勒因此正确地说道,黑格尔耶拿哲学中时间的消灭绝不是什么保留着某些实在内容的扬弃,而是指明了时间性存在的完全无用和非现实。Cf. H. Kimmerle, Georg Wilhelm Friedrich Hegel interkulturell gelesen, T. Bautz, Nordhausen 2005, S. 47–77; H. Kimmerle, Über Derridas Hegeldeutung, in: Philosophie und Poesie. Otto Pöggeler zum 60. Geburtstag, Bd. 1, hrsg. v. A. G. Siefert, Frommann-Holzboog Verlag, Stuttgart-Bad Cannstadt 1988, S. 64.

第九章　自然时间与感性时间在语言中的彻底消灭

证:有限的个别事物由于无限的整体而是实在的,因为它是非本质性的;与此同时,无限的整体又必须反过来基于有限的个别事物而成为实在的,否则它就是纯然形式性的。如果无限的整体终究能基于它自身而是实在的,那么关于这种实在性的证明就是一个纯然的同义反复:它是实在的,因为它是实在的。

为了打破循环论证,并同时避免同义反复,个别事物必须在其自身之中拥有自己本质性的实在性,该实在性是为着普遍者而实存的。本书第四、六、七章的既有工作已经阐述了该关键点:和谢林的形式主义相对,黑格尔在其耶拿时期自然哲学中发展了和有限性的但又是本质自在存在着的个别事物相关的时间理论,这是为了克服诞生于无限绝对者之形式性的虚无主义。对于黑格尔而言,在自然中,有限个别事物的自在存在通过实在的时间而被建构,时间性存在就是作为个别事物的实在性定在。如果缺少这种时间条件,有限的-自在存在着的个别事物也会不可避免地消失。尽管在无时间的-存在论性质的角度下,将某一个别事物定义为一个存在者是可能的,但是这种无时间性的定义在其自身中并非现实的,而这是因为,当缺少一个现实性的发生过程的时候,被规定为存在者的无时间性个别事物只能实存。一个这样的规定性只能排除每一个在先和在后的东西,每一个产生和消逝的东西,它无非一个永恒的系词。通过它而得到规定的个别事物仅仅是"是"这一系词自身,它虽然能贯穿所有的时间而实存,但实存的方式却是纯然空洞的,因为它缺少所有的时间性-有限性内容。

(3)以上概述的两种时间理论是彼此冲突的,因为在第一种理论中,时间性存在者被消灭了,而在第二种理论中,它却应该被保存下来。虽然人们也许会声称,这种理论的冲突指出了黑格尔思想的辩证性特征,但这在事实上却没有消除黑格尔时间理论中的根本困境。因为,两种时间理论必须得到内在的统一。然而，似乎有更多的理由反对这样的内在统一的可能性：

第一，处于第一种时间理论的核心位置的，是一种内在的同一性要求，虽然它首先是基于对时间性否定性的彻底否定而变得清晰可见，但事实上它从一开始就已经存在。换言之，无时间的同一性，亦即绝对的理智，本原性地实存于整个时间的本质中，所以，作为真实的同一性，时间的本质是无时间性的。因此，对时间的否定并未展示任何本质性的否定性。此外，对时间的否定必须被如此激进地完成，以至于现在没有时间性东西能得到保障。一个时间性东西曾经实存，然后它产生了某种反思性的对立者，因为时间再现了反思性的分裂。不过，这种分裂不再能存在，因为无时间性的同一性是彻底的，在其中一切对立者都被扬弃了，以至于时间性-反思性的对立双方都不能继续实存。

因此，我们不可能说，时间性存在者在同一性的早先阶段实在地持存，因为该早先阶段仅仅被反思性地设定（而并非被现实地设定）。事实上，并没有所谓的"早先-阶段"（Vor-stufe），因为无时间性的同一性在开端处就已经存在着，对于它来说并没有早先或后来的东西实存着。也就是说，"早先阶段"并不意味着在时间维度上，有某种时间性存在者先于同一性而存在，而仅仅意味着时间性存在者还没有认知其自身。

时间性存在者也不能外在于同一性而是实在的，因为同一性之外尽是虚无。同一性并不是认识论的或先验的同一性，后者虽然外在地相符于时间性的有限存在者的自身存在，但却和前述实在性不同——前述实在性以一种内在的方式完全地建构了一切时间性存在者。因此，时间性存在者不能被称为一个外在性东西，而这并非因为它内在于同一性的存在而实存，而仅仅因为它是同一性之存在的外在化。

第九章 自然时间与感性时间在语言中的彻底消灭

最后,时间性东西也不可能作为同一性的质料而潜在地是实在的,因为实在性是时间中变易者的绝对现实化存在,在其中并不再有质料性的潜在东西,一切都是本质性-在场性的。同一性为着自身而以无时间性、无材料性的方式生产它的内容。

简要概括之,时间性存在者不能在绝对同一性中得到保障。由于时间的同一性一开始就是内在性的,时间性存在者只能被思考为一种非本质性的、纯然被反思到的显露现象而已。

第二,根据上文的论述,并不可能有时间性个别事物的自在存在,然而,这一点与黑格尔的第二种理论存在矛盾。现在要追问的是,是否时间性个别事物(同一性自身的他在)能以某种另外的方式而实在地实存,以及这种同一性自身的他在又意味着什么。显然,至少这种"他在"指的不是一个被设定的理智自身的相关项,这是因为,就它作为无时间性理智的相关项而被设定来说,它自己也必须是无时间的。

应该在本质上被贮藏的时间性东西,却不是自然性东西,不是精神自身的他在,因为自然性在此完全不再实存。在这种情况下,如果在精神中保存时间性存在者的要求还能被满足,那么我们只能将时间性存在者视为绝对同一性自身的一个他在。然而,这又会再一次引入新的矛盾和分裂,并将同一性变为一种纯然反思性或相对性的同一性,但后者又是应该被排除的东西,就像一切反思性对立者已经被消灭那样。

第三,现在看来,黑格尔时间理论中的两难困境是显而易见的:在精神中,时间必须要存在,又必须不存在——时间既不能存在也不能不存在。两种不同的虚无主义交替出现,这种情况非常准确地指出了当前的困难。虽然黑格尔自己在理论精神向实践精神的过渡中曾经谈及个别性,并在语言中也注意到了虚无主义,但他却没有在意过"作为个别事物的个别事物"这一问题。对于黑格尔来说,作为自我之内容的个别事物属于自我，且它必须通过自我的意愿（Willen）来被再次生产。然而，这种个别事物和外在于自我的真实个别事物以及语言都没有任何关系。尽管黑格尔自己坚持，"理智是自由的，但它的自由反倒是没有内容，只有付出这种代价、接受此等损失，理智才能真正将自身解放"①，但他毕竟是将这种损失反过来视作受益——内容的损失为实践精神的到来提供了契机，亦即如前文已经引用过的："它通过生产与它的意识相关的内容而充实自身；也就是说，它的运动是对内容的设定，或自己制造内容。"②在此，作为自我的内容而被考察的东西，就是自我的意愿和目的，它现实性地生产某些在理论精神和理智语言中还得不到生产的东西。该自我为着自己而生产它的个别性，后者在其自身中也就是个别事物自身③，它并非作为自我之绝对-实在的他者，而是作为走向现实化的普遍自我。正因为个别自我实存于普遍自我和自我意识中，上述困境才不能得到解决，因为它正是出现于纯粹的我性中的。此外，黑格尔自己在此也毫不言及时间的性质，他的论证目标是自我的本质性自由，该自由在时间的系统性消灭之下只能是无时间性的和范畴性-普遍性的。并且，更为重要的是，诸如此类的时间性个别事物在由理论精神向实践精神的过渡进程中也几乎不再得到主题化。

第四节
世界历史之构想中问题重重的时间概念

以上的行文致力于分析1803年至1806年黑格尔清晰陈述过的时间

---

① Hegel, Jenaer Systementwürfe III, S. 185.
② Hegel, Jenaer Systementwürfe III, S. 185.
③ Cf. Hegel, Jenaer Systementwürfe III, S. 186.

第九章　自然时间与感性时间在语言中的彻底消灭

概念的发展，因为尽管黑格尔在"精神哲学"（1805/1806年）的开端处就阐述了时间的消灭，但这不意味着对时间的讨论终止了。相反，黑格尔在"精神哲学"的结尾处还以高度复杂和晦暗的方式再一次提出了时间问题。而依我所见，第三部耶拿体系草稿结尾处对时间问题的阐述，连同对世界历史的思考，只是以另一种方式标识出了黑格尔时间概念的窘境。它表明了，对于黑格尔来说，（在多大程度上）时间问题不能脱离关于永恒性的问题而得到思考，因为世界历史不仅是时间的历史，还是永恒性之展现的历史。对此，人们可以再一次质询，时间和永恒的联结是否以及在多大程度上意味着一种荒谬的时间永恒化，后者早在雅各比处就受到了猛烈的批评。在这种批评之下，黑格尔哲学中就根本不能有诸如此类的时间性存在者，该存在者不是必须被否定的东西，而是积极地存在着的东西，凭借它，才可以对抗每种虚无主义的逻辑，该逻辑以无时间的方式内在地生产一切存在论概念，并在其自身之外不为任何实在的、有先有后的生成性存在留有余地。

为了指出"精神哲学"末尾处有关时间的段落中的解释性困难，下文将首先概述1805/1806年黑格尔世界历史之构想的诞生，然后在时间之消灭和时间性存在者之角色这一角度下，讨论关于时间的段落的不同解读方法，并将之作为对1803年至1806年间黑格尔时间概念之发展的考察的终结。最后我们将展望黑格尔时间概念的进一步发展，确切地说，展望该时间概念在《精神现象学》中的形态，因为它承诺提供一个比自己先前版本（即耶拿体系草稿中的版本）要更清晰的结构。换言之，基于本研究已经取得的成果，最后的部分将概述：（1）黑格尔为何以及如何在《精神现象学》中以一种完全不同的方式发展时间之消灭这一主题；（2）1805/1806年时间理论的窘境，这也暗示出1807年版本（即《精神现象学》版本）的时间概念的问题，尽管两者的阐述方法有所不同。在以上两个部分

第三部 精神历史的诞生:黑格尔耶拿时期体系规划精神哲学对自然时间的消灭

的论述之后,一个系统性焦点将会明显起来,它标示出黑格尔耶拿版本时间理论的失败之处。

1. 基于21世纪以来的黑格尔研究,目前无可争议的是,耶拿草稿中的历史理论和历史哲学是黑格尔柏林时期关于世界历史之讲演的基础,虽然二者之间尚有不少分别①。因此,对于耶拿时期来说,世界历史和逻辑学就已经必须被紧密地结合起来思考。

在《世界史哲学讲演录》中,黑格尔再一次强调,世界历史构成了逻辑性秩序的表现。正是逻辑学发展出了世界历史之抽象的、必然的结构,该结构在本质上是无时间的②。基于这种对逻辑学和世界历史的统一,如下段落才可以得到理解:

> 因此,我们要研究的,只是"精神的观念",而且在世界历史当中,我们把任何一切完全都看作"精神观念"的表现;同时,当我们观察过去——不论过去的时期是多么久远——我们只需研究现在的东西就行了。③

本质性地在场的东西,就是精神的理念,它是被逻辑地和永恒地建立的。换言之,精神的历史通过逻辑性理念而被永恒化,甚至它就是永恒的

---

① Cf. K. Düsing, Hegel und die Geschichte der Philosophie. Ontologie und Dialektik in Antike und Neuzeit, Wissenschaftliche Buchgesellschaft, Darmstadt 1983, S. 18; O. Pöggeler, Geschichte, Philosophie und Logik bei Hegel, in: Logik und Geschichte in Hegels Systems, S. 104; K. Düsing, Dialektik und Geschichtsmetaphysik in Hegels Konzeption philosophiegeschichtlicher Entwicklung, in: Logik und Geschichte in Hegels Systems, hrsg. v. H.-Ch. Lucas u. G. P.-Bonjour, Friedrich Frommann Verlag, Stuttgart 1989, S. 129.
② 玻格勒对此已有精当说明。Cf. O. Pöggeler, Geschichte, Philosophie und Logik bei Hegel, in: Logik und Geschichte in Hegels Systems, S. 142f.
③ Hegel, Vorlesungen über die Philosophie der Geschichte, S. 86. 中文本参见黑格尔:《历史哲学》,第83页。

第九章 自然时间与感性时间在语言中的彻底消灭

历史性自身①。

黑格尔于1805/1806年在耶拿所做的世界历史讲演录中,第一次尝试将逻辑学与世界历史紧密联系起来。尽管该讲演没有流传下来,我们对其内容也没有详细的认知,但我们至少知道,黑格尔在1805/1806年将世界历史视为"哲学的知识"。这种"哲学的知识"至少有两层含义:首先,它是人类思考和行动之系统性发展的整体,是"由体系向体系的辩证性延伸"②。在该意义上,历史性的时间必须被把握为一个系统性的逻辑秩序,该秩序展示出哲学自身的必然展开,"因为已经出现的历史形态仅仅遵循它们内在的思想,而并不遵循它们外在的历史定在而得到进一步描述"③;其次,黑格尔尽管在1805/1806年还没有以后那么清晰地在自己的世界历史讲演中展示逻辑学,但还是将世界史哲学理解为"概念性的"知识,而后者自1807年以来就明确地指向逻辑学④。

---

① 这一点在后来的《精神现象学》中同样有效。玻格勒认为历史性在黑格尔那里后来就是与永恒相关的,而福斯特甚至将精神现象学看成是一部基于哲学范畴学说的"智性历史"。Cf. M. Bienenstock, „Die wahrhafte Gegenwart ist die Ewigkeit". Zum Gegenwärtigkeit in der Hegelschen Geschichtsphilosophie, in: Die Weltgeschichte – das Weltgericht? hrsg. v. R. Bubner und W. Mesch, Klett-Cotta, Stuttgart 2001, S. 120ff.; O. Pöggeler, Hegels Idee einer Phänomenologie des Geistes, Verlag Karl Alber, Freiburg/München 1993, S. 356; Michael N, Forster Hegel's idea of phenomenology of spirit, The university of Chicago Press, Chicago/London, S. 354.
② Cf. Hegel in Berichten seiner Zeitgenossen, S. 66.
③ Cf. Hegel in Berichten seiner Zeitgenossen, S. 66.
④ 博伊坦甚至认为,这一结构甚至在1803/1804年就已经被奠定了(Cf. R. Beuthan, Formen der Geschichte – Geschichte der Formen: Zum Geschichtsdenken des Jenaer Hegel, in: Geschichtlichkeit der Vernunft beim Jenaer Hegel, hrsg. v. R. Beuthan, Universitätsverlag Winter Heidelberg 2006, S. 100ff., 107 u. 117f.),但如玻格勒和杜辛这样的专家仍然将这一时间定在黑格尔耶拿的最后几年中。后者无疑是更为妥当的看法。Cf. O. Pöggeler, Geschichte, Philosophie und Logik bei Hegel, in: Logik und Geschichte in Hegels Systems, S. 104; K. Düsing, Hegel und die Geschichte der Philosophie. Ontologie und Dialektik in Antike und Neuzeit, Wissenschaftliche Buchgesellschaft, Darmstadt 1983, S. 20, S. 26.

2. 对1805/1806年世界历史讲座的现有认知,如下文将指出的那样,尚不足以解决前述的解释困境,不足以解释1805/1806年"精神哲学"中关于世界历史的段落,也不足以处理黑格尔在那些段落中使用的精神概念。因为,那些段落中有说道:

> 哲学知识是被再生产的直接性;它自身是中介的形式、概念的形式;它作为直接性,是自身认知着的精神一般,该精神就是意识,直接的、感性的意识。这种意识是在存在者之形式下的他者,是自然中的分裂,是对自身的认知。它是自己沉静的艺术作品,是存在着的宇宙,以及世界历史。哲学表露自身,在其开端处,也就是在直接的意识中出现,而它就是分裂者。一般说来,它也就是人类,并且人类的要点是什么样的,世界就是什么样的。而世界是什么样的,人就是什么样的。一瞬之间,就制造出了两端。一方是先于时间的东西,另一方是时间的他者,它并非一种另外的时间,而是永恒性、对时间的思考。在其中,问题已经被扬弃了,因为该问题意指的是另一个时间,而时间中只有永恒性,它是时间的此前,也就是过去。它是先前存在的东西,绝对的先前存在,它并不是——时间是纯粹概念——在其运动中被直观到的空洞自身,如同空间在其静寂中那般。此前,就是在被充实的时间之前,它完全不是时间。时间的充实是出于空洞时间,在其自身回返过程中的现实性东西,这种东西对其自身的直观就是时间,是非具体的东西。当我们说先于世界、未充实的时间、对时间的思考,以及思考者、被反思者的时候,必须要超越时间,但是是在关于时间的思想中这样做。前者只是一种单调的无限,因为它虽然来自这种无限,却无法达及这种无限。[1]

---

[1] Hegel, Jenaer Systementwürfe III, S. 261f.

第九章 自然时间与感性时间在语言中的彻底消灭

在此,世界历史被明确地和哲学连接起来。哲学知识是"被再一次生产的直接性",它在刹那之间产生了世界历史。世界历史的时间不是自然性-外在性时间,而仅仅是时间概念。因此,随后的文段("一方是先于时间的东西,另一方是时间的他者,它并非一个另外的时间,而是永恒性、对时间的思考。在其中,问题已经被扬弃了,因为该问题意指的是另一个时间,而时间中只有永恒性,它是时间的此前")必须被这么理解:在奥古斯丁关于时间的理解范式下,完全没有一种时间性的"在这之前"(Davor),由此,关于时间的"此前"(Vorher)难题也不再存在,因为连"此后"(Nachher)和时间形式都完全没有了。"时间-之-前"和时间的他者(它不同于"另一个时间")意味着非时间性。从奥古斯丁的范式来看,人们可以将永恒性理解为神性,将世界历史理解为上帝在宇宙中的展现。

在哲学之"创造性的一瞬"之后,世界历史首先在"直接的、感性的意识中"显露出来。显然,这里意指的是《精神现象学》的开端。问题在于,人们应该如何确切理解"时间性-感性的意识"。这种意识是生产性的、概念性的,它不能混淆于理论性-人类学性精神中那种时间性-再生产性的意识。在此意义上,时间(纯粹概念)不能简单地和感性确定性一起被思考,而是要和逻辑学知识一起被思考。因此,从神性永恒到时间性宇宙的过渡,与从逻辑学到自然哲学的过渡相符:

> 这种明见就是哲学、绝对的科学,它的内容与宗教一致,但却是概念的形式——1)思辨哲学、绝对的存在(……)2)自然哲学,(……)向着精神转变,而精神是作为概念而实存着的概念。①

---

① Hegel, Jenaer Systementwürfe III, S. 260f.

1805/1806 年对世界历史的阐述由此可以被理解为对后来黑格尔各种哲学领域的诸碎块部分的统一,这些部分是:(1)对《精神现象学》之开端的影射;(2)由《精神现象学》到《逻辑学》的过渡;(3)从《逻辑学》到《自然哲学》的过渡;(4)从《自然哲学》到《精神哲学》的过渡。在最后一点上,耶什克和安特是这样解释的:

> 黑格尔将自然和精神申明为存在着的宇宙和世界历史;但这一在精神中自由的宇宙必须返回精神,而这一回返由精神的自我理解来执行;……黑格尔在此第一次表达了——尽管是用比较神秘的说法——承载着后来精神哲学的、精神和历史的相互关系:黑格尔将历史思考为属于知识方面的运动,该运动克服自然和知识的对设,产生两者的统一,且这一运动通过精神的自我认知和其中的这一认识而完成——自然中的生成者在其自身中趋向精神。①

对以上前两点,耶什克正确地做出了如下评注:

> 在关于哲学的这些段落中,却隐藏着一个对黑格尔系统性概念之发展至关重要的概略。……这一精简的概略引起了后人特别的兴趣,并触发了一场浩大的争端……,因为它对于理解黑格尔那时的逻辑-概念,尤其对于理解这些概念与《精神现象学》的关系至关重要。对此,黑格尔说道,精神的形态总是符合于一个逻辑概念——但在其中它又并未说清是何种逻辑概念笼罩其中——几乎不可能是耶拿体系草稿 II 中的逻辑概念,也不太可能是在班堡和纽伦堡时期尚未诞

---

① W. Jaeschke und A. Arndt, Die klassische deutsche Philosophie nach Kant. System der reinen Vernunft und ihre Kritik 1785–1845, C. H. Beck, München 2012, S. 571f.

第九章　自然时间与感性时间在语言中的彻底消灭

生的那些逻辑概念,以及耶拿体系草稿III,里面几乎纯然是一种实在哲学,并不包含任何逻辑学。所以,从这一概略中发展出现象学的逻辑,以及提出关于黑格尔哲学大厦之稳固性的论述,都会比较可信。①

面对这些挑明以上段落和《精神现象学》之间关系的指示,现在我们要问的是,世界历史哲学在此究竟意味着什么,以及在其之中,可以产生何种"时间"与"逻辑性的、先于《精神现象学》的世界历史"之间的关系?

依我看来,恰恰于这一角度下,存在着一种内在于逻辑性-永恒化时间历史的两难困境:完全没有时间性,意味着空洞的永恒性,但其自身居然又必须是"被充实的时间"——"时间的充实是出于空洞时间,在其自身回返过程中的现实性东西"。如果返回其自身的永恒性所构想出时间整体只不过是开端处的空洞永恒性的话,我们就难以看出,在何种程度上,黑格尔能够且必须谈论时间,因为一切从始到终都不过是永恒性的而已。——但如果事实上存在着未发展的、空洞的永恒性与运动着的时间之间的分隔(用黑格尔的话来说就是"分裂"),且时间因之不仅仅内在于永恒性,还同时是永恒性之他者的话,我们就可以追问,时间概念之时间性到底又意味着什么呢?

黑格尔哲学中的如上两难困境,还以另一种方式展示出来:永恒者远离自身,仅仅是为了去实现作为现实性起源的动力,因为单纯的永恒之中并没有现实性的生成和消逝。基于这种阐释(阐释一),现实性起源的动力通过时间性现象和精神性本质之间的区别而产生。在该读解方式中,单纯的永恒本质并非动力性的。

---

① W. Jaeschke, Hegel Handbuch, Leben-Werk-Schule. 2. Auflage, Verlag J. B. Metzler, Stuttgart/Weimar, 2010, S. 174f. Cf. K. Düsing, Phänomenologie und Spekulative Logik. Untersuchung zum „absoluten Wissen" in Hegels Phänomenologie, in: Aufhebung der Tradition im dialektischen Denken. Untersuchungen zu Hegels Logik, Ethik und Ästhetik, Wilhelm Fink Verlag, München 2012, S. 124.

不过,时间性存在者又同时被思考为永恒的自我变易者,因为时间最终并不是与永恒性相对,而是为着永恒性而运动和现实化——时间必须自我永恒化。作为被填充的时间,永恒自身就在时间之中。时间的永恒化是内在的永恒化。在该意义上,现实性的动力就实存于永恒自身之中,永恒单单出于自己和通过自己就是动力性的,而不需要通过否定性的时间。简言之,从这种阐释出发(阐释二),动力并不是通过时间性现象和永恒性本质之间的区别而产生,而是单单通过永恒性和自发性的精神本质而产生。

以上两种阐释思路是互相冲突的。基于阐释二,永恒者单独基于其自身就是动力性的,但它在阐释一中却反而需要时间性、现实性的外在动力。换言之,阐释一中的永恒者是一种不在场的本原点(Ursprungspunkt),它没有进行时间性运动的直接理由。与之相对,阐释二中的永恒者基于其内在的时间永恒化而总是在场,并充当时间性、现象学性运动的唯一理由。也就是说,它完全不是一种抽象实体,而就是对世界历史的具体建构进程。在阐释一中,永恒性与时间之间的分裂被视为"永恒的创造",而阐释二却完全集中于永恒性与时间的统一①。

如果黑格尔在著名的奥古斯丁式的时间-永恒范式下思考时间,那么以上两难困境就不会以同样的方式产生,因为永恒之神的时间性展现可以在自身中既保持时间性,也保持永恒性,两种性质可以在神性的表现中融合起来。然而,这样一种奥古斯丁式读解(1)并未追问内在于永恒性的、时间中的生成之必然性。因为奥古斯丁并没有说,神必须时间性地创造世界。(2)奥古斯丁式读解也没有关心"是否时间在事实上是永恒性之否定"这个问题,但这恰恰是黑格尔对时间的关键看法之一,尽管黑格尔在此并没有清晰表达这一点,但一年之后,《精神现象学》就开始反复强

---

① Cf. Hegel, Jenaer Systementwürfe III, S. 261.

第九章　自然时间与感性时间在语言中的彻底消灭

调时间的这种否定性。而在奥古斯丁那里,黑格尔如此强调时间之否定性的做法是难以设想的。这是因为在奥古斯丁那里,永恒的当下首先都是肯定实在的,即使这些当下看似消失在过去之中,也就是被过去所否定,那也只不过是对人而言如此。但黑格尔之所以做出如此强调,还不仅是因为该否定性既存在于人类意识中,更是基于绝对自身对"时间性地否定开端处的绝对自身"这一点的内在需要。这就说明,二者根本不可能在同一个层面来讨论时间的否定性。

如上所述,黑格尔1805/1806年还尚未详尽处理时间之否定性,但它与对"无限性在时间中展开的必然性"这一点的阐释密切相关。此外,尚不清楚的是,时间为何对于无限性自身的建构(用奥古斯丁的话说,就是对于神的创造计划)是必要的。因为,乍看起来,只有永恒性和被永恒化的时间根本实存着,而时间自身是非本质性的,它仅仅是永恒的展现和表象,而在自身之中并没有客观性定在。如果作为时间和世界之"在先者"而实存着的世界历史,能够纯然在神性的意义上被对待的话,那么其实只有永恒者(而非时间)才是世界历史哲学的唯一主题,因为永恒者(或绝对在先者)总是已经被充实了的[①]。不过这样的话,黑格尔又会面临与谢林同样的系统性危机,该危机恰好是他批评谢林同一哲学的焦点所在:谢林对无限永恒者之实在性只做出了同义反复的断言。黑格尔的批评在于,在此没有任何对时间性存在者之(作为时间性存在者的)自在存在的现实性论证。如本文第四章的论述中已经展示的那样,这种系统性危机将谢林引入了关于唯一永恒性的虚无主义的危险中,而黑格尔无论如何都不想堕入这一境地。并且正是因为如此,他才发展出了在本书第六、七章中的那种越来越专注于有限时间有限者的自然哲学,也就是越来越专

[①] Cf. Hegel, Jenaer Systementwürfe III, S. 261.

注于无限存在自身的他者的自然哲学。假如我们在这里遽然采纳一种谢林式的方案,那么,之前的工作不就毫无意义了吗?

  为了建构时间性存在者之同样作为时间性存在者的自在存在,且同时建构必然的实存者,亦即,为了在根本上逃离谢林的虚无主义,时间必须自在地就是否定性的。"在其自身之中"在此意味着,时间性存在者应该通过自己的方式来被把握,而不应该被理解为永恒性的肯定性展现。最迟从1807年开始,时间性存在者的自在存在就直接是时间的否定性,黑格尔借由它来对抗谢林之同义反复的永恒性,因为否定性的时间必须作为进行认识的和自在存在着的实体之"自在的他者"而得到考察。就本文目前的论题来说,以下这点也值得关注:关于"充斥着世界历史的逻辑学"这一点,1807年对时间性的阐释方式进一步为我们指出了时间的否定性和对之的扬弃,因为逻辑性的永恒世界历史在那里意指对时间之否定性的再否定。因此,为了以否定的方式阐释精神的具体形态,不仅1805/1806年的理论精神要得到考察,而且精神的整体更要作为对时间之消灭的贯彻而得到考察,而后者仅仅发生在时间进程中。由以上论述可看出,黑格尔在1807年已经躲开了那个还存在于1805/1806年体系中的问题:为何时间在"精神哲学"的开端处被消灭,却又在结尾处以一种极其棘手的方式被再次论述。不过,在我看来,改变对时间的阐释方式并没有真正解决上述黑格尔时间理论中的困境,该困境自己显露于"基于时间性动力而对永恒性的必然要求"和"基于永恒性自身的动力而对时间的必然消除"这二者所构成的两难之中。

  3. 1805/1806年对世界历史的思考并非黑格尔对时间概念的最终表述。黑格尔在1807年提供了一个新视角:时间的消灭不再被展示于语言哲学的语境和"精神哲学"的开端中,而是被展示于"精神哲学"的结尾和向着《逻辑学》的过渡中。以明显可见的方式,1807年的世界历史学说不

第九章 自然时间与感性时间在语言中的彻底消灭

但意味着一种现象性的历史,还意味着一种概念性的历史[1],而时间的消灭就同时代表对现象性历史的扬弃和逻辑性历史的开端[2]。但是在此成问题的是,为何精神的逻辑性历史首先出现于"精神哲学"的结尾,而不是出现于开端,毕竟它是自己在"精神哲学"中运作的真实基础[3]。

当黑格尔解释何为时间之消灭时,他也就完成了对以上问题的解答:

> 因此,时间是作为自身尚未完成的精神的命运和必然性而出现的。[4]

时间就是"在那里存在着的并作为空洞的直观而呈现在意识面前的概念自身;所以精神必然地表现在时间中,而且只要它没有把握到它的纯粹概念,这就是说,没有把时间消灭(扬弃),它就会一直表现在时间中"[5]。时间性的形态也就是定在着的空洞直观,它尚未拥有纯粹的和真正的概念。为了恰切地获得逻辑之真实的和现实的概念,精神必须经验到时间的否定性。对黑格尔来说,意识的这种否定性的经验就此而言是

---

[1] 按照泰勒的说法,这两种历史是有区别的,前者是依附性的,而后者则是自立的。除此之外,对黑格尔历史概念的双重性的研究,也已经有了一些重要的成果。Cf. C. Taylor, Hegel, übersetzt von G. Fehn, Suhrkamp Verlag, Frankfurt a. M. 1978, S. 291f.; K. Düsing, Phänomenologie und Spekulative Logik. Untersuchung zum „absoluten Wissen" in Hegels Phänomenologie, in: Aufhebung der Tradition im dialektischen Denken, S. 116–120; Michael Inwood, A commentary on Hegel's Philosophy of Mind, Clarendon Press, Oxford 2010, S. 659ff.; Toru Kaschima, Die konkrete Gegenwart: Das Problem der Zeit in der Philosophie Hegels mit besonderer Berücksichtigung der „Phänomenologie des Geistes". Dissertation an der Universität Tübingen, 1991, S. 46ff.
[2] Cf. Hegel, Phänomenologie des Geistes, S. 528ff. 中文本参见黑格尔:《精神现象学》(下卷),贺麟译,商务印书馆,1979 年,第 272 页以下。
[3] 玻格勒很早就已经提出过类似的问题。Cf. O. Pöggeler, Hegels Idee einer Phänomenologie des Geistes, Verlag Karl Alber, Freiburg/München 1993, S. 355.
[4] Hegel, Phänomenologie des Geistes, S. 525. 中文本参见黑格尔:《精神现象学》(下卷),第 268 页。
[5] Hegel, Phänomenologie des Geistes, S. 524. 中文本参见黑格尔:《精神现象学》(下卷),第 268 页。

"精神的命运和必然性",就像《精神现象学》开端处未发展的-抽象的实体通过时间性否定而第一次得以转变为动力性的-有生命的主体那样[1]。确切地说,这意味着:

(1)实体必须在时间性运动中否定自己,否则它就将彻底"抽象地"和"得不到发展地"存在。在现象性历史中,时间的力量塑造了实体的具体他在[2]。

(2)在哲学式地将世界历史视为逻辑性-必然性发展的前提下,时间性存在者必须被扬弃或被取消,否则其外在性就会致使在主体中存在着的、科学性的真理得不到认知。伴随着科学的这种概念性力量,实体之不可变更性和时间性运动之间明显设定下来的距离也就被克服了。这也正是概念性历史中时间的必然消灭[3]。

考虑到"耶拿体系草稿 III 尚未推断出精神概念和历史概念之间的紧密关系,尽管它代表从哲学到世界历史的过渡;只有在《精神现象学》和已经遗失的《世界史哲学讲演录》(1805/1806 年)初版手稿中,黑格尔才首次提供了以上关系"[4],《精神现象学》中对世界历史的阐释和 1805/1806 年"精神哲学"中的版本就有所区别。正如上文已经反复表明的那样,如果人们对黑格尔在 1805/1806 年版本"精神哲学"中对世界历史的阐释投以回视的话,他们就会明确发现,时间的否定性在那里并没有被充分谈

---

[1] Cf. Hegel, Phänomenologie des Geistes, S. 524. 中文本参见黑格尔:《精神现象学》(下卷),第 268 页。
[2] Cf. Hegel, Phänomenologie des Geistes, S. 20. 中文本参见黑格尔:《精神现象学》(上卷),第 16 页。
[3] Cf. Hegel, Phänomenologie des Geistes, S. 59. 中文本参见黑格尔:《精神现象学》(上卷),第 53 页。
[4] W. Jaeschke, Hegel Handbuch, Leben-Werk-Schule. 2. Auflage, S. 198. Cf. W. Jaeschke und A. Arndt, Jaeschke, Walter und Arndt, Andreas: Die Klassische Deutsche Philosophie nach Kant. Systeme der reinen Vernunft und ihre Kritik 1785–1845, Verlag C. H. Beck, München 2012, S. 564–572.

第九章 自然时间与感性时间在语言中的彻底消灭

及。也就是说,和黑格尔在1805/1806年版本"精神哲学"中对世界历史的阐释相比,1807年《精神现象学》中对时间之否定性的主题化显得非常新颖。不过,1807年以来,时间之否定性究竟意味如何,以及现象性历史中对实体的必要否定一般来说有何用处(考虑到在概念性历史中,时间的必然消灭并非在时间性意义上"后于"现象性历史而发生,而是在本质上与其"一同"发生的),这两个问题并不容易回答,需要被详尽地解释。在前文揭示的黑格尔耶拿时期时间理论之问题的基础上,我们可以进一步追问——黑格尔的思考在这里的两难困境下到底失败了没有?因为:

(1)如果概念性历史一开始就是自在且自为地动力性的,那么实体就完全不可以以"抽象的"和"未发展的"方式存在,但黑格尔本人又恰好主张过这点(即实体以抽象和未发展的方式存在),将之视为概念性历史的本质性开端。一方面,当一切时间性形态仅仅作为非本质性现象而派生于逻辑性-永恒性实体-主体,而另一方面,只有该种无限的实体-主体有所存续,而独一无二的每一个自在实在的时间性的有限存在者无所存续的时候,一个新的困境就相应而生,它类似于1803年之前的情况,即本书第一章就已经表明的那种情况:时间性的有限存在者,根本就没有得到重视和强调。

(2)与之相反,如果人们严格地在现象性历史中对待实体的必然否定,一个另外的问题也会产生,即为何时间的消灭是"必然的",而且是在"没有它就没有真实的主体能实存"这一意义上?换言之,如果实体事实上是"抽象的"和"未发展的",那么它必须通过时间来获得自己的动力,由此,从存在论的角度看来,时间完全和实体自身不同,且对于它有一个积极而非消极的意义。然而这会引起更大的问题——为什么这种彻底的他者(即时间),一方面实在地实存,并有自己具体的时间性开端和终结,而另一方面又要被逻辑性-永恒性实体-主体消灭,以至于它在概念性历史中不能再作为时间的积极意义(亦即现实性的生成与消逝)而存在?

第三部　精神历史的诞生：黑格尔耶拿时期体系规划精神哲学对自然时间的消灭

此外，如下这点也值得思考：如果"永恒者"可以被转译为"主体性实体"的话，那么我们马上可以发现，目前的问题其实是上文所述之1805/1806年版本两难困境（即基于时间性动力而对永恒性之需要，和基于永恒性自身的动力而来的时间之必然消灭之间的两难）的一个变体而已。在本章上一节中，这种困难就已经得到了说明。

总而言之，在耶拿时期时间概念之发展的视野下，1807年以来的时间概念呈现出以下情况：由于时间一开始就在本质上内在于永恒性-逻辑性的时间概念而得以实存和永恒化，时间概念的时间性就出现了一个很大的问题——在概念性时间的彼岸不再有任何真实的时间性。所以，1807年以来关于世界历史的回忆中就没有任何积极意义的时间，因为主体在其中回忆到的东西，是概念的否定性进展之路以及时间的否定性，而最终后者在《精神现象学》的结尾被消灭了。为了理解这种情势，我们必须将黑格尔的逻辑学（以及耶拿时期逻辑学-形而上学和《大逻辑》）和《精神现象学》联系起来，详尽地讨论后者的基础结构。不过，这样的探讨已经远远超出了本研究的范围。即便如此，本研究通过分析1803—1806年间黑格尔时间概念之发展，也提供了正确理解和评价1807年《精神现象学》中时间概念之问题的必要基础。

作为对本研究既有成果的一次回顾和对黑格尔时间概念之发展的进一步展望，以下将围绕着1803—1806年时间概念和1807年时间概念之间的关系而最终做出三点评述：

1. 1802年之前尚未处于黑格尔思考中心的时间性的有限存在者，在1803—1806年黑格尔思想的发展过程中首次获得了实质性的哲学意义。而在《精神现象学》(1807)中，由于时间性的有限存在者展示了精神在其彼此不同的历史性-系统性形态中的时间性展开过程，它也同样是意义丰富的。

第九章　自然时间与感性时间在语言中的彻底消灭

耶拿时期的"自然哲学""精神哲学"连同"逻辑学与形而上学"一同置身于《精神现象学》的背景中,并共同规定后者的基础性理念——即从实体到主体的发展的时间性。由此,我们必须在"逃脱关于时间性的有限存在者之实在性的虚无主义、逃脱谢林(以及费希特)式同义反复论证"这一背景视域下,来研究时间性的有限存在者的概念如何在意识形态的次序中得到发展,以及在何种程度上它的概念总还仍然存在于意识形态的次序中。

2. 连黑格尔在 1803/1804 年和 1805/1806 年就早已详尽讨论过的"时间之消灭"这一重要主题,都在《精神现象学》中扮演着中心角色。尽管"时间之消灭"的体系性地位已经发生了变化,但是在《精神现象学》中,它本身以及自己问题重重的后果仍然保持为一个最紧要和最困难的问题,因为时间之消灭和"人们如何将时间性的现象学理解为逻辑学(其处理的是永恒的理念)的前导"以及"现象学和逻辑学的紧密关系要求哪些东西被放弃"这两个问题紧密相关。毫无疑问,1807 年之前的黑格尔思想,在"通过时间的消灭来赢得一个范畴性秩序"这一规划意义上,已经将时间的消灭暗示为通向逻辑学的导引。以之为基础,还需要详尽探讨的则是:1807 年之前,由于时间之消灭而被诊断出的虚无主义之危机(即诸如此类的时间性的有限存在者之意义的消失)是否以及如何会是对于《精神现象学》的一场危机。

3. 我们已经发现,黑格尔在 1805/1806 年就第一次做出了关于时间和世界历史(亦即,关于逻辑学和精神)之间复杂关系的论述。不过,在那时,黑格尔还没有发展出关于时间之否定性的详尽论述,这一点到 1807 年才得以补全。这样的话,需要进一步探索的就是:能否将黑格尔 1807 年的思考不仅仅理解为 1805/1806 年之主题的进一步发展,并且还同时理解为对"精神哲学"(1805/1806)末尾处困境的一种可能解决方案呢?对此的探索,就不再是本书能够继续关注的了。

结　论

本书的全部工作旨在说明三个论题：

1. 后康德哲学与前黑格尔哲学的一个时代论争焦点，也就是无限和有限的关系问题，是与永恒和时间的问题、观念和实在的问题交织在一起的。在黑格尔之前，为了说明这些问题的关系，费希特和谢林已经做了各种各样的工作，但这些工作和康德以及斯宾诺莎一样，都被雅各比批评为试图通过混淆它们之间的差异，来造就某种无限永恒的观念论体系。有限的时间性实在存在者，对于这一体系而言似乎被讨论过，但根本上却是不受重视的，因为它们始终都是要以各种方式内在地被永恒化的。正是由于这种不重视的态度，后康德的体系哲学在整体上都体现出一种虚无主义，也就是一种存在论的缺陷：有限的时间性实在存在者独立于无限永恒的那种自在存在地位。

2. 正是为了补足这一存在论的缺陷，黑格尔接续雅各比的工作，开始对时间性有限存在者进行研究。这一研究的范围，就是耶拿哲学体系规划的自然哲学的范围。在 1804/1805 年和 1805/1806 年两部体系规划中，我们可以看到，普遍的时空运动是如何一步一步具体化为有限的时间存在者的。尽管存在着开端点的差异和阐述的不同，但这两部规划都围绕着时间性自然如何从普遍的天体系统，通过各种物理运动形式，收缩到个别性时间性的地球系统上来展开。并且，在 1805/1806 年规划中，我们

结 论

还能看到,在这种个别性的地球时间系统中,生命是如何通过化学元素的聚合分离,一步一步演化出植物系统和动物系统的。拥有着自身时间感的动物,代表着一种真正个体化了的时间统一体,它们的有机运动(包括内部的欲望、血液和消化系统运动)都是真正的时间绵延实在存在的证据,并且不仅是其自身实在性的证据,也是作为其他在存在的无限精神运动以实在的方式演化自身的证据。

在以上讨论的范围内,我们可以明显看出,那些黑格尔研究中特别关注自然哲学开端部分的时间理论的做法,无论它采取海德格尔式的或基默勒式的进路,都无异于买椟还珠。黑格尔时间理论的真正重心是有限的时间实在存在者学说,而它又是通过不同的自然哲学演化阶段分层才完成的。对这一分层工作的漠视,是导致今日很多学者仍误以为黑格尔那里仅仅只有一种普遍的、不重要的时间存在理论的重要原因。而本书恰恰提供了一种对此类观点的反驳。

当然,与雅各比不同的是,黑格尔给这一研究有限性时间存在者的工作加上了一种精神逻辑上的必然性。并且,这种必然性不仅要被理解为一种形式要求,而且毋宁要被理解为对这项工作的动力和目的研究的要求。换言之,自然哲学所提供的实在性证明,从属于精神哲学体系的逻辑-表现论的自身证明。从 1804/1805 年耶拿逻辑学和形而上学的规划中,我们就已经可以非常明确地看到这种对有限定在("这个")的重要性强调。而整个自然哲学,也被视为关于"逻辑性精神自身的他者存在"的哲学。在这一语境下,与有限时间存在者相关的实在论,就一方面被理解为与精神的永恒无限的存在运动有差异,因此有其自在存在的领域和相应的特别哲学形态(即自然哲学)。但另一方面,它又被理解为是为了证成精神的永恒无限运动之实在性。其"他在存在"只能在精神的自身存在中才能够得到最终的意义规定。这种"自在的为它存在",也就是自然性的时间存在,因此一方面是独特的、作为其自身而不可被取消的,但另一方面,却也是不完整的、有待于被进一步规定的。正是由于这种规定的必要性,自然哲学才会向着精神哲学过渡。

3. 黑格尔采取以上做法的最重要原因,是为了防止自然实在论在其根据上成为一种独断论,或者一种只能被信仰悬设的对象。他认为雅各比区分时间性的真实存在者和逻辑性的真理存在规定的结果,就是导致二者在认识论上的无法合一,进而导致时间性的真实存在的根据未明,而这也被他视为雅各比哲学的致命缺陷。

但是,为了给予自然实在论以规定根据,黑格尔就必须为那些处于自然演化进程中的有限时间存在者引入一个永恒的体系说明,说明尽管自然时间的绵延会持续,但这并非一种单调的无限持续。并且,这一说明还不能只是外部强加上去的,而是必须在自然的有限时间存在者之演化进程的一个关键点上被内在地引出。这一任务最终被交给了从动物性人类个体的自身时间感向着精神性人类整体的世界历史意识的进程来说明。

这一说明分为两个主要的步骤:首先,在缺乏反思的时间感中,也就是在盲目的内在时间流中,黑格尔引入了一种借助符号标记的观念联想机制,这种机制的运作结果是,人们可以不依据时间的自然流逝,而是依据自己任意的意愿去进行回忆,并且依据这种回忆,去形成自己与世界的关系。回忆的过程,就是将外在物在内在时间感知中图像化,并加以任意排列的过程。其次,在这种经验性符号化记忆的基础上,黑格尔还引入了一种系统语法或算法,也就是语言系统,用以通盘规定一切意识与世界的关系顺序。由于这种规定是依据永恒的语言逻辑进行的,所以,一旦这一规定系统性地完成,人们在理论上就可以反思性地意识到所有一切精神发生发展的环节的根据规定,而不去管它实际的时间发生究竟如何。通过对时间中有限自然存在者的符号化和普遍语言系统化,黑格尔就完成

结 论

了对时间的消灭。它的意思就是说,时间性的先后生成,已经没有用处了。而它的结果就是,一种作为意识的范畴史的永恒精神历史,现在开始走到台前。

这一做法当然也引入了一个疑问:如果黑格尔自然哲学的贡献就在于确立了有限时间存在者的存在论地位,并因此不会让一切都陷入无限永恒的观念论体系,即内在于一切时间生成的虚无主义中,因为这种虚无主义借助的就是将时间生成永恒化的意识的认知系统。那么,通过将自然时间带入内在感知性时间,再进而将之通盘消灭,或者说通盘范畴化,黑格尔是否自己否定了自己在自然哲学中所做出的努力,将自己的实在哲学最终弄成了某种永恒精神-逻辑-历史的表象,而丢失了作为有限时间存在者的实在存在之维?或者说,黑格尔是否也无法避免一方面要区分时间与永恒,另一方面又要将时间永恒化的困境?在耶拿,黑格尔对于这一难题的回答是模糊和稀少的,只有在1805/1806年规划最后关于世界历史与永恒性和时间性之关系的论述中,出现了随着阐释不同而能够产生不同结论的文字片段,换言之,他并没有摆脱最终回到了费希特和谢林等人已经陷入过的困境的嫌疑。1807年精神现象学末尾,黑格尔重新组织的关于历史的表述虽然为解答这个问题提供了新的方向,即强调对于精神自身而言(而非对于自然而言)的否定性时间的重要性,但这一方向是否是毫无问题的解脱之路,仍然是值得怀疑的。在这个意义上,本书工作仅是对黑格尔精神历史哲学思考进展的一个导论而已。

与以上三个总的论证点相对应,本书也分为了三个部分:

本书第一部分是对黑格尔时间和历史理论由以产生的时代问题域的研究和分析。在简要指明黑格尔在其耶拿初期的哲学研究中,时间问题并不占据十分关键的位置之后,我们就不得不面对如下问题,即为什么在

结 论

黑格尔耶拿哲学的晚期，比如在《精神现象学》中，关于时间和历史的讨论占据了如此重要的地位，以至于整个精神现象学可以被读解为经历时间的长廊走向精神历史的历程。事实上，根本不用等到1807年，早在耶拿体系规划中，时间和历史的问题就已经成了黑格尔关注的最核心问题之一。在其自然哲学规划中，黑格尔就将时间问题视为贯穿自然的中心问题（这种看法一直保持到其《哲学百科全书》中都没有改变），而自1805/1806年开始，世界历史也成为黑格尔的正式论题。相比于耶拿初期，这一变化是十分剧烈的。

为了解释这一变化的发生，我们就必须深入黑格尔耶拿诸哲学和诸体系规划所处的时代论争语境之中。在这些纷繁复杂的论争中，有一条贯穿性的线索，对黑格尔形成了巨大的影响，它就是雅各比与康德、费希特和谢林关于时间问题的争论。这一争论的关键，就是体系哲学（或康德那样需要体系化的哲学）是否混淆了时间性的原因与永恒的根据，混淆了有先后生灭的有限存在者序列和本质上无所谓先后生灭的无限存在者的自我展现进程，从而将时间永恒化，并将时间性的有限实在存在者仅仅视为一种无限自身（无论它是主体自身或绝对存在自身）的形式化、样态化显现而已，这种显现其实根本没有其自在的领域和独立的存在价值。

这一争论点最为暧昧地表现在康德与雅各比哲学的分歧之中。其后雅各比与费希特的争论，可以被视为这一分歧的极端化表达。雅各比从康德的先验对象X与主体性综合的关键形式——时间图型两方面出发，力图证明：在康德哲学的核心部分，隐藏着一种需要彻底体系化的诉求，即康德倾向于将时间自身视为进行想象力综合的关键，而将先验对象X视为这一综合所必需的、被主体单纯构思出来的相关项。在这一主体自身的想象建构中，康德允诺的实在性，似乎只是一种主体自身为其自身所提供的空洞设想而已。而费希特哲学作为极端化了的康德哲学，则十分

结 论

清楚地将实在性放到了主体进行想象和反思性建构的机制上进行阐明。尽管这一阐明在主体的认知逻辑上具有理论的连贯性与严密性,但它也因此成为一种表现实在性亏空的特别明显的范例:无论主体如何进行认识,它为自身想象和许诺的实在性,在其作为自身展现的时间形式进程中,都不可能被完全兑现,并且其实也根本无法兑现。雅各比因此将费希特的彻底主体化的时间存在者理论视为一种彻底的虚无主义理论。

无论是谢林或黑格尔,都看到了雅各比对康德,尤其是对费希特式的主体性哲学所做的批判的力量。但他们都无法满足于下面这点:雅各比在永恒根据之外保留一个感觉和信仰中的时间性有限存在者序列,却不对这一做法做任何正面的解释。谢林因此发展出了一种包含了主体和客体、意识和存在于一身的绝对同一哲学,并为之提供了一种积极的"智性直观"的基础。这一直观绝不能被理解为仅在主体意识层面发生作用,而是甚至在意识哲学和自然哲学的分离中,也具有其完整的效力。在此之下,在"自然哲学"的独立哲学门类中,谢林试图发展其时间性的有限存在者学说,并以此既从绝对存在自身方面,也从其实在的有限存在显现方面来弥补费希特哲学所留下的存在论缺陷。

雅各比对此同样持尖锐的批评态度。他认为,在"智性直观"中的绝对存在和作为其显现样态的时间性存在者中,只有前者才是真正的根据和一切实在存在样态出现的动力因和目的因,后者只不过是没有其自在存在的样态显现而已。在这一体系构想中,所谓实在的东西,其实也仅仅是一些现象或样式而已。黑格尔则一方面赞同雅各比的批评,认为在谢林那里同样存在着自在的有限实在存在者的缺陷,另一方面,他也改造了谢林的自然哲学,力图借助它发展出一种"精神自身的他者"学说,并用以为精神的自身运动提供实在论的支撑,同时还避免了谢林体系中存在的这样一种问题,即无法对那种被"智性直观"到的绝对实在性做进一步的

结　论

反思性根据说明。这些至今仍充满争议性的举措，使黑格尔在耶拿开始慢慢发展出自己的自然哲学-精神哲学体系，并在这一规划中，特别重视时间性的有限存在者的自在地位问题。

本书第二部分和第三部分研究的主要目的在于展示 1804/1805 年和 1805/1806 年版本的黑格尔"自然哲学"中时间性的有限存在者的重要性，以及分析 1803/1804 年和 1805/1806 年版本黑格尔"精神哲学"中对时间性的个别事物进行消灭的问题。由此，我们可以得到一条在耶拿时期黑格尔那里从自然时间到精神历史的哲学发展的清晰线索。

这两部分研究表明，从黑格尔对谢林的批判中，最终产生了以上两个方面之间的紧密关系，不仅如此，本文还指出了黑格尔耶拿时期系统规划中一个尚未解决的困境。黑格尔在耶拿时期于"时间"概念上颇费心思，是为了克服那种被雅各比所标明的，内在于斯宾诺莎、康德、费希特和谢林哲学的虚无主义。这种虚无主义基于逻辑上封闭的哲学体系而排除了实在的定在，且自身展现在时间的永恒化进程中。对黑格尔与谢林耶拿时期自然哲学的比较，可以揭示出黑格尔关于自然之思的双重含义：

一方面，黑格尔与谢林一样，在一种全新的存在论意义下思考自然哲学，据此，存在不再如康德和费希特眼中那般纯然在主体性中得到建构，它其实是为纯粹的主体性提供了真实的客体性，后者作为主体性的先决条件而被设定下来。换言之，黑格尔为一种先行的客体性辩护，它提供了人类意识的现实性基础，而不是反倒以纯粹的主体意识为基础。

另一方面，黑格尔从 1803/1804 年开始却放弃了谢林那种受益于斯宾诺莎的、将自然哲学奠基于一种理智无限性之上的思路。为了避免谢林那种对无限者之实在性的同义反复论述，黑格尔借鉴雅各比而发展了自己的自然哲学，将其视为对现实的时间性的有限存在者之自在存在的把握。对黑格尔而言，如果没有这种时间性的有限存在者，谢林的自然哲学和同一哲学就只能停留于绝对的空洞之中,因为这种哲学在无限者的永恒存在之外再不能真切地证明任何东西。——从对谢林的这一修正出发,黑格尔同时提出了在精神哲学中消灭时间的必要性。在黑格尔自然哲学中对时间性的有限存在者的强调,和精神哲学中对之的消除,构成了一组显见的矛盾,它要求我们仔细考察由自然哲学到精神哲学的过渡。对黑格尔来说,一切自然哲学中的言说方式都必然要在意识的科学性语言之前消逝。

由是观之,自然中的时间性存在者必然被消除。在这一情况下,为了达成自然的哲学性目标,精神就得在其意识内的回忆中统合这种自然的时间性存在者,将之称为"被主体所感受的东西",并由此纯然在自我中对其加以想象。所以,这种感性的被想象者(即精神回忆中的时间性存在者)必须被纳入语言的无时间性-范畴性秩序之下,否则内在于其中的偶然性就不能被消除。这样,时间的彻底消灭就发生了,语言哲学中的去感性化既扬弃了自然性的时间性存在者,也扬弃了感性时间性的被想象者。然而,这样的做法产生了如下困境:再没有诸如此类的有限性的个别性事物能存留于语言性秩序中,因为后者总是在对普遍者加以命名,而无视特殊者。这样,语言在其自身中显得非常空洞,它无法与任何实际的东西相符。

为了证明如此复杂的主题,我们必须首先重复一下谢林1797/1800年的自然哲学对于黑格尔耶拿体系草稿之发展的意义,这一意义在本书第四章中已经专题论述过,此处仅仅是一个要点性的回顾。和康德与费希特不同,谢林试图为一个客观的主体-客体性奠基,并由此彰显自然哲学中"力"(Kraft)和"质料"(Materie)的存在论意义。由此,1797和1799年谢林自然哲学文本对客观实在性之意义的强调就显得意义斐然:在1797年版本中,自然还是伴随着意识而得到思考,但在1799年版本中,谢

结 论

林转而将自然从先验哲学中解放出来，并将之理解为相对于意识而自主存在的实体(Entität)。在 1797 年，力终究不过是想象力，质料不过是主体存在的变样(Modifikation)，而在 1799 年，力却意味着自然自身的创造力。在进一步的论证之下，以上概念意义的变换还可以延展到谢林的时间理论。不同于康德通过数学性的认识论的阐述来对力、质料、空间和运动四者加以统一的思路，谢林首先强调它们之统一的有机存在论意义，其中，时间扮演一个根本角色。1797 年，谢林区分了肯定性的和否定性的力，两者都是空间性的，而时间代表它们的实在综合。谢林将这种经由动力性综合而被充实的空间称作"质料"，并将之置于空间、时间、运动和质料四者的互相统一之中。然而，1799 年的自然哲学却根本上修改了这些概念——谢林转而区分能生的自然和被生的自然，前者在永恒时间中自身展开，而后者在反思性的时间中返回自身。换言之，时间代表着独立于意识而得到理解的自然自身的双重性。不过，如我们已经指出的那样，谢林崭新的自然哲学概念也走入了一个困境，因为在能生自然中的永恒性时间这一前提下，没有任何时间性的有限存在者能够自在存在。如果时间性的有限存在者只是自在永恒者的纯粹样态而已，那么我们就要追问，什么样的非永恒性时间能够真正实存，以及，是否一切都是作为卓越者而本质性地和永恒地存在。当谢林自 1801 年以来尝试以同一哲学的方式来统一和奠基自然哲学与先验哲学时，以上困境就更深了一步。由于有限者的自在存在得不到落实，且现实性定在在存在论意义上是无意义的，同一哲学就苦于无法证明绝对者的实在性。

我们已经指出，在谢林的影响下，黑格尔自 1800 年以来也致力于思考全新的存在论(即自然哲学)，以去除康德和费希特哲学中那种被雅各比所指出的存在论缺陷。因此，黑格尔早已熟悉谢林那种以同一哲学为自然哲学奠基的思路——在耶拿早期，黑格尔跟随并在原则上信任这种

结　论

进路。然而，自1803/1804年以来，黑格尔不再满意于谢林的同一哲学，这一点在两人时间概念的根本性差异中体现了出来：在谢林的同一哲学中，时间仅仅被反思地设定。被反思的时间性-个别性事物没有自在存在，它仅仅是对永恒性的变样，并派生于永恒性。相反，黑格尔不再将时间性的有限存在者理解为永恒无限者的派生物，而是强调它特殊的、存在论意义上的尊严。亦即，时间性存在者必须拥有自己的自在存在，且它同时应该作为"为了无限者的存在"而被把握。换言之，谢林同一哲学中的问题——"通过绝对者之他在来恢复绝对者的现实性"的不可能性——促使黑格尔将自然视为精神的他在，并将其思想更加聚焦于自然性-有限性存在者之上。不过，在自然哲学中，黑格尔将这种被雅各比所启示而得的、时间性的有限存在者的概念与逻辑学和精神哲学共同编织在一起，也即，他将时间性的有限性存在者以一种思辨性和体系性的方式加以组织，来阐述自然哲学对力、质料、空间、时间和运动这五者的统一。由此看来，黑格尔拒绝了那种从意识中解放出来的自然的理念，这种理念由谢林1799年版本自然哲学所代表。在该意义上，黑格尔与1797年版本的谢林自然哲学更为接近，因为在1797年版本自然哲学中，自然其实就是潜在的精神。

本书论述了黑格尔耶拿体系草稿对时间性的有限存在者之主题化的发展，以及其在系统性意义上不断提升的核心地位的形成。在1801年，时间性-动力性的、实在的质料还仅仅是无限性精神的外在化。1804/1805年时，黑格尔已经将时间性-有限性自然视为精神的他在，而在1801年的黑格尔哲学构想中，"时间性的有限存在者在多大程度上必须被理解为自足实存着的、并非派生于无限性-时间性精神的东西"这一点尚不清晰。在1801年关于行星系统的论述中，黑格尔首先将不同力的区别理解为质的区别，因为那时黑格尔关于力的理论（它与牛顿那种纯然量性的力学不同)还拥有一种存在论的要求,即要求被力所充实的空间是存在论意义上实在的。但是,这种实在性是僵滞的,因为空间中还没有运动发生。只有通过精神性时间,质料的运动才首次发生。这对于黑格尔来说同时意味着,时间借助于"努斯"(nous)的力量冲破了空间性和质料性宇宙的框架,并变成了它的合理性原型(Archetyp),而在该原型中,有限性存在者还未被主题化。

而当黑格尔自1804/1805年以来不再将时间视为精神性原则,而是将其视为自然性现象时,诸如此类的有限性存在者才首次得到主题化。我们已经看到,黑格尔通过四个步骤来论证时间和有限性个别事物之间的关系:

1. 黑格尔在1804/1805年的以太理论中将自然理解为精神自身的他在。在那里,时空是精神性以太的外在化,在这种外在化过程中,首先产生了普遍时间,然后它进一步外在化为普遍空间。最终,为了获得自己的简单本质(简单的点),空间必须再次被时间化。在这种空间化和时间化进程内部,并没有有限性-个别性事物,因为这里仅仅是在理想性和普遍性意义上对时空加以论说。

2. 在显现着的和被实在化的运动中,时间和空间在量的层面上被区分开了。通过行星系统的建构,空间性现象被变回自然时间自身。由此,第一种实在化的个别事物产生了,它就是地球。

3. 在"力学"(Mechanik)部分中,对空间、时间、运动和质料的统一通过黑格尔对有限性-个别性事物的阐述而得以完成,这种有限性-个别性事物不再代表理想力之显现的大小,而是代表自然的实在的力。由此,空间和时间的分离可以从外部被综合起来。

4. 在黑格尔这里,对空间和时间的内在综合通过物理性的重力和化学而得以可能。在此,地球上的个别事物存在于自己的时间绵延中。

结 论

在1805/1806年新版本自然哲学中,和时间性的有限存在者相关的论证一方面维持不变:当空间、时间、运动和质量(Masse)的发展仅仅在"力学"中被外在建构时,地球上的时间性-个别性事物之内在的变易在"形态"和"化学"部分得到阐述。另一方面,黑格尔在两个关键点上修改了自己关于自然的论述:

1. 首先,精神性以太不再与整个体系相关。现在是空间而非时间出现在自然哲学的开端处。这个变化处于一个根本性的趋势——有限性存在者的自在存在逐渐趋近自然之实在化的开端——之中,该趋势可以在黑格尔自然哲学的发展中被观察到。

2. 黑格尔自然哲学的第二个主要变化是,有机生命的重要性强烈地得到突显。个别事物通过化学而被内在化的时间现在直接引出有机时间,后者意味着个别事物的自身形成(Selbstwerden),以及其向着精神的进一步转渡。有机时间应该通过地球的形成、植物的生长和动物的运动而得到理解,每一个别的动物都有它的时间感,都能在时空中运动,以达到它们心理-物理学的(psychophysischem)目的。以这种方式,对空间、时间、运动力和质料的生机性统一,就通过最高和最复杂的途径而在有机个别事物中展现自身。

在由自然到精神的过渡中,黑格尔自然哲学中的一种潜伏困境最终也自己鲜明地展露出来,这一困境围绕以下问题而产生:黑格尔是否真的如其自然哲学所表现的那样高度评价时间性的有限存在者,还是说,黑格尔对时间性的有限存在者的强调最终不过是一种迷惑性的、必须为虚无主义疑难负责的思考,而时间性的有限存在者最终在精神中基于逻辑性结构又会被彻底消灭。为了回答以上问题,时间的消灭必须在"精神哲学"的开端处经由以下三步而被仔细考察:

1. 在1805/1806年版本"精神哲学"的开端处,黑格尔一方面跟随费希特的论证,因为它揭示了自我中的精神时间。自然时间必须在该意义上被消灭。另一方面,精神时间——与费希特完全不同——又出现在与自然的联系之中。只有在时间性的回忆里,自我才在其感受之中将外在之物内在化,且将其表象为自我之意识的图像,凭此,整个自然的真实目的才首次被达成。从存在论的角度来看,人类的时间性意识也就再现了感觉和自然对象的感性统一。

2. 通过想象(Einbildung),人类仅仅回忆到了他纯粹主体性的我性(Ichheit)。和雅各比一致,黑格尔也认为精神性时间中存在着一种虚无主义,因为所有的时间性的有限存在者都不过是我性的一个空洞符号。不过,黑格尔对该虚无主义之诞生基础的分析与雅各比不同:我性之空洞性的危机并不(如雅各比所想的那样)诞生于现实性定在的缺乏,而是诞生于自我内容之规定性的缺失。

3. 前述虚无主义必须被克服,而克服的方式是消除出自时间的所有偶然性。由此,黑格尔在其语言哲学中完成了时间的彻底消灭。在语言中,所有个别事物不再于一个时间顺序中被组织,而是在一个纯粹的、非时间性-范畴性秩序中被组织。这意味着对个体性的-进行感受的自我的去感性化,以及对时间性的有限存在者的消除。在这种经由语言的清除活动之后,个别名称身处的逻辑性-范畴性秩序的普遍性和必然性就是多余的了。由于纯然形式性和普遍性的语言中不再有作为个别事物的个别事物,一种新的虚无主义就在理论精神中诞生了。据此,目前的问题也就在于,语言性自我意识的有限内容和纯粹形式性之间发生了平等化(Nivellierung)。这一困境无法通过恢复时间性的有限存在者而得以缓解,因为自然哲学的言说方式在此已经不再有效,而这又是因为语言并非简单地要在认识论意义上证明自然自身的纯然目的就是精神,而毋宁是要在意识中以存在论的方式创造一切。就此而言,需要被追问的是,为了克服目前威胁性的虚无主义,黑格尔是否以及如何能在世界历史哲学中,重新制造出一种实在的时间性的有限存在者与逻辑性的无时间性-普遍性东西之间的摆荡运动(Oszillation)。不过,这已经超出了本研究现有的范围。同样超出本书研究范围的是关于《精神现象学》中时间问题(Zeitproblematik)之继续发展的问题,对于后者,本文也仅限于极其简略的探寻而已。

参考文献

中文文献：

阿利森：《康德的先验观念论：一种解读和辩护》，丁三东、陈虎平译，商务印书馆，2014年。

德勒兹：《斯宾诺莎与表现问题》，龚重林译，商务印书馆，2013年。

费希特：《就最新哲学的真正本质向广大读者所作的明如白昼的报导》，载《费希特文集》（第四卷），梁志学编译，商务印书馆，2014年。

费希特：《略论知识学的特征》，载《费希特文集》（第二卷），梁志学编译，商务印书馆，2014年。

费希特：《全部知识学的基础》，载《费希特文集》（第一卷），梁志学编译，商务印书馆，2014年。

费希特：《知识学新说》，载《费希特文集》（第二卷），梁志学编译，商务印书馆，2014年。

海德格尔：《存在与时间》，陈嘉映、王庆节译，生活·读书·新知三联书店，1999年。

海德格尔：《德国观念论与当前哲学的困境》，庄振华等译，西北大学出版社，2016年。

海德格尔：《康德与形而上学疑难》，王庆节译，商务印书馆，2018年。

赫尔德：《论语言的起源》，姚小平译，商务印书馆，1998年。

黑格尔：《精神现象学》（上卷），贺麟译，商务印书馆，1979年。

黑格尔:《精神现象学》(下卷),贺麟译,商务印书馆,1979年。

黑格尔:《费希特与谢林哲学体系的差异(1801年)》,载《黑格尔著作集》(第二卷),朱更生译,人民出版社,2017年。

黑格尔:《黑格尔早期著作集》(上卷),贺麟等译,商务印书馆,1997年。

黑格尔:《历史哲学》,王造时译,上海书店出版社,1999年。

黑格尔:《耶拿体系1804—1805:逻辑学和形而上学》,杨祖陶译,人民出版社,2012年。

黑格尔:《自然哲学》,梁志学、薛华、钱广华、沈真译,商务印书馆,1986年。

黑格尔:《信仰与知识或者以康德哲学、雅科比哲学与费希特哲学形式出现的形式完整的主体性的反思哲学》,载《黑格尔著作集》(第二卷),朱更生译,人民出版社,2017年。

黑格尔:《耶拿体系草稿Ⅰ》,郭大为、梁学志译,商务印书馆,2017年。

康德:《纯粹理性批判》,邓晓芒译,人民出版社,2004年。

科瓦雷:《牛顿研究》,张卜天译,商务印书馆,2018年。

罗素:《对莱布尼茨哲学的批评性解释》,段德智译,商务印书馆,2010年。

舒尔茨:《德国观念论的终结——谢林晚期哲学研究》,韩隽译,中国人民大学出版社,2019年。

斯特克勒-魏特霍夫:《让黑格尔再次回家》,周凯译,载《德国观念论》(第二辑),张汝伦主编,商务印书馆,2021年。

谢林:《近代哲学史》,先刚译,北京大学出版社,2016年。

谢林:《论世界灵魂》,庄振华译,北京大学出版社,2018年。

余玥:《无时间性的真无限:黑格尔哲学初期的一个关键问题》,《云南大学学报》2017年第6期,第18—24页。

余玥:《康德时间理论中的虚无主义问题》,《云南大学学报》2020年第4期,第20—30页。

余玥:《直观的自然或概念的自然——谢林与黑格尔早期自然哲学中的时间问

题》,《哲学研究》2020 年第 12 期,第 99—109 页。

余玥:《"这个"与无限:黑格尔耶拿逻辑学与形而上学中独特的真无限问题》,《云南大学学报》2019 年第 1 期,第 5—12 页。

外文文献:

原始文献

Fichte, J. G.: Grundlage der gesamten Wissenschaftslehre als Handschrift für seine Zuhörer, in: Fichtes Werke, Auswahl in sechs Bänden, Erster Band, hrsg. v. F. Medicus, Felix Meiner Verlag, Leipzig seit 1911.

Grundriß des Eigentümlichen der Wissenschaftslehre in Rücksicht auf das theoretische Vermögen als Handschrift für seine Zuhörer, in: Fichtes Werke, Auswahl in sechs Bänden, Erster Band, hrsg. v. F. Medicus, Felix Meiner Verlag, Leipzig seit 1911.

Zweite Einleitung in die Wissenschaftslehre für Leser, die schon ein philosophisches System haben, in: Fichtes Werke, Auswahl in sechs Bänden, Dritter Band, hrsg. v. F. Medicus, Felix Meiner Verlag, Leipzig seit 1911.

Sonnenklarer Bericht an das größere Publikum über das eigentliche Wesen der neuesten Philosophie. Ein Versuch, die Leser zum Verstehen zu zwingen, in: Fichtes Werke, Auswahl in sechs Bänden, Dritter Band, hrsg. v. F. Medicus, Felix Meiner Verlag, Leipzig seit 1911.

Zu „Jacobi an Fichte". Entwurf einer Antwort auf Jacobis Sendschreiben von 1799. Geschrieben im Jahre 1807, in: Fichtes Werke, Auswahl in sechs Bänden, Fünfter Band, hrsg. v. F. Medicus, Felix Meiner Verlag, Leipzig seit 1911.

Von der Sprachfähigkeit und dem Ursprung der Sprache, in: Gesamtausgabe I, 3, hrsg. v. R. Lauth und H. Jacob, Frommann-Holzboog Verlag, Stuttgart-Bad Cannstatt 1966.

| 参考文献

Hegel, G. W. F. : Hegels theologische Jugendschriften, hrsg. v. Hermann Nohl, Mohr, Tübingen 1907.

Berliner Schriften, hrsg. v. W. Jaeschke, Felix Meiner Verlag, Hamburg 1997.

Enzyklopädie der philosophischen Wissenschaft im Grundrisse 1817, Fr. Frommannes Verlag, Stuttgart 1927.

Wissenschaft der Logik, Suhrkamp, Frankfurt am Main 1969.

Enzyklopädie der philosophischen Wissenschaften im Grundrisse 1830, Suhrkamp Verlag, Frankfurt 1970.

Hegel in Berichten seiner Zeitgenossen, hrsg. v. G. Nicolin, Felix Meiner Verlag, Hamburg, 1970.

Briefe von und an Hegel, hrsg. v. J. Hoffmeister, Felix Meiner Verlag, Hamburg 1977 - 81.

Differenz des Fichteschen und Schellingschen Systems der Philosophie, in: Jenaer Kritische Schriften I, hrsg. v. H. Brockard und H. Buchner, Felix Meiner Verlag, Hamburg 1979.

Jenaer Systementwürfe II. Logik, Metaphysik und Naturphilosophie, hrsg. v. R. -P. Horstmann, Felix Meiner Verlag, Hamburg 1982.

Dissertatio Philosophica de Orbitis Planetarum (Philosophische Erörterung über die Planetenbahnen), übers. , eingeleitet und kommentiert von W. Neuser, VCH Verlagsgesellschaft mbH, Weinheim 1986.

Glauben und Wissen, oder die Reflexionsphilosophie der Subjektivität, in der Vollständigkeit ihrer Formen, als Kantische, Jacobische, und Fichtesche Philosophie, hrsg. v. H. Brockard und H. Buchner, Felix Meiner Verlag, Hamburg 1986.

Vorlesungen über die Philosophie der Geschichte, Suhrkamp, Frankfurt a. M. 1986.

Jenaer Systementwürfe I. Das System der spekulativen Philosophie. Fragment aus Vorlesungsmanuskripten zur Philosophie der Natur und des Geistes, hrsg. v. K. Düsing und H. Kimmerle, Felix Meiner Verlag, Hamburg 1986.

Jenaer Systementwürfe III. Naturphilosophie und Philosophie des Geistes, hrsg. v. R.- P. Horstmann, Felix Meiner Verlag, Hamburg 1987.

Verhältnis des Skeptizismus zur Philosophie. Darstellung seiner verschiedenen Modifikationen des neuesten mit dem alten, in: Jenaer Kritische Schriften II, hrsg. v. H. Brockard und H. Buchner, Felix Meiner Verlag, Hamburg 2004.

Phänomenologie des Geistes, hrsg. v. H. F. Wessels und H. Clairmont, Felix Meiner Verlag, Hamburg 1988.

Herder, J. G. : Über den Ursprung der Sprache, in: Johann Gottfried Herder Werke, Bd. 1, hrsg. v. U. Gaier, Deutscher Klassiker Verlag, Frankfurt a. M. 1985.

Verstand und Erfahrung, Eine Metakritik zur Kritik der reinen Vernunft, in: Johann Gottfried Herder Werke, Bd. 8, hrsg. v. H. D. Irmscher, Deutscher Klassiker Verlag, Frankfurt a. M. 1985.

Jacobi, F. H. : Woldemar, in: Friedrich Heierich Jacobi Werke, Band 7,1, hrsg. v. H. Klaus und J. Walter, Hamburg 1998.

Über die Lehre des Spinoza in Briefen an den Herrn Moses Mendelssohn, hrsg. v. K. Hammascher und I. M. Piske, Felix Meiner Verlag, Hamburg 2000.

David Hume über den Glauben, oder Idealismus und Realismus, in: Schriften zum transzendentalen Idealismus. Friedrich Heinrich Jacobi Werke, Band 2.1, hrsg. v. W. Jaeschke und I. M. Piske, Felix Meiner Verlag, Hamburg 2004.

Epistel über die Kantische Philosophie, in: Schriften zum transzendentalen Idealismus. Friedrich Heinrich Jacobi Werke, Band 2.1, hrsg. v. W. Jaeschke und I. M. Piske, Felix Meiner Verlag, Hamburg 2004.

Beilage: Über den transzendentalen Idealismus, in: David Hume über den Glauben, in: Schriften zum transzendentalen Idealismus. Friedrich Heinrich Jacobi Werke, Band 2.1, hrsg. v. W. Jaeschke und I. M. Piske, Felix Meiner Verlag, Hamburg 2004.

Jacobi an Fichte, in: Schriften zum transzendentalen Idealismus. Friedrich Heinrich Jacobi Werke. Band 2.1, hrsg. v. W. Jaeschke und I. M. Piske, Felix Meiner Verlag, Hamburg 2004

Über das Unternehmen des Kritizismus, die Vernunft zu Verstande zu bringen, und der Philosophie überhaupt eine neue Absicht zu geben, in: Schriften zum transzendentalen Idealismus. Friedrich Heinrich Jacobi Werke, Band 2.1, hrsg. v. W. Jaeschke und I. M. Piske, Felix Meiner Verlag, Hamburg 2004.

An Friedrich Köppen, in: Schriften zum transzendentalen Idealismus. Friedrich Heinrich Jacobi Werke, Band 2.1, hrsg. v. W. Jaeschke und I. M. Piske, Felix Meiner Verlag, Hamburg 2004.

Von den göttlichen Dingen und ihrer Offenbarung. in: F. H. Jacobi Werke, Bd. 3, hrsg. v. W. Jaeschke, Felix Meiner Verlag, Hamburg/Frommann-Holzboog Verlag, Stuttgart-Bad Cannstatt 2000.

Newton, I.: Mathematische Prinzipien der Naturlehre, übersetzt, eingeleitet und herausgegeben von J. Ph. Wolfers, Wissenschaftliche Buchgesellschaft, Darmstadt 1963.

Anthropologie in pragmatischer Hinsicht, hrsg. v. K. Vorländer, Felix Meiner Verlag, Hamburg 1980.

Optik oder Abhandlung über Spieglungen und Farben des Lichts, übers. und hrsg. v. W. Abendroth, Friedrich Vieweg & Sohn Verlagsgesellschaft, Braunschweig 1983.

Metaphysische Anfangsgründe der Naturwissenschaft, hrsg. v. K. Pollok, Felix Meiner

Verlag, Hamburg 1997.

Kant, I. : Kritik der reinen Vernunft, hrsg. v. J. Timmermann, Felix Meiner Verlag, Hamburg 1998.

Kritik der Urteilskraft, hrsg. v. H. F. Klemme, Felix Meiner Verlag, Hamburg 2001.

Kritik der praktischen Vernunft, hrsg. v. Horst D. Brandt und Heiner Klemme, Felix Meiner Verlag, Hamburg 2003.

Darstellung meines Systems der Philosophie, in: Friedrich Wilhelm Joseph Schelling Schriften von 1801 – 1804, Wissenschaftliche Buchgesellschaft, Darmstadt 1968.

Bruno oder über das göttliche und natürliche Prinzip der Dinge, in: Friedrich Wilhelm Joseph Schelling Schriften von 1801 – 1804, Wissenschaftliche Buchgesellschaft, Darmstadt 1968.

Fernere Darstellung aus dem System der Philosophie, in: Friedrich Wilhelm Joseph Schelling, Schriften von 1801 – 1804, Wissenschaftliche Buchgesellschaft, Darmstadt 1968.

Schelling, F. W. J. : Vom Ich als Prinzip der Philosophie oder über das Unbedingte im menschlichen Wissen, in: Friedrich Wilhelm Joseph Schellings Werke 2, hrsg. v. Hartmut Buchner und Jörg Jantzen, Frommann-Holzboog Verlag, Stuttgart-Bad Cannstatt 1980.

Ideen zu einer Philosophie der Natur, in Friedrich Wilhelm Joseph Schellings Werke 5, hrsg. v. Manfred Durner, Stuttgart-Bad Cannstatt Verlag, Stuttgart 1994.

Von der Weltseele—Eine Hypothese der höheren Physik zur Erklärung des allgemeinen Organismus. Nebst einer Abhandlung über das Verhältnis des Realen und Idealen in der Natur oder Entwicklung der ersten Grundsätze der Naturphilosophie an den Prinzipien der Schwere und des Lichts, in: Friedrich Wilhelm Joseph Schellings Werke 8, hrsg. v. Kai Torsten Kanz und Walter Schieche, Frommann-Holzboog

Verlag, Stuttgart-Bad Cannstatt 2000.

Einleitung zu dem Entwurf eines Systems der Naturphilosophie. Oder über den Begriff der spekulativen Physik und die innere Organisation eines Systems dieser Wissenschaft, in Friedrich Wilhelm Joseph Schellings Werke 6, hrsg. v. Manfred Durner und Wilhelm G. Jacobs, Frommann-Holzboog Verlag, Stuttgart-Bad Cannstatt 2004.

Allgemeine Deduktion des dynamischen Prozesses oder der Kategorie der Physik, in Friedrich Wilhelm Joseph Schellings Werke 8, hrsg. v. Manfred Durner und Wilhelm G. Jacobs, Frommann-Holzboog Verlag, Stuttgart-Bad Cannstatt 2004.

System des transzendentalen Idealismus, in: Friedrich Wilhelm Joseph Schelling Werke 9, hrsg. v. H. Korten und P. Ziche, Frommann-Holzboog Verlag, Stuttgart-Bad Cannstatt 2005.

Briefe 2, Briefwechsel 1800 – 1802, Teilband 1, hrsg. v. T. Kisser, Frommann-Holzboog Verlag, Stuttgart-Bad Cannstatt 2010.

Spinoza, B.: Briefwechsel, übers. von C. Gebhardt, Felix Meiner Verlag, Hamburg 1986.

Ethik in geometrischer Ordnung dargestellt, übers. von W. Bartuschat, Felix Meiner Verlag, Hamburg 1999.

二手文献

Adorno, Theodor: Negative Dialektik, Suhrkamp Verlag, Frankfurt 1966.

Appel, Kurt: Zeit und Gott. Mythos und Logos der Zeit im Anschluss an Hegel und Schelling, Ferdinand Schöningh, Paderborn, München, Wien und Zürich 2008.

Baum, Manfred: Zur Vorgeschichte des Hegelschen Unendlichkeitsbegriffs, in: Hegel-

Studien, Bd. 11, Bonn 1976, S. 89 - 124.

Baum, Manfred und Meist, Kurt: Durch Philosophie Leben lernen. Hegels Konzeption der Philosophie nach den neu aufgefundenen Jenaer Manuskripten, in: Hegel-Studien, Bd. 12, Bonn 1977, S. 43 - 81.

Baumanns, Peter: Anschauung, Raum, und Zeit bei Kant, in: Beiträge zur Kritik der reinen Vernunft 1781 - 1981, hrsg. v. I. Heidemann und W. Ritzel, Walter de Gruyter, Berlin/New York 1981.

Bautz, Timo: Hegels Lehre von der Weltgeschichte. Zur logischen und systematischen Grundlegung der Hegelschen Geschichtsphilosophien, Wilhelm Fink Verlag, München 1988.

Beuthan, Ralf: Formen der Geschichte - Geschichte der Formen: Zum Geschichtsdenken des Jenaer Hegel, in: Geschichtlichkeit der Vernunft beim Jenaer Hegel, hrsg. v. R. Beuthan, Universitätsverlag Winter Heidelberg 2006, S. 93 - 120.

Bienenstock, Myriam: Zu Hegels erstem Begriff des Geistes (1803 - 04): Herdersche Einflüsse oder Aristotelisches Erbe? in: Hegel-Studien, Bd. 24, Bonn 1989, S. 27 - 54.

„Die wahrhafte Gegenwart ist ··· die Ewigkeit". Zur Gegenwärtigkeit in der Hegelschen Geschichtsphilosophie, in: Die Weltgeschichte—das Weltgericht?, hrsg. v. R. Bubner und W. Mesch, Klett-Cotta, Stuttgart 2001, S. 119 - 140.

Bloch, Ernst: Natur als organisierendes Prinzip—Materialismus beim frühen Schelling, in: Materialien zu Schellings philosophischen Anfängen, hrsg. v. M. Frank und G. Kurz, Suhrkamp Verlag, Frankfurt am Main 1975, S. 292 - 304.

Bonsiepen, Wolfgang: Die Begründung einer Naturphilosophie bei Kant, Schelling, Fries und Hegel. Mathematische versus spekulative Naturphilosophie, Vittorio Klostermann, Frankfurt a. M. 1997.

Bormann, Marco: Der Begriff der Natur. Eine Untersuchung zu Hegels Naturbegriff und dessen Rezeption, Centaurus Verlag, Herbolzheim 2000.

Brauer, Oscar Daniel: Dialektik der Zeit. Untersuchung zu Hegels Metaphysik der Weltgeschichte, Frommann-Holzboog Verlag, Stuttgart-Bad Cannstatt 1982.

Derrida, Jacques: Der Schacht und die Pyramide. Einführung in die Hegelsche Semiologie, in: Randgänge der Philosophie, Erste vollständige deutsche Ausgabe, hrsg. v. Peter Engelmann, übers. von Gerhard Ahrens, Passagen Verlag, Wien, 1988.

Drün, Hermann; Gethmann-Siefert, Annemarie; Hackenesch, Christa; Jaeschke, Walter; Neuser, Wolfgang; Schnädelbach, Herbert: Hegels Enzyklopädie der philosophischen Wissenschaften (1830). Ein Kommentar zum Systemgrundriß, Suhrkamp, Frankfurt a. M. 2000.

Düsing, Klaus: Spekulation und Reflexion. Zur Zusammenarbeit von Schelling und Hegel in Jena, in: Hegel-Studien, Bd. 5, Bonn 1969, S. 95 – 128.

Hegel und die Geschichte der Philosophie. Ontologie und Dialektik in Antike und Neuzeit, Wissenschaftliche Buchgesellschaft, Darmstadt 1983.

Endliche und absolute Subjektivität. Untersuchung zu Hegels philosophischer Psychologie und zu ihrer spekulativen Grundlegung, in: Hegels Theorie des subjektiven Geistes in der Enzyklopädie der philosophischen Wissenschaft im Grundrisse, hrsg. v. L. Eley, Frommann-Holzboog Verlag, Stuttgart-Bad Cannstadt, 1990, S. 33 – 58.

Dialektik und Geschichtsmetaphysik in Hegels Konzeption philosophiegeschichtlicher Entwicklung, in: Logik und Geschichte in Hegels Systems, hrsg. v. H.-Ch. Lucas und G. Planty-Bonjour, Friedrich Frommann Verlag, Stuttgart 1989, S. 127 – 145.

Aufhebung der Tradition im dialektischen Denken. Untersuchungen zu Hegels Logik,

Ethik und Ästhetik, Wilhelm Fink Verlag, München 2012.

Eley, Lothar (Hrsg.): Hegels Theorie des subjektiven Geistes in der Enzyklopädie der philosophischen Wissenschaft im Grundrisse, Frommann-Holzboog Verlag, Stuttgart-Bad Cannstadt, 1990.

Emundts, Dina und Horstmann, Rolf-Peter: G. W. F. Hegel. Eine Einführung, Reclam, Stuttgart 2002.

Engelhart, Dietrich von, Hegel und die Chemie. Studie zur Philosophie und Wissenschaft der Natur um 1800, Guido Pressler Verlag, Stuttgart 1976.

Fink, Eugen: Metaphysik und Tod, W. Kohlhammer Verlag, Stuttgart, Berlin, Köln, Mainz 1969.

Frank, Manfred: Der unendliche Mangel an Sein. Schellings Hegelkritik und die Anfänge der Marxschen Dialektik. Suhrkamp Verlag, Frankfurt a. Main 1975.

Eine Einführung in Schellings Philosophie, Suhrkamp Verlag, Frankfurt am Main 1985.

Materialien zu Schelling, Suhrkamp Verlag, Frankfurt am Main 1985.

Schellings spekulative Umdeutung des Kantischen Organismus-Konzepts. Aus einer Vorlesung vom SS 1987 über „Die Philosophie angesichts der Natur Beherrschung", in: Hegels Jenaer Naturphilosophie, hrsg. v. K. Vieweg, Wilhelm Fink Verlag, München 1998, S. 201 – 218.

Frank, Manfred und Kurz, Gerhard (Hrsg.) Materialien zu Schellings philosophischen Anfängen, Frankfurt a. M. 1975.

Franz, Michael: Tübinger Platonismus. Die gemeinsamen philosophischen Anfangsgründe von Hölderlin, Schelling und Hegel. Verlag francke, Türbingen 2012.

Fujita, Masakatsu: Philosophie und Religion beim jungen Hegel. Unter besonderer

Berücksichtigung seiner Auseinandersetzung mit Schelling. Hegel-Studien Beiheft 26, Bouvier Verlag, Bonn 1985.

Fulda, Hans Friedrich: Zur Logik der Phänomenologie von 1807, in: Materialien zu Hegels Phänomenologie des Geistes, hrsg. v. H. F. Fulda und D. Henrich, Suhrkamp, Frankfurt am Main 1973, S. 391 – 425.

Idee und vereinzeltes Subjekt in Hegels Enzyklopädie, in: Hegels Theorie des subjektiven Geistes in der Enzyklopädie der philosophischen Wissenschaft im Grundrisse, hrsg. v. L. Eley, Frommann-Holzboog Verlag, Stuttgart-Bad Cannstadt, 1990, S. 59 – 83.

Georg Wilhelm Friedrich Hegel, Verlag C. H. Beck, München 2003.

Gadamer, Hans-Georg: Hegels Dialektik des Selbstbewußtseins, in: Materialien zu Hegels Phänomenologie des Geistes, hrsg. v. H. F. Fulda und D. Henrich, Suhrkamp, Frankfurt am Main 1973, S. 217 – 242.

Giovanni, George: Hen kai pan. Spinozafigurationen im Frühidealismus, in: Friedrich Heinrich Jacobi. Ein Wendepunkt der geistigen Bildung der Zeit, hrsg. v. W. Jaeschke und B. Sandkaulen, Felix Meiner Verlag, Hamburg 2004, S. 88 – 106.

Gloy, Karen und Burger, Paul (Hrsg.): Die Naturphilosophie im deutschen Idealismus, Frommann-Holzboog Verlag, Stuttgart-Bad Cannstatt 1993.

Grießer, Wilfried: Geist zu seiner Zeit, Mit Hegel die Zeit denken, Verlag Königshausen & Neumann, Würzburg 2005.

Grün, Klaus-Jürgen: Das Erwachen der Materie. Studie über die spinozistischen Gehalte der Naturphilosophie Schellings. Georg Olms Verlag, Zürich und New York 1993.

Gruner, Stefen: Hegels Ätherlehre, including a Summary in English: Hegel's Aether Doctrine, VDM Verlag Dr. Müller, Saarbrücken 2010.

参考文献

Haering, Theodor L.: Hegel. Sein Wollen und sein Werk. Eine Chronologische Entwicklungsgeschichte der Gedanken und der Sprache Hegels, 2 Bände, Scientia Verlag Aalen, Stuttgart 1963.

Haym, Rudolf: Hegel und seine Zeit. Vorlesungen über Entstehung und Entwicklung, Wesen und Werth der Hegelschen Philosophie, Verlag von Rudolph Gaertner, Berlin 1857.

Heidegger, Martin: Sein und Zeit, Max Niemeyer Verlag Tübingen, 1979.

Kant und das Problem der Metaphysik, Vittorio Klostermann, Frankfurt 1991.

Holzwege, Vittorio Klostermann, Frankfurt am Main 1994.

Heidemann, Ingeborg: Spontaneität und Zeitlichkeit. Ein Problem der Kritik der reinen Vernunft, Köln-Universitäts-Verlag, Köln 1958.

Heinz, Marion: Die Kontroverse zwischen Herder und Jacobi über Spinoza, in: Friedrich Heinrich Jacobi. Ein Wendepunkt der geistigen Bildung der Zeit, hrsg. v. W. Jaeschke und B. Sandkaulen, Felix Meiner Verlag, Hamburg 2004, S. 75 – 87.

Henrich, Dieter: Hegel im Kontext, 5. Auflage, Suhrkamp, Berlin 2010.

Die Beweisstruktur von Kans transzendentaler Deduktion, in: Kant. Zur Bedeutung seiner Theorie von Erkennen und Handeln, hrsg. v. G. Prauss, Kiepenheuer & Witsch Köln, Köln 1973, S. 90 – 104.

Andersheit und Absolutheit des Geistes, Sieben Schritte auf dem Wege vom Schelling zu Hegel, in: Selbstverhältnisse, Reclam, Stuttgart zool, S. 152f. und 162ff.

Zeit und Gott – Anmerkungen und Anfragen zur Chronotheologie, in: Der Sinn der Zeit, hrsg. v. E. Angehrn u. a., Weilerswist 2002, S. 15 – 39.

Henrich, Dieter und Düsing, Klaus (Hrsg.): Hegel in Jena. Die Entwicklung des Systems und die Zusammenarbeit mit Schelling, Bouvier Verlag, Bonn 1980.

Holzhey, Helmut: Kants Erfahrungsbegriff. Quellengeschichtliche und bedeutungsanalytische Untersuchungen, Schwabe & CO. Verlag, Basel/Stuttgart 1970.

Die Grenze der Vernunft. Eine Untersuchung zu Zielen und Motiven des deutschen Idealismus, Verlag Anton Hain, Frankfurt am Main 1991.

Horstmann, Rolf-Peter und Petry, Michael John (Hrsg.): Hegels Philosophie der Natur. Beziehungen zwischen empirischer und spekulativer Naturkenntnis, Klett-Cotta, Stuttgart 1986.

Hösle, Vittorio: Hegels System. Der Idealismus der Subjektivität und das Problem der Intersubjektivität. Felix Meiner, Hamburg 1998.

Hübner, Dietmar: Die Geschichtsphilosophie des deutschen Idealismus. Kant-Fichte-Schelling-Hegel, Verlag W. Kohlhammer, Stuttgart 2011.

Inwood, Michael: A Commentary on Hegel's Philosophy of Mind, Clarendon Press, Oxford 2007.

Jaeschke, Walter: Eine Vernunft, welche nicht die Vernunft ist. Jacobis Kritik der Aufklärung, in: Friedrich Heinrich Jacobi. Ein Wendepunkt der geistigen Bildung der Zeit, hrsg. v. W. Jaeschke und B. Sandkaulen, Felix Meiner Verlag, Hamburg 2004, S. 199 – 218.

Hegel Handbuch, Leben – Werk – Schule. 2. Auflage, Verlag J. B. Metzler, Stuttgart/Weimar, 2010.

Jaeschke, Walter und Sandkaulen, Birgit (Hrsg.): Friedrich Heinrich Jacobi. Ein Wendepunkt der geistigen Bildung der Zeit, Felix Meiner Verlag, Hamburg 2004.

Jaeschke, Walter und Arndt, Andreas: Die Klassische Deutsche Philosophie nach Kant. Systeme der reinen Vernunft und ihre Kritik 1785 – 1845, Verlag C. H. Beck, München 2012.

参考文献

Jamme, Christoph und Schneider, Helmut (Hrsg.): Der Weg zum System. Materialien zum jungen Hegel, Suhrkamp 1990.

Janke, Wolfgang: Die dreifache Vollendung des Deutschen Idealismus. Schelling, Hegel und Fichtes ungeschriebene Lehre, Rodopi B. V., Amsterdam-New York, NY 2009.

Kaschima, Toru: Die konkrete Gegenwart: Das Problem der Zeit in der Philosophie Hegels mit besonderer Berücksichtigung der „Phänomenologie des Geistes", Dissertation an der Universität Türbingen, 1991.

Kimmerle, Heinz: Das Problem der Abgeschlossenheit des Denkens. Hegels System der Philosophie in den Jahren 1800 – 1804, H. Bouvier und CO. Verlag, Bonn 1970.

Über Derridas Hegeldeutung, in: Philosophie und Poesie. Otto Pöggeler zum 60. Geburtstag, Bd. 1, hrsg. v. A. G. Siefert, Frommann-Holzboog Verlag Stuttgart-Bad Cannstadt 1988, S. 415 – 432.

Zeitbegriff und Entwicklungsbewußtsein in Afrika und in der westlichen Welt – Mit besonderer Berücksichtigung des frühen Jenaer Hegel, in: Hegel-Jahrbuch 1997, Hegel und die Geschichte der Philosophie, Erster Teil, Akademie Verlag, Berlin 1998, S. 187 – 196.

Natur und Geschichte bein frühen Jenaer Hegel, in: Hegels Jenaer Naturphilosophie, hrsg. von K. Vieweg, Wilhelm Fink Verlag, München 1998.

Kann Zeit getilgt werden?, in: Hegel-Jahrbuch 2001, Akademie Verlag, Berlin 2002, S. 259 – 268.

Ders. (Hrsg.), Die Eigenbedeutung der Jenaer Systemkonzeptionen Hegels, Akademie Verlag, Berlin 2004.

Georg Wilhelm Friedrich Hegel interkulturell gelesen, Traugott Bautz,

Nordhausen 2005.

Der Zusammenhang von Sprache und Zeit bei Hegel, Heidegger und Gernot Böhme, in: Hegel-Jahrbuch 2007, Das Leben Denken, Zweiter Teil, hrsg. v. A. Arndt, P. Cruysberghs und A. Przylebski, Akademie Verlag, Berlin 2007, S. 237 – 241.

Philosophie – Geschichte – Philosophiegeschichte. Ein Weg von Hegel zur interkulturellen Philosophie, Traugott Bautz, Nordhausen 2009.

Koch, Anton Friedrich: Subjektivität in Raum und Zeit, Vittorio Klostermann, Frankfurt a. M. 1990.

Wahrheit, Zeit und Freiheit. Einführung in eine philosophische Theorie, Mentis, Paderborn 2006.

Köhler, Dietmar: Der Geschichtsbegriff in Hegels Phänomenologie des Geistes, in: Hegels Vorlesungen über die Philosophie der Weltgeschichte, hrsg. v. E. W. -Lohmann und D. Köhler, Hegel-Studien Beiheft 38, Bouvier Verlag, Bonn 1998, S. 35 – 47.

Koyré. A: Hegel â léna, in: Ders. , Études d'histoire de la pensée philosophique, Paris 1961.

Lindorfer, Bettine: Zum Verhältnis von Sprache, Denken, Dingen bei Hegel, Kojève & Barthes, in: Hegel: Zur Sprache. Beiträge zur Geschichte des europäischen Sprachdenkens, hrsg. v. Lindorfer und Naguschewski, Gunter Narr Verlag, Tübingen 2002, S. 79 – 94.

Lindorfer, Bettine und Naguschewski, Dirk (Hrsg): Hegel: Zur Sprache. Beiträge zur Geschichte des europäischen Sprachdenkens, Gunter Narr Verlag, Tübingen 2002.

Löwith, Karl: Philosophische Weltgeschichte?, in: Stuttgarter Hegel-Tage 1970, Hegel-Studien Beiheft 11, hrsg. v. H. Gadamer, Bouvier Verlag, Bonn 1974, S. 3 – 27.

Lucas, Hans-Christian und Planty-Bonjour, G. (Hrsg.): Logik und Geschichte in Hegels Systems, Friedrich Frommann Verlag, Stuttgart 1989.

Luckner, Andreas: Genealogie der Zeit. Zu Herkunft und Umfang eines Rätsels. Dargestellt an Hegels Phänomenologie des Geistes, Akademie Verlag, Berlin 1994.

Marx, Werner: Hegels Phänomenologie des Geistes. Die Bestimmung ihrer Idee in Vorrede und Einleitung, Vittorio Klostermann, Frankfurt a. M.,3. Auflage 2006.

McDowell, John Henry: Having the World in View: Essays on Kant, Hegel and Sellars, Harvard University Press, Cambridge Mass., 2009.

Metz, Wilhelm: Die Objektivität des Wissens, Jacobis Kritik an Kants theoretischer Philosophie, in: Friedrich Heinrich Jacobi. Ein Wendepunkt der geistigen Bildung der Zeit, hrsg. v. W. Jaeschke und B. Sandkaulen, Felix Meiner Verlag, Hamburg 2004, S. 3 – 18.

Neuser, Wolfgang: Von Newton zu Hegel. Traditionslinien in der Naturphilosophie, in: Hegel-Jahrbuch, 1989, S. 27 – 40.

Einfluß der Schellingschen Naturphilosophie auf die Systembildung bei Hegel: Selbstorganisation versus rekursive Logik, in: Die Naturphilosophie im Deutschen Idealismus, hrsg. v. K. Gloy und P. Burger, Frommann-Holzboog Verlag, Stuttgart-Bad Cannstatt 1993, S. 238 – 266.

Die Methoden der Naturwissenschaften im Spiegel der frühen Naturphilosophie Schellings, in: „Fessellos durch die Systeme". Frühromantisches Naturdenken im Umfeld von Arnim, Ritter und Schelling, hrsg. v. W. Ch. Zimmerli, K. Stein und M. Gerten, Frommann-Holzboog Verlag, Stuttgart-Bad Cannstatt 1997, S. 369 – 389.

Hegels Naturphilosophie der Jenaer Zeit und ihre Bedeutung für die Systemkonzeption, in: Die Eigenbedeutung der Jenaer Systemkonzeptionen Hegels, hrsg. v. H. Kimmerle, Akademie Verlag, Berlin 2004, S. 89 - 98.

Konzeptionen einer Naturphilosophie-Hegel und Schelling, in: Hegel und die Geschichte der Philosophie, hrsg. v. D. H. Heidemann und C. Krijnen, Darmstadt 2007, S. 191 - 202.

Neuser, Wolfgang und Kohne, Jens (Hrsg): Hegels Licht-Konzepte. Zur Verwendung eines metaphysischen Begriffs in Naturbetrachtungen, Verlag Königshausen und Neumann, Würzburg 2008.

Parra, Profirio Miranda de la: Hegel hat recht. Der Mythos der empirischen Wissenschaft, übers. von Peter Storandt, Centro de Estudios Flosóflcos José Porfirio Miranda, México 2011.

Petry, Michael John: Hegel's criticism of Newton, in: G. W. F. Hegel. Critical Assessments, Volume IV, Hegel's Philosophy of Nature and Philosophy of Sprit, hrsg. v. R. Stein, Routledge, London/New York 1993, S. 52 - 70.

Pinkard, Terry: Hegel's "Phenomenology": The Sociality of Reason, Cambridge University Press, Cambridge 1994.

Hegel's Naturalism. Mind, Nature and the Final Ends of Life, Oxford University Press, New York 2012.

Pöggeler, Otto: Zur Deutung der Phänomenologie des Geistes, in: Hegel-Studien, Bd. 1, Bonn 1961, S. 170 - 230.

Geschichte, Philosophie und Logik bei Hegel, in: Logik und Geschichte in Hegels Systems, hrsg. Von H. -Ch. Lucas und G. Planty-Bonjour, Friedrich Frommann Verlag, Stuttgart 1989, S. 101 - 126.

Hegels philosophische Anfänge, in: Der Weg zum System. Materialien zum jungen Hegel, hrsg. v. C. Jamme und H. Schneider, Suhrkamp 1990, S. 68 – 111.

Hegels Idee einer Phänomenologie des Geistes, Verlag Karl Alber, Freiburg/ München 1993.

Rudolphi, Michael: Produktion und Konstruktion. Zur Genese der Naturphilosophie in Schellings Frühwerk, Frommann-Holzboog Verlag, Stuttgart-Bad Cannstatt 2001.

Sánchez, Domingo Hernandez: Die Tilgung der Zeit, in: Hegel-Jahrbuch 1997. Hegel und die Geschichte der Philosophie. Erster Teil, Akademie Verlag, Berlin 1998, S. 145 – 148.

Sandkaulen, Birgit: Ausgang vom Unbedingten. Über den Anfang in der Philosophie Schellings, Vandenhoeck & Ruprecht, Göttingen 1990.

Grund und Ursache. Die Vernunftkritik Jacobis, Wilhelm Fink Verlag, München 2000.

„Esel ist ein Ton": Das Bewusstsein und die Namen in Hegels Jenaer Systementwürfen von 1803/1804 und 1805/1806, in: Die Eigenbedeutung der Jenaer Systemkonzeptionen Hegels, hrsg. v. H. Kimmerle, Akademie Verlag, Berlin 2004, S. 149 – 164.

Sandkühler, Hans Jörg (Hrsg.): Natur und geschichtlicher Prozess. Studien zur Naturphilosophie F. W. J. Schellings, Frankfurt am Main 1984.

Sargentis, Dionysios: Das differente Selbst der Philosophie. Heideggers Auseinandersetzung mit Hegel, Verlag Dr. Köster, Berlin 1998.

Schilling-Wollny: Hegels Wissenschaft der Wirklichkeit und ihre Quellen, Bd. 1, München; H. Trivers: Heidegger's Misinterpretation of Hegel's View on Spirit and Time, in: Philosophy and phenomenological Research 3 (1942).

Scheer, Brigitte und Wohlfart, Günter (Hrsg.): Dimension der Sprache in der Philosophie des Deutschen Idealismus, Königshausen und Neumann, Würzburg 1982.

Schmidt, Friedrich W.: Zum Begriff der Negativität bei Schelling und Hegel, J. B. Metzlersche Verlagsbuchhandlung, Stuttgart 1971.

Schnädelbach, Herbert: Georg Wilhelm Friedrich Hegel zur Einführung, 5. Auflage, Junius, Hamburg 2013.

Sell, Annette: Martin Heideggers Gang durch Hegels „Phänomenologie des Geistes". Hegel-Studien Beiheft 39, Bouvier Verlag, Bonn 1998.

Der lebendige Begriff. Leben und Logik bei G. W. F. Hegel, Verlag Karl Alber, Freiburg/München 2013.

Siep, Ludwig: Leiblichkeit, Selbstgefühl und Personalität in Hegels Philosophie des Geistes, in: Hegels Theorie des subjektiven Geistes in der Enzyklopädie der philosophischen Wissenschaft im Grundrisse, hrsg. v. L. Eley, Frommann-Holzboog Verlag, Stuttgart-Bad Cannstadt, 1990, S. 203 - 226.

Der Weg der Phänomenologie des Geistes. Ein einführender Kommentar zu Hegels „Differenzschrift" und zur „Phänomenologie des Geistes", Suhrkamp, Frankfurt am Main 2000.

Simon, Josef: Das Problem der Sprache bei Hegel, W. Kohlhammer Verlag, Stuttgart 1966.

Philosophie und ihre Zeit. Bemerkung zur Sprache, zur Zeitlichkeit und zu Hegels Begriff der absoluten Idee, in: Dimension der Sprache in der Philosophie des Deutschen Idealismus, hrsg. v. B. Scheer und G. Wohlfart, Königshausen und Neumann, Würzburg 1982, S. 11 - 39.

In Namen denken. Sprache und Begriff bei Hegel, in: Hegel: Zur Sprache. Beiträge zur Geschichte des europäischen Sprachdenkens, hrsg. v. B. Lindorfer und D. Naguschewski, Gunter Narr Verlag, Tübingen 2002, S. 33 - 46.

Sören, Thomas: Georg Wilhelm Friedrich Hegel. Eine Propädeutik, 2. durchgesehene und aktualisierte Auflage, Marixverlag, Wiesbaden 2012.

Spahn, Christian: Lebendiger Begriff, begriffenes Leben. Zur Grundlage der Philosophie des Organischen bei G. W. F. Hegel, Königshausen & Neumann, Würzburg 2007.

Stein, Robert: G. W. F. Hegel. Critical Assessments, 4 Volumes, Routledge, London/New York 1993.

Stekeler-Weithofer, Primin: Über die Seele bei Platon, Aristoteles und Hegel, in: Über die Seele, hrsg. v. K. Crone, R. Schnepf und J. Stolzenberg, Suhrkamp, Berlin 2010, S. 210 – 229.

Hegel Wieder Heimisch Machen, in: Hegels Gesammelte Werke, Katalog Anlässlich des 31. Internationalen Hegel-Kongresses 17. – 20. MAI 2016 in Bochum, Felix Meiner, Hamburg 2016, S. 13 – 14.

Taylor, Charles: Hegel, übersetzt von G. Fehn, Suhrkamp Verlag, Frankfurt a. M. 1978.

Hegel's philosophy of mind, in: G. W. F. Hegel. Critical Assessments, Volume IV, Hegel's Philosophy of Nature and philosophy of sprit, hrsg. v. R. Stein, Routledge, London/New York, 1993, S. 71 – 89.

Trawny, Peter: Die Zeit der Dreieinigkeit, Untersuchungen zur Trinität bei Hegel und Schelling, Verlag Königshausen & Neumann GmbH, Würzburg 2002, S. 7f. , 55ff.

Waibel, Violetta L. : Raum und Zeit in Hegel Jenaer Systementwürfen, in: Die Eigenbedeutung der Jenaer Systemkonzeptionen Hegels, hrsg. v. H. Kimmerle, Akademie Verlag, Berlin 2004, S. 99 – 116.

Wiehl, Reiner: Das psychische System der Empfindung in Hegels „Anthropologie", in: Hegels philosophische Psychologie. Hegel-Studien Beiheft 19, hrsg. v. D. Henrich, Bouvier Verlag, Bonn 1979, S. 81 - 139.

Ziche, Paul: Mathematische und naturwissenschaftliche Modelle in der Philosophie Schelling und Hegels, Frommann-Holzboog Verlag, Stuttgart-Bad Cannstatt 1996.

Zöller, Günter: Theoretische Gegenstandsbeziehung bei Kant. Zur systematischen Bedeutung der Termini „objektive Realität" und „objektive Gültigkeit" in der „Kritik der reinen Vernunft", Walter de Gruyter, Berlin/New York 1984.

Fichte als Spinoza, Spinoza als Fichte. Jacobi über den Spinozismus der Wissenschaftslehre, in: Friedrich Heinrich Jacobi. Ein Wendepunkt der geistigen Bildung der Zeit, hrsg. v. W. Jaeschke und B. Sandkaulen, Felix Meiner Verlag, Hamburg 2004, S. 37 - 52.

图书在版编目（CIP）数据

从自然时间到精神历史：黑格尔耶拿哲学体系规划研究 / 余玥著 . — 北京：商务印书馆，2022
ISBN 978-7-100-21396-7

Ⅰ . ①从… Ⅱ . ①余… Ⅲ . ①黑格尔 (Hegel, Georg Wilhelm Friedrich 1770–1831) —哲学思想—研究 Ⅳ . ① B516.35

中国版本图书馆 CIP 数据核字（2022）第 118019 号

权利保留，侵权必究。

从自然时间到精神历史
黑格尔耶拿哲学体系规划研究
余玥 著

商务印书馆出版
（北京王府井大街36号 邮政编码 100710）
商务印书馆发行
南京新洲印刷有限公司印刷
ISBN 978-7-100-21396-7

2022年10月第1版　开本 889×1240 1/32
2022年10月第1次印刷　印张 12¾
定价：68.00元